财政部规划教材
"十三五"普通高等教育规划教材

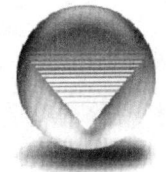

中级财务会计

郑阿泰　陈益云　主　编

中国财经出版传媒集团
中国财政经济出版社

图书在版编目（CIP）数据

中级财务会计 / 郑阿泰，陈益云主编．－－北京：
中国财政经济出版社，2019.11（2024.1重印）
财政部规划教材 "十三五" 普通高等教育规划教材
ISBN 978 - 7 - 5095 - 9466 - 7

Ⅰ．①中… Ⅱ．①郑… ②陈… Ⅲ．①财务会计 - 高等学校 - 教材 Ⅳ．①F234.4

中国版本图书馆 CIP 数据核字（2019）第 256547 号

责任编辑：康 苗　　　　　　　　责任校对：张 凡
封面设计：陈宇琰

中国财政经济出版社 出版

URL：http：// edu. cfeph. cn
E - mail：cfeph @ cfeph. cn

（版权所有　翻印必究）

社址：北京市海淀区阜成路甲 28 号　邮政编码：100142
营销中心电话：010 - 88191537　编辑部门电话：88190639
北京密兴印刷有限公司印刷　各地新华书店经销
787×1092 毫米　16 开　23.25 印张　512 000 字
2020 年 1 月第 1 版　2024 年 1 月北京第 3 次印刷
定价：53.00 元
ISBN 978 - 7 - 5095 - 9466 - 7
（图书出现印装问题，本社负责调换）
本社质量投诉电话：010 - 88190744
打击盗版举报热线：010 - 88191661　QQ：2242791300

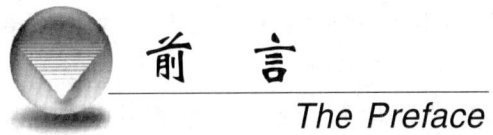
前言
The Preface

"经济越发展，会计越重要"。经济的发展离不开会计，会计的发展离不开会计人才的培养，如何培养符合经济发展需要的会计人才是会计教材编写者需面对的难题。我国自2006年发布新的企业会计准则以来，不断对会计准则进行修订和完善，因此要求会计教材能够及时反映最新变化，做到与时俱进。

为了满足新环境下会计教学的需要，为会计人才的培养提供最新的会计教材，更好地落实应用型人才培养的目标，我们组织编写了《中级财务会计》这部教材。本书是省级精品资源共享课程"中级财务会计学"的主教材，其尽可能贯彻落实财政部陆续修订、制定的企业会计准则及其他现行企业会计准则等精神，以反映准则规范体系和税收法规等最新变化。本书的主要特点在于：

一是理实一体。在本书每一章内容讲解之前，引入我国资本市场真实案例来提升学生的关注度和思考兴趣，以培养学生分析问题、解决问题的能力，提高其职业判断能力。

二是内容新颖。本书阐述的理论及所举实例均以财政部最新颁布的企业会计准则及其应用指南等为依据，结合最新的税收法规的规定编写而成，内容力争体现新颖性、前瞻性。

三是章节实用。本书共十四章，基本概括了会计要素核算的基本内容，与"基础会计""高级财务会计"等课程内容衔接合理，难度适中，详略得当，适合应用型人才培养。

四是资源丰富。本书有配套PPT，并结合每章重要内容设置了一定数量、难易适中的练习题，并配有答案及解析，适合学生课后复习。

本书由郑阿泰、陈益云担任主编，温海琴、李虹、宋慧敏、韩静参与编写。郑阿泰负责拟定编写方案和组织编写工作，并对全书进行最后的总纂和统稿。本书共十四章，具体分工为：郑阿泰编写第一、十、十一、十三、十四章,陈益云编写第七、八、九章,温海琴编写第五、六章,李虹编写第二、三章,宋慧敏编写第十二章,韩静编写第四章。本书在编写过程中参考了大量国内同行编著的教材,尤其是全国会计师职称考试用书,在此对这些作者表示衷心的感谢。

由于编者水平和能力有限,书中难免有错误与不足之处,恳请不吝指正!

编　者

2019 年 11 月

目 录
Contents

第一章　总论 … （1）
　　第一节　财务会计的目标 … （1）
　　第二节　财务会计的基本假设 … （3）
　　第三节　会计信息质量要求 … （5）
　　第四节　会计要素 … （7）
　　第五节　会计确认与计量 … （11）
　　练习题 … （13）

第二章　货币资金 … （15）
　　第一节　库存现金 … （15）
　　第二节　银行存款 … （20）
　　第三节　其他货币资金 … （26）
　　练习题 … （28）

第三章　应收款项 … （31）
　　第一节　应收票据 … （31）
　　第二节　应收账款 … （36）
　　第三节　预付账款与其他应收款 … （40）
　　第四节　应收款项减值 … （41）
　　练习题 … （45）

第四章　存货 … （48）
　　第一节　存货概述 … （48）

第二节 存货的初始计量及会计处理 …………………………………… （50）
第三节 发出存货的计量 …………………………………………………… （58）
第四节 计划成本法 ………………………………………………………… （65）
第五节 存货的期末计量 …………………………………………………… （70）
第六节 存货清查 …………………………………………………………… （77）
练习题 ………………………………………………………………………… （79）

第五章 金融资产 （83）

第一节 金融资产及其分类 ………………………………………………… （84）
第二节 债权投资 …………………………………………………………… （85）
第三节 其他金融工具投资 ………………………………………………… （92）
第四节 交易性金融资产 …………………………………………………… （99）
第五节 金融资产的重分类 ………………………………………………… （104）
第六节 金融资产减值 ……………………………………………………… （108）
练习题 ………………………………………………………………………… （111）

第六章 长期股权投资 （115）

第一节 投资概述 …………………………………………………………… （116）
第二节 长期股权投资的初始计量 ………………………………………… （118）
第三节 长期股权投资的后续计量 ………………………………………… （125）
第四节 长期股权投资的转换 ……………………………………………… （131）
第五节 长期股权投资的处置 ……………………………………………… （139）
第六节 长期股权投资的减值 ……………………………………………… （141）
练习题 ………………………………………………………………………… （142）

第七章 固定资产 （145）

第一节 固定资产概述 ……………………………………………………… （145）
第二节 固定资产的确认与初始计量 ……………………………………… （147）
第三节 固定资产的后续计量 ……………………………………………… （154）
第四节 固定资产处置 ……………………………………………………… （160）
第五节 固定资产期末计量 ………………………………………………… （164）
练习题 ………………………………………………………………………… （166）

第八章　无形资产 (170)

第一节　无形资产概述 (170)
第二节　无形资产的初始计量 (173)
第三节　无形资产的后续计量 (177)
第四节　无形资产的处置 (181)
练习题 (182)

第九章　投资性房地产 (185)

第一节　投资性房地产概述 (185)
第二节　投资性房地产的确认和计量 (187)
第三节　投资性房地产的后续计量 (190)
第四节　投资性房地产的转换 (193)
第五节　投资性房地产的处置 (197)
练习题 (199)

第十章　负债 (202)

第一节　负债概述 (203)
第二节　流动负债 (204)
第三节　非流动负债 (224)
练习题 (229)

第十一章　所有者权益 (233)

第一节　所有者权益概述 (233)
第二节　实收资本和其他权益工具 (234)
第三节　资本公积和其他综合收益 (237)
第四节　留存收益 (240)
练习题 (243)

第十二章　收入、费用和利润 (246)

第一节　收入、费用和利润概述 (247)
第二节　利润总额的形成 (249)
第三节　所得税费用 (284)

第四节　净利润及其分配 …………………………………（289）
　　练习题 ………………………………………………………（293）

第十三章　财务报告 （297）

　　第一节　财务报告概述 ………………………………………（297）
　　第二节　资产负债表 …………………………………………（300）
　　第三节　利润表 ………………………………………………（320）
　　第四节　现金流量表 …………………………………………（325）
　　第五节　所有者权益变动表 …………………………………（336）
　　第六节　财务报表附注 ………………………………………（341）
　　练习题 ………………………………………………………（342）

第十四章　会计调整 （345）

　　第一节　会计政策及其变更 …………………………………（345）
　　第二节　会计估计及其变更额 ………………………………（349）
　　第三节　前期差错及其更正 …………………………………（353）
　　第四节　资产负债表日后事项 ………………………………（356）
　　练习题 ………………………………………………………（360）

第一章 总论

【案例导学】

深圳海联讯科技股份有限公司2011年登陆创业板上市（股票代码：300277）。上市两年，海联讯就被证监会曝出会计信息造假的丑闻。2014年4月，海联讯根据立案调查通知书开展了财务自查，并对涉及的重要前期差错采用追溯重述法进行了更正。2011年，公司净利润虚增2 279万元，从6 273万元调减至3 994万元，虚增部分为当年实际利润的57.05%。2012年，公司净利润虚增341万元，从4 126万元调减至3 785万元，虚增部分为当年实际利润的9%。纵观海联讯的财务舞弊，主要表现在以下方面：（1）虚假冲减应收账款。海联讯公司的应收账款在2010年和2011年连续两年存在虚假冲减的情况，在公告中分别调增1.13亿元和1.33亿元，合计达2.46亿元。（2）年终奖金推迟计入。海联讯原在实际支付时确认根据绩效考核计算的年终奖金，在次年发放时才确认成本费用。（3）外包成本延期确认。海联讯在收到软件服务商的结算清单时，未按服务完成情况对成本进行暂估。（4）多确认营业收入。海联讯公司于2010年和2011年，未按收入确认原则，违规确认项目合同收入。对于此次财务造假，海联讯曾经将其归结为"会计差错"。

思考：海联讯的会计处理是否违背了会计确认、计量的原则？披露的财务信息违背了会计信息质量的哪些要求？

第一节 财务会计的目标

一、财务会计目标的主要理论

财务会计是按照会计准则的要求，对企业发生的交易或事项，通过确认、计量、记录和报告等程序，为投资者、债权人以及其他信息使用者提供关于企业财务状况、经营成果以及现金流量等信息的对外报告会计。

财务会计的目标是财务会计活动所要达到的基本目的，它是财务会计行为主体在一定社会经济环境下，通过自身会计活动所期望达到的结果。其主要解决：第一，向谁提供会计信息；第二，提供什么样的会计信息。

关于财务会计的目标，通常认为有两种观点，即"受托责任观"和"决策有用观"。

（一）受托责任观

在受托责任观下，财务会计的目标是反映受托责任的履行情况。其理由是：由于资源所有权和经营权的分离，资源的受托者（企业管理部门）负有对资源的委托者（所有者）解释、说明其经营管理活动及结果的义务。因此，受托责任观强调会计信息的可靠性，它应以提供客观的财务会计信息为主，会计计量主要采用历史成本。

（二）决策有用观

在决策有用观下，财务会计的目标是向会计信息使用者提供对其决策有用的信息。其理由是：随着资本市场的不断发展和完善，所有者和管理层的委托和受托关系日益模糊，投资者日益关注企业在资本市场上的风险和报酬。因此，决策有用观强调会计信息的相关性，会较多地采用除历史成本之外的计量属性。

二、我国企业财务会计的目标

我国会计准则明确规定：财务会计报告的目标是向财务会计报告使用者提供与企业财务状况、经营成果和现金流量等有关的会计信息，反映企业管理层的受托责任履行情况，有助于财务会计报告使用者做出经济决策。

从上述准则规定我们可以看到，我国财务会计的目标要求满足投资者等财务报告使用者的决策需要，体现了"决策有用观"的会计目标，同时也明确提出要求反映企业管理层的受托责任履行情况，体现了"受托责任观"的会计目标。"决策有用观"的会计目标有助于投资者、债权人或者其他会计信息使用者正确、合理地评价企业的资产质量、偿债能力、盈利能力和营运效率，有助于会计信息使用者根据相关的会计信息做出理性的投资决策、信贷决策或其他的经济决策；而"受托责任观"则要求管理者更好地履行受托责任，有利于实现企业资产的安全完整，保值增值，满足了企业所有者评价企业经营管理责任和资源使用有效性的信息需求。

三、会计信息的主要使用者

在市场经济条件下，企业的利益相关者在决策时通常会利用企业财务报告反映的信息，以对企业的财务状况、经营成果以及未来的发展前景进行分析判断。这些利益相关者包括会计信息的外部使用者和内部使用者。其中，会计信息的外部使用者主要包括股东或潜在的投资者、债权人、供应商、顾客、基金经理、证券分析师、市场竞争者、政府管理部门；内部使用者主要包括董事会、监事会、经理人以及公司员工等。

财务报告所提供的会计信息应当如实反映企业拥有或者控制的经济资源，对经济资源的要求权以及经济资源要求权的变化情况；如实反映企业各项收入、费用、利得和损失的金额及其变动情况；如实反映企业各项经营活动、投资活动和筹资活动所形成的现金流入和现金流出情况等，从而有助于投资者、债权人以及其他使用者正确合理地评价企业财务状况，有助于做出合理的经济决策，有助于评价企业经营管理层受托责任的履行情况和资源的使用效率。

第二节 财务会计的基本假设

会计假设是对会计核算所处时间、空间环境等所做的合理设定，是企业会计确认、计量和报告的前提。在会计工作中，会计处理对象的确定、会计方法的选择都是以这些假设为前提的。因此，会计假设也称为会计核算的基本前提。会计假设包括会计主体、持续经营、会计分期和货币计量。

一、会计主体

会计主体，是指企业会计确认、计量和报告的空间范围。为了向财务报告使用者反映企业财务状况、经营成果和现金流量，提供与其决策有用的信息，会计核算和财务报告的编制应当集中于反映特定对象的活动，并将其与其他经济主体区别开来，才能实现财务报告的目标。

在会计主体假设下，企业应当对其本身发生的交易或事项进行会计确认、计量和报告。明确界定会计主体是开展会计确认、计量和报告工作的重要前提。

会计主体不同于法律主体。一般来说，法律主体必然是一个会计主体。例如，一个企业作为一个法律主体，应当建立财务会计系统，独立反映其财务状况、经营成果和现金流量。但是，会计主体不一定是法律主体。例如，企业集团内部，一个母公司拥有若干子公司，母子公司虽然是不同的法律主体，但是母公司对子公司拥有控制权，为了全面反映企业集团的财务状况、经营成果和现金流量，就有必要将企业集团作为一个会计主体，编制合并财务报表。再如，由企业管理的证券投资基金、企业年金基金等，尽管不属于法律主体，但属于会计主体，应当对每项基金进行会计确认、计量和报告。

二、持续经营

持续经营，是指在可以预见的将来，企业将会按当前的规模和状态继续经营下去，不会停业，也不会大规模削减业务。在持续经营前提下，会计确认、计量和报告应当以企业持续、正常的生产经营活动为前提。

企业是否持续经营，在会计原则、会计方法的选择上有很大差别。一般情况下，应当假定企业将会按照当前的规模和状态继续经营下去。明确这个基本假设，就意味着会计主体将按照既定用途使用资产，按照既定的合约条件清偿债务，会计人员就可以在此基础上选择会计原则和会计方法。如果判断企业会持续经营，就可以假定企业的固定资产会在持续经营的生产经营过程中长期发挥作用，并服务于生产经营过程，固定资产就可以根据历史成本进行记录，并采用折旧的方法，将历史成本分摊到各个会计期间或相关产品的成本中。如果判断企业不会持续经营，固定资产就不应采用历史成本进行记录并按期计提折旧。

如果一个企业不能持续经营时还假定企业能够持续经营，并仍按持续经营基本假设选择会计确认、计量和报告原则和方法，就不能客观地反映企业的财务状况、经营成果和现金流量，会误导会计信息使用者的经济决策。

三、会计分期

会计分期，是指将一个会计主体持续经营的生产经营周期活动过程人为地划分若干个连续的、间隔相同的期间。会计分期是持续经营假设的必然结果。根据持续经营假设，企业在可预见的将来是持续经营的。如果不进行会计分期，企业就只能等到结束其经营活动时才能核算其经营成果和财务状况，这显然不能满足会计信息使用者对会计信息的需求。为了定期、及时地反映企业的财务状况和经营成果，对外提供财务信息，就需要将企业持续经营的过程人为地划分为一个个长短相等的间隔（即会计期间）。会计期间通常按年、半年、季度和月份来划分。正是由于会计分期，才出现了权责发生制和收付实现制，进而出现了应收、应付、折旧、摊销等会计处理方法。

在会计分期假设下，企业应当划分会计期间，分期结算和编制财务报告，对外提供会计信息。会计分期分为会计年度和中期。中期是指短于一个完整会计年度的报告期间，如月、季度和半年。我国《企业会计准则——基本准则》规定，会计期间分为年度和中期，其中会计年度和公历日历年度相同，即从每年的1月1日至12月31日为一个会计年度。

四、货币计量

货币计量，是指会计主体在进行会计确认、计量和报告时以货币作为计量单位，记录、反映会计主体的财务状况、经营成果和现金流量。会计之所以采用货币作为基础进行计量，是由货币本身的计量属性决定的。货币是商品一般等价物，是衡量一般商品价值的共同尺度，具有价值尺度、流通手段、贮藏手段和支付手段等特点。其他计量单位，如重量、长度、容积、台、件等，只能从一个侧面反映企业的生产经营情况，无法在量上进行汇总和比较，不便于会计计量和经营管理，只有选择货币尺度进行计量，才能充分反映企业的生产经营情况。所以，我国《企业会计准则——基本准则》规定，会计确认、计量和报告选择货币作为计量单位。

> **小贴士**
>
> 货币计量也有缺陷，某些影响企业财务状况和经营成果的因素，如企业的经营战略、产品的市场竞争力、产品的市场占有率、研发能力等，不能在财务报表中得到反映。但这些信息对于财务会计信息使用者也很重要。

货币计量假设是建立在币值稳定不变的基础之上的。因为只有在币值稳定或相对稳定的情况下，不同时点的货币金额才能汇总，同一期间的收入和费用才能进行比较。如果是在持续通货膨胀的情况下，货币计量这一假设就受到了挑战，以币值稳定不变为基础提供的会计信息的决策有用性就会受到影响，此时就应该采用通货膨胀会计来消除物价变动的影响。

第三节 会计信息质量要求

财务会计目标解决了信息使用者需要什么样的信息。财务会计信息要满足会计信息使用者的需要,同时还必须达到一定的质量要求。会计信息质量要求是保证企业财务会计信息质量的基本规范,是使财务会计信息有助于会计信息使用者决策应具备的质量特征。我国《企业会计准则——基本准则》规定,会计信息质量要求包括可靠性、相关性、可理解性、可比性、实质重于形式、重要性、谨慎性、及时性等。

其中,可靠性、相关性、可理解性和可比性是财务会计信息的主要质量要求,是企业财务报告中所提供的会计信息应具备的基本质量特征;实质重于形式、重要性、谨慎性和及时性是财务会计信息的次要质量要求,是对可靠性、相关性、可理解性和可比性等主要质量要求的补充和完善。

一、可靠性

可靠性是指确保财务会计信息免于偏差和错误,能忠实反映现状的质量。可靠性要求企业应当以实际发生的交易或者事项为依据进行确认、计量和报告,如实反映符合确认和计量要求的各项会计要素及其他相关信息,保证会计信息真实可靠、内容完整。为达到财务会计信息质量的要求,不得根据虚构的、没有发生的或者尚未发生的交易或事项进行确认、计量、记录和报告;不能随意遗漏或者减少应予以披露的信息,应当充分披露与使用者决策相关的有用信息;企业财务报告中的会计信息应当是中立的、无偏的。

会计信息要有用,必须以可靠为基础,如果财务报告所提供的会计信息是不可靠的,就会给投资者等使用者的决策产生误导甚至损失。

二、相关性

相关性是指财务会计信息与决策有关。相关性要求企业提供的会计信息应当与财务报告使用者的经济决策需要相关,有助于财务报告使用者对企业过去、现在或者未来的情况做出评价或预测。相关性的核心是对决策有用。

相关的会计信息应当具有预测价值和反馈价值,有助于信息使用者根据所提供的财务信息,预测企业未来的财务状况、经营成果和现金流量,反馈评价企业过去的决策,证实或者修正过去的有关预测。

三、可理解性

可理解性是指财务会计信息易于理解。可理解性要求企业提供的会计信息应当清晰明了,便于投资者等财务报告使用者理解和使用。财务会计信息能否为信息使用者所理解,取决于信息本身是否易懂和信息使用者的理解能力,因此,企业提供的财务会计信息应该清晰明了，易于理解，才能提高财务会计信息的有用性，满足信息使用者的决策需求。同时，信息使用者也应设法提高理解信息的能力，这样财务会计信息才能发挥最大的作用。

四、可比性

可比性是指能使信息使用者从两组经济情况中区别出异同。可比性要求企业提供的会计信息应当相互可比。可比性包括横向可比和纵向可比两个方面。

横向可比是指不同企业相同会计期间的可比。即不同企业同一会计期间发生的相同或者相似的交易或事项，应当采用相同或相似的会计政策，确保会计信息口径一致、相互可比，以便不同企业按照一致的确认、计量和报告要求提供有关会计信息。

纵向可比是指同一企业不同时期的可比。即同一企业不同时期发生的相同或者相似的交易或者事项，应当采用一致的会计政策，不得随意变更。但是，满足会计信息可比性要求，并非表明企业不得变更会计政策，如果按照规定或者在会计政策变更后可以提供更可靠、更相关的会计信息，可以变更会计政策。

五、实质重于形式

实质重于形式是指企业应当按照交易或事项的经济实质进行会计确认、计量，而不应当仅仅按照他们的法律形式作为会计确认、计量的依据。

企业发生的交易或事项在多数情况下，其经济实质和法律形式是一致的。但在某些特定情况下，会出现不一致。例如，融资租入的固定资产，在租期未满以前，从法律形式上讲，所有权并没有转移给承租人，但是从经济实质上讲，与该项固定资产相关的收益和风险已经转移给承租人，承租人实际上也能行使对该项固定资产的控制，因此承租人应将其视同自有固定资产，一并计提折旧和大修理费用。遵循实质重于形式原则，体现了对经济实质的尊重，能够保证会计确认、计量的信息与客观经济事实相符。

六、重要性

重要性是指当某项财务会计信息出现不正确的表达或遗漏时，可能会影响信息使用者作出判断。重要性要求企业提供的会计信息应当能够反映与企业财务状况、经营成果和现金流量等有关的所有重要的交易或事项。

财务会计信息是否重要取决于企业本身的规模以及会计人员的职业判断，可从项目的性质和金额大小两方面加以判断。当某一事项可能对报表使用者的决策产生影响时，该事项就属于重要事项；当某一会计事项的发生额达到总资产的一定比例（如5%）时，一般认为其具有重要性。

七、谨慎性

谨慎性是指企业对不确定的结果，应确认可能的损失，而不确认可能的收益。谨慎性要求企业对交易或事项进行会计确认、计量和报告时应当保持应有的谨慎，不应高估资产或收益，低估负债或费用。

在市场经济条件下，企业的生产经营活动面临着许多风险和不确定性，如应收账款的可收回性、固定资产的使用寿命、无形资产的使用寿命、售出存货可能发生的退货或者返修等。会计信息质量的谨慎性要求，需要企业在面临不确定性因素的情况下做出职业判断时，应当保持应有的谨慎，充分估计到各种风险和损失，既不高估资产或者收益，也不低估负债或者费用。例如，要求企业对可能发生的资产减值损失计提资产减值准备、对售出商品可能发生的保修义务等确认预计负债等，就体现了会计信息质量的谨慎性要求。

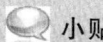 小贴士

> 谨慎性的应用不允许企业设置秘密准备。如果企业故意低估资产或者收益，或者故意高估负债或者费用，则不符合会计信息的可靠性和相关性要求，损害会计信息质量，扭曲企业实际的财务状况和经营成果，从而对使用者的决策产生误导，这是不符合会计准则要求的。

八、及时性

及时性是指信息在对用户失效之前就提供给用户。及时性要求企业对已经发生的交易或事项，应当及时进行会计确认、计量和报告，不得提前或延后。

会计信息的价值在于帮助会计信息的使用者做出经济决策，具有时效性。因此，在会计确认、计量和报告过程中，一是要求及时收集会计信息，二是要求及时处理会计信息，三是要求及时传递会计信息。

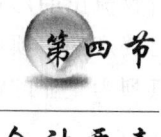

第四节 会计要素

财务报告的构成要素称为会计要素，是会计工作的具体对象，它是按照交易或事项的经济特征所做的基本分类。会计要素按性质可分为：反映企业某一时点财务状况的要素，如资产、负债和所有者权益；反映企业在某一时期经营成果的要素，如收入、费用和利润。会计要素既是会计确认和计量的依据，也是确定财务报表内容和结构的基础。

小贴士

> 不同的会计准则制定机构对会计要素的规定在名称、数量以及定义等方面有所不同。国际会计准则定义的会计要素分为五类：资产、负债、所有者权益、收益和费用；美国会计准则定义的会计要素分为十类：资产、负债、所有者权益、业主投资、业主分派、收入、费用、利得、损失和综合收益。我国《企业会计准则——基本准则》将会计要素分为六类：资产、负债、所有者权益、收入、费用和利润。

一、资产

资产是由企业过去的交易或事项形成的、由企业拥有或者控制的、预期会给企业带来经济利益流入的资源。资产具有以下特征:

(一) 资产是由过去的交易或事项形成的

过去的交易或事项是指企业已经发生的交易或事项,只有过去的交易或事项才能产生资产,企业预期在未来发生的交易或者事项不形成资产。例如,企业有购买某存货的意愿或者计划,但是购买行为尚未发生,就不符合资产的定义,不能因此而确认存货资产。

(二) 资产是由企业拥有或者控制的资源

由企业拥有或控制是指企业享有某项资源的所有权,或者虽然不享有某项资源的所有权,但该资源能被企业所控制。

企业享有资产的所有权,通常表明企业能够排他性地从资产中获取经济利益。在有些情况下,资产虽然不为企业所拥有,但企业控制了这些资产,同样表明企业能够从资产中获取经济利益,符合会计上对资产的定义。例如,融资租入的固定资产,虽然企业不拥有其所有权,但能控制该资产所能带来的经济利益,故应当将其作为企业的资产予以确认。

(三) 资产预期会给企业带来经济利益

资产预期会给企业带来经济利益,是指资产具有直接或者间接导致现金或现金等价物流入企业的潜力。这种潜力可以来自企业日常的生产经营活动,也可以是非日常活动;带来的经济利益可以是现金或者现金等价物,或者是可以转化为现金或者现金等价物的形式,或者是可以减少现金或者现金等价物流出的形式。

资产预期能为企业带来经济利益是资产的一项重要特征。如果某项经济资源不能给企业带来未来的经济利益,就不应该将其列为企业的资产。例如,企业已经报废的存货。

二、负债

负债是指企业过去的交易或事项形成的、预期会导致经济利益流出企业的现时义务。负债具有如下基本特征:

(一) 负债是由过去的交易或事项形成的

负债应当由企业过去的交易或事项形成,即只有过去的交易或事项才形成负债,企业将在未来发生的承诺、签订的合同等交易,不形成现时的义务与负债。

(二) 负债预期会导致经济利益流出企业

预期会导致经济利益流出企业也是负债的一个本质特征,只有企业在履行义务时会导致经济利益流出企业的,才符合负债的定义,如果不会导致经济利益流出企业的,就不符合负债的定义。

(三) 负债是企业承担的现时义务

现时义务是指企业在现行条件下已承担的义务。未来发生的交易或事项形成的义务,不属于现时义务,不应确认为负债。

> **小贴士**
>
> 义务有法定义务和推定义务。法定义务是指具有约束力的合同或者法律法规规定的义务，通常在法律意义上需要强制执行。例如，企业向银行贷入款项形成借款，属于企业承担的法定义务，需要依法予以偿还。推定义务是指根据企业多年来的习惯做法、公开的承诺或者公开宣布的政策而导致企业将承担的责任，这些责任也使有关各方形成了企业将履行义务解脱责任的合理预期。例如，某企业多年来有制定一项销售政策，对于售出商品提供一定期限内的售后保修服务，预期将为售出商品提供的保修服务就属于推定义务，应当将其确认为一项负债。

三、所有者权益

所有者权益是指企业资产扣除负债后，由所有者享有的剩余权益。它是从企业资产中扣除债权人权益后由所有者享有的部分。

所有者权益的来源包括所有者投入的资本、直接计入所有者权益的利得和损失（其他综合收益）、留存收益等，通常由股本（或实收资本）、资本公积（含股本溢价或资本溢价、其他资本公积）、盈余公积、未分配利润和其他综合收益构成。

所有者投入的资本是指所有者投入企业的所有资本，既包括构成企业注册资本或者股本部分的金额，也包括投入资本超过注册资本或者股本部分的金额，即资本溢价或者股本溢价，这部分投入资本在我国企业会计准则体系中被计入了资本公积，并在资产负债表中的资本公积项目下反映。

直接计入所有者权益的利得和损失，是指不应该计入当期损益、会导致所有者权益发生增减变动的、与所有者投入资本或者向所有者分配利润无关的利得或者损失。

留存收益是企业历年实现的净利润留存于企业的部分，主要包括累计计提的盈余公积和未分配利润。盈余公积是企业按照规定从净利润中提取的各种积累资金，包括法定盈余公积和任意盈余公积。未分配利润是指企业尚未分配，留存以后年度分配的累计留存利润（或累计亏损）。

> **小贴士**
>
> 利得是指由企业非日常活动所形成的、会导致所有者权益增加的、与所有者投入资本无关的经济利益的流入。损失是指由企业非日常活动所发生的、会导致所有者权益减少的、与向所有者分配利润无关的经济利益的流出。直接计入所有者权益的利得和损失主要包括以公允价值计量且其变动计入其他综合收益的金融资产的公允价值变动额。

四、收入

收入是指企业在日常活动中形成的、会导致所有者权益增加的、与所有者投入资本无关的经济利益的总流入。收入有广义和狭义之分，会计上所指的收入通常是狭义收入，即营业收入，包括主营业务收入和其他业务收入。收入具有以下特征：

（一）收入是企业日常活动中产生的

日常活动是指企业为完成其经营目标所从事的经常性活动以及与之相关的活动。例如，工业企业制造并销售商品、商业企业销售商品、保险公司签发保单、咨询公司提供咨询服务、软件企业为客户开发软件、安装公司提供安装服务、商业银行对外贷款、租赁公司出租资产等，均属于企业的日常活动。明确界定日常活动是为了将收入与利得相区分，因为企业非日常活动所形成的经济利益的流入不能确认为收入，而应当计入利得。

（二）收入最终会导致所有者权益的增加

与收入相关的经济利益的流入最终会导致所有者权益的增加，不会导致所有者权益增加的经济利益的流入（如借入款项）不符合收入的定义，不应确认为收入。

（三）收入是与所有者投入资本无关的经济利益的总流入

收入会导致经济利益的流入，从而导致资产的增加，或者负债的减少，或者二者兼而有之。但是，所有者投入资本也会导致企业经济利益的流入，而所有者投入资本不应确认为收入，应当将其直接确认为所有者权益。

五、费用

费用是指企业在日常活动中发生的、会导致所有者权益减少的、与向投资者分配利润无关的经济利益的总流出。费用是相对于收入而言的，没有收入就没有费用。因此，费用必须按照一定的期间与收入相配比。费用也有广义和狭义之分，会计上所指的费用通常是狭义费用，主要包括主营业务成本、其他业务成本、管理费用、销售费用、财务费用等。费用具有以下特征：

（一）费用是企业在日常活动中形成的

因日常活动所产生的费用通常包括销售成本（营业成本）、职工薪酬、折旧费、无形资产摊销等。费用界定为日常活动所形成的，目的是为了将其与损失相区分，企业非日常活动所形成的经济利益的流出不能确认为费用，而应当计入损失。

（二）费用最终会导致所有者权益的减少

与费用相关的经济利益的流出最终会导致所有者权益的减少，不会导致所有者权益减少的经济利益的流出不符合费用的定义，不应确认为费用。

（三）费用是与向所有者分配利润无关的经济利益的总流出

费用的发生应当会导致经济利益的流出，从而导致资产的减少或者负债的增加（最终也会导致资产的减少）。企业向所有者分配利润也会导致经济利益的流出，而该经济利益的流出属于所有者权益的抵减项目，不应确认为费用。

六、利润

利润是指企业在一定会计期间的经营成果。利润在数量上等于收入减去费用后的净额以及直接计入当期利润的利得和损失。利润金额的确定主要取决于收入、费用、利得和损失的计量。其中，收入减去费用后的净额反映的是企业日常活动的业绩；直接计入当期利润的利得和损失反映的是企业非日常活动的业绩。

第五节 会计确认与计量

财务会计的主要内容就是对六大会计要素的确认、计量、记录和报告。其中，会计确认与计量是财务会计的核心内容。

一、会计确认

会计确认是指把一个事项作为资产、负债、收入和费用等要素正式加以记录和列入财务报表的过程。会计要素确认实际上是分两次进行的，第一次解决会计的记录问题，即何时、以何种金额、通过何种账户记录；第二次解决财务报表的披露问题，即何时、以何种金额并通过何种要素列入财务报告。前者称为初始确认，后者称为再确认。我国企业会计准则规定了会计要素确认的基本条件。

资产的确认需要符合资产的定义，同时满足以下两个条件：①与该资产有关的经济利益很可能流入企业；②该资产的成本能够可靠计量。

负债的确认需要符合负债的定义，同时满足以下两个条件：①与该义务有关的经济利益很可能流出企业；②未来流出的经济利益的金额能够可靠计量。

所有者权益的确认主要依赖资产和负债的确认，所有者权益金额的确定也主要取决于资产和负债的计量。

收入的确认至少应当符合以下条件：①与收入有关的经济利益很可能流入企业；②经济利益流入企业的结果会导致资产的增加或负债的减少；③经济利益的流入金额能够可靠计量。

费用的确认至少应当符合以下条件：①与费用有关的经济利益很可能流出企业；②经济利益流出企业的结果会导致资产的减少或负债的增加；③经济利益的流出金额能够可靠计量。

利润的确认主要依赖于收入和费用以及利得和损失的确认，其金额的确定也主要取决于收入、费用、利得和损失的计量。

二、会计计量

会计计量是指将符合确认条件的会计要素登记入账，并列报于财务报表且确定其金额的过程。企业应当按照规定的计量属性进行计量，确定相关金额。

（一）计量属性

计量属性是指所计量的某一要素的特性方面，如桌子的长度、铁矿的重量、楼房的高度等。从会计角度，计量属性反映的是会计要素金额的确定基础，主要包括历史成本、重置成本、可变现净值、现值和公允价值等。

1. 历史成本

历史成本,又称为实际成本,是取得或制造某项财产物资时所实际支付的现金或者其他等价物。在历史成本计量下,资产按照其购置时支付的现金或者现金等价物的金额,或者按照购置资产时所付出对价的公允价值计量。负债按照其因承担现时义务而实际收到的款项或者资产的金额,或者承担现时义务的合同金额,或者按照日常活动中为偿还负债预期需要支付的现金或者现金等价物的金额计量。

2. 重置成本

重置成本又称为现行成本,是指按照当前市场条件,重新取得同样一项资产所需要支付的现金或现金等价物金额。在重置成本计量下,资产按照现在购买相同或者相似资产所需支付的现金或者现金等价物的金额计量。负债按照现在偿付该项债务所需支付的现金或者现金等价物的金额计量。

3. 可变现净值

可变现净值,是指在正常生产经营过程中,以预计售价减去进一步加工成本和销售所必需的预计税金、费用后的净值。在可变现净值计量下,资产按照其正常对外销售所能收到现金或者现金等价物的金额扣减该资产至完工时估计将要发生的成本、估计的销售费用以及相关税金后的金额计量。

4. 现值

现值,是指对未来现金流量以恰当的折现率进行折现后的价值,是考虑货币时间价值因素等的一种计量属性。在现值计量下,资产按照预计从其持续使用和最终处置中所产生的未来净现金流入量的折现金额计量。负债按照预计期限内需要偿还的未来净现金流出量的折现金额计量。

5. 公允价值

公允价值,是指市场参与者在计量日发生的有序交易中,出售一项资产所能收到或者转移一项负债所需支付的价格。在公允价值计量下,资产和负债按照公平交易中熟悉情况的交易双方自愿进行资产交换或者债务清偿的金额计量。

(二) 计量属性的应用原则

企业在对会计要素进行计量时,一般应当采用历史成本。采用重置成本、可变现净值、现值、公允价值计量的,应当保证所确定的会计要素金额能够取得并可靠计量。

值得一提的是,我国引入公允价值是适度、谨慎和有条件的。原因是考虑到我国尚属新兴的市场经济国家,如果不加限制地引入公允价值,有可能出现公允价值计量不可靠,甚至借此人为操纵利润的现象。因此,在投资性房地产和生物资产等具体准则中规定,只有存在活跃市场、公允价值能够取得并可靠计量的情况下,才能采用公允价值计量。

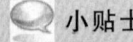

会计确认、计量和报告应当以权责发生制为基础。即凡是在本期内已经收到和已经发生或应当负担的一切费用,不论其款项是否收到或付出,都作为本期的收入和费用处理;反之,凡不属于本期的收入和费用,即使款项在本期收到或付出,也不应作为本期的收入和费用处理。与权责发生制对应的是收付实现制,收付实现制是指凡在本期实际收到的现款收入,不论其是否属于本期均应作为本期应计的收入处理;反之,凡本期还没有以现款收到的收入和没有用现款支付的费用,即使它归属于本期,也不作为本期的收入和费用处理。

目前,我国《政府会计制度》规定,政府会计实行"双基础"核算,即预算会计实行收付实现制,财务会计实行权责发生制。

练习题

不定项选择题

1. 确定会计核算空间范围的基本前提是（　　）。
   A. 持续经营　　　　　　　　　B. 会计主体
   C. 货币计量　　　　　　　　　D. 会计分期

2. 会计分期的前提是（　　）。
   A. 持续经营　　　　　　　　　B. 会计主体
   C. 货币计量　　　　　　　　　D. 会计分期

3. 甲股份有限公司 2016 年 9 月销售商品一批,增值税发票已经开出,商品已经发出,并办妥托收手续,但此时得知对方企业在一次交易中发生重大损失,财务发生困难,短期内不能支付货款,为此甲股份有限公司本月未确认收入,这是根据（　　）会计核算质量要求。
   A. 实质重于形式　　　　　　　B. 重要性
   C. 谨慎性　　　　　　　　　　D. 相关性

4. 企业应当以实际发生的交易或者事项为依据进行会计确认、计量和报告,如实反映符合确认和计量要求的各项会计要素及其他相关信息,保证会计信息真实可靠、内容完整。这体现会计核算质量要求的是（　　）。
   A. 及时性　　　　　　　　　　B. 可理解性
   C. 相关性　　　　　　　　　　D. 可靠性

5. 下列事项中,体现实质重于形式会计核算质量要求的是（　　）。
   A. 将低值易耗品作为存货核算
   B. 售后回购销售方式下不确认收入（该交易不是按公允价值达成的）
   C. 售后租回业务方式下不确认收入（该交易不是按公允价值达成的）
   D. 融资租入固定资产的核算

6. 企业提供的会计信息应有助于财务会计报告使用者对企业过去、现在或者未来的情况做出评价或者预测,这体现了会计核算质量要求的是（　　）。
   A. 相关性　　　　　　　　　　B. 可靠性
   C. 可理解性　　　　　　　　　D. 可比性

7. 强调某一企业各期提供的会计信息应当采用一致的会计政策，不得随意变更的会计核算质量要求的是（ ）。
 A. 可靠性　　　　　　　　　　　　B. 相关性
 C. 可比性　　　　　　　　　　　　D. 可理解性

8. 企业对于已经发生的交易或者事项，应当及时进行会计确认、计量和报告，不得提前或者延后，这体现的是（ ）。
 A. 及时性　　　　　　　　　　　　B. 相关性
 C. 谨慎性　　　　　　　　　　　　D. 重要性

9. 我国企业会计准则规定，企业的会计核算应当以（ ）为基础。
 A. 权责发生制　　　　　　　　　　B. 实地盘存制
 C. 永续盘存制　　　　　　　　　　D. 收付实现制

10. 下列不属于会计信息质量要求的有（ ）。
 A. 实质重于形式　　　　　　　　　B. 重要性
 C. 划分收益性支出和资本性支出　　D. 配比原则
 E. 历史成本原则　　　　　　　　　F. 一贯性

11. 会计计量属性主要包括（ ）。
 A. 历史成本　　　　　　　　　　　B. 重置成本
 C. 可变现净值　　　　　　　　　　D. 现值
 E. 公允价值

12. 下列各项中，符合资产会计要素定义的是（ ）。
 A. 计划购买的原材料　　　　　　　B. 待处理财产损失
 C. 委托加工物资　　　　　　　　　D. 预收款项

13. 下列项目中不应作为负债确认的有（ ）。
 A. 因购买货物而暂欠外单位的货款
 B. 按照购货合同约定以赊购方式购进货物的货款
 C. 计划向银行借款100万元
 D. 因经济纠纷导致的法院尚未判决且金额无法合理估计的赔偿

14. 以下事项中，不属于企业收入的是（ ）。
 A. 销售商品所取得的收入　　　　　B. 提供劳务所取得的收入
 C. 出售无形资产的经济利益流入　　D. 出租机器设备取得的收入

15. 在有不确定因素情况下做出判断时，下列事项符合谨慎性的做法是（ ）。
 A. 设置秘密准备　　　　　　　　　B. 合理估计可能发生的损失和费用
 C. 充分估计可能取得的收益和利润　D. 不要高估资产和预计收益

第二章 货币资金

【案例导学】

2018年3月18日,江苏公证天业会计师事务所会计师受蓝丰科技委托,前往西安对上市公司蓝丰生化(股票代码:002513)全资子公司方舟制药进行年报审计。会计师仔细查阅了方舟制药的账目,记录显示银行对账单和公司日记账一一对应,一切看起来似乎没有什么异常。3月21日,会计师决定前往方舟制药的开户行进行现场询证,询证结果令会计师大跌眼镜。银行工作人员告诉会计师,银行的余额与账上的余额对不上,少了3亿多元。3亿多元不翼而飞!实际上,除了此次3亿元银行存款不翼而飞,蓝丰生化两个月前还披露过一起更加离奇的财务事件。2017年7月,徐州新沂市发生一起车祸,受伤男子为蓝丰生化的出纳王某。王某长期住院治疗,其工作被蓝丰生化另一名员工接替。在银行对账的过程中,蓝丰生化发现,王某存在通过扣留每个月的部分银行利息,挪用公司资金的行为。进一步调查发现,王某这种"蚂蚁搬家"的行为,竟然已持续5年时间,涉案金额约1 300万元。

思考:蓝丰生化公司关于货币资金的内控制度存在哪些重大缺陷?

货币资金是指企业的生产经营资金在周转过程中处于货币形态的那部分资金。在企业的日常生产经营过程中,采购材料、支付职工薪酬、支付各项生产费用、缴纳税费和归还银行借款等所发生的支付业务,销售产品、吸收投资者投资、取得银行借款等所发生的收款业务,都离不开货币资金。货币资金包括库存现金、银行存款和其他货币资金三个部分。

第一节 库存现金

一、现金管理

现金有狭义现金和广义现金之分。狭义的现金仅指库存现金,即企业金库中存放的现金,包括人们经常接触的纸币和硬币等。广义的现金包括库存现金、银行存款以及其他可以普遍接受的流通手段，如银行本票、银行汇票等。本章现金的概念为狭义的现金。

（一）库存现金的开支范围

《现金管理暂行条例》规定了在银行开立账户的企业可以用现金办理结算如下经济业务：

（1）职工工资、津贴；

（2）个人劳动报酬；

（3）根据国家规定颁发给个人的科学技术、文化艺术、体育等各种奖金；

（4）各种劳保、福利费用以及国家规定的对个人的其他支出；

（5）向个人收购农副产品和其他物资的价款；

（6）出差人员必须随身携带的差旅费；

（7）结算起点以下的零星支出（结算起点为 1 000 元）；

（8）中国人民银行确定需要支付现金的其他支出。

按照我国政府关于《内部会计控制规范——货币资金（试行）》的规定，企业必须根据《现金管理暂行条例》规定，结合本单位的实际情况，确定本单位现金的使用范围。不属于现金开支范围的业务应当通过银行办理转账结算。

为了满足企业日常零星开支所需的现金，企业的库存现金都要由银行根据企业的实际需要情况核定一个最高的限额，这个最高限额一般要满足一个企业 3—5 天的日常零星开支所需的现金，边远地区和交通不便地区的企业库存现金可多于 5 天，但最多不能超过 15 天的日常零星开支。企业每日的现金结存数不得超过核定的限额，超过的部分应当及时送存银行，企业如需要增加或减少库存限额的，应当向开户银行提出申请，由开户银行核定。

（二）库存现金的内部控制

企业必须加强现金内部控制，严格执行现金内部控制的措施与手段，建立健全现金的内部控制制度。现金的内部控制包括以下几个方面：

1. 实行职能分开原则

要求库存现金实物管理与账务记录分开进行，不能由一个人兼任。企业库存现金收支与保管应由出纳人员负责，经管现金的出纳人员不得兼管收入、费用、债权、债务等账簿的登记工作以及会计稽核和会计档案保管工作；填写银行结算凭证的有关印鉴，不能集中由出纳人员保管，应实行印鉴分管制度。这样做的目的是便于分清责任，形成一种互相牵制的控制机制，防止挪用现金以及隐藏流入的现金。

2. 现金收付的交易必须要有合法的原始凭证

企业收到现金时，要有现金收入的原始凭证，以保证现金收入的来源合法；企业支付现金时，要按规定的授权程序进行，除小额零星支出须用库存现金外，其他应尽可能少用现钞，而用银行结算，同时要有确凿的原始凭证，以保证支付的有效性。对涉及现金收付交易的经济业务要根据原始凭证编制收付款凭证，并要在原始凭证与收付款凭证上盖上"现金收讫"与"现金付讫"印章。

3. 建立收据和发票的领用制度

领用的收据和发票必须登记数量和起讫编号，由领用人员签字，收回收据和发票存根,应由保管人员办理签收手续。对空白收据和发票应定期检查,以防止短缺。

4. 加强监督与检查

对企业的库存现金,除了要求出纳人员应做到日清月结之外,企业的审计部门以及会计部门的领导对现金的管理工作要进行经常性的与突击性的监督与检查,包括现金收入与支出的所有记录。对发现的现金溢余与短缺,必须认真及时地查明原因,并按规定的要求进行处理。

5. 企业出纳人员应定期轮换,不得一人长期从事出纳工作

通过及时轮换岗位,进行岗位交接,可以及时发现问题,加强现金的安全管理,也是对出纳人员人身的一种保护。

二、库存现金的总分类核算

为了核算和监督库存现金的收入、支出和结存情况,企业应设置"库存现金"账户核算现金收支业务。该账户属于资产类账户,借方登记库存现金收入的金额,贷方登记库存现金支出的金额,期末余额在借方,反映企业持有库存现金的金额。

【例2-1】鸿发公司2018年6月1日,采购部李勇因公出差预借差旅费2 000元。账务处理如下:

借:其他应收款——李勇　　　　　　　　　　　　　　　　2 000
　　贷:库存现金　　　　　　　　　　　　　　　　　　　　　　2 000

【例2-2】鸿发公司2018年6月1日,用现金购买文具用品800元。账务处理如下:

借:管理费用——办公用品　　　　　　　　　　　　　　　800
　　贷:库存现金　　　　　　　　　　　　　　　　　　　　　　　800

【例2-3】鸿发公司2018年6月3日,用现金退回甲公司包装物押金1 500元。账务处理如下:

借:其他应付款——甲公司　　　　　　　　　　　　　　1 500
　　贷:库存现金　　　　　　　　　　　　　　　　　　　　　　1 500

【例2-4】鸿发公司2018年6月3日,以现金支付行政罚款200元。账务处理如下:

借:营业外支出——罚款支出　　　　　　　　　　　　　　200
　　贷:库存现金　　　　　　　　　　　　　　　　　　　　　　　200

【例2-5】鸿发公司2018年6月3日,以现金购买一批行政办公用品,共计500元。账务处理如下:

借:管理费用——办公用品　　　　　　　　　　　　　　　500
　　贷:库存现金　　　　　　　　　　　　　　　　　　　　　　　500

【例2-6】鸿发公司2018年6月4日,从银行提取现金3 000元备用。账务处理如下:

借:库存现金　　　　　　　　　　　　　　　　　　　　　3 000
　　贷:银行存款　　　　　　　　　　　　　　　　　　　　　　3 000

【例2-7】鸿发公司2018年6月4日,采购部李勇出差归来,报销差旅费1 800元,余款200元交回现金。账务处理如下:

借：库存现金   200
    管理费用——差旅费   1 800
  贷：其他应收款——李勇   2 000

三、库存现金日记账核算

企业须设置现金日记账进行序时记录，现金日记账一般采用三栏式订本账格式，由出纳人员根据审核以后的原始凭证或现金收、付款凭证逐日逐笔序时登记，每日营业终了计算当日现金收入、现金支出及现金结存额，并与库存现金实存数核对相符。月末库存现金日记账余额应与库存现金总账余额核对一致。库存现金日记账的格式及登记方法见表2-1。

表 2-1　　　　　　　　　　　库存现金日记账

2018年		凭证		摘要	对方科目	√	收入金额（借方）							付出金额（贷方）							结存金额						
月	日	种类	号数				万	千	百	十	元	角	分	万	千	百	十	元	角	分	百	十	万	千	百	十	元	角	分
6	1			期初结存																			7	0	0	0	0	0
	1		1	李勇借差旅费	其他应收款	√									2	0	0	0	0	0								
	1		2	购买办公用品	管理费用	√										8	0	0	0	0								
	1			本日合计											2	8	0	0	0	0				4	2	0	0	0	0
	3		3	退回押金	其他应付款	√									1	5	0	0	0	0								
	3		4	支付罚款	营业外支出	√										2	0	0	0	0								
	3		5	购买办公用品	管理费用											5	0	0	0	0								
	3			本日合计											2	2	0	0	0	0				2	0	0	0	0	0
	4		6	提现	银行存款			3	0	0	0	0	0															
	4		7	退回差旅费	其他应收款			2	0	0	0	0	0															
				本日合计				3	2	0	0	0	0											5	2	0	0	0	0
	⋮																											
	30			本月发生额合计及余额																								

四、库存现金清查核算

在日常工作中，出纳人员应做到"日清月结"。"日清"是指做到当天的现金凭证当天记入现金日记账并结出当天现金日记账余额,下班时清点保险柜的现金余额并与现金日记账余额相核对;"月结"是指做到当月的出纳现金日记账余额与会计的现金总账余额相符合。只有这样,才能尽可能减少现金方面的差错,维护企业的资产安全。

现金的清查除了出纳人员每天进行的自查外,出于管理上的需要,有必要经常对现金进行定期和不定期的清查。这种清查一般采用"实地盘点法"来进行,并根据清查结果编制"库存现金盘点表"(见表2-2),以明确责任。

表 2-2　　　　　　　　　　　　库存现金盘点表

单位名称:　　　　　　　　　　　　　　　年　月　日

实存金额	账存金额	对 比 结 果		备注
		盘盈	盘亏	

处理意见:

清查小组签字:　　　　　　　　　　　　出纳签字:

在发现盘盈或盘亏仍未做出处理意见时,应在账面上增加或减少现金,同时计入"待处理财产损溢"账户过渡。"待处理财产损溢"账户的结构如图2-1所示。

等到处理意见下达后,根据处理意见,按批准金额从"待处理财产损溢"账户转到相应的账户。属于记账错误的现金短缺或溢余,要及时进行更正;属于应由责任人或保险公司赔偿的现金短缺,转入"其他应收款""库存现金"账户;属于无法查明原因的现金短缺,计入"管理费用"账户;对于查无原因的现金溢余,计入"营业外收入"账户。期末处理之后,本账户应无余额。

待处理财产损溢

期初余额:尚待处理的净损失	期初余额:尚待处理的净溢余
发生额:有关资产发生的盘亏、毁损数和经批准处理盘盈财产的转销数	发生额:有关资产发生的盘盈数和经批准处理的盘亏、毁损财产的转销数
月末余额:尚待处理的净损失	月末余额:尚待处理的净溢余

图 2-1　"待处理财产损溢"账户结构图

【例2-8】鸿发公司在2018年6月30日一次突击抽查中,查出现金短缺500元,后经查明500元系白条抵库100元,找现短缺20元,另380元由出纳挪用。账务处理如下:

发现短缺时:

借:待处理财产损溢　　　　　　　　　　　　　　　　　　　　　　　500
　　贷:库存现金　　　　　　　　　　　　　　　　　　　　　　　　　500

接到处理意见时:

借:其他应收款——××出纳员　　　　　　　　　　　　　　　　　　380

——××人		100
管理费用		20
贷：待处理财产损溢		500

同时，由于出纳人员白条抵库、挪用公款，需要追究出纳人员的责任。

> 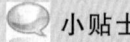 小贴士
>
> 待处理财产损溢科目期末无余额；若年终有未批准的盘盈、盘亏的资产，应先根据查明的原因作出处理，并在报表附注中进行披露。

第二节 银行存款

一、银行存款管理

银行存款是指企业存放在银行的货币资金。企业的一切收支除规定可用现金收支之外，都必须遵守银行结算办法的有关管理规定，通过银行办理转账结算。

《银行账户管理办法》规定，一个企业可以根据需要在银行开立四种账户，包括基本存款账户、一般存款账户、临时存款账户和专用存款账户。

（一）基本存款账户

企业办理日常结算和现金收付业务的账户，企业职工薪酬等现金的支取只能通过本账户办理，一个企业只能在一家银行开立一个基本存款账户。

（二）一般存款账户

企业在基本存款账户以外的银行借款转存以及与基本存款账户的企业不在同一地点的附属非独立核算的单位的账户，企业可以通过本账户办理转账结算和现金缴存，但不能支取现金。

（三）临时存款账户

企业因临时经营活动需要而开立的账户，企业可以通过本账户办理转账结算和根据国家现金管理的规定办理现金收付。

（四）专用存款账户

企业因特殊用途需要而开立的账户，如工会账户、基建账户等。

企业在办理存款账户以后，在使用账户时应严格执行银行结算纪律的规定。合法使用银行账户，不得转借给其他单位或个人使用；不得利用银行账户进行非法活动；不得签发没有资金保证的票据和远期支票，套取银行信用；不得签发、取得和转让没有真实交易和债权债务的票据，套取银行和他人的资金；不准无理拒绝付款、任意占用他人资金；不准违反规定开立和使用账户。

二、银行存款的总分类核算

银行存款的总分类核算是为了总括地反映和监督企业在银行开立结算账户的收支结存情况。应设置"银行存款"科目用来核算企业存入银行的各种存款。企业存入其他金融机构的存款,也在本科目内核算。企业的外埠存款、银行本票存款、银行汇票存款等在"其他货币资金"科目核算,不在本科目内核算。企业收到存款时,借记"银行存款"科目,贷记"库存现金""应收账款"等科目;企业提取现金或支出存款时,借记"库存现金""应付账款"等科目,贷记"银行存款"科目。

【例 2-9】鸿发公司 2018 年 6 月 20 日销售商品收到销售货款 67 800 元,其中应交增值税 7 800 元。账务处理如下:

借:银行存款 67 800
  贷:主营业务收入 60 000
    应交税费——应交增值税(销项税额) 7 800

【例 2-10】鸿发公司 2018 年 6 月 23 日采购材料支付银行存款 56 500 元,其中增值税进项税额 6 500 元,材料已入库。账务处理如下:

借:原材料 50 000
  应交税费——应交增值税(进项税额) 6 500
  贷:银行存款 56 500

三、银行存款日记账核算

银行存款日记账是核算和监督银行存款日常收付结存情况的序时账簿。通过它可以全面、连续地了解和掌握企业每日银行存款的收支动态和余额,为日常分析、检查企业的银行存款收支活动提供资料。银行存款日记账一般采用收入、付出及结存三栏式格式,见表 2-3。

表 2-3   银行存款日记账   单位:元

2018年		凭证		摘要	对方科目	√	收入金额(借方)	付出金额(贷方)	结存金额
月	日	种类	号数				万千百十元角分	万千百十元角分	百十万千百十元角分
6	1			期初结存					2 7 0 0 0 0 0
	4		6	提现	库存现金	√		3 0 0 0 0 0	2 6 7 0 0 0 0
				本日合计				3 0 0 0 0 0	2 6 7 0 0 0 0
	20		9	销售商品	主营业务收入	√	6 7 8 0 0 0 0		3 3 4 8 0 0 0
				本日合计			6 7 8 0 0 0 0		3 3 4 8 0 0 0
	23		10	购买材料	原材料	√		5 6 5 0 0 0 0	2 7 8 3 0 0 0
				本日合计				5 6 5 0 0 0 0	2 7 8 3 0 0 0
	…								
	30			本月发生额合计及余额					

银行存款日记账应由财会部门出纳人员根据银行存款收、付款凭证及存入银行现金时的现金付款凭证,按照经济业务发生的先后顺序,逐日逐笔登记,同时要逐日加计收入合计、付出合计和结存数,月末时还应结出本月收入、付出的合计数和月末结存数。

四、银行存款清查

企业的往来结算业务大部分通过银行进行办理,为了正确掌握企业银行存款的实有数,需要定期将企业银行存款日记账的记录与银行转来的对账单进行核对,每月至少核对一次,如二者不符,应查明原因,予以调整。

企业银行存款日记账按时间的先后顺序记录了引起银行存款增减变动的每一笔经济业务,银行对账单列示了从上次对账到本次对账之间银行对引起企业银行存款增减变动的经济业务所做的全部记录。一般情况下,二者核对相符,但也有核对不符的情况。造成不符的原因有两个方面:一是企业和银行双方存在一方或双方同时记账错误;二是存在未达账项。

未达账项归纳起来,一般有如下四种情况:

(1)银行已收款记账,而企业尚未收款记账。如托收货款,银行已经入账,而企业尚未收到收款通知。

(2)银行已付款记账,而企业尚未付款记账。如借款利息,银行已经划款入账,而企业尚未收到付款通知。

(3)企业已收款记账,而银行尚未收款记账。如企业将收到的转账支票存入银行,但银行尚未转账。

(4)企业已付款记账,而银行尚未付款记账。如企业开出支票并已根据支票存根记账,而持票人尚未到银行取款或转账。

由于未达账项的存在,银行存款日记账的余额与银行对账单的余额是不相等的。此时,银行存款日记账的余额与银行对账单的余额有可能都不能代表企业银行存款的实有数。为了掌握企业银行存款的实有数,企业在收到银行转来的对账单以后,要仔细将企业银行存款日记账的记录与对账单的记录进行核对,判明企业和银行双方是否有记账错误,同时确定所有的未达账项。经过上述工作以后,可以通过编制银行存款余额调节表(见表2-4)的方法来确定企业银行存款的实有数。

> **小贴士**
>
> 未达账项是指由于企业间的交易采用的结算方式涉及的收付款结算凭证在企业和银行之间的传递存在着时间上的先后差别,造成一方已收到凭证并已入账,而另一方尚未接到凭证仍未入账的款项。很显然,未达账项会使银行对账单上的存款余额同企业银行存款日记账的余额不一致。随着互联网时代的到来,收付款采用即时到账,未达账项现象会越来越少。

【例2-11】鸿发公司2018年5月31日银行存款日记账的余额为14 206万元,银行对账单的余额为14 650万元,经过对银行存款日记账和对账单的核对,发现的未达账项及错误记账情况如下：

（1）12月20日，委托银行收款，金额254万元，银行已收妥入账，但企业尚未收到收款通知。

（2）12月份公司开出的转账支票共有3张，持票人尚未到银行办理转账手续，金额合计670万元。

（3）12月29日，存入银行支票一张，金额270万元，银行已承办，企业已凭回单记账，银行尚未记账。

（4）12月31日，银行代付水电费210万元，企业尚未收到付款通知。

根据上述资料编制银行存款余额调节表，见表2-4。

表2-4 银行存款余额调节表

2018年5月31日

单位：元

项目	金额	项目	金额
银行对账单余额	146 500 000	企业银行存款日记账的余额	142 060 000
加：企业已收款记账，而银行尚未收款记账	2 700 000	加：银行已收款记账，而企业尚未收款记账	2 540 000
减：企业已付款记账，而银行尚未付款记账	6 700 000	减：银行已付款记账，而企业尚未付款记账	2 100 000
调整后的余额	142 500 000	调整后的余额	142 500 000

从表2-4可以看出，表中左右两方调整后的余额相等。这说明该公司银行存款的实有数既不是14 650万元，也不是14 206万元，而是14 250万元。同时，又说明对未达账项以及企业与银行双方记账错误的认定也是正确的。值得注意的是，对于银行已经入账，而企业尚未入账的未达账项，应在收到有关收付款原始凭证后，才能进行账务处理，不能直接以银行转来的对账单作为原始凭证记账。

五、银行结算方式

在我国，企业发生货币资金收付业务可以采用银行汇票、银行本票、商业汇票、支票、信用卡、汇兑、托收承付、委托收款、信用证等结算方式。

（一）银行汇票结算方式

银行汇票是指由出票银行签发的，由其在见票时按照实际结算金额无条件支付给收款人或者持票人的票据。银行汇票的出票银行为银行汇票的付款人。企业与异地单位和个人的各种款项结算，均可使用银行汇票。银行汇票可以用于转账，填明"现金"字样的银行汇票也可以用于支取现金，其中现金银行汇票的申请人与收款人必须均为个人。银行汇票的提示付款期限自出票日起1个月。持票人超过付款期限提示付款的，代理付款人不予受理。

收款人受理申请人交付的银行汇票时，应在出票金额以内，根据实际需要的款项办理结算，并将实际结算金额和多余金额准确、清晰地填入银行汇票和解讫通知的有关栏内。未填明实际结算金额和多余金额或实际结算金额超过出票金额的，银行不予受理。

银行汇票可以背书转让给被背书人。银行汇票的背书转让以不超过出票金额的实际结算金额为准。未填写实际结算金额或实际结算金额超过出票金额的银行汇票不得背书转让。

（二）银行本票结算方式

银行本票是指由银行签发的，承诺自己在见票时无条件支付确定金额给收款人或者持票人的票据。它适用于单位和个人在同一票据交换区域需要支付各种款项的结算。银行本票可以用于转账，也可以用于支取现金。申请人或收款人为单位的，不得申请签发现金银行本票。银行本票分为定额本票和不定额本票两种，其中定额本票分为 1 000 元、5 000 元、10 000 元和 50 000 元四种面额。银行本票的提示付款期限自出票日起最长不得超过 2 个月。

申请人使用银行本票，应向银行填写"银行本票申请书"。

（三）商业汇票结算方式

商业汇票是指由出票人签发的，委托付款人在指定日期无条件支付确定的金额给收款人或者持票人的票据。这种结算方式要求在银行开立账户的法人以及其他组织之间，必须具有真实的交易关系或债权债务关系，如购买材料、销售商品等业务。这种结算方式同城和异地均可使用。

商业汇票的付款期限可由交易双方自行约定，但最长不得超过 6 个月。商业汇票的提示付款期限为自汇票到期日起 10 日。商业汇票可以背书转让，符合条件的商业汇票在尚未到期前可以向银行申请贴现，并按银行规定的贴现率向银行支付贴现息。

按承兑人不同，商业汇票可分为商业承兑汇票和银行承兑汇票两种。

商业承兑汇票由银行以外的付款人承兑。商业承兑汇票可以由付款人签发并承兑，也可以由收款人签发交由付款人承兑。

银行承兑汇票由银行承兑。银行承兑汇票应由在承兑银行开立存款账户的存款人签发。银行承兑汇票的出票人应于汇票到期前将票款足额交存其开户银行。承兑银行应在汇票到期日或到期日后的见票当日支付票款。如出票人于汇票到期日未能足额交存票款时，承兑银行除凭票向持票人无条件付款外，对出票人尚未支付的汇票金额按照每天万分之五计收利息。

（四）支票结算方式

支票是指出票人签发的，委托办理支票存款业务的银行在见票时无条件支付确定的金额给收款人或者持票人的票据。支票分为现金支票、转账支票和普通支票三种。在支票上印有"现金"字样的支票为现金支票，现金支票只能用于支取现金；在支票上印有"转账"字样的支票为转账支票，转账支票只能用于转账；在支票上未印有"现金"或"转账"字样的为普通支票，普通支票可以用于支取现金，也可以用于转账。在普通支票左上角划两条平行线的为划线支票，划线支票只能用于转账，不得支取现金。支票适用于单位和个人在同一票据交换区域的各种款项的结算。

支票的出票人为在经中国人民银行当地分支行批准办理支票业务的银行机构开立可以使用支票的存款账户的单位和个人。

支票的提示付款期限为自出票日起 10 日，中国人民银行另有规定的除外。超过提示付款期限提示付款的，持票人开户银行不予受理，付款人不予付款。

单位和个人签发支票的金额不得超过付款时在付款人处实有的存款金，同时不得签发空头支票、与预留银行签章不符的支票以及支付密码错误的支票。否则，银行应予以退票，并按票面金额处以5%但不低于1 000元的罚款；持票人有权要求出票人赔偿支票金额2%的赔偿金。对屡次签发的，银行应停止其签发支票。另外，单位和个人在签发支票时应使用碳素墨水或墨汁填写，中国人民银行另有规定的除外。

（五）信用卡结算方式

信用卡是指商业银行向个人和单位发行的，凭以向特约单位购物、消费和向银行存取现金，且具有消费信用的特制载体卡片。信用卡按使用对象分为单位卡和个人卡，按信誉等级分为金卡和普通卡。

利用单位卡进行结算的商品交易、劳务供应款项的金额不能高于10万元。信用卡可以透支，但不能恶意透支，而且透支金额有明确的规定，金卡不能超过10 000元，普通卡不能超过5 000元。信用卡透支期限最长为60天。

（六）汇兑结算方式

汇兑是指汇款人委托银行将其款项支付给收款人的结算方式。企业与异地单位和个人的各种款项的结算，均可使用汇兑结算方式。汇兑分为电汇、信汇两种，由汇款人选择使用。网上银行支付属于汇兑结算方式的一种形式。

（七）托收承付结算方式

托收承付是指根据购销合同由收款人发货后委托银行向异地付款人收取款项，由付款人向银行承诺付款的结算方式。按银行结算办法的规定，使用托收承付结算方式的收款单位和付款单位，必须是国有企业、供销合作社以及经营管理较好，并经开户银行审查同意的城乡集体所有制工业企业。收款单位和付款单位间的结算必须是商品交易以及因商品交易而产生的劳务供应的款项。但有些交易，如代销、寄销、赊销商品的款项，不得办理托收承付结算。

（八）委托收款结算方式

委托收款是指收款人委托银行向付款人收取款项的结算方式。按银行结算办法的规定，单位和个人凭已承兑商业汇票、债券、存单等付款人债务证明办理款项的结算，均可以使用委托收款结算方式。这种结算方式在同城、异地均可以使用。委托收款结算款项的划回方式，分邮寄和电报两种，由收款人选择使用。

（九）信用证结算方式

信用证是一种由银行依照客户的要求和指示开立的有条件承诺付款的书面文件。采用信用证结算方式的，收款单位收到信用证后，即备货装运，签发有关发票账单，连同运输单据和信用证送交银行，根据退还的信用证等有关凭证编制收款凭证，付款单位在接到开证行的通知时，根据付款的有关单据编制付款凭证。

六、网络银行支付

网络银行又称网上银行，是一种以信息技术和互联网技术为依托，通过互联网平台向用户开展和提供开户、销户、查询、对账、行内转账、跨行转账、信贷、网上证券、投资理财等各种金融服务的新型银行机构与服务形式,为用户提供全方位、全天候、便捷、实时的快捷金融服务系统。网络银行(网银)支付是指在银联在线支付平台通过输入用户账号和密码的方式登录到网络银行,并完成支付的方式。

第三节 其他货币资金

其他货币资金是指除库存现金、银行存款之外的货币资金,包括外埠存款、银行汇票存款、银行本票存款、信用卡存款、信用证保证金存款以及存出投资款等。外埠存款是指企业到外地进行临时或零星采购时,汇往采购地银行开立采购专户的款项;银行汇票存款是指企业为取得银行汇票按照规定存入银行的款项;银行本票存款是指企业为取得银行本票按照规定存入银行的款项;信用卡存款是指企业为取得信用卡按照规定存入银行的款项;信用证保证金存款是指企业为取得信用证按照规定存入银行的保证金;存出投资款是指企业已存入证券公司但尚未购买股票、基金等投资对象的款项。

为了总括地反映企业其他货币资金的增减变动和结存情况,企业应设置"其他货币资金"科目进行其他货币资金的总分类核算,在"其他货币资金"总账科目下按其他货币资金的组成内容或收付款单位的不同进行明细分类核算。

一、外埠存款的核算

为满足企业临时或零星采购的需要,将款项委托当地银行汇往采购地银行开立采购专户时,借记"其他货币资金"科目,贷记"银行存款"科目;会计部门在收到采购员交来的供应单位的材料账单、货物运单等报销凭证时,借记"材料采购""应交税费"等科目,贷记"其他货币资金"科目;采购员在离开采购地时,采购专户如有余额款项,应将剩余的外埠存款转回企业当地银行结算户,会计部门根据银行的收账通知,借记"银行存款"科目,贷记"其他货币资金"科目。

【例 2-12】鸿发公司 2018 年 5 月 10 日,因零星采购需要,将款项 60 000 元汇往北京并开立采购专户。账务处理为:

借:其他货币资金——外埠存款　　　　　　　　　　　60 000
　　贷:银行存款　　　　　　　　　　　　　　　　　　60 000

【例 2-13】鸿发公司 2018 年 5 月 20 日,收到采购员寄来的采购材料发票等凭证,货款 50 000 元,增值税税额为 6 500 元。账务处理为:

借:材料采购　　　　　　　　　　　　　　　　　　　50 000
　　应交税费——应交增值税(进项税额)　　　　　　 6 500
　　贷:其他货币资金——外埠存款　　　　　　　　　　56 500

【例 2-14】鸿发公司 2018 年 5 月 21 日,外地采购业务结束,采购员将剩余采购资金 3 500 元,转回本地银行。账务处理为:

借：银行存款 3 500
　　贷：其他货币资金——外埠存款 3 500

二、银行汇票存款的核算

企业要使用银行汇票办理结算时，应填写"银行汇票委托书"，并将相应款项交存银行，取得银行汇票后，根据银行盖章退回的委托书存根联，借记"其他货币资金"科目，贷记"银行存款"科目。企业使用银行汇票后，应根据发票账单及开户银行转来的银行汇票第四联等有关凭证，借记"材料采购""应交税费"等科目，贷记"其他货币资金"科目。银行汇票如有多余款项或因超过付款期等原因而退回款项时，借记"银行存款"科目，贷记"其他货币资金"科目。

【例2-15】鸿发公司2018年5月31日向银行提交"银行汇票委托书"，并交存款项35 000元，银行受理后签发银行汇票和解讫通知，根据"银行汇票委托书"存根联记账。账务处理为：

借：其他货币资金——银行汇票 35 000
　　贷：银行存款 35 000

【例2-16】鸿发公司2018年6月5日用银行签发的银行汇票支付采购材料货款33 900元，其中增值税税额为3 900元。根据有关凭证记账，账务处理为：

借：材料采购 30 000
　　应交税费——应交增值税（进项税额） 3 900
　　贷：其他货币资金——银行汇票 33 900

【例2-17】鸿发公司2018年5月31日收到银行退回的多余款项收账通知。账务处理为：

借：银行存款 1 100
　　贷：其他货币资金——银行汇票 1 100

银行本票存款的核算与银行汇票存款的核算基本相同。企业要使用银行本票办理结算时，应填写"银行本票申请书"，并将相应款项交存银行，取得银行本票后，根据银行盖章退回的申请书存根联，借记"其他货币资金"科目，贷记"银行存款"科目。企业付出银行本票后，应根据发票账单等有关凭证，借记"材料采购""应交税费"等科目，贷记"其他货币资金"科目。企业因本票超过付款期等原因而要求退款时，应填制一式两联的进账单，连同本票一并交存银行，根据银行盖章退回的进账单第一联，借记"银行存款"科目，贷记"其他货币资金"科目。

销售单位销售商品收到银行汇票或银行本票时，一般填写相关的进账单直接送存银行，企业增加银行存款，不需要通过"其他货币资金"账户核算。如果企业将收到的银行汇票或银行本票准备背书转让时，可以通过"其他货币资金"账户核算。

三、信用卡（证）存款的核算

企业申请使用信用卡时，应按规定填制申请表，并连同支票和有关资料一并送交发卡银行，根据银行盖章退回的进账单第一联，借记"其他货币资金"科目，贷记"银行存款"科目。企业用信用卡购物或支付有关费用,借记有关科目,如"管理费用""材料采购"等,贷记"其他货币资金"科目。企业信用卡在使用过程中,需要向其账户续存资金的,借记"其他货币资金"科目,贷记"银行存款"科目。

企业申请使用信用证进行结算时,应向银行交纳保证金存款,根据银行退回的进账单,借记"其他货币资金"科目,贷记"银行存款"科目。根据开证行交来的信用证来单通知书及有关单据列明的金额,借记"材料采购"或"原材料""库存商品""应交税费——应交增值税"等科目,贷记"其他货币资金"科目。

四、存出投资款的核算

企业在向证券市场进行股票、债券投资时,应向证券公司申请资金账号并划出资金。会计部门应按实际划出的金额,借记"其他货币资金"科目,贷记"银行存款"科目;购买股票、债券时,应按实际支付的金额,借记"交易性金融资产"等科目等,贷记"其他货币资金"科目。

【例 2-18】鸿发公司 2018 年 6 月 21 日拟利用闲置资金进行证券投资,向广发证券公司申请资金账号,并开出转账支票划出资金 30 000 000 元存入该账号,以便购买股票、债券等。账务处理为:

借:其他货币资金——存出投资款　　　　　　　　　　　30 000 000
　　贷:银行存款　　　　　　　　　　　　　　　　　　　　30 000 000

【例 2-19】鸿发公司 2018 年 6 月 26 日利用证券投资账户从二级市场购买粤宏远 A 股票 300 000 股,每股市价 4.5 元,发生交易费用 4 000 元,作为交易性金融资产。账务处理为:

借:交易性金融资产　　　　　　　　　　　　　　　　　1 350 000
　　投资收益　　　　　　　　　　　　　　　　　　　　　　4 000
　　贷:其他货币资金——存出投资款　　　　　　　　　　　1 354 000

练习题

一、不定项选择题

1. 根据《现金管理暂行条例》规定,下列经济业务中,一般不应用现金支付的是(　　)。

A. 支付职工奖金 4 000 元　　　　　　B. 支付零星办公用品购置费 900 元
C. 支付物资采购货款 2 300 元　　　　D. 支付职工差旅费 5 000 元

2. 货币资金包括(　　)。

A. 库存现金　　　　　　　　　　　　B. 银行存款
C. 应收票据　　　　　　　　　　　　D. 其他货币资金

3. 现金清查后,按照管理权限报经批准后,分别按(　　)情况处理。

A. 无法查明原因的现金短缺，计入管理费用
B. 属于无法查明原因的现金溢余，计入营业外收入
C. 如为现金溢余，属于应支付给有关人员或单位的，计入其他应付款
D. 如为现金短缺，属于应由责任人赔偿或保险公司赔偿的部分，计入其他应收款

4. 企业现金清查中，发现库存现金较账面余额短缺500元，在未查明原因之前，应借记的会计科目是（　　）。
  A. 待处理财产损溢　　　　　　　B. 营业外支出
  C. 其他应收款　　　　　　　　　D. 管理费用

5. 企业存放在银行的银行本票存款，应通过（　　）科目进行核算。
  A. 其他货币资金　　　　　　　　B. 银行存款
  C. 货币资金　　　　　　　　　　D. 库存现金

6. 已存入证券公司但尚未进行短期投资的现金，先作为（　　）。
  A. 银行存款　　　　　　　　　　B. 其他货币资金
  C. 委托收款　　　　　　　　　　D. 其他应收款

7. 下列未达账项中，会导致银行存款对账单余额小于银行存款日记账余额的有（　　）。
  A. 银行收到委托款项但尚未通知企业
  B. 企业已开出但银行尚未兑付的支票
  C. 企业已收但尚未存入银行的转账支票
  D. 银行划付电话费但未将通知单送达企业

8. 下列各项中，应确认为企业其他货币资金的有（　　）。
  A. 企业持有的3个月内到期的债券投资
  B. 企业为购买股票向证券公司划出的资金
  C. 企业汇往外地建立临时采购专户的资金
  D. 企业向银行申请银行本票时拨付的资金

9. 只适用于商品交易以及商品交易产生的劳务供应款项结算的是（　　）。
  A. 支票　　　　　　　　　　　　B. 银行汇票
  C. 汇兑　　　　　　　　　　　　D. 托收承付

10. 下列关于"待处理财产损溢"账户表述正确的是（　　）。
  A. 尚待处理的净损失余额记在借方
  B. 尚待处理的净溢余余额记在贷方
  C. 发生的资产盘亏、毁损数和经批准处理盘盈财产的转销数记在借方
  D. 发生的资产盘盈数和经批准处理盘的盘亏、毁损财产的转销数记在贷方

二、业务题

鸿发公司2018年12月发生与银行存款有关的业务如下：

（1）12月28日，鸿发公司收到A公司开出的480万元转账支票，交存银行。该笔款项系A公司违约支付的赔款，鸿发公司将其计入当期损益。

（2）12月29日，鸿发公司开出转账支票支付B公司咨询费360万元，并于当日交给B公司。

（3）12月31日，鸿发公司银行存款日记账余额为432万元，银行转来对账单余额为664万元。经逐笔核对，发现以下未达账项：鸿发公司已将12月28日收到的A公司赔款登记入账，但银行尚未记账；B公司尚未将12月29日收到的支票送存银行；鸿发公司委托银行代收C公司购货款384万元，银行已于12月30日收妥并登记入账，但鸿发公司尚未收到收款通知；2月份鸿发公司发生借款利息32万元，银行已减少其存款，但鸿发公司尚未收到银行的付款通知。

要求：

（1）编制鸿发公司上述业务的会计分录。

（2）根据上述资料编制鸿发公司银行存款余额调节表。

第三章 应收款项

【案例导学】

2018年9月26日上市公司华业资本（股票代码：600240）公告称，子公司投资的应收账款出现逾期，合计金额达8.88亿元，追偿小组在现场走访时向债务人出示恒韵医药与公司方面签署的协议，债务人方面否认存在协议中列示的债务，文件上的公章系伪造，确认债务并不真实。华业资本现有应收账款存量规模101.89亿元，全部从恒韵医药受让所得，如相关事项属实，公司存量应收账款面临部分或全部无法收回风险。目前，恒韵医药无合理解释且其实控人失联未能取得联系，上交所就此事下发监管工作函。很显然，华业资本摊上了足以让债权人谈之色变的"萝卜章"事件。

思考：华业资本"萝卜章"事件形成的原因以及企业应如何建立应收款风险管控体系。

应收及预付款项是指企业在日常生产经营过程中发生的各项债权，包括应收款项和预付款项。应收款项包括应收票据、应收账款、应收股利、应收利息和其他应收款等；预付款项则是指企业按照合同规定预付的款项，如预付账款等。

第一节 应收票据

一、应收票据期限的确定

应收票据是指企业因销售商品、提供劳务等而收到的商业汇票。商业汇票按承兑人不同分为商业承兑汇票和银行承兑汇票。

商业汇票的付款期限，最长不得超过6个月。定日付款的汇票付款期限自出票日起计算，并在汇票上记载具体到期日，其付款期的计算可以采用"算头不算尾"或"算尾不算头"的办法按实际天数计算，例如，4月20日开出的60天商业汇票，到期日为6月19日。定期付款的汇票付款期限自出票日起按月计算，并在汇票上记载，票据到期日以签发日数月后的对日计算,而不论各月是大月还是小月。例如,4月16日签发3个月到期的商业汇票,到期日为7月16日。如果票据签发日为月末的最后一天,则到期日为若干月后的最后一天。例如,1月31日签发、1个月到期的商业汇票,到期日为2月28日或29日;若为两个月到期的商业汇票,到期日为3月31日;若是3个月到期的商业汇票,到期日为4月30日,以此类推。

商业汇票的提示付款期限,自汇票到期日起10日。符合条件的商业汇票的持票人,可以持未到期的商业汇票连同贴现凭证向银行申请贴现。

二、应收票据的账务处理

企业应当设置"应收票据"科目,借方登记取得应收票据的面值,贷方登记到期收回票款或到期前向银行贴现应收票据的票面余额,期末余额在借方,反映企业持有的商业汇票的票面余额。

(一) 应收票据取得和到期收回的核算

应收票据取得的原因不同,其账务处理亦有所区别。因债务人抵偿前欠货款而取得的应收票据,应借记"应收票据"科目,贷记"应收账款"科目;因企业销售商品、提供劳务等而收到开出、承兑的商业汇票,应借记"应收票据"科目,贷记"主营业务收入""应交税费——应交增值税(销项税额)"等科目。

商业汇票到期收回款项时,应按实际收到的金额,借记"银行存款"科目,贷记"应收票据"科目。如果是商业承兑汇票,票到期时无法收回票款,则借记"应收账款"科目,贷记"应收票据"科目。

【例3-1】鸿发公司为增值税一般纳税人,2018年9月1日向乙公司(为增值税一般纳税人)销售一批产品,价款为1 000 000元,尚未收到,已办妥托收手续,适用的增值税税率为13%。鸿发公司账务处理如下:

借:应收账款   1 130 000
 贷:主营业务收入   1 000 000
   应交税费——应交增值税(销项税额)   130 000

【例3-2】2018年9月15日,鸿发公司收到乙公司寄来的一张3个月期的商业承兑汇票,面值为1 130 000元,抵付所销售产品的价款和增值税款。鸿发公司账务处理如下:

借:应收票据   1 130 000
 贷:应收账款   1 130 000

【例3-3】2018年12月15日,鸿发公司上述应收票据到期,收回票面金额1 130 000元存入银行。鸿发公司账务处理如下:

借:银行存款   1 130 000
 贷:应收票据   1 130 000

如果2018年12月15日,鸿发公司上述应收票据到期,无法收回票面金额1 130 000元,鸿发公司账务处理如下:

借:应收账款   1 130 000
 贷:应收票据   1 130 000

（二）带息应收票据的核算

有些商业汇票在票面上规定有利率，这类商业汇票是带息票据，票据到期时，除收回票面款外，还同时收取一定的利息。

票据到期值 = 票面金额 + 持有期间的利息

持有期间的利息 = 票面金额 × 利率 × 期限

带息商业汇票到期之前，尽管利息尚未实际收到，但企业已经取得收取票据利息的权利。在会计核算上，应按权责发生制原则于会计期末反映这部分利息收入，同时将应收而未实际收到的利息作为应收债权记录，借记"应收票据"科目，贷记"财务费用"（或"利息收入"）科目。

一般地，如果应收票据的利息金额较大，对企业财务成果有较大影响，应按月计提利息；如果应收票据的利息金额不大，对企业财务成果的影响较小，可以于季末或年末计提应收票据的利息。但企业至少应于会计年末计提持有商业汇票的利息，以便正确计算企业的财务成果，除非应计利息金额极小。

> **小贴士**
>
> 带息票据持有期间利息计算公式中，应保持利率与时期的一致性。即：利率若为年利率，则时期也应换算为年；利率若为月利率，时期也要换算为月；利率若为日利率，时期也要换算成日。年利率换成月利率时可以除以12，年利率换成日利率时可以除以360，月利率换成日利率时可以除以30。

【例3-4】 2018年9月5日，鸿发公司收到乙公司寄来的一张"出票日为2018年9月1日，期限3个月，年利率5%"的银行承兑汇票，面值为1 000 000元，抵付所销售产品的价款。鸿发公司账务处理如下：

借：应收票据　　　　　　　　　　　　　　　　　　　　　　　1 000 000

　　贷：应收账款　　　　　　　　　　　　　　　　　　　　　　1 000 000

【例3-5】 2018年12月1日，鸿发公司上述应收票据到期，收回票面金额和利息共计1 012 500元（1 000 000 + 1 000 000 × 5% × 3/12）存入银行。鸿发公司账务处理如下：

借：银行存款　　　　　　　　　　　　　　　　　　　　　　　1 012 500

　　贷：应收票据　　　　　　　　　　　　　　　　　　　　　　1 000 000

　　　　财务费用　　　　　　　　　　　　　　　　　　　　　　　　12 500

【例3-6】 如果鸿发公司收到票据是"出票日为2018年9月1日，期限6个月，年利率6%"的银行承兑汇票，面值为1 000 000元，该票据到期日为2019年3月1日。由于票据跨年度，需要在2018年12月31日计算前4个月的利息，并记账。

借：应收票据　　　　　　　　　　　　　　　　　　　　　　　　　20 000

　　贷：财务费用　　　　　　　　　　　　　　　　　　　　　　　　20 000

在2019年3月1日收回票面金额和利息1 030 000元（1 000 000 + 1 000 000 × 6% × 6/12）存入银行。

借：银行存款　　　　　　　　　　　　　　　　　　　　　　　1 030 000

　　　　贷：应收票据　　　　　　　　　　　　　　　　　　　　　　1 020 000
　　　　　　财务费用　　　　　　　　　　　　　　　　　　　　　　　　10 000

（三）应收票据的转让

实务中，企业可以将持有的商业汇票背书转让。通常情况下，企业将持有的商业汇票背书转让以取得所需物资时，按应计入取得物资成本的金额，借记"材料采购"或"原材料""库存商品"等科目，按照增值税专用发票上注明的可抵扣的增值税税额，借记"应交税费——应交增值税（进项税额）"科目，按商业汇票的票面金额，贷记"应收票据"科目，如有差额，借记或贷记"银行存款"等科目。

【例 3-7】假定鸿发公司于 2018 年 10 月 15 日将【例 3-2】应收票据背书转让，以取得生产经营所需的 A 种材料，该材料价款为 1 500 000 元，适用的增值税税率为 13%。鸿发公司账务处理如下：

　　　　借：原材料　　　　　　　　　　　　　　　　　　　　　　　1 500 000
　　　　　　应交税费——应交增值税（进项税额）　　　　　　　　　　195 000
　　　　贷：应收票据　　　　　　　　　　　　　　　　　　　　　　1 130 000
　　　　　　银行存款　　　　　　　　　　　　　　　　　　　　　　　565 000

（四）应收票据贴现

应收票据贴现是指企业以未到期应收票据向银行融通资金，银行按票据的应收金额扣除一定期间的贴现利息后将余额付给企业的融资行为。

企业持未到期的商业汇票向银行申请贴现，银行扣去贴现息后，企业可以从银行取得贴现款。贴现款的计算如下：

贴现款 = 票据到期值 - 贴现息

贴现息 = 票据到期值 × 贴现率 × 贴现天数/360

贴现天数是指自贴现日起至票据到期前一日止的实际天数，贴现日和票据到期日只计算其中的一天。在实务中，无论商业汇票的到期日按日表示还是按月表示，贴现期一般均按实际贴现天数计算。

应收票据贴现企业应根据贴现的商业汇票是否带有追索权分别采用不同的方法进行会计处理。在我国，银行承兑汇票基本上不存在到期不能收回票款的风险，所以银行承兑汇票贴现可以视为不带追索权的商业贴现业务。对于该种票据贴现，企业通常应按实际收到的金额，借记"银行存款"科目，按应收票据的票面金额，贷记"应收票据"科目，按照其差额，借记或贷记"财务费用"科目。

商业承兑汇票的承兑人是付款人自己，贴现人将商业承兑汇票贴现后还要承担连带责任，形成一种或有负债，所以商业承兑汇票贴现是一种典型的带追索权的商业贴现业务。企业将带追索权的票据贴现，不符合金融资产终止确认的条件，会计上不冲销"应收票据"账户，此时，一般根据实际收到的贴现款借记"银行存款"科目，贷记"短期借款"科目。

【例 3-8】鸿发公司于 2018 年 2 月 10 日（当年 2 月份为 28 天）持签发承兑日为 1 月 31 日、限为 90 天、面值为 500 000 元、利率为 4.8%、到期日为 5 月 1 日的银行承兑汇票到银行申请贴现，银行规定的月贴现率为 4.2‰。假定票到期确认利息收入。

票据到期利息总额 = 500 000 × 4.8% × 90/360 = 6 000（元）

票据到期值 = 500 000 + 6 000 = 506 000（元）

贴现天数 = 80（天）

贴现息 = 506 000 × 4.2‰ × 80/30 = 5 667.2（元）

贴现款 = 506 000 − 5 667.2 = 500 332.8（元）

鸿发公司账务处理如下：

借：银行存款　　　　　　　　　　　　　　　　　　　　　500 332.80
　　贷：应收票据　　　　　　　　　　　　　　　　　　　　　　500 000
　　　　财务费用　　　　　　　　　　　　　　　　　　　　　　　332.80

【例3-9】鸿发公司于2018年2月10日（当年2月份为28天）持签发承兑日为1月31日、期限为90天、面值为500 000元、利率为4.8%、到期日为5月1日的商业承兑汇票到银行申请贴现，银行规定的月贴现率为4.2‰。假定票据到期确认利息收入。该商业承兑汇票贴现时，账务处理如下：

借：银行存款　　　　　　　　　　　　　　　　　　　　　500 332.80
　　贷：短期借款　　　　　　　　　　　　　　　　　　　　　500 332.80

针对商业承兑汇票贴现时，票据到期日，无论票据付款人是否足额向贴现银行支付票款，贴现的票据均满足资产终止确认的条件，会计上应终止确认应收票据。

票据付款人于票据到期日将票款足额付给贴现银行，企业未收到有关追索债务的通知，则企业因票据贴现而产生的或有负债责任解除。这时应作为偿还短期借款对待，根据短期借款的账面价值，借记"短期借款"科目，根据应收票据的账面价值，贷记"应收票据"科目，根据两者差额，借记或贷记"财务费用"科目。

如果票据的付款人于汇票到期日未能向贴现银行足额支付票款，企业则成为实际的债务人。贴现票据的企业能够向贴现银行支付票款的，收到银行有关偿债通知后，根据票据到期值，借记"应收账款"科目，根据票据账面价值，贷记"应收票据"科目，差额借记或贷记"财务费用"科目。同时按照短期借款账面价值，借记"短期借款"科目，根据票据到期值，贷记"银行存款"科目，按照两者的差额，借记"财务费用"科目。贴现票据的企业若无力偿还票款时，贴现银行将对无法偿还的票款做逾期贷款处理。

【例3-10】以【例3-9】的资料为例，2018年5月1日票据到期时，票据付款人已足额向贴现银行支付票款，则到期日鸿发公司账务处理如下：

借：短期借款　　　　　　　　　　　　　　　　　　　　　500 332.80
　　贷：应收票据　　　　　　　　　　　　　　　　　　　　　　500 000
　　　　财务费用　　　　　　　　　　　　　　　　　　　　　　　332.80

若2018年5月1日票据到期时，票据付款人无法向贴现银行支付票款，而鸿发公司能够偿还票据款，则账务处理如下：

借：应收账款　　　　　　　　　　　　　　　　　　　　　　506 000
　　贷：应收票据　　　　　　　　　　　　　　　　　　　　　　500 000
　　　　财务费用　　　　　　　　　　　　　　　　　　　　　　　6 000
借：短期借款　　　　　　　　　　　　　　　　　　　　　500 332.80
　　财务费用　　　　　　　　　　　　　　　　　　　　　　5 667.20

　　　　贷：银行存款　　　　　　　　　　　　　　　　　　　　506 000

若 2018 年 5 月 1 日票据到期时，票据付款人无法向贴现银行支付票款，而鸿发公司也无力偿还票据款，则账务处理如下：

　　借：应收账款　　　　　　　　　　　　　　　　　　　　506 000
　　　　贷：应收票据　　　　　　　　　　　　　　　　　　　500 000
　　　　　　财务费用　　　　　　　　　　　　　　　　　　　　6 000
　　借：短期借款　　　　　　　　　　　　　　　　　　　　500 332.80
　　　　财务费用　　　　　　　　　　　　　　　　　　　　　5 667.20
　　　　贷：短期借款——逾期贷款　　　　　　　　　　　　　506 000

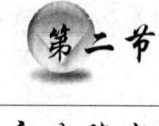

第二节　应收账款

一、应收账款的入账价值

应收账款是指企业因销售商品、提供劳务等经营活动，应向购货单位或接受劳务单位收取的款项，主要包括企业销售商品或提供劳务等应向有关债务人收取的价款、增值税以及代购货单位垫付的包装费、运杂费等。

应收账款的入账价值随着企业销售商品时实行商业折扣或现金折扣的政策不同而不同。

（一）商业折扣

商业折扣是指对商品价目单所列的价格给予一定的折扣，实际上是对商品报价进行的折扣。商业折扣一般用百分比表示，如 5%、10%、20% 等，也可用金额表示，如返利 100 元、200 元等。在会计上，应收客户款应以业务发生时的成交价入账。也就是说，应收账款一般应按商品报价扣除商业折扣以后的实际成交价格入账。

（二）现金折扣

现金折扣是指债权人为鼓励债务人在规定的期限内（折扣期）付款，而向债务人提供的债务减让。其实质是债权人对债务人在一定时期内早日偿还货款所给予的一种折扣优待。这种折扣的条件通常表示为：2/10，1/20，N/30，即债务人在 10 天内付款，只需支付全部价款的 98%（给予 2% 的折扣）；债务人如果在 10 天后、20 天内付款，则只需支付全部价款的 99%（给予 1% 的折扣）；债务人如果在 20 天后、30 天内付款，则应该支付全部价款（不给予折扣）。现金折扣对于销货企业来讲，称为销售折扣，它使企业应收账款的实际数额因债务人的付款时间而异，从而使会计核算发生了变化。

在采用现金折扣的情况下，应收账款入账金额的确认有总价法和净价法之分。总价法是将没有扣减现金折扣前的发票金额作为销售收入和应收账款的入账金额。净价法是将扣减现金折扣后的金额作为销售收入和应收账款的入账金额。

> **小贴士**
>
> 2017年7月5日，财政部修订发布了《企业会计准则第14号——收入》。准则提出了"可变对价"的概念，现金折扣属于可变对价，其确认依据为可变对价的最佳估计数。根据该准则，企业选择总价法还是净价法对现金折扣进行会计处理，应当取决于对可变对价最佳估计数的判断：如果企业判断客户在折扣期限内不是极可能取得现金折扣（即在相关不确定性消除时最终确定的交易价格极可能为发票价格），应当采用总价法；如果企业判断客户在折扣期限内，极可能取得现金折扣（即在相关不确定性消除时，最终确定的交易价格极可能为发票价格扣除现金折扣后的净额），应当采用净价法。在总价法下，如果客户能够在折扣期限内付款，企业应按客户取得的现金折扣金额调减收入；在净价法下，如果客户未能在折扣期限内付款，企业应按客户丧失的现金折扣金额调增收入。

二、应收账款的一般账务处理

企业应设置"应收账款"科目，不单独设置"预收账款"科目的企业，预收的账款也在"应收账款"科目核算。"应收账款"科目的借方登记应收账款的增加，贷方登记应收账款的收回及确认的坏账损失，期末余额一般在借方，反映企业尚未收回的应收账款；如果期末余额在贷方，一般则反映企业预收的账款。

【例3-11】2018年5月4日，鸿发公司采用托收承付结算方式向乙公司（为增值税一般纳税人）销售商品一批，开出的增值税专用发票上注明的价款为300 000元，增值税税额为39 000元，已办理托收手续。鸿发公司账务处理如下：

借：应收账款　　　　　　　　　　　　　　　　　　339 000
　　贷：主营业务收入　　　　　　　　　　　　　　　　300 000
　　　　应交税费——应交增值税（销项税额）　　　　　39 000

2018年5月14日鸿发公司实际收到款项时，应编制如下会计分录：

借：银行存款　　　　　　　　　　　　　　　　　　339 000
　　贷：应收账款　　　　　　　　　　　　　　　　　　339 000

需要说明的是，企业如有代购货单位垫付的包装费、运杂费，也应计应收账款，通过"应收账款"科目核算。

【例3-12】鸿发公司2018年7月1日销售甲商品，商品价目单中所列示的价格（不含增值税）为200元/件，现销售30件，并给予购货方5%的商业折扣，则鸿发公司销售甲商品的实际销售单价为190元/件 [200×（1-5%），销售30件的价款共计5 700元（190×30），应收取的销项税额为741元，共计6 441元。账务处理如下：

借：应收账款　　　　　　　　　　　　　　　　　　6 441
　　贷：主营业务收入　　　　　　　　　　　　　　　　5 700
　　　　应交税费——应交增值税（销项税额）　　　　　741

实际收到货款时：

借：银行存款	6 441	
贷：应收账款		6 441

【例 3-13】鸿发公司 2018 年 7 月 5 日赊销甲产品，合同规定的客户付款期为企业交付货物后 30 天内，付款条件为"2/20，n/30"，现金折扣不考虑增值税。当日开出增值税专用发票，发票上注明的不含税价款为 50 000 元，增值税税额为 6 500 元，价税合计总额 56 500 元。账务处理如下：

(1) 如果按总价法核算。

销售商品时：

借：应收账款	56 500	
贷：主营业务收入		50 000
应交税费——应交增值税（销项税额）		6 500

如果客户于 20 天内付款，则获得 1 000 元（50 000×2%）的现金折扣。鸿发公司实际收到货款 55 500 元存入银行时：

借：银行存款	55 500	
主营业务收入	1 000	
贷：应收账款		56 500

如果商品销售后 30 天客户付款，则无现金折扣，收到全额款项时：

借：银行存款	56 500	
贷：应收账款		56 500

(2) 如果按净价法核算。

销售商品时：

借：应收账款	55 500	
贷：主营业务收入		49 000
应交税费——应交增值税（销项税额）		6 500

如果客户于 20 天内付款，则获得 1 000 元的现金折扣，实际收到货款 55 500 元存入银行时：

借：银行存款	55 500	
贷：应收账款		55 500

如果商品销售后 20 天内客户未能付款，则无法获得现金折扣，应按全额付款。

借：银行存款	56 500	
贷：应收账款		55 500
主营业务收入		1 000

三、应收账款的转让

应收账款的转让是指将收取应收账款的权利转让给第三方以获取现金的交易事项。应收账款的转让是企业获得融资并防范坏账的常用手段。

应收账款转让根据转让方是否承担追索权分为附有追索权的转让和不附追索权的转让。

（一）附有追索权的转让

应收账款转让后，有关应收债权到期无法从债务人处收回时，受让方银行等金融机构有权向转让应收账款的企业追偿。在此种情况下，应收账款的转让不符合金融资产的终止确认条件，企业应按照以应收账款为质押取得借款的方式进行会计处理。

取得借款，按借款额借记"银行存款"科目，贷记"短期借款"科目。收到应收账款时，借记"银行存款"科目，贷记"应收账款"科目，同时按归还金融机构的借款本金借记"短期借款"科目，支付的利息借记"财务费用"科目，按支付的本息合计贷记"银行存款"科目。

【例3-14】 2018年5月1日鸿发公司销售一批商品给乙公司，开出的增值税专用发票上注明的销售价款为200 000元，增值税销项税额为26 000元，款项尚未收到。6月1日鸿发公司将该应收账款出售给建设银行，价款为210 000元，合同约定在应收乙公司款项无法收回时，建设银行有权利向鸿发公司追偿。假定鸿发公司销售商品满足收入确认条件，其账务处理如下：

(1) 5月1日，销售实现时：

借：应收账款　　　　　　　　　　　　　　　　　　　226 000
　　贷：主营业务收入　　　　　　　　　　　　　　　　　200 000
　　　　应交税费——应交增值税（销项税额）　　　　　　 26 000

(2) 向银行出售债权时：

借：银行存款　　　　　　　　　　　　　　　　　　　210 000
　　贷：短期借款　　　　　　　　　　　　　　　　　　　210 000

(3) 鸿发公司收到乙公司还款时（假定短期借款利息为500元）：

借：银行存款　　　　　　　　　　　　　　　　　　　226 000
　　贷：应收账款　　　　　　　　　　　　　　　　　　　226 000
借：短期借款　　　　　　　　　　　　　　　　　　　210 000
　　财务费用　　　　　　　　　　　　　　　　　　　　　 500
　　贷：银行存款　　　　　　　　　　　　　　　　　　　210 500

（二）不附追索权的转让

不附追索权的应收账款的转让是指企业将应收账款出售给银行等金融机构，根据协议，在所售应收债权到期无法收回时，银行等金融机构不能向出售应收债权的企业进行追偿。在这种情况下，应收账款的转让通常符合金融资产终止确认的条件，企业应将应收账款予以转销，结转计提的坏账准备。

【例3-15】 2018年3月5日，鸿发公司出售商品给乙公司，开出增值税专用发票注明的销售价款为300 000元，增值税销项税额39 000元，款项尚未收到，双方约定，乙公司应于2018年10月31日付款。2018年6月4日，经与中国银行协商后约定：鸿发公司将应收乙公司的货款出售给中国银行，价款为280 000元；在应收乙公司货款到期无法收回时，中国银行不能向鸿发公司追偿。假如不考虑其他因素，鸿发公司出售债权的账务处理如下：

借：银行存款　　　　　　　　　　　　　　　　　　　280 000

财务费用	59 000	
贷：应收账款		339 000

第三节 预付账款与其他应收款

一、预付账款

预付账款是指企业按照合同规定预付的款项。企业应当设置"预付账款"科目。"预付账款"科目借方登记预付的款项及补付的款项，贷方登记收到所购物资时根据有关发票账单计入"原材料"等科目的金额及收回多付款项的金额，如果期末余额在借方，反映企业实际预付的款项；如果期末余额在贷方，则反映企业应付或应补付的款项。

预付款项情况不多的企业，可以不设置"预付账款"科目，而将预付的款项通过"应付账款"科目核算。

企业根据购货合同的规定向供应单位预付款项时，借记"预付账款"科目，贷记"银行存款"科目；企业收到所购物资，按应计入购入物资成本的金额，借记"材料采购""原材料""库存商品"等科目，按可抵扣的增值税进项税额，借记"应交税费——应交增值税（进项税额）"等科目，贷记"预付账款"科目；当预付价款小于采购货物所需支付的款项时，应将不足部分补付，借记"预付账款"科目，贷记"银行存款"科目；当预付价款大于采购货物所需支付的款项时，对收回的多余款项，应借记"银行存款"科目，贷记"预付账款"科目。

【例3-16】鸿发公司2018年3月10日向乙公司（为增值税一般纳税人）采购材料6 000千克，每千克单价15元，所需支付的价款总计90 000元。按照合同规定向乙公司预付价款的50%，验收货物后补付其余款项。鸿发公司账务处理如下：

（1）预付50%的价款时：

借：预付账款——乙公司　　　　　　　　　　　　45 000
　　贷：银行存款　　　　　　　　　　　　　　　　　　45 000

（2）收到乙公司发来的6 000千克材料，验收无误，增值税专用发票上注明的价款为90 000元，增值税税额为11 700元，以银行存款补付所欠款项56 700元。鸿发公司账务处理如下：

借：原材料　　　　　　　　　　　　　　　　　　90 000
　　应交税费——应交增值税（进项税额）　　　　　11 700
　　贷：预付账款——乙公司　　　　　　　　　　　　101 700

以银行存款补付欠款：

借：预付账款——乙公司　　　　　　　　　　　　56 700
　　贷：银行存款　　　　　　　　　　　　　　　　　　56 700

二、其他应收款

其他应收款是指企业除应收票据、应收账款、预付账款、应收股利和应收利息以外的其他各种应收及暂付款项。其主要内容包括:应收的各种赔款、罚款,如因企业财产等遭受意外损失而应向有关保险公司收取的赔款等;应收的出租包装物租金;应向职工收取的各种垫付款项,如为职工垫付的水电费、应由职工负担的医药费、房租费等;存出保证金,如租入包装物支付的押金;其他各种应收、暂付款项。

企业应当设置"其他应收款"科目进行核算,"其他应收款"科目的借方登记其他应收款项的增加,贷方登记其他应收款项的收回,期末余额一般在借方,反映企业尚未收回的其他应收款项。

【例 3-17】鸿发公司 2018 年 4 月 15 日在采购过程中发生材料毁损,按保险合同规定由平安保险公司赔偿损失 32 000 元,赔款尚未收到。假定鸿发公司对原材料采用计划成本进行日常核算,鸿发公司账务处理如下:

借:其他应收款——平安保险公司　　　　　　　　　　　　　　32 000
　　贷:材料采购　　　　　　　　　　　　　　　　　　　　　　32 000

鸿发公司收到平安保险公司的赔款时:

借:银行存款　　　　　　　　　　　　　　　　　　　　　　　32 000
　　贷:其他应收款——平安保险公司　　　　　　　　　　　　　32 000

【例 3-18】鸿发公司人力资源部王宁 2018 年 5 月 5 日借出差旅费 5 000 元,现金支票支付,账务处理如下:

借:其他应收款——王宁　　　　　　　　　　　　　　　　　　 5 000
　　贷:银行存款　　　　　　　　　　　　　　　　　　　　　　 5 000

【例 3-19】采购员王宁 2018 年 5 月 15 日出差回来报销差旅费 4 500 元,退回现金 500 元,账务处理如下:

借:管理费用　　　　　　　　　　　　　　　　　　　　　　　 4 500
　　库存现金　　　　　　　　　　　　　　　　　　　　　　　　 500
　　贷:其他应收款——王宁　　　　　　　　　　　　　　　　　 5 000

第四节 应收款项减值

一、坏账的确认

企业的各项应收款项,可能会因购货人拒付、破产、死亡等原因而无法收回。这类无法收回的应收款项就是坏账。企业因坏账而遭受的损失为坏账损失。企业应当在资产负债表日对应收款项的账面价值进行评估,应收款项发生减值的,应当将减记的金额确认为信用减值损失,同时计提坏账准备。

一般符合下列条件之一,即可认为发生了坏账:
(1) 债务人被依法宣告破产、撤销,其剩余财产确实不足清偿的应收款项;
(2) 债务人死亡或依法被宣告死亡、失踪,其财产或遗产确实不足清偿的应收款项;
(3) 债务人遭受重大自然灾害或意外事故,损失巨大,以其财产(包括保险赔偿)确实无法清偿的应收款项;
(4) 债务人逾期未履行偿债义务,经法院裁决,确实无法清偿的应收款项;
(5) 超过法定年限以上(一般为3年)仍未收回的应收款项;
(6) 法定机构批准可核销的应收款项。

已确认为坏账的应收款项,并不意味着企业放弃其追索权,一旦重新收回,应及时入账。

二、应收款项减值核算方法

(一) 直接转销法

采用直接转销法时,日常核算中应收款项可能发生的坏账损失不予考虑,只有在实际发生坏账时,才作为坏账损失计入当期损益,同时直接冲销应收款项,即借记"信用减值损失"科目,贷记"应收账款"等科目。

【例3-20】鸿发公司2015年7月5日发生的一笔20 000元的应收账款,长期无法收回,于2018年年末确认为坏账。鸿发公司账务处理如下:

借:信用减值损失　　　　　　　　　　　　　　　　20 000
　　贷:应收账款　　　　　　　　　　　　　　　　　　　20 000

这种方法的优点是账务处理简单,其缺点是不符合权责发生制原则,也与资产定义相冲突。在这种方法下,只有坏账实际发生时,才将其确认为当期费用,导致资产不实、各期损益不实。另外,在资产负债表上,应收账款是按账面余额而不是按账面价值反映,这在一定程度上歪曲了期末的财务状况。所以,企业会计准则不允许采用直接转销法。

(二) 备抵法

备抵法是采用一定的方法按期估计坏账损失,计入当期损益,同时建立坏账准备,待坏账实际发生时,冲销已提的坏账准备和相应的应收款项。采用备抵法核算坏账,每期估计的坏账损失直接计入当期损益,体现了稳健性原则的要求。在资产负债表上能如实反映应收款项的净额,使报表使用者能够了解企业应收款项预期可收回的金额。在备抵法下,企业应根据企业会计准则的规定,评估当期坏账损失金额。

企业应当设置"坏账准备"科目,核算应收款项的坏账准备计提、转销等情况。"坏账准备"科目的贷方登记当期计提的坏账准备、收回已转销的应收账款而恢复的坏账准备,借方登记实际发生的坏账损失金额和冲减的坏账准备金额,期末贷方余额,反映企业已计提但尚未转销的坏账准备。

坏账准备可按下列公式计算:

当期应计提的坏账准备 = 当期按应收款项计算的应计提坏账准备金额 -(或+)"坏账准备"科目的贷方(或借方)金额

企业首次计提坏账准备时，按准则规定合理预计各应收款项应提取的坏账准备，借记"信用减值损失"科目，贷记"坏账准备"科目。

【例3-21】 2018鸿发公司应收乙公司的应收账款余额为1 000 000元，鸿发公司根据企业会计准则确定应计提的坏账准备金额为100 000元，鸿发公司账务处理如下：

2018年12月31日，计提坏账准备时：

借：信用减值损失——计提的坏账准备　　　　　　　　　　　　100 000
　　贷：坏账准备　　　　　　　　　　　　　　　　　　　　　　100 000

企业确实无法收回的应收款项按管理权限报经批准后作为坏账转销时，应当冲减已计提的坏账准备，借记"坏账准备"科目，贷记"应收账款""其他应收款"等科目。

【例3-22】 鸿发公司2019年6月对乙公司的应收账款实际发生坏账损失30 000元，鸿发公司账务处理如下：

借：坏账准备　　　　　　　　　　　　　　　　　　　　　　　30 000
　　贷：应收账款　　　　　　　　　　　　　　　　　　　　　　30 000

【例3-23】 承例【例3-21】和【例3-22】假定鸿发公司2019年12月31日应收乙公司的账款余额为1 200 000元，鸿发公司对应收账款应计提120 000元坏账准备。鸿发公司坏账准备科目余额应保持120 000元，计提坏账准备前，"坏账准备"科目的余额为贷方70 000元，因此本年应计提的坏账准备为50 000元。鸿发公司账务处理如下：

借：信用减值损失——计提的坏账准备　　　　　　　　　　　　50 000
　　贷：坏账准备　　　　　　　　　　　　　　　　　　　　　　50 000

已确认并转销的应收款项以后又收回的，应当按照实际收到的金额增加坏账准备的账面余额，借记"应收账款""其他应收款"等科目，贷记"坏账准备"科目；同时，借记"银行存款"等科目，贷记"应收账款""其他应收款"等科目。

【例3-24】 鸿发公司2020年1月20日，收回2017年已做坏账转销的应收账款20 000元，已存入银行，鸿发公司账务处理如下：

借：应收账款　　　　　　　　　　　　　　　　　　　　　　　20 000
　　贷：坏账准备　　　　　　　　　　　　　　　　　　　　　　20 000
借：银行存款　　　　　　　　　　　　　　　　　　　　　　　20 000
　　贷：应收账款　　　　　　　　　　　　　　　　　　　　　　20 000

在备抵法下，企业应当合理评估当期坏账损失金额，估计计提坏账准备金。在符合会计准则的要求下，应收账款减值并没有统一的方法，企业可以根据自身应收账款的特征，设计合适的模型计量预期信用损失。

以账龄表为基础的减值矩阵模型是一个比较简单的易于操作的方法，举例说明如下。

【例3-25】 鸿发公司将某一地区的、具有类似风险特征的零售客户划分为一个单独的组合，并单独计量该组合的预期信用损失。2018年年末，鸿发公司账面销售形成的应收账款余额2 450万元。为简化处理，假设鸿发公司按照相当于整个存续期内预计信用损失的金额计量其坏账准备。鸿发公司根据历史经验，账龄超过1年的应收账款依然有相当比例的部分可以正常回收，账龄超过3年的应收账款通过诉讼追讨等方式最终能收回其中的20%而未直接核销。其坏账准备的评估如下：

首先，鸿发公司选取同一地区、具有类似信用风险特征的零售客户2017年年末的应收账款，追踪这些应收账款在2018年度回收情况，见表3-1。

表3-1　　　　　　　　　　鸿发公司2017年应收款回收情况　　　　　　　　　单位：万元

账龄	2017年年末余额 A	2018年收回金额 B	2018年实际回收率 C=B/A
1个月以内*	500	450	90.0%
1—3个月	500	420	84.0%
3个月—1年	500	390	78.0%
1—2年	200	120	60.0%
2—3年	70	30	42.9%
3年以上	50	10	20.0%
合计	1 820	1 420	

*以此为例，2017年年末账龄在1个月以内的应收账款为500万元，该部分应收账款在2018年度共回收450万元，回收率为90.0%，其他以此类推。

其次，考虑前瞻性信息，分析与回收率相关的关键驱动因素的主要变化。于2018年年末，鸿发公司基于当前情况识别出以下有关信息：

（1）宏观经济状况如GDP增速、行业发展等与当前状况一致；

（2）公司2018年度为扩大销售，放宽信用政策，预期2018年产生的应收账款回收率较2017年下降10%。

鸿发公司基于上述在无须付出不当成本或努力的情况下可获得的有关过去事项、当前状况及未来经济状况预测的合理及可支持的有关信息判断，得出损失率表，见表3-2。

表3-2　　　　　　　　　　　　鸿发公司坏账损失率估算表

账龄	2018年实际回收率	2019年预期回收率** D	2019年年末滚动至	滚动率 1-D		损失率
1个月以内	90.0%	81.0%	1—2年	19.0%	K 3.5%	*Q=K×N
1—3个月	84.0%	75.6%	1—2年	24.4%	J 4.5%	P=J×N
3个月—1年	78.0%	70.2%	1—2年	29.8%	I 5.4%	O=I×N
1—2年	60.0%	60.0%	2—3年	40.0%	H 18.3%	N=H×M
2—3年	42.9%	42.9%	3年以上	57.1%	G 45.7%	M=G×L
3年以上	20.0%	20.0%	3年以上	80.0%	F 80.0%	L=F

*以此为例，2018年年末账龄在1个月以内的应收账款在2019年度的预期回收率为81.0%，未收回的19.0%预期滚动至2019年年末账龄为1—2年的应收账款，故损失率公式为Q=K×N，其他以此类推。

**如之前分析，2018年形成的前三个账龄期应收账款由于该年度信用政策放宽预计这些应收账款2019年回收率较历史回收率下降10%，而以前年度形成的应收账款回收率与历史回收率一致。

最后，根据2018年年末账龄分布情况，计算2018年年末坏账准备金额，见表3-3。

表3-3　　　　　　　　　鸿发公司2018年坏账准备预计表　　　　　　　单位：万元

账龄	2018年年末余额	损失率	坏账准备
	R	S	T = R × S
1个月以内	600	3.5%	21
1—3个月	700	4.5%	31
3个月—1年	600	5.4%	33
1—2年	350	18.3%	64
2—3年	120	45.7%	55
3年以上	80	80.0%	64
合计	2 450		268

鸿发公司做如下会计分录：

借：信用减值损失——计提坏账准备　　　　　　　　　2 680 000
　　贷：坏账准备　　　　　　　　　　　　　　　　　　　　　　2 680 000

练习题

一、不定项选择题

1. 企业持有一张2019年5月26日签发、期限为60天的商业汇票，该汇票的到期日为（　　）。

　A. 7月27日　　　　　　　　　　B. 7月26日
　C. 7月24日　　　　　　　　　　D. 7月25日

2. 按现行制度规定，需要在"应收票据"科目下核算的票据包括（　　）。

　A. 银行汇票存款　　　　　　　　B. 银行本票存款
　C. 商业承兑汇票　　　　　　　　D. 银行承兑汇票

3. 2019年10月1日销售商品，并于当日收到面值50 000元、期限3个月的商业承兑汇票。2019年12月31日应收票据的账面余额应为（　　）元。

　A. 50 000　　　　　　　　　　　B. 50 250
　C. 50 500　　　　　　　　　　　D. 50 750

4. 某企业销售商品一批，增值税专用发票上标明价款为60万元，适用的增值税税率为13%。为购买方代垫的运杂费为2万元，款项尚未收回，该企业确认的应收账款应该是（　　）万元。

　A. 60　　　　　　　　　　　　　B. 62
　C. 71.6　　　　　　　　　　　　D. 69.8

5. 企业某项应收账款200 000元，现金折扣为2/10，1/20，n/30，客户在10天内付款,该企业实际收到的款项金额为（　　）元。

A. 196 000　　　　　　　　B. 196 500
C. 198 000　　　　　　　　D. 200 000

6. 某企业在2019年10月8日销售商品150件,该商品单价为200元,增值税税率为13%,该企业给购货方5%的商业折扣,购货方尚未支付货款,则该企业应收账款的入账价值是（　　）元。

A. 28 500　　　　　　　　B. 30 000
C. 32 205　　　　　　　　D. 34 800

7. 下列各项中,构成应收账款入账价值的有（　　）。

A. 确认商品销售收入时尚未收到的价款　　B. 确认销售收入时尚未收到的增值税
C. 代购货方垫付的包装费　　　　　　　　D. 销售货物发生的商业折扣

8. 下列事项中,通过"其他应收款"科目核算的有（　　）。

A. 应收的各种赔款、罚款
B. 应收的出租包装物租金
C. 存出保证金
D. 企业代购货单位垫付包装费、运杂费

9. 预付款项情况不多的企业,可以不设置"预付账款"科目,预付货款时,借记的会计科目是（　　）。

A. 应收账款　　　　　　　　B. 预收账款
C. 其他应收款　　　　　　　D. 应付账款

10. 企业在连续提取坏账准备的情况下,坏账准备科目在期末结账前如为贷方余额,其反映的内容是（　　）。

A. 企业已提取但尚未转销的坏账准备数额
B. 本年提取的坏账准备
C. 已经发生的坏账损失
D. 年末坏账准备的余额小于本年确认的坏账损失部分

二、业务题

1. 鸿发公司为增值税一般纳税人,2019月1日,鸿发公司"应收账款"科目借方余额为500万元,"坏账准备"科目贷方余额为25万元,公司通过对应收款项的信用风险特征进行分析,确定计提坏账准备的比例为期末应收账款余额的5%。

12月份,鸿发公司发生如下经济业务：

①12月5日,向甲企业赊销商品一批,商品价目表标明的价格计算的金额为1 000万元（不含增值税）,由于是成批销售,鸿发公司给予甲企业10%的商业折扣。

②12月9日,一客户破产,根据清算程序,有应收账款40万元不能收回,确认为坏账。

③12月11日,收到甲企业的销货款500万元,存入银行。

④12月21日,收到2016年已转销为坏账的应收账款10万元,存入银行。

⑤12月30日，向乙企业销售商品一批，增值税专用发票上注明的售价为100万元，增值税税额为13万元，货款尚未收到。鸿发公司为了及早收回货款在合同中规定的现金折扣条件为2/10，1/20，n/30。（假定计算现金折扣不考虑增值税）

要求：

（1）逐笔编制鸿发公司上述业务的会计分录。

（2）计算鸿发公司本期应计提的坏账准备并编制会计分录。

2. 2019年8月1日鸿发公司将持有的面值为30 000元、出票日为2019年7月1日、期限为3个月、票面利率为8%的商业承兑汇票一张向银行申请贴现，贴现利率为12%，银行拥有追索权。假定至2019年7月31日鸿发公司对该应收票据计提利息，且债务人到期未付款。

要求：

（1）计算票据的到期值、贴现利息和贴现净值并编制相应的会计分录。

（2）若上述汇票为不带息汇票，且债务人到期付款，编写相关会计分录。

第四章 存货

【案例导学】

2018年1月31日,从事水产养殖的上市公司獐子岛(股票代码:002069)发布公告称,公司正在进行底播虾夷扇贝的年末存量盘点,发现部分海域的底播虾夷扇贝存货异常,预计2017年净利润亏损5.3亿元至7.2亿元。公告后,獐子岛经过4天的重新盘点,决定拟对107.16万亩海域成本约5.78亿元的底播虾夷扇贝存货进行核销处理,对24.3万亩海域成本约1.26亿元的底播虾夷扇贝存货计提跌价准备5 110.04万元,上述两项合计约影响净利润6.29亿元,全部计入2017年度损益。此次亏损6.29亿元,相当于其2016年净利润的近8倍,这与2017年三季报中预告全年1个亿左右的盈利差别很大。业绩变脸消息一出,市场哗然!

无独有偶,这并不是獐子岛第一次出现"扇贝去哪了"的事件。2014年10月30日,獐子岛发布的2014年三季报在市场上引发"地震"。公司称由于北黄海遭遇异常冷水团,几年前在海里播下的价值7亿元虾夷扇贝遭灭顶之灾,前三季业绩也因此变脸,由盈利转为巨亏8.12亿元,这成为2014年A股市场最大的一起"黑天鹅事件",并使包括社保、人寿在内的众多机构纷纷躺枪。

思考: 獐子岛存货跌价准备计提的动机是什么?如何对生物资产存货进行有效监盘?

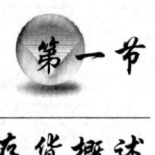

第一节 存货概述

一、存货的概念

存货是指企业在日常活动中持有以备出售的产成品或商品、处在生产过程中的在产品、在生产过程或提供劳务过程中耗用的材料和物料等,包括原材料、在产品、产成品及商品、周转材料等各类具有物质实体的材料物资。

存货属于流动资产,具有较大的流动性,不同于固定资产、在建工程等具有物质实体的非流动资产。企业持有存货的最终目的在于出售,判断一项资产是否属于存货时,必须考虑持有该资产的目的。企业为国家储备的特种物资、专项物资等,并不参加企业的经营周转,也不属于存货。

二、存货的确认条件

企业在确认某项资产是否作为存货时,首先要视其是否符合存货的概念,在此前提下,应当同时满足存货确认的以下两个条件,才能加以确认:

(一) 与该存货有关的经济利益很可能流入企业

在通常情况下,随着存货实物的交付和存货所有权的转移,所有权上的主要风险和报酬也一并转移。就销货方而言,存货所有权的转出一般可以表明其所包含的经济利益已经流出企业;就购货方而言,存货所有权的转入一般可以表明其所包含的经济利益能够流入企业。因此,存货确认的一个重要标志,就是企业是否拥有某项存货的所有权。

(二) 存货的成本能够可靠地计量

存货作为资产的重要组成部分,在确认时必须符合资产确认的基本条件,即成本能够可靠地计量,并且具有可验证性。如果存货成本不能可靠地计量,则存货不能予以确认。例如,企业承诺购买的货物,由于目前尚未发生实际的购买行为,无法取得证实其成本的确凿、可靠的证据,因此不能确认为购买企业的存货。

三、存货的分类

存货分布于企业生产经营的各个环节,而且种类繁多、用途各异。为了加强存货的管理,提供有用的会计信息,应当对存货进行适当的分类。

(一) 存货按经济用途分类

工业企业的主要业务是生产和销售产品,存货包括各种原材料、周转材料、在产品、产成品等。其存货按经济用途可作如下分类:

1. 原材料

原材料是指在生产过程中经加工改变其形态或性质并构成产品主要实体的各种原料及主要材料、辅助材料、外购半成品(外购件)、修理用备件(备品备件)、包装材料、燃料等。

2. 在产品

在产品是指仍处于生产过程中、尚未完工入库的生产物,包括正处于各个生产工序尚未制造完成的在产品以及虽已制造完成但尚未检验或虽已检验但尚未办理入库手续的产成品。

3. 自制半成品

自制半成品是指在本企业已经过一定生产过程的加工并经检验合格交付半成品仓库保管,但尚未最终制造完成、仍需进一步加工的中间产品。

4. 产成品

产成品是指已经完成全部生产过程并验收入库,可以按照合同规定的条件送交订货单位,或者可以作为商品对外销售的产品。

5. 周转材料

周转材料是指企业能够多次使用但不符合固定资产定义、不能确认为固定资产的各种材料,主要包括包装物和低值易耗品。包装物,是指为了包装本企业产品而储备的各种包装容器，如桶、箱、瓶、坛、袋等，其主要作用是盛装、装潢产品；低值易耗品，是指在使用过程中基本保持其原有实物形态不变但单位价值相对较低、使用期限相对较短，或在使用过程中容易损坏，因而不能确认为固定资产的各种用具物品，如工具、管理用具、玻璃器皿、劳动保护用品以及在经营过程中周转使用的包装容器等。

（二）存货按存放地点分类

在生产经营过程中，企业不断地购进、耗用和销售存货，因而存货分布于供、产、销各个环节，按其存放地点可作如下分类：

1. 在途存货

在途存货是指已经取得所有权但尚在运输途中或虽已运抵企业但尚未验收入库的各种材料物资及商品。

2. 在库存货

在库存货是指已经购进或生产完工并经过验收入库的各种原材料、周转材料、半成品、产成品以及商品。

3. 在制存货

在制存货是指正处于本企业各生产工序加工制造过程中的在产品以及委托外单位加工但尚未完成的材料物资。

4. 在售存货

在售存货是指已发运给购货方但尚不能完全满足收入确认条件，因而仍应作为销货方存货的发出商品、委托代销商品等。

（三）存货按取得方式分类

存货按取得方式，可以分为外购存货、自制存货、委托加工存货、投资者投入的存货、以非货币性资产交换取得的存货、通过债务重组取得的存货、通过企业合并取得的存货、盘盈的存货等。

第二节 存货的初始计量及会计处理

存货的初始计量，是指企业在取得存货时确定其入账价值。存货的初始计量应以取得存货的实际成本为基础，实际成本包括采购成本、加工成本和使存货达到目前场所和状态发生的其他成本。由于存货的取得方式是多种多样的，而在不同的取得方式下，存货成本的具体构成内容并不完全相同。因此，存货的实际成本应结合存货的取得方式加以确定，作为存货入账的依据。

一、外购存货

（一）外购存货的成本

外购存货的成本是指存货从采购到入库前所发生的全部支出，即采购成本，一般包括购买价款、相关税费、运输费、装卸费、保险费以及其他可归属于存货采购成本的费用。

购买价款，是指所购货物发票账单上列明的价款，但不包括按规定可予抵扣的增值税进项税额；相关税费，是指进口关税、购买存货发生的消费税以及不能从增值税销项税额中抵扣的进项税额等；其他可归属于存货采购成本的费用，是指存货采购过程中发生的除上述各项费用以外的仓储费、包装费、运输途中的合理损耗、大宗物资的市内运杂费、入库前的挑选整理费用等可直接归属于存货采购成本的费用。

应当注意的是，市内零星货物运杂费、采购人员的差旅费、采购机构的经费以及供应部门经费等，一般不应当包括在存货的采购成本中。

（二）外购存货的会计处理

企业外购的存货，由于距离采购地点远近不同、货款结算方式不同等原因，可能造成存货验收入库和货款结算并不能总是同步完成。此外，外购存货还可能采用预付款购货方式、赊购方式等。因此，企业外购的存货应根据具体情况，分别进行会计处理。

1. 存货验收入库和货款结算同时完成

在存货验收入库和货款结算同时完成的情况下，企业应于支付货款或开出、承兑商业汇票，并且存货验收入库后，按发票账单等结算凭证确定的存货成本，借记"原材料""周转材料""库存商品"等存货科目，按增值税专用发票上注明的增值税进项税额，借记"应交税费——应交增值税（进项税额）"科目，按实际支付的款项或应付票据面值，贷记"银行存款""应付票据"等科目。

【例4-1】 鸿发公司购入一批原材料，增值税专用发票上注明的材料价款为50 000元，增值税进项税额为6 500元。货款已通过银行转账支付，材料也已验收入库。鸿发公司账务处理如下：

借：原材料　　　　　　　　　　　　　　　　　　　　　　　50 000
　　应交税费——应交增值税（进项税额）　　　　　　　　　　6 500
　　贷：银行存款　　　　　　　　　　　　　　　　　　　　　　56 500

2. 货款已结算但存货尚在运输途中

在已经支付货款或开出、承兑商业汇票，但存货尚在运输途中或虽已运达但尚未验收入库的情况下，企业应于支付货款或开出承兑商业汇票时，按发票账单等结算凭证确定的存货成本，借记"在途物资"科目，按增值税专用发票上注明的增值税进项税额，借记"应交税费——应交增值税（进项税额）"科目，按实际支付的款项或应付票据面值，贷记"银行存款""应付票据"等科目；待存货运达企业并验收入库后，再根据有关验货凭证，借记"原材料""周转材料""库存商品"等存货科目，贷记"在途物资"科目。

【例4-2】 鸿发公司购入一批原材料，增值税专用发票上注明材料价款为200 000元，增值税进项税额为26 000元；同时，销货方代垫运杂费3 200元，其中，允许抵扣的增值税税额为288元。上列货款及销货方代垫的运杂费已通过银行转账支付，材料尚在运输途中。鸿发公司账务处理如下：

（1）支付货款，材料尚在运输途中。

增值税进项税额 = 26 000 + 288 = 26 288（元）

原材料采购成本 = 200 000 + (3 200 - 288) = 202 912（元）

借：在途物资　　　　　　　　　　　　　　　　　　202 912
　　　应交税费——应交增值税（进项税额）　　　 26 288
　　贷：银行存款　　　　　　　　　　　　　　　　　229 200
（2）原材料运达企业，验收入库。
借：原材料　　　　　　　　　　　　　　　　　　　202 912
　　贷：在途物资　　　　　　　　　　　　　　　　　202 912

3. 存货已验收入库但货款尚未结算

存货已运达企业并验收入库，但发票账单等结算凭证尚未到达、货款尚未结算的情况下，企业在收到存货时可先不进行会计处理。

如果本月内结算凭证能够到达企业，则应在支付货款或开出、承兑商业汇票后，按发票账单等结算凭证确定的存货成本，借记"原材料""周转材料""库存商品"等科目，按增值税专用发票上注明的增值税进项税额，借记"应交税费——应交增值税（进项税额）"科目，按实际支付的款项或应付票据面值，贷记"银行存款""应付票据"等科目。

如果月末结算凭证仍未到达，应对收到的存货按暂估价值入账，借记"原材料""周转材料""库存商品"等存货科目，贷记"应付账款——暂估应付账款"科目，下月初，再编制相同的红字记账凭证予以冲回；待结算凭证到达，按照结算凭证到达的情况进行会计处理。

【例4-3】2019年3月28日，鸿发公司购入一批原材料，材料已运达企业并已验收入库，但发票账单等结算凭证尚未到达。月末时，该批货物的结算凭证仍未到达，鸿发公司对该批材料估价35 000元入账。4月3日，结算凭证到达企业，增值税专用发票上注明的原材料价款为36 000元，增值税进项税额为4 680元，货款通过银行转账支付。

（1）3月28日，材料运达企业并验收入库，暂不作会计处理。
（2）3月31日，结算凭证仍未到达，对该批材料按暂估价值入账。
借：原材料　　　　　　　　　　　　　　　　　　　 35 000
　　贷：应付账款——暂估应付账款　　　　　　　　　 35 000
（3）4月1日，编制红字记账凭证冲回估价入账分录。
借：原材料　　　　　　　　　　　　　　　　　　　 35 000
　　贷：应付账款——暂估应付账款　　　　　　　　　 35 000
（4）4月3日，收到结算凭证并支付货款。
借：原材料　　　　　　　　　　　　　　　　　　　 36 000
　　　应交税费——应交增值税（进项税额）　　　　　 4 680
　　贷：银行存款　　　　　　　　　　　　　　　　　 40 680

4. 采用预付货款方式购入存货

采用预付货款方式购入存货的情况下，企业应在预付货款时，按照实际预付的金额，借记"预付账款"科目，贷记"银行存款"科目；购入的存货验收入库时，按发票账单等结算凭证确定的存货成本，借记"原材料""周转材料""库存商品"等科目，按增值税专用发票上注明的增值税进项税额,借记"应交税费——应交增值税(进项税额)"科目,按存货成本与增值税进项税额之和,贷记"预付账款"科目。预付的货款不足、需补付货款时,按照补付的金额,借记"预付账款"科目,贷记"银行存款"科目;供货方退回多付的货款时,借记"银行存款"科目,贷记"预付账款"科目。

【例4-4】2019年6月20日,鸿发公司向乙公司预付货款70 000元,采购一批原材料。乙公司于7月10日交付所购材料,并开来增值税专用发票,材料价款为68 000元,增值税进项税额为8 840元。7月12日,鸿发公司将应补付的货款6 840元通过银行转账支付。账务处理如下:

(1) 6月20日,预付货款。

借:预付账款——乙公司　　　　　　　　　　　　　　　70 000
　　贷:银行存款　　　　　　　　　　　　　　　　　　　70 000

(2) 7月10日,材料验收入库。

借:原材料　　　　　　　　　　　　　　　　　　　　　68 000
　　应交税费——应交增值税(进项税额)　　　　　　　　8 840
　　贷:预付账款——乙公司　　　　　　　　　　　　　　76 840

(3) 7月12日,补付货款。

借:预付账款——乙公司　　　　　　　　　　　　　　　6 840
　　贷:银行存款　　　　　　　　　　　　　　　　　　　6 840

5. 采用赊购方式购入存货

采用赊购方式购入存货的情况下,企业应于存货验收入库后,按发票账单等结算凭证确定的存货成本,借记"原材料""周转材料""库存商品"等科目,按增值税专用发票上注明的增值税进项税额,借记"应交税费——应交增值税(进项税额)"科目,按应付未付的货款,贷记"应付账款"科目;待支付款项或开出、承兑商业汇票后,再根据实际支付的货款金额或应付票据面值,借记"应付账款"科目,贷记"银行存款""应付票据"等科目。

【例4-5】2019年3月20日,鸿发公司从乙公司赊购一批原材料,增值税专用发票上注明的原材料价款为60 000元,增值税进项税额为7 800元。根据购货合同约定,鸿发公司应于4月30日之前支付货款。账务处理如下:

(1) 3月20日,赊购原材料。

借:原材料　　　　　　　　　　　　　　　　　　　　　60 000
　　应交税费——应交增值税(进项税额)　　　　　　　　7 800
　　贷:应付账款——乙公司　　　　　　　　　　　　　　67 800

(2) 4月30日,支付货款。

借:应付账款——乙公司　　　　　　　　　　　　　　　67 800
　　贷:银行存款　　　　　　　　　　　　　　　　　　　67 800

如果赊购附有现金折扣条件,则其会计处理有总价法和净价法两种方法。在总价法下,应付账款按实际交易金额入账,如果购货方在现金折扣期限内付款,则取得的现金折扣冲减购入存货成本;在净价法下,应付账款按实际交易金额扣除现金折扣后的净额入账,如果购货方超过现金折扣期限付款,则丧失的现金折扣计入所购存货成本。在我国的会计实务中，由于现金折扣的使用并不普遍，因此，企业会计准则要求采用总价法进行会计处理。

【例4-6】2019年7月1日，鸿发公司从乙公司赊购一批原材料，增值税专用发票上注明的原材料价款为80 000元，增值税进项税额为10 400元。根据购货合同约定，鸿发公司应于7月31日之前支付货款，并附有现金折扣条件为2/10，1/20，n/30。鸿发公司采用总价法的账务处理如下：

（1）7月1日，赊购原材料。

借：原材料　　　　　　　　　　　　　　　　　　　　80 000
　　应交税费——应交增值税（进项税额）　　　　　　10 400
　　贷：应付账款——乙公司　　　　　　　　　　　　　　　　90 400

（2）支付购货款。

①假定鸿发公司于7月10日支付货款。

现金折扣 = 80 000 × 2% = 1 600（元）

实际支付金额 = 90 400 - 1 600 = 88 800（元）

借：应付账款——乙公司　　　　　　　　　　　　　90 400
　　贷：银行存款　　　　　　　　　　　　　　　　　　　　88 800
　　　　原材料　　　　　　　　　　　　　　　　　　　　　 1 600

②假定鸿发公司于7月20日支付货款。

现金折扣 = 80 000 × 1% = 800（元）

实际支付金额 = 90 400 - 800 = 89 600（元）

借：应付账款——乙公司　　　　　　　　　　　　　90 400
　　贷：银行存款　　　　　　　　　　　　　　　　　　　　89 600
　　　　原材料　　　　　　　　　　　　　　　　　　　　　　 800

③假定鸿发公司于7月31日支付货款。

借：应付账款——乙公司　　　　　　　　　　　　　90 400
　　贷：银行存款　　　　　　　　　　　　　　　　　　　　90 400

（三）外购存货发生短缺的会计处理

企业在存货采购过程中，如果发生了存货短缺、毁损等情况，应及时查明原因，区别情况进行会计处理：

（1）属于运输途中的合理损耗，应计入有关存货的采购成本。

（2）属于供货单位或运输单位的责任造成的存货短缺，应由责任人补足存货或赔偿货款，不计入存货的采购成本。

（3）属于自然灾害或意外事故等非常原因造成的存货毁损，报经批准处理后，将扣除保险公司和过失人赔款后的净损失，计入营业外支出。

（4）尚待查明原因的短缺存货，先将其成本转入"待处理财产损溢"科目核算；待查明原因后，再按上述要求，进行会计处理。上列短缺存货涉及增值税的，还应进行相应处理。

【例4-7】鸿发公司从甲公司购入A材料2 000件，单位价格80元，增值税专用发票上注明的增值税进项税额为20 800元，款项已通过银行转账支付，但材料尚在运输途中。待所购材料运达企业后,验收时发现短缺50件,原因待查。

(1) 支付货款,材料尚在运输途中。

借:在途物资	160 000
应交税费——应交增值税(进项税额)	20 800
贷:银行存款	180 800

(2) 验收时发现短缺,原因待查,其余材料入库。

借:原材料	156 000
待处理财产损溢	4 000
贷:在途物资	160 000

(3) 材料短缺的原因查明,进行相应的会计处理。

①假定短缺的材料属于运输途中的合理损耗。

借:原材料	4 000
贷:待处理财产损溢	4 000

②假定短缺的材料为甲公司发货时少发,经协商,由其补足材料。

借:应付账款——甲公司	4 000
贷:待处理财产损溢	4 000

收到甲公司补发的材料时:

借:原材料	4 000
贷:应付账款——甲公司	4 000

③假定短缺的材料为运输单位责任造成,不考虑相关增值税,经协商,由其全额赔偿。

借:其他应收款——××运输单位	4 000
贷:待处理财产损溢	4 000

收到运输单位的赔款时:

借:银行存款	4 000
贷:其他应收款——××运输单位	4 000

二、自制的存货

(一) 自制存货的成本

企业自制存货的成本主要由采购成本和加工成本构成,某些存货还包括使存货达到目前场所和状态所发生的其他成本。

采购成本是指自制存货所使用或消耗的原材料的采购成本。

加工成本是指存货制造过程中发生的直接人工和制造费用。直接人工是指生产产品过程中,向直接从事产品生产的工人支付的职工薪酬;制造费用是指为生产产品而发生的各项间接费用,包括企业生产部门(如生产车间)管理人员的职工薪酬、折旧费、办公费、水电费、机物料消耗、劳动保护费、季节性和修理期间的停工损失等。

其他成本是指除采购成本、加工成本以外,使存货达到目前场所和状态所发生的其他支出。例如,为特定客户设计产品所发生的、可直接认定的设计费用;可直接归属于符合资本化条件的存货、应当予以资本化的借款费用等。

> **小贴士**
>
> 企业发生的下列支出应当于发生时直接计入当期损益，不应当计入存货成本：
>
> （1）非正常消耗的直接材料、直接人工和制造费用。由于这些损失的发生无助于使该存货达到目前的场所和状态，因此，不能计入存货成本，应扣除相关赔偿后计入营业外支出。
>
> （2）仓储费用。仓储费用指存货在采购入库之后发生的仓储费用，包括存货在加工环节和销售环节发生的一般仓储费用。但是，在生产过程中为使存货达到下一个生产阶段所必需的仓储费用，应当计入存货成本。例如，酿造企业为使产品达到规定的质量标准，通常需要经过必要的储存过程，其实质是产品生产过程的继续，相关仓储费用属于生产费用，应当计入存货成本，而不应计入当期损益。存货在采购过程中发生的仓储费用，也应当计入存货成本。
>
> （3）不能归属于使存货达到目前场所和状态的其他支出。

（二）自制存货的会计处理

企业自制并已验收入库的存货，按计算确定的实际成本，借记"周转材料""库存商品"等存货科目，贷记"生产成本"科目。

【例4-8】 鸿发公司的基本生产车间制造完成一批产成品，已验收入库。经计算，该批产成品的实际成本为60 000元。账务处理如下：

借：库存商品　　　　　　　　　　　　　　　　　　　　　60 000
　　贷：生产成本——基本生产成本　　　　　　　　　　　　60 000

三、委托加工存货

委托加工存货的成本，一般包括加工过程中实际耗用的原材料或半成品成本、加工费、运输费、装卸费以及按规定应计入加工成本的税金等。

企业拨付待加工的材料物资、委托其他单位加工存货时，按发出材料物资的实际成本，借记"委托加工物资"科目，贷记"原材料""库存商品"等科目；支付加工费和往返运杂费时，借记"委托加工物资"科目，贷记"银行存款"科目；应由受托加工方代收代缴的增值税，借记"应交税费——应交增值税（进项税额）"科目，贷记"银行存款""应付账款"等科目。

委托加工应税消费品，由受托加工方代收代缴的消费税，应分别以下情况处理：

（1）委托加工存货收回后直接用于销售，由受托加工方代收代缴的消费税应计入委托加工存货成本，借记"委托加工物资"科目，贷记"银行存款""应付账款"等科目，待销售委托加工存货时，不需要再交纳消费税。

（2）委托加工存货收回后用于连续生产应税消费品，由受托加工方代收代缴的消费税按规定准予抵扣的，借记"应交税费——应交消费税"科目，贷记"银行存款""应付账款"等科目。

委托加工的存货加工完成验收入库并收回剩余物资时，按委托加工存货实际成本和剩余物资实际成本,借记"原材料""周转材料""库存商品"等科目,贷记"委托加工物资"科目。

【例4-9】 鸿发公司发出一批A材料,委托乙公司加工成B材料(属于应税消费品)。发出A材料的实际成本为200 000元,支付加工费70 000元,支付增值税9 100元,支付由乙公司代收代缴的消费税30 000元。委托加工的B材料收回后用于连续生产应税消费品。鸿发公司账务处理如下:

(1) 发出委托加工的A材料。

借:委托加工物资　　　　　　　　　　　　　　　　　　　　　　　　200 000
　　贷:原材料——A材料　　　　　　　　　　　　　　　　　　　　　　　200 000

(2) 支付加工费。

借:委托加工物资　　　　　　　　　　　　　　　　　　　　　　　　 70 000
　　贷:银行存款　　　　　　　　　　　　　　　　　　　　　　　　　　 70 000

(3) 支付增值税和消费税。

借:应交税费——应交增值税(进项税额)　　　　　　　　　　　　　　 9 100
　　贷:银行存款　　　　　　　　　　　　　　　　　　　　　　　　　　 9 100

借:应交税费——应交消费税　　　　　　　　　　　　　　　　　　　　 30 000
　　贷:银行存款　　　　　　　　　　　　　　　　　　　　　　　　　　 30 000

(4) 收回加工完成的B材料。

B材料实际成本 = 200 000 + 70 000 = 270 000(元)

借:原材料——B材料　　　　　　　　　　　　　　　　　　　　　　　270 000
　　贷:委托加工物资　　　　　　　　　　　　　　　　　　　　　　　　270 000

【例4-10】 假设上例中鸿发公司委托乙公司加工B商品(属于应税消费品),委托加工的B商品收回后用于直接对外销售,其他条件不变。账务处理如下:

(1) 发出委托加工的A材料。

借:委托加工物资　　　　　　　　　　　　　　　　　　　　　　　　200 000
　　贷:原材料——A材料　　　　　　　　　　　　　　　　　　　　　　　200 000

(2) 支付加工费。

借:委托加工物资　　　　　　　　　　　　　　　　　　　　　　　　 70 000
　　贷:银行存款　　　　　　　　　　　　　　　　　　　　　　　　　　 70 000

(3) 支付增值税和消费税。

借:应交税费——应交增值税(进项税额)　　　　　　　　　　　　　　 9 100
　　贷:银行存款　　　　　　　　　　　　　　　　　　　　　　　　　　 9 100

借:委托加工物资　　　　　　　　　　　　　　　　　　　　　　　　 30 000
　　贷:银行存款　　　　　　　　　　　　　　　　　　　　　　　　　　 30 000

(4) 收回加工完成的B商品。

B商品实际成本 = 200 000 + 70 000 + 30 000 = 300 000(元)

借:库存商品——B商品　　　　　　　　　　　　　　　　　　　　　　300 000
　　贷:委托加工物资　　　　　　　　　　　　　　　　　　　　　　　　300 000

四、投资者投入的存货

投资者投入存货的成本,应当按照投资合同或协议约定的价值确定,但合同或协议约定价值不公允的除外。在投资合同或协议约定价值不公允的情况下,按照该项存货的公允价值作为其入账价值。

企业收到投资者投入的存货时,按照投资合同或协议约定的存货价值,借记"原材料""周转材料""库存商品"等科目,按增值税专用发票上注明的增值税进项税额,借记"应交税费——应交增值税(进项税额)"科目,按投资者在注册资本中应占有的份额,贷记"实收资本"或"股本"科目,按其差额,贷记"资本公积"科目。

【例 4-11】鸿发公司收到甲股东作为资本金投入的一批原材料。增值税专用发票上注明的原材料价格为 650 000 元,增值税进项税额为 84 500 元,经投资各方确认,甲股东的投入资本按原材料发票金额确定,可折换公司每股面值 1 元的普通股股票 500 000 股。鸿发公司账务处理如下:

借:原材料　　　　　　　　　　　　　　　　　　　　　650 000
　　应交税费——应交增值税(进项税额)　　　　　　　 84 500
　贷:股本——甲股东　　　　　　　　　　　　　　　　　500 000
　　　资本公积——股本溢价　　　　　　　　　　　　　 234 500

五、接受捐赠的存货

企业接受捐赠的存货,应分情况确定存货的实际成本。如果捐赠方提供了有关凭证,按凭证上面标明的金额加上应支付的相关税费确定;如果捐赠方未提供有关凭证,应当参照同类或类似存货的市场价格估计的金额加上应支付的相关税费确定;不满足上述两个条件的,应采用估值技术确定。

【例 4-12】鸿发公司接受捐赠一批原材料,捐赠者提供的有关凭证上标明价款为 96 000 元,增值税税额为 12 480 元,鸿发公司另支付运杂费 1 000 元。账务处理如下:

借:原材料　　　　　　　　　　　　　　　　　　　　　 97 000
　　应交税费——应交增值税(进项税额)　　　　　　　 12 480
　贷:营业外收入——捐赠利得　　　　　　　　　　　　 108 480
　　　银行存款　　　　　　　　　　　　　　　　　　　　1 000

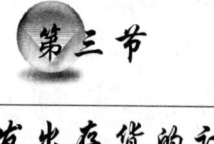

第三节　发出存货的计量

一、发出存货的计价方法

我国企业会计准则规定,企业在确定发出存货的成本时,可以采用先进先出法、加权平均法（包括月末一次加权平均法和移动加权平均法）或者个别计价法。企业应当根据实际情况，综合考虑存货的性质、实物流转方式和管理的要求，选择适当的存货计价方法，合理确定发出存货的实际成本。对于性质和用途相似的存货，应当采用相同的存货计价方法。存货计价方法一旦选定，前后各期应当保持一致，并在会计报表附注中予以披露。

（一）先进先出法

先进先出法是以先入库的存货先发出去这一存货流动假设为前提，对先发出的存货按先入库的存货单位成本计价，后发出的存货按后入库的存货单位成本计价，据以确定本期发出存货和期末结存存货成本的一种方法。

【例4-13】鸿发公司2019年6月A商品的购进、发出和结存资料，见表4-1。

表4-1　　　　　　　　　　鸿发公司2019年6月A商品收发存表

日期及摘要	收入		发出		结存	
	数量	单位成本（元）	数量	单位成本（元）	数量	单位成本（元）
6月1日结存					200	60
6月5日购进	500	66			700	
6月7日发出			400		300	
6月16日购进	600	70			900	
6月18日发出			800		100	
6月27日购进	500	68			600	
6月29日发出			300		300	

采用先进先出法计算A材料本月发出和月末结转存货成本如下，见表4-2：

6月7日发出A商品成本 = $60 \times 200 + 66 \times 200 = 25\,200$（元）

6月18日发出A商品成本 = $66 \times 300 + 70 \times 500 = 54\,800$（元）

6月29日发出A商品成本 = $70 \times 100 + 68 \times 200 = 20\,600$（元）

月末结存A商品成本 = $68 \times 300 = 20\,400$（元）

表4-2　　　　　　　　　　　　　存货明细账

存货名称及规格：A商品

2019年		摘要	收入			发出			结存		
月	日		数量	单价（元/件）	金额（元）	数量	单价（元/件）	金额（元）	数量	单价（元/件）	金额（元）
6	1	期初							200	60	12 000
	5	购进	500	66	33 000				200 500	60 66	12 000 33 000
	7	发出				200 200	60 66	12 000 13 200	300	66	19 800
	16	购进	600	70	42 000				300 600	66 70	19 800 42 000

续表

2019年		摘要	收入			发出			结存		
月	日		数量	单价(元/件)	金额(元)	数量	单价(元/件)	金额(元)	数量	单价(元/件)	金额(元)
	18	发出				300 500	66 70	19 800 35 000	100	70	7 000
	27	购进	500	68	34 000				100 500	70 68	7 000 34 000
	29	发出				100 200	70 68	7 000 13 600	300	68	20 400
6	30	期末	1 600		109 000	1 500		100 600	300	68	20 400

采用先进先出法进行存货计价，可以随时确定发出存货的成本，从而保证了产品成本和销售成本计算的及时性，并且期末存货成本是按最近购货成本确定的，比较接近现行的市场价值。但采用该方法计价，有时对同一批发出存货要采用两个或两个以上的单位成本计价，计算繁琐，对存货进出频繁的企业更是如此。从该方法对财务报告的影响来看，在物价上涨期间，会高估当期利润和存货价值；反之，会低估当期利润和存货价值。

（二）月末一次加权平均法

月末一次加权平均法，是指以月初结存存货数量和本月各批收入存货数量作为权数，计算本月存货的加权平均单位成本，据以确定本月发出存货成本和月末结存存货成本的一种方法。加权平均单位成本以及本月发出存货成本和月末结存存货成本的计算公式如下：

$$加权平均单位成本 = \frac{月初结存存货成本 + 本月收入存货成本}{月初结存存货数量 + 本月收入存货数量}$$

本月发出存货成本 = 加权平均单位成本 × 本月发出存货的数量

月末结存存货成本 = 加权平均单位成本 × 本月结存存货的数量

由于在计算加权平均单位成本时往往不能除尽，为了保证月末结存存货的数量、单位成本与总成本的一致性，实务中，应当先按加权平均单位成本计算月末结存存货成本，然后倒减出本月发出存货成本，将计算尾差挤入发出存货成本。即：

月末结存存货成本 = 加权平均单位成本 × 本月结存存货的数量

本月发出存货成本 =（月初结存存货成本 + 本月收入存货成本）- 月末结存存货成本

【例4-14】鸿发公司2019年6月A商品的购进、发出和结存资料，见表4-1。鸿发公司采用月末一次加权平均法计算的A商品本月加权平均单位成本及本月发出和月末结存成本如下：

$$加权平均单位成本 = \frac{12\,000 + 109\,000}{200 + 1\,600} = 67.22（元/件）$$

月末结存A商品的成本 = 67.22 × 300 = 20 166（元）

本月发出A商品成本 =（12 000 + 109 000）- 20 166 = 100 834（元）

根据上述计算，本月 A 商品的收入、发出和结存情况，见表 4-3。

表 4-3　　　　　　　　　　　　　　存货明细账

存货名称及规格：A 商品

2019 年		摘要	收入			发出			结存		
月	日		数量	单价（元/件）	金额（元）	数量	单价（元/件）	金额（元）	数量	单价（元/件）	金额（元）
6	1	期初							200	60	12 000
	5	购进	500	66	33 000				700		
	7	发出				400			300		
	16	购进	600	70	42 000				900		
	18	发出				800			100		
	27	购进	500	68	34 000				600		
	29	发出				300			300		
6	30	期末	1600		109 000	1 500		100 834	300	67.22	20 166

采用月末一次加权平均法，只在月末一次计算加权平均单位成本并结转发出存货成本即可，平时不对发出存货计价，因而日常核算工作量较小，简便易行，适用于存货收发比较频繁的企业。但也正因为存货计价集中在月末进行，所以平时无法提供发出存货和结存存货的单价及金额，不利于存货的日常管理。

（三）移动加权平均法

移动加权平均法，是指平时每入库一批存货，就以原有存货数量和本批入库存货数量为权数，计算一个加权平均单位成本，据以对其后发出存货进行计价的一种方法。移动加权平均单位成本以及本批发出存货成本和期末结存存货成本的计算公式如下：

$$移动加权平均单位成本 = \frac{原有存货成本 + 本批入库存货成本}{原有存货数量 + 本批入库存货数量}$$

本批发出存货成本 = 最近移动加权平均单位成本 × 本批发出存货的数量

期末结存存货成本 = 期末移动加权平均单位成本 × 本期结存存货的数量

和月末一次加权平均法类似，采用移动加权平均法也应采用倒挤的方法，将计算尾差挤入发出存货成本。即先按移动加权平均单位成本计算结存存货成本，然后倒减出发出存货成本，以保证各批发出存货后以及期末时结存存货的数量、单位成本与总成本的一致性。

【例 4-15】鸿发公司 2019 年 6 月 A 商品的购进、发出和结存资料见表 4-1。鸿发公司采用移动加权平均法计算的 A 商品本月移动加权平均单位成本及本月发出和月末结存成本如下：

6 月 5 日购进后移动加权平均单位成本 = $\frac{12\ 000 + 33\ 000}{200 + 500}$ = 64.29（元/件）

6 月 7 日结存 A 商品成本 = 64.29 × 300 = 19 287（元）

6 月 7 日发出 A 商品成本 = 45 000 - 19 287 = 25 713（元）

6月16日购进后移动加权平均单位成本 = $\frac{19\,287 + 42\,000}{300 + 600}$ = 68.10（元/件）

6月18日结存A商品成本 = 68.1 × 100 = 6 810（元）

6月18日发出A商品成本 = 61 287 − 6 810 = 54 477（元）

6月27日购进后移动加权平均单位成本 = $\frac{6\,810 + 34\,000}{100 + 500}$ = 68.02（元/件）

6月29日结存A商品成本 = 68.02 × 300 = 20 406（元）

6月29日发出A商品成本 = 40 810 − 20 406 = 20 404（元）

月末结存A商品成本 = 68.02 × 300 = 20 406（元）

根据上述计算，本月A商品的收入、发出和结存情况，见表4-4。

表4-4　　　　　　　　　存货明细账

存货名称及规格：A商品

2019年		摘要	收入			发出			结存		
月	日		数量	单价（元/件）	金额（元）	数量	单价（元/件）	金额（元）	数量	单价（元/件）	金额（元）
6	1	期初							200	60	12 000
	5	购进	500	66	33 000				700	64.29	45 000
	7	发出				400		25 713	300	64.29	19 287
	16	购进	600	70	42 000				900	68.10	61 287
	18	发出				800		54 477	100	68.10	6 810
	27	购进	500	68	34 000				600	68.02	40 810
	29	发出				300		20 404	300	68.02	20 406
6	30	期末	1 600		109 000	1500		100 594	300	68.02	20 406

和月末一次加权平均法相比，移动加权平均法的特点是将存货的计价和明细账的登记分散在平时进行，从而可以随时掌握发出存货的成本和结存存货的成本，为存货管理及时提供所需信息。但采用这种方法，每次收货都要计算一次加权平均单位成本，计算工作量较大，不适合收发货比较频繁的企业使用。

（四）个别计价法

个别计价法，亦称个别认定法或具体辨认法，是指本期发出存货和期末结存存货的成本，完全按照该存货所属购进批次或生产批次入账时的实际成本进行确定的一种方法。由于采用该方法要求各批发出的存货必须可以逐一辨认所属的购进批次或生产批次，因此，需要对每一存货的品种规格、入账时间、单位成本、存放地点等作详细记录。

【例4-16】鸿发公司2019年6月A商品的购进、发出和结存资料，见表4-1。经具体辨认，6月7日发出的400件A商品中，有100件属于期初结存的商品，有300件属于6月5日第一批购进的商品；6月18日发出的800件A商品中，有100件属于期初结存的商品，有100件属于6月5日第一批购进的商品，其余600件属于6月16日第二批购进的商品；6月29日发出的300件A商品均属于6月27日第三批购进的商品。鸿发公司采用个别计价法计算的 A 商品本月发出和月末结存成本如下：

6 月 7 日发出 A 商品成本 = 60 × 100 + 66 × 300 = 25 800(元)

6 月 18 日发出 A 商品成本 = 60 × 100 + 66 × 100 + 70 × 600 = 54 600(元)

6 月 29 日发出 A 商品成本 = 68 × 300 = 20 400(元)

月末结存 A 商品成本 = 66 × 100 + 68 × 200 = 20 200(元)

根据上述计算，本月 A 商品的收入、发出和结存情况，见表 4-5。

表 4-5　　　　　　　　　　　　存货明细账

存货名称及规格：A 商品

2019 年		摘要	收入			发出			结存		
月	日		数量	单价（元/件）	金额（元）	数量	单价（元/件）	金额（元）	数量	单价（元/件）	金额（元）
6	1	期初							200	60	12 000
	5	购进	500	66	33 000				700		45 000
	7	发出				400		25 800	300		19 200
	16	购进	600	70	42 000				900		61 200
	18	发出				800		54 600	100		6 600
	27	购进	500	68	34 000				600		40 600
	29	发出				300		20 400	300		20 200
6	30	期末	1 600		109 000	1 500		100 800	300		20 200

个别计价法的特点是存货的成本流转与实物流转完全一致，因而能准确地反映本期发出存货和期末结存存货的成本。但采用此方法必须具备详细的存货收、发、存记录，日常核算非常繁琐，存货实物流转的操作程序也相当复杂。一般来说，个别计价法只适用于不能替代使用的存货或为特定项目专门购入或制造的存货的计价以及品种数量不多、单位价值较高或体积较大、容易辨认的存货的计价，如房产、船舶、飞机、重型设备以及珠宝、名画等贵重物品。但随着越来越多的企业采用计算机信息系统进行会计处理，使个别计价法广泛应用于发出存货的计价成为可能。

二、发出存货的会计处理

存货是为了满足企业生产经营的各种需要而储备的，其经济用途各异，消耗方式也各不相同。因此，企业应当根据各类存货的特点及用途，对发出存货进行相应的会计处理。

(一) 生产经营领用原材料

原材料在生产经营过程中领用后，其原有实物形态会发生改变乃至消失，其成本也随之形成产品成本或直接转化为费用。根据原材料的消耗特点，企业应按发出原材料的用途，将其成本直接计入产品成本或当期费用。领用原材料时，按计算确定的实际成本，借记"生产成本""制造费用""委托加工物资""销售费用""管理费用"等科目，贷记"原材料"科目。

【例 4-17】 鸿发公司本月领用原材料的实际成本为 250 000 元。其中，基本生产领用150 000元，辅助生产领用70 000元，生产车间一般耗用20 000元，管理部门领用10 000元。账务处理如下：

借：生产成本——基本生产成本	150 000
——辅助生产成本	70 000
制造费用	20 000
管理费用	10 000
贷：原材料	250 000

（二）销售的存货

1. 销售库存商品等

企业对外销售商品、产成品、自制半成品等存货，取得的销售收入构成其主营业务收入的，相应的存货成本应计入主营业务成本。销售存货时，按从购货方已收或应收的全部合同或协议价款，借记"银行存款""应收账款"等科目，按实现的营业收入，贷记"主营业务收入"科目，按增值税销项税额，贷记"应交税费——应交增值税（销项税额）"科目；同时，按发出存货的账面价值结转销售成本，借记"主营业务成本"科目，贷记"库存商品"等科目。

【例4-18】鸿发公司销售一批A产品，售价10 000元，增值税销项税额1 300元，价款尚未收到，该批A产品的账面价值为6 000元。账务处理如下：

借：应收账款	11 300
贷：主营业务收入	10 000
应交税费——应交增值税（销项税额）	1 300
借：主营业务成本	6 000
贷：库存商品	6 000

2. 销售原材料等存货

企业对外销售的原材料、周转材料等存货，取得的销售收入构成其他业务收入的，相应的存货成本应计入其他业务成本。销售存货时，按从购货方已收或应收的全部合同或协议价款，借记"银行存款""应收账款"等科目，按实现的营业收入，贷记"其他业务收入"科目，按增值税销项税额，贷记"应交税费——应交增值税（销项税额）"科目；同时，按发出存货的账面价值结转销售成本，借记"其他业务成本"科目，贷记"原材料"等科目。

【例4-19】鸿发公司销售一批原材料，售价6 000元，增值税销项税额780元，价款已收存银行，该批原材料的账面价值为5 500元。账务处理如下：

借：银行存款	6 780
贷：其他业务收入	6 000
应交税费——应交增值税（销项税额）	780
借：其他业务成本	5 500
贷：原材料	5 500

第四节 计划成本法

存货采用实际成本进行日常核算，要求存货的收入和发出凭证、明细分类账、总分类账全部按实际成本计价，这对于存货品种、规格、数量繁多，收发频繁的企业来说，日常核算工作量很大，核算成本较高，也会影响会计信息的及时性。为了简化存货的核算，企业可以采用计划成本法对存货的收入、发出及结存进行日常核算。

一、计划成本法的含义及核算程序

计划成本法是指存货的日常收入、发出和结存均按预先制定的计划成本计价，并设置"材料成本差异"科目登记实际成本与计划成本之间的差异；月末，再通过对存货成本差异的分摊，将发出存货的计划成本和结存存货的计划成本调整为实际成本进行反映的一种核算方法。采用计划成本法进行存货日常核算的基本程序如下：

（1）制定存货的计划成本目录，规定存货的分类以及各类存货的名称、规格、编号、计量单位和单位计划成本。

（2）设置"材料成本差异"科目，登记存货实际成本与计划成本之间的差异。取得存货并形成差异时，实际成本高于计划成本的超支差异，在该科目的借方登记，实际成本低于计划成本的节约差异，在该科目的贷方登记；发出存货并分摊差异时，超支差异从该科目的贷方用蓝字转出，节约差异从该科目的贷方用红字转出。

（3）设置"材料采购"科目，对购入存货的实际成本与计划成本进行计价对比。该科目的借方登记购入存货的实际成本，贷方登记购入存货的计划成本，并将计算的实际成本与计划成本的差额，转入"材料成本差异"科目分类登记。

（4）存货的日常收入与发出均按计划成本计价，月末，通过存货成本差异的分摊，将本月发出存货的计划成本和月末结存存货的计划成本调整为实际成本进行反映。

二、存货的取得及成本差异的形成

（一）外购的存货

企业外购的存货，需要专门设置"材料采购"科目进行计价对比，以确定外购存货实际成本与计划成本的差异。

购进存货时，按确定的实际采购成本，借记"材料采购"科目，按增值税专用发票上注明的增值税进项税额，借记"应交税费——应交增值税（进项税额）"科目，按已支付或应支付的金额，贷记"银行存款""应付票据""应付账款"等科目。

验收入库时，按其计划成本，借记"原材料"等科目，贷记"材料采购"科目。同时，按超支差额借记"材料成本差异"科目，贷记"材料采购"科目，按节约差额，借记"材料采购"科目，贷记"材料成本差异"科目。

【例 4-20】鸿发公司存货采用计划成本核算。2019 年 3 月，发生下列材料采购业务：

（1）3 月 5 日，购入一批原材料，增值税专用发票上注明的价款为 100 000 元，增值税进项税额为 13 000 元。货款已通过银行转账支付，材料也已验收入库。该批原材料的计划成本为 105 000 元。账务处理如下：

借：材料采购　　　　　　　　　　　　　　　　　　　　100 000
　　应交税费——应交增值税（进项税额）　　　　　　　 13 000
　　　贷：银行存款　　　　　　　　　　　　　　　　　　　　113 000
借：原材料　　　　　　　　　　　　　　　　　　　　　105 000
　　　贷：材料采购　　　　　　　　　　　　　　　　　　　　105 000
借：材料采购　　　　　　　　　　　　　　　　　　　　 5 000
　　　贷：材料成本差异——原材料　　　　　　　　　　　　　 5 000

（2）3 月 10 日，购入一批原材料，增值税专用发票上注明的价款为 160 000 元，增值税进项税额为 20 800 元。货款已通过银行转账支付，材料尚在运输途中。账务处理如下：

借：材料采购　　　　　　　　　　　　　　　　　　　　160 000
　　应交税费——应交增值税（进项税额）　　　　　　　 20 800
　　　贷：银行存款　　　　　　　　　　　　　　　　　　　　180 800

（3）3 月 16 日，购入一批原材料，材料已经运达企业并已验收入库，但发票等结算凭证尚未收到，货款尚未支付。账务处理如下：

暂不作会计处理。

（4）3 月 18 日，收到 3 月 10 日购进的原材料并验收入库。该批原材料的计划成本为 150 000 元。账务处理如下：

借：原材料　　　　　　　　　　　　　　　　　　　　　150 000
　　　贷：材料采购　　　　　　　　　　　　　　　　　　　　150 000
借：材料成本差异——原材料　　　　　　　　　　　　　 10 000
　　　贷：材料采购　　　　　　　　　　　　　　　　　　　　 10 000

（5）3 月 22 日，收到 3 月 16 日已入库原材料的发票等结算凭证，增值税专用发票上注明的材料价款为 250 000 元，增值税进项税额为 32 500 元，开出一张商业汇票抵付。该批原材料的计划成本为 243 000 元。账务处理如下：

借：材料采购　　　　　　　　　　　　　　　　　　　　250 000
　　应交税费——应交增值税（进项税额）　　　　　　　 32 500
　　　贷：应付票据　　　　　　　　　　　　　　　　　　　　282 500
借：原材料　　　　　　　　　　　　　　　　　　　　　243 000
　　　贷：材料采购　　　　　　　　　　　　　　　　　　　　243 000
借：材料成本差异——原材料　　　　　　　　　　　　　 7 000
　　　贷：材料采购　　　　　　　　　　　　　　　　　　　　 7 000

（6）3 月 25 日，购入一批原材料，增值税专用发票上注明的价款为 200 000 元，增值税进项税额为 26 000 元。货款已通过银行转账支付，材料尚在运输途中。账务处理如下：

　　借：材料采购　　　　　　　　　　　　　　　　　　　　　200 000
　　　　应交税费——应交增值税（进项税额）　　　　　　　　 26 000
　　　　贷：银行存款　　　　　　　　　　　　　　　　　　　　　　　226 000

（7）3月27日，购入一批原材料，材料已经运达企业并已验收入库，但发票等结算凭证尚未收到，货款尚未支付。3月31日，该批材料的结算凭证仍未到达，企业按该批材料的计划成本80 000元估价入账。账务处理如下：

　　借：原材料　　　　　　　　　　　　　　　　　　　　　　　80 000
　　　　贷：应付账款——暂估应付账款　　　　　　　　　　　　　　　80 000

（8）4月1日，用红字冲回上月末暂估入账分录。

　　借：原材料　　　　　　　　　　　　　　　　　　　　　　　80 000
　　　　贷：应付账款——暂估应付账款　　　　　　　　　　　　　　　80 000

（9）4月3日，收到3月27日已入库原材料的发票等结算凭证，增值税专用发票上注明的材料价款为78 000元，增值税进项税额为10 140元，货款通过银行转账支付。账务处理如下：

　　借：材料采购　　　　　　　　　　　　　　　　　　　　　　78 000
　　　　应交税费——应交增值税（进项税额）　　　　　　　　 10 140
　　　　贷：银行存款　　　　　　　　　　　　　　　　　　　　　　　88 140
　　借：原材料　　　　　　　　　　　　　　　　　　　　　　　80 000
　　　　贷：材料采购　　　　　　　　　　　　　　　　　　　　　　　80 000
　　借：材料采购　　　　　　　　　　　　　　　　　　　　　　 2 000
　　　　贷：材料成本差异——原材料　　　　　　　　　　　　　　　　 2 000

（10）4月5日，收到3月25日购进的原材料并验收入库。该批原材料的计划成本为197 000元。账务处理如下：

　　借：原材料　　　　　　　　　　　　　　　　　　　　　　 197 000
　　　　贷：材料采购　　　　　　　　　　　　　　　　　　　　　　 197 000
　　借：材料成本差异——原材料　　　　　　　　　　　　　　　 3 000
　　　　贷：材料采购　　　　　　　　　　　　　　　　　　　　　　　 3 000

（二）其他方式取得的存货

企业通过外购以外的其他方式取得的存货，不需要通过"材料采购"科目确定存货成本差异，而应直接按取得存货的计划成本，借记"原材料"等存货科目，按确定的实际成本，贷记"生产成本""委托加工物资"等相关科目，按实际成本与计划成本之间的差额，借记或贷记"材料成本差异"科目。

【例4-21】 鸿发公司的基本生产车间本月制造完成一批产成品，已验收入库，计划成本为80 000元。经计算，该批产成品的实际成本为82 000元。

　　借：库存商品　　　　　　　　　　　　　　　　　　　　　　80 000
　　　　产品成本差异　　　　　　　　　　　　　　　　　　　　 2 000

　　　　贷：生产成本——基本生产成本　　　　　　　　　　　　　　　　82 000

【例 4-22】鸿发公司的甲股东以一批原材料作价投资，增值税专用发票上注明的材料价款为 650 000 元，增值税进项税额为 84 500 元，投资各方确认按发票金额作为甲股东的投入资本，可折换鸿发公司每股面值 1 元的普通股 500 000 股。该批原材料的计划成本为 660 000 元。鸿发公司账务处理如下：

　　借：原材料　　　　　　　　　　　　　　　　　　　　　660 000
　　　　应交税费——应交增值税（进项税额）　　　　　　　 84 500
　　　　贷：股本——甲股东　　　　　　　　　　　　　　　　500 000
　　　　　　资本公积——股本溢价　　　　　　　　　　　　 234 500
　　　　　　材料成本差异——原材料　　　　　　　　　　　　10 000

三、存货的发出及成本差异的分摊

采用计划成本法对存货进行日常核算，发出存货时先按计划成本计价，即按发出存货的计划成本，借记"生产成本""制造费用""管理费用"等有关成本费用科目，贷记"原材料"等存货科目；月末，再将月初结存存货的成本差异和本月取得存货形成的成本差异，在本月发出存货和月末结存存货之间进行分摊，将本月发出存货和月末结存存货的计划成本调整为实际成本。计划成本、成本差异与实际成本之间的关系如下：

实际成本 = 计划成本 + 超支差异（或 - 节约差异）

为了便于存货成本差异的分摊，企业应当计算材料成本差异率，作为分摊存货成本差异的依据。材料成本差异率包括本月材料成本差异率和月初材料成本差异率两种，计算公式如下：

$$\text{本月材料成本差异率} = \frac{\text{月初结存材料的成本差异} + \text{本月验收入库材料的成本差异}}{\text{月初结存材料的计划成本} + \text{本月验收入库材料的计划成本}} \times 100\%$$

$$\text{月初材料成本差异率} = \frac{\text{月初结存材料的成本差异}}{\text{月初结存材料的计划成本}} \times 100\%$$

企业应分别原材料、周转材料等，按类别或品种对存货成本差异进行明细核算，并计算相应的材料成本差异率，不能使用一个综合差异率。在计算发出存货应负担的成本差异时，除委托外部加工发出的存货可以使用月初材料成本差异率外，其他情况发出的存货均应使用本月材料成本差异率；月初材料成本差异率与本月材料成本差异率相差不大的，也可按月初材料成本差异率计算。计算方法一经确定，不得随意变更。如需变更，应在报表附注中说明。

本月发出存货应负担的成本差异及实际成本和月末结存存货应负担的成本差异及实际成本，可按如下公式计算：

本月发出存货应负担的成本差异 = 发出存货的计划成本 × 材料成本差异率
本月发出存货的实际成本 = 发出存货的计划成本 + 发出存货应负担的超支差异
或　　　　　　　　　　 = 发出存货的计划成本 - 发出存货应负担的节约差异
月末结存存货应负担的成本差异 = 结存存货的计划成本 × 材料成本差异率

月末结存存货的实际成本 = 结存存货的计划成本 + 结存存货应负担的超支差异
或   = 结存存货的计划成本 − 结存存货应负担的节约差异

发出存货应负担的成本差异必须按月分摊，不得在季末或年末一次分摊。企业在分摊发出存货应负担的成本差异时，按计算的各成本费用项目应负担的差异金额，借记"生产成本""制造费用""管理费用"等有关成本费用科目，贷记"材料成本差异"科目。实际成本大于计划成本的超支差异，用蓝字登记；实际成本小于计划成本的节约差异，用红字登记。

本月发出存货应负担的成本差异从"材料成本差异"科目转出之后，该科目的余额为月末结存存货应负担的成本差异。在编制资产负债表时，月末结存存货应负担的成本差异应作为存货的调整项目，将结存存货的计划成本调整为实际成本列示。

【例 4 – 23】 2019 年 3 月 1 日，鸿发公司结存原材料的计划成本为 52 000 元，"材料成本差异——原材料"科目的贷方余额为 1 000 元。3 月份的材料采购业务见【例 4 – 20】资料。经汇总，3 月份已付款或已开出、承兑商业汇票并已验收入库的原材料计划成本为 498 000 元，实际成本为 510 000 元，材料成本差异为超支的 12 000 元。3 月份领用原材料的计划成本为 504 000 元，其中，基本生产领用 350 000 元，辅助生产领用 110 000 元，车间一般耗用 16 000 元，管理部门领用 8 000 元，对外销售 20 000 元。鸿发公司账务处理如下：

（1）按计划成本发出原材料。

借：生产成本——基本生产成本　　　　　　　　　　　　　　350 000
　　　　　　——辅助生产成本　　　　　　　　　　　　　　110 000
　　制造费用　　　　　　　　　　　　　　　　　　　　　　 16 000
　　管理费用　　　　　　　　　　　　　　　　　　　　　　　8 000
　　其他业务成本　　　　　　　　　　　　　　　　　　　　 20 000
　　贷：原材料　　　　　　　　　　　　　　　　　　　　　504 000

（2）计算本月材料成本差异率。

$$本月材料成本差异率 = \frac{-1\,000 + 12\,000}{52\,000 + 498\,000} \times 100\% = 2\%$$

在计算本月材料成本差异率时，本月收入存货的计划成本金额不包括已验收入库但发票等结算凭证月末时尚未到达、企业按计划成本估价入账的存货金额。

（3）分摊材料成本差异。

生产成本（基本生产成本）= 350 000 × 2% = 7 000（元）
生产成本（辅助生产成本）= 110 000 × 2% = 2 200（元）
制造费用 = 16 000 × 2% = 320（元）
管理费用 = 8 000 × 2% = 160（元）
其他业务成本 = 20 000 × 2% = 400（元）

借：生产成本——基本生产成本　　　　　　　　　　　　　　　7 000
　　　　　　——辅助生产成本　　　　　　　　　　　　　　　2 200
　　制造费用　　　　　　　　　　　　　　　　　　　　　　　　320

　　　　管理费用　　　　　　　　　　　　　　　　　　　　160
　　　　其他业务成本　　　　　　　　　　　　　　　　　　400
　　　　　贷：材料成本差异——原材料　　　　　　　　　　　　10 080

(4) 月末，计算结存原材料实际成本，据以编制资产负债表。

"原材料"科目月末余额＝（52 000＋498 000＋80 000）－504 000＝126 000（元）

"材料成本差异"科目月末余额＝（－1 000＋12 000）－10 080＝920（元）

结存原材料实际成本＝126 000＋920＝126 920（元）

月末编制资产负债表时，存货项目中的原材料存货，应当按上列结存原材料实际成本126 920元列示。

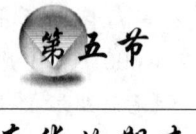

第五节　存货的期末计量

存货的期末计量是指资产负债表日存货价值的再计量。为了使存货符合资产的定义，以在资产负债表中更合理地反映存货的价值，我国企业会计准则规定，资产负债表日，存货应当按照成本与可变现净值孰低法计量。

一、成本与可变现净值孰低法的含义

成本与可变现净值孰低法，是指按照存货的成本与可变现净值两者之中的较低者对期末存货进行计量的一种方法。采用这种方法，当期末存货的成本低于可变现净值时，存货仍按成本计量；当期末存货的可变现净值低于成本时，存货则按可变现净值计量，同时按照可变现净值低于成本的差额计提存货跌价准备，计入当期损益。

所谓成本，是指期末存货的实际成本。如果存货采用计划成本法进行日常核算，则期末存货的实际成本是指将账面计划成本进行差异调整后确定的成本。

所谓可变现净值，是指在日常活动中，存货的估计售价减去至完工时估计将要发生的成本、估计的销售费用以及相关税费后的金额。存货的可变现净值是存货的预计未来现金净流入量，而不是指存货的估计售价或合同价。

采用成本与可变现净值孰低法对期末存货进行计量，当某项存货的可变现净值跌至成本以下时，表明该项存货为企业带来的未来经济利益将低于账面成本，企业应按可变现净值低于成本的差额确认存货跌价损失，并将其从存货价值中扣除，否则，就会虚计当期利润和存货价值；而当可变现净值高于成本时，企业则不能按可变现净值高于成本的金额确认这种尚未实现的存货增值收益，否则，也会虚计当期利润和存货价值。因此，成本与可变现净值孰低法体现了谨慎性会计原则的要求。

二、存货可变现净值的确定

根据存货的账面记录，可以很容易地获得存货的成本资料。因此，运用成本与可变现

净值孰低法对期末存货进行计量的关键是合理确定存货的可变现净值。

（一）确定存货可变现净值应当考虑的主要因素

1. 确定存货的可变现净值应以取得的确凿证据为基础

确定存货可变现净值的确凿证据，是指对确定存货的可变现净值有直接影响的客观证明，如产品或商品的市场销售价格、与产品或商品相同或类似商品的市场销售价格、销售方提供的有关资料、生产成本资料等。

2. 确定存货的可变现净值应考虑持有存货的目的

根据存货的定义，企业持有存货有两个基本的目的，即持有以备出售和持有以备继续加工或耗用。企业在确定存货的可变现净值时，应考虑持有存货的目的。持有存货的目的不同，确定可变现净值的方法就有所不同。

（1）持有以备出售的商品存货。产成品、商品和准备处置的材料等直接用于出售的商品存货，在正常生产经营过程中，应当以该存货的估计售价减去估计的销售费用和相关税费后的金额，确定其可变现净值。

（2）持有以备继续加工或耗用的材料存货。需要经过加工后再出售的原材料以及在产品、委托加工物资等材料存货，在正常生产经营过程中，应当以所生产的产成品的估计售价减去至完工时估计将要发生的成本、估计的销售费用和相关税费后的金额，确定其可变现净值。

3. 确定存货的可变现净值应考虑资产负债表日后事项的影响

确定存货的可变现净值，不仅要以资产负债表日能够取得的最可靠的证据为基础，还应当考虑资产负债表日至财务报告批准报出日之间存货的价格变动对存货在资产负债表日存在状况的影响。如果有确凿证据表明该期间存货价格的变动是对资产负债表日存货已经存在的状况提供了新的或进一步的证据，则在确定存货可变现净值时应当予以考虑。

（二）存货估计售价的确定

在确定存货的可变现净值时，应合理确定估计售价、至完工将要发生的成本、估计的销售费用和相关税费。其中，至完工将要发生的成本可以根据企业成本核算的历史资料合理确定，估计的销售费用和相关税费也可以根据以往的营业经验可靠估计。因此，存货估计售价的确定对于计算存货可变现净值至关重要。企业应当根据存货是否有约定销售的合同，区别以下情况确定存货的估计售价：

（1）为执行销售合同或者劳务合同而持有的存货，通常应当以产成品或商品的合同价格作为其可变现净值的计算基础。如果企业与购买方签订了销售合同或劳务合同，并且合同订购的数量等于企业持有存货的数量，在确定与该项合同直接相关的存货可变现净值时，应当以合同价格作为其可变现净值的计算基础。具体地说，如果企业就其产成品或商品签订了销售合同或劳务合同，则该批产成品或商品的可变现净值应当以合同价格作为计算基础；如果企业销售合同或劳务合同所规定的标的物还没有生产出来，但持有专门用于生产该标的物的原材料，则该原材料的可变现净值也应当以合同价格作为计算基础。

【例4-24】2019年9月15日，鸿发公司与乙公司签订了一份不可撤销的销售合同，双方约定，2019年1月31日，鸿发公司按每台125万元的价格（不包括增值税）向乙公司提供A型设备50台。2019年12月31日，鸿发公司库存A型设备40台，每台单位成本98万元，总成本为3 920万元；库存用于生产A型设备的甲材料2 000千克，每千克单位成本0.25万元，总成本为500万元，可以生产10台A型设备。鸿发公司将甲材料生产成A型设备，每台估计尚需投入人工及制造费用48万元；销售A型设备，估计每台会发生销售费用以及相关税费5万元。2019年12月31日，A型设备的市场销售价格为每台120万元。

在本例中，由于鸿发公司与乙公司签订的销售合同已经对鸿发公司A型设备的销售价格做出了约定，并且合同约定的销售数量等于库存A型设备数量与库存甲材料可以生产的A型设备数量之和。因此，库存A型设备与库存甲材料的可变现净值均应以合同约定的销售价格为基础计算。A型设备与甲材料的可变现净值计算如下：

A型设备可变现净值 = 125 × 40 − 5 × 40 = 4 800（万元）

甲材料可变现净值 = 125 × 10 − 48 × 10 − 5 × 10 = 720（万元）

（2）如果企业持有存货的数量多于销售合同或劳务合同订购数量，超出部分的存货可变现净值应当以产成品或商品的一般销售价格（即市场销售价格）作为计算基础。

【例4-25】按【例4-24】资料，现假定鸿发公司与乙公司签订的销售合同约定的A型设备销售数量为30台，其他条件不变。

在这种情况下，鸿发公司库存的A型设备中，有30台已由合同约定了销售价格，其余10台并没有合同约定；同时，库存的用于生产A型设备的甲材料均没有合同约定。因此，对于有销售合同约定的30台A型设备，其可变现净值应以销售合同约定的价格作为计算基础；而对于无销售合同约定的10台A型设备以及用于生产A型设备的甲材料，其可变现净值均应以市场销售价格作为计算基础。A型设备与甲材料的可变现净值计算如下：

A型设备可变现净值 = (125 × 30 − 5 × 30) + (120 × 10 − 5 × 10) = 4 750（万元）

甲材料可变现净值 = 120 × 10 − 48 × 10 − 5 × 10 = 670（万元）

（3）如果企业持有存货的数量少于销售合同或劳务合同订购数量，实际持有的与该合同相关的存货应当以合同所规定的价格作为可变现净值的计算基础。

（4）没有销售合同或者劳务合同约定的存货（不包括用于出售的原材料、半成品等存货），其可变现净值应当以产成品或商品的一般销售价格作为计算基础。

【例4-26】按【例4-24】资料，现假定鸿发公司没有签订有关A型设备的销售合同，其他条件不变。

在这种情况下，由于鸿发公司没有就A型设备签订任何销售合同，因此，A型设备与甲材料的可变现净值均应以市场销售价格作为计算基础。A型设备与甲材料的可变现净值计算如下：

A型设备可变现净值 = 120 × 40 − 5 × 40 = 4 600（万元）

甲材料可变现净值 = 120 × 10 − 48 × 10 − 5 × 10 = 670（万元）

（5）用于出售的原材料、半成品等存货，通常以该原材料或半成品的市场销售价格作为其可变现净值的计算基础。如果用于出售的原材料或半成品存在销售合同约定，应按合同价格作为其可变现净值的计算基础。

【例4-27】鸿发公司根据市场需求的变化，决定从2017年1月1日起，全面停止B

型设备的生产,并决定将库存原材料中专门用于生产B型设备的外购乙材料全部予以出售。2019年12月31日,乙材料的账面成本为200万元,市场销售价格为160万元,销售乙材料估计会发生销售费用及相关税费共计3万元。

本例中,由于鸿发公司已经决定从2017年1月1日起全面停止B型设备的生产,因此,专门用于生产B型设备的外购乙材料的可变现净值不能再以B型设备的销售价格作为计算基础,而应按乙材料本身的市场销售价格作为计算基础。乙材料的可变现净值计算如下:

乙材料可变现净值 = 160 - 3 = 157(万元)

三、材料存货的期末计量

企业持有的材料存货(包括原材料、在产品、委托加工物资等)主要用于继续生产产品。会计期末,在运用成本与可变现净值孰低法对材料存货进行后续计量时,应当以该材料存货所生产的产成品的可变现净值与其成本进行比较,区分以下两种情况确定其期末价值。

(1)如果用该材料生产的产成品的可变现净值预计高于产成品的生产成本,则该材料应当按照材料的成本计量。

【例4-28】 2019年12月31日,鸿发公司持有的用于生产A产品的甲材料,账面成本总额为500 000元,市场价格总额已跌至450 000元。经减值测试,A产品的可变现净值高于生产成本。

在本例中,由于用甲材料生产的最终产品——A产品的可变现净值高于生产成本,并没有发生减值,表明甲材料的可变现净值一定高于账面成本,也没有发生减值。在这种情况下,虽然甲材料的市场价格低于账面成本,但甲材料仍应按其成本500 000元列示在2019年12月31日资产负债表的存货项目中,不计提存货跌价准备。

(2)如果材料价格的下降导致产成品的价格下降,从而导致产成品的可变现净值低于生产成本,则该材料应当按材料的可变现净值计量,并相应地计提存货跌价准备。

【例4-29】 2019年12月31日,鸿发公司持有的用于生产B产品的乙材料账面成本总额为250 000元,市场价格总额已跌至220 000元。鸿发公司持有的乙材料可生产200件B产品。由于乙材料市场价格下降,导致用乙材料生产的B产品的市场价格也发生了相应的下降,由原来的每件3 250元降为每件3 050元。将乙材料加工成B产品,每件尚需投入人工及制造费用1 750元;销售B产品,每件估计会发生销售费用及相关税费150元。

根据上述资料可知,用库存乙材料所能生产的B产品的可变现净值为580 000元(3 050×200-150×200),用库存乙材料所能生产的B产品的成本为600 000元(250 000 + 1 750×200),B产品可变现净值低于生产成本20 000元,发生了减值,表明乙材料的可变现净值一定低于账面成本,也发生了减值。在这种情况下,乙材料应按可变现净值计量,并按可变现净值低于成本的差额计提存货跌价准备。计算如下:

乙材料可变现净值 = 3 050×200 - 1 750×200 - 150×200 = 230 000(元)

乙材料应计提的存货跌价准备 = 250 000 - 230 000 = 20 000(元)

在 2019 年 12 月 31 日资产负债表的存货项目中，乙材料应按可变现净值 230 000 元列示其价值。

四、存货减值的会计处理

企业应当定期对存货进行全面检查，如果由于存货毁损、全部或部分陈旧过时或销售价格低于成本等原因，使存货可变现净值低于其成本，应按可变现净值低于成本的部分，计提存货跌价准备。

（一）存货减值的判断依据

企业在对存货进行检查时，如果存在下列情况之一，通常表明存货的可变现净值低于成本：

（1）该存货的市场价格持续下跌，并且在可预见的未来无回升的希望；

（2）企业使用该项原材料生产的产品的成本高于产品的销售价格；

（3）企业因产品更新换代，原有库存原材料已不适应新产品的需要，而该原材料的市场价格又低于其账面成本；

（4）因企业所提供的商品或劳务过时或消费者偏好改变而使市场的需求发生变化，导致市场价格逐渐下跌；

（5）其他足以证明该项存货实质上已经发生减值的情形。

（二）计提存货跌价准备的基础

1. 以单项存货为基础计提存货跌价准备

企业通常应当以单项存货为基础计提存货跌价准备。在按照单项存货计提存货跌价准备的情况下，企业应当将每一存货项目的成本与其可变现净值分别进行比较，按每一存货项目可变现净值与成本的较低者计量存货，对于可变现净值低于成本的存货项目，应按其差额计提存货跌价准备。

2. 以存货类别为基础计提存货跌价准备

如果某一类存货的数量繁多并且单价较低，企业可以按照存货类别计提存货跌价准备，即分别比较每个存货类别的成本总额与可变现净值总额，按每个存货类别可变现净值与成本的较低者确定存货期末价值，对于可变现净值低于成本的存货类别，应按其差额计提存货跌价准备。

3. 以合并存货为基础，计提存货跌价准备

在某些特殊情况下，也可以将存货予以合并，作为计提存货跌价准备的基础。例如，与在同一地区生产和销售的产品系列相关、具有相同或类似最终用途或目的，且难以与其他项目分开来计量的存货，因其所处的经济环境、法律环境、市场环境等相同，具有类似的风险和报酬，可以按该产品系列合并计提存货跌价准备。

需要注意的是，如果同一项存货中一部分有合同约定的价格，其他部分没有合同约定的价格，则应当按有合同约定价格的存货和没有合同约定价格的存货分别确定可变现净值，并将各自的可变现净值与相对应的成本进行比较，分别确定应计提或转回的存货跌价准备金额，由此计提的存货跌价准备不得相互抵销。

(三) 存货跌价准备的计提和转回

资产负债表日，企业应当首先确定存货的可变现净值。存货可变现净值的确定应当以资产负债表日的状况为基础，既不能提前确定，也不能延后确定，并且在每一个资产负债表日都应当重新确定。在确定存货可变现净值的基础上，将存货可变现净值与存货成本进行比较，确定本期存货可变现净值低于成本的差额，然后再将本期存货可变现净值低于成本的差额与"存货跌价准备"科目原有的余额进行比较，按下列公式计算确定本期应计提（或转回）的存货跌价准备金额：

某期应计提的存货跌价准备 = 当期可变现净值低于成本的差额 − "存货跌价准备"科目原有余额

根据上列公式，如计提存货跌价准备前，"存货跌价准备"科目无余额，应按本期存货可变现净值低于成本的差额计提存货跌价准备，借记"资产减值损失"科目，贷记"存货跌价准备"科目；如果本期存货可变现净值低于成本的差额大于"存货跌价准备"科目原有贷方余额，表明存货价值进一步降低，应按二者之差补提存货跌价准备，借记"资产减值损失"科目，贷记"存货跌价准备"科目；如果本期存货可变现净值低于成本的差额与"存货跌价准备"科目原有贷方余额相等，表明存货价值未发生变动，不需要计提存货跌价准备；如果本期存货可变现净值低于成本的差额小于"存货跌价准备"科目原有贷方余额，表明存货价值有所回升，应按二者之差转回已计提的存货跌价准备，借记"存货跌价准备"科目，贷记"资产减值损失"科目；如果本期存货可变现净值高于成本，表明存货价值完全恢复，应将已计提的存货跌价准备全部转回，借记"存货跌价准备"科目，贷记"资产减值损失"科目。

需要注意的是，转回已计提的存货跌价准备必须符合条件，即以前导致存货减值的影响因素已经部分或全部消失，而不是当期的其他影响因素导致的存货价值上升；同时，转回的存货跌价准备金额应当以该项存货、该类存货或该合并存货原已计提的存货跌价准备金额为限，恢复后的存货账面价值不应超过该存货原先的入账成本。

【例4−30】鸿发公司从2016年度开始，对期末结存存货按成本与可变现净值孰低计量。2016—2019年，有关A商品期末计量的资料及相应的会计处理如下：

（1）2016年12月31日，A商品的账面成本为80 000元，可变现净值为70 000元，可变现净值低于成本的差额 = 80 000 − 70 000 = 10 000（元）。

借：资产减值损失　　　　　　　　　　　　　　　　　　　10 000
　　贷：存货跌价准备——A商品　　　　　　　　　　　　　　　　　10 000

在2016年12月31日的资产负债表中，A商品应按可变现净值70 000元列示其价值。

（2）2017年度，在转出A商品时，相应地结转存货跌价准备8 000元。2017年12月31日，A商品账面成本96 000元，可变现净值85 000元；计提存货跌价准备之前，"存货跌价准备"科目贷方余额为2 000元（10 000 − 8 000）。

可变现净值低于成本的差额 = 96 000 − 85 000 = 11 000（元）

应计提的存货跌价准备 = 11 000 − 2 000 = 9 000（元）

借：资产减值损失　　　　　　　　　　　　　　　　　　　9 000
　　贷：存货跌价准备——A商品　　　　　　　　　　　　　　　　　9 000

本年计提存货跌价准备之后,"存货跌价准备"科目贷方余额为 11 000 元;在 2017 年 12 月 31 日的资产负债表中,A 商品应按可变现净值 85 000 元列示其价值。

(3) 2018 年度,在转出 A 商品时,相应地结转存货跌价准备 6 000 元。2018 年 12 月 31 日,A 商品账面成本 62 000 元,可变现净值 58 000 元;计提存货跌价准备之前,"存货跌价准备"科目贷方余额为 5 000 元（11 000 – 6 000）。

可变现净值低于成本的差额 = 62 000 – 58 000 = 4 000（元）

应计提的存货跌价准备 = 4 000 – 5 000 = – 1 000（元）

上列计算结果为负数,表明 A 商品价值有所回升,且回升的金额小于已计提的存货跌价准备,如符合转回条件,本年应转回的存货跌价准备金额为 1 000 元。

借：存货跌价准备——A 商品　　　　　　　　　　　　　　　　1 000
　　贷：资产减值损失　　　　　　　　　　　　　　　　　　　　　　1 000

本年转回存货跌价准备之后,"存货跌价准备"科目贷方余额为 4 000 元;在 2018 年 12 月 31 日的资产负债表中,A 商品应按可变现净值 58 000 元列示其价值。

(4) 2019 年度,在转出 A 商品时,相应地结转存货跌价准备 3 000 元。2019 年 12 月 31 日,A 商品账面成本 80 000 元,可变现净值 82 000 元;计提存货跌价准备之前,"存货跌价准备"科目贷方余额为 1 000 元（4 000 – 3 000）。

由于本年 A 商品的可变现净值高于账面成本,如符合转回条件,应将 A 商品的账面价值恢复至账面成本,即将已计提的存货跌价准备全部转回。

借：存货跌价准备——A 商品　　　　　　　　　　　　　　　　1 000
　　贷：资产减值损失　　　　　　　　　　　　　　　　　　　　　　1 000

在 2019 年 12 月 31 日的资产负债表中,A 商品应按账面成本 80 000 元列示其价值。

(四) 存货跌价准备的结转

已经计提了跌价准备的存货,在生产经营领用、销售或其他原因转出时,应当根据不同情况,对已计提的存货跌价准备进行适当的会计处理。

(1) 生产经营领用的存货,领用时一般可不结转相应的存货跌价准备,待期末计提存货跌价准备时一并调整。如果需要同时结转已计提的存货跌价准备,应借记"存货跌价准备"科目,贷记"生产成本"等科目。

【例 4-31】鸿发公司本月生产领用一批 B 材料。领用的 B 材料账面余额为 20 000 元,相应的存货跌价准备为 1 000 元。

借：生产成本　　　　　　　　　　　　　　　　　　　　　　　20 000
　　贷：原材料——B 材料　　　　　　　　　　　　　　　　　　　20 000

如果需要同时结转 B 材料已计提的跌价准备,则还应编制下列会计分录：

借：存货跌价准备——B 材料　　　　　　　　　　　　　　　　1 000
　　贷：生产成本　　　　　　　　　　　　　　　　　　　　　　　　1 000

(2) 销售的存货以及用于非货币性资产交换（在非货币性资产交换以公允价值为基础计量的情况下）、债务重组、作为非同一控制下企业合并支付的对价的存货,在结转销售成本的同时,应结转相应的存货跌价准备,借记"存货跌价准备"科目,贷记"主营业务成本""其他业务成本"等科目。

【例 4-32】鸿发公司将 A 商品按 69 000 元的价格售出,增值税销项税额为 8 970 元,价款已收存银行。A 商品账面余额 80 000 元,已计提存货跌价准备 15 000 元。

借:银行存款 77 970
　　贷:主营业务收入 69 000
　　　　应交税费——应交增值税(销项税额) 8 970
借:主营业务成本 80 000
　　贷:库存商品——A 商品 80 000
借:存货跌价准备——A 商品 15 000
　　贷:主营业务成本 15 000

(3)可变现净值为零的存货,应当将其账面余额全部转销,同时转销相应的存货跌价准备。当存货存在以下情况之一时,表明存货的可变现净值为零:①已霉烂变质的存货;②已过期且无转让价值的存货;③生产中已不再需要,并且已无使用价值和转让价值的存货;④其他足以证明已无使用价值和转让价值的存货。

【例 4-33】鸿发公司的库存 M 商品已过保质期,不可再使用或销售。M 商品账面余额 20 000 元,已计提存货跌价准备 12 000 元

借:管理费用 8 000
　　存货跌价准备——M 商品 12 000
　　贷:库存商品——M 商品 20 000

第六节 存货清查

一、存货数量的清查

存货是企业资产的重要组成部分,且处于不断销售或耗用以及重置之中,具有较强的流动性。为了加强对存货的控制,维护存货的安全完整,企业应当定期或不定期对存货的实物进行盘点和抽查,以确定存货的实有数量,并与账面记录进行核对,确保存货账实相符。企业至少应当在编制年度财务报告之前,对存货进行一次全面的清查盘点。

存货清查采用实地盘点、账实核对的方法。在每次进行清查盘点前,应将已经收发的存货数量全部登记入账,并准备盘点清册,抄列各种存货的编号、名称、规格和存放地点。盘点时,应在盘点清册上逐一登记各种存货的账面结存数量和实存数量,并进行核对。对于账实不符的存货,应查明原因,分清责任,并根据清查结果编制"存货盘存报告单",作为存货清查的原始凭证。

在进行存货清查盘点时,如果发现存货盘盈或盘亏,应于期末前查明原因,并根据企业的管理权限,报经股东大会或董事会,或经理(厂长)会议或类似机构批准后,在期末结账前处理完毕。

二、存货盘盈与盘亏的会计处理

（一）存货盘盈

存货盘盈，是指存货的实存数量超过账面结存数量的差额。存货发生盘盈，应按其重置成本作为入账价值，及时予以登记入账，借记"原材料""周转材料""库存商品"等存货科目，贷记"待处理财产损溢——待处理流动资产损溢"科目；待查明原因，按管理权限报经批准处理后，冲减当期管理费用。

【例4-34】鸿发公司在存货清查中发现盘盈一批A材料，重置成本为5 000元。账务处理如下：

（1）发现盘盈，原因待查。

借：原材料——A材料　　　　　　　　　　　　　　　　5 000
　　贷：待处理财产损溢——待处理流动资产损溢　　　　　　5 000

（2）查明原因，报经批准处理。

借：待处理财产损溢——待处理流动资产损溢　　　　　　5 000
　　贷：管理费用　　　　　　　　　　　　　　　　　　5 000

（二）存货盘亏

存货盘亏，是指存货的实存数量少于账面结存数量的差额。存货发生盘亏，应将其账面价值及时转销，借记"待处理财产损溢——待处理流动资产损溢"科目，贷记"原材料""周转材料""库存商品"等存货科目；盘亏存货涉及增值税的，还应进行相应处理。待查明原因，按管理权限报经批准处理后，根据造成盘亏的原因，分别以下情况进行会计处理：

（1）属于定额内自然损耗造成的短缺，计入管理费用。

（2）属于收发计量差错和管理不善等原因造成的短缺或毁损，将扣除可收回的保险公司和过失人赔款以及残料价值后的净损失，计入管理费用。其中，因管理不善造成被盗、丢失、霉烂变质的存货，相应的进项税额不得从销项税额中抵扣，应当予以转出。

（3）属于自然灾害等非常原因造成的毁损，将扣除可收回的保险公司和过失人赔款以及残料价值后的净损失，计入营业外支出。

【例4-35】鸿发公司在存货清查中发现盘亏一批B材料，账面成本为20 000元。账务处理如下：

（1）发现盘亏，原因待查。

借：待处理财产损溢——待处理流动资产损溢　　　　　　20 000
　　贷：原材料——B材料　　　　　　　　　　　　　　　20 000

（2）查明原因，报经批准处理。

①假定属于收发计量差错造成存货短缺。

借：管理费用　　　　　　　　　　　　　　　　　　　　20 000
　　贷：待处理财产损溢——待处理流动资产损溢　　　　　20 000

②假定属于管理不善造成存货霉烂变质，由过失人赔偿部分损失10 000元。

借：银行存款　　　　　　　　　　　　　　　　　　　　10 000

管理费用		12 600
贷：待处理财产损溢——待处理流动资产损溢		20 000
应交税费——应交增值税（进项税额转出）		2 600

③假定属于自然灾害造成的毁损，应收保险公司赔款18 000元。

借：其他应收款——保险赔款		18 000
营业外支出		2 000
贷：待处理财产损溢——待处理流动资产损溢		20 000

如果盘盈或盘亏的存货在期末结账前尚未经批准，在对外提供财务报告时，应先按上述方法进行会计处理，并在会计报表附注中做出说明。如果其后批准处理的金额与已处理的金额不一致，应当调整当期会计报表相关项目的年初数。

练习题

一、不定项选择题

1. 下列各种物资中，应当作为企业存货核算的有（　　）。
   A. 委托代销商品　　　　　　　　B. 发出商品
   C. 低值易耗品　　　　　　　　　D. 工程物资

2. 乙企业为增值税一般纳税人。本月购进原材料200千克，货款为6 000元，增值税税额为780元；发生的保险费为350元，入库前的挑选整理费用为130元；验收入库时发现数量短缺10%，经查属于运输途中合理损耗。乙工业企业该批原材料实际单位成本为每千克（　　）元。
   A. 32.4　　　　　　　　　　　　B. 33.33
   C. 35.28　　　　　　　　　　　 D. 36

3. 甲公司为增值税一般纳税人。2019年1月1日，甲公司发出一批实际成本为240万元的原材料，委托乙公司加工应税消费品，收回后直接对外出售。2019年5月30日，甲公司收回乙公司加工的应税消费品并验收入库。甲公司根据乙公司开具的增值税专用发票向乙公司支付加工费12万元、增值税税额1.56万元，另支付消费税28万元。假定不考虑其他因素，甲公司收回该批应税消费品的入账价值为（　　）万元。
   A. 252　　　　　　　　　　　　 B. 254.04
   C. 280　　　　　　　　　　　　 D. 282.04

4. 下列项目中，作为增值税一般纳税人的企业一般应计入存货成本的有（　　）。
   A. 购入存货支付的关税
   B. 商品流通企业采购过程中发生的保险费
   C. 企业提供劳务取得存货发生的从事劳务提供人员的直接人工
   D. 自制存货生产过程中发生的直接费用

5. 下列各项与存货相关的费用中，不应计入存货成本的是（　　）。

A. 材料采购过程中发生的运输途中的合理损耗
B. 材料入库前发生的挑选整理费
C. 在生产过程中为达到下一个生产阶段所必需的仓储费用
D. 非正常消耗的直接材料

6. 对于需要加工才能对外销售的在产品，下列各项中，属于在确定其可变现净值时应考虑的因素有（   ）。
    A. 在产品已经发生的生产成本
    B. 在产品加工成产成品后对外销售的预计销售价格
    C. 在产品未来加工成产成品估计将要发生的加工成本
    D. 在产品加工成产成品后对外销售预计发生的销售费用

7. 下列关于存货可变现净值的表述中，正确的是（   ）。
    A. 可变现净值等于存货的市场销售价格
    B. 可变现净值等于销售存货产生的现金流入
    C. 可变现净值等于销售存货产生现金流入的现值
    D. 可变现净值是确认存货跌价准备的重要依据之一

8. 2019年9月3日，甲公司与乙公司签订了一份不可撤销的销售合同，双方约定，2020年1月20日，甲公司应按每台52万元的价格向乙公司提供A产品6台。2019年12月31日，甲公司A产品的账面价值（成本）为280万元，数量为5台，单位成本为56万元。2019年12月31日，A产品的市场销售价格为50万元/台。销售5台A产品预计发生销售费用及税金为10万元。2019年12月31日，甲公司结存的5台A产品的账面价值为（   ）万元。
    A. 280
    B. 250
    C. 260
    D. 270

9. 2019年，甲公司根据市场需求的变化，决定停止生产丙产品。为减少不必要的损失，决定将原材料中专门用于生产丙产品的外购D材料全部出售，2019年12月31日其成本为200万元，数量为10吨。据市场调查，D材料的市场销售价格为20万元/吨，同时销售10吨D材料可能发生的销售费用及税金1万元。2019年12月31日D材料的账面价值为（   ）万元。
    A. 199
    B. 200
    C. 190
    D. 180

10. 下列各项中，不在资产负债表"存货"项目中列示的是（   ）。
    A. 生产成本
    B. 委托代销商品
    C. 为在建工程购入的工程物资
    D. 发出商品

11. 下列情形中，表明存货的可变现净值为零的情况有（   ）。
    A. 已霉烂变质的存货
    B. 已过期但是有转让价值的存货
    C. 生产中已不再需要，并且已无使用价值和转让价值的存货
    D. 其他足以证明已无使用价值和转让价值的存货

12. 下列各项业务中，可以引起期末存货账面价值发生增减变动的有（　　）。

A. 计提存货跌价准备

B. 转回存货跌价准备

C. 存货出售结转成本的同时结转之前计提的存货跌价准备

D. 存货盘盈

13. 下列各项中，增值税一般纳税人企业不应计入收回委托加工物资成本的是（　　）。

A. 随同加工费支付的增值税

B. 支付的加工费

C. 往返运杂费

D. 支付的收回后直接用于销售的委托加工物资的消费税

14. 关于存货的会计处理，下列表述中正确的有（　　）。

A. 存货跌价准备通常应当按照单个存货项目计提也可分类计提

B. 存货采购过程中发生的合理损耗计入存货采购成本，不影响存货的入库单价

C. 债务人因债务重组转出存货时不结转已计提的相关存货跌价准备

D. 因同一控制下企业合并投出的存货直接按账面价值转出

15. 计划成本法下，下列项目中应计入材料成本差异账户贷方的是（　　）。

A. 购入材料时，实际成本大于计划成本的差额

B. 购入材料时，实际成本小于计划成本的差额

C. 调整增加原材料的计划成本

D. 调整减少原材料的计划成本

二、业务题

1. 甲公司原材料日常收发及结存采用计划成本核算。该公司2019年5月月初结存材料的计划成本为800 000元，实际成本为830 000元；本月入库材料的计划成本为1 700 000元，实际成本为1 620 000元。

当月发出材料（计划成本）为：基本生产车间领用630 000元；在建工程领用500 000元；车间管理部门领用10 000元；公司行政管理部门领用27 000元。

要求：

（1）计算当月材料成本差异率；

（2）编制发出材料的会计分录；

（3）编制月末结转本期发出材料成本差异的会计分录。

2. A公司是一家生产电子产品的上市公司，为增值税一般纳税企业。2019年12月31日，A公司期末存货有关资料如下：

（1）甲产品账面余额为1 000万元，按照一般市场价格预计售价为1 060万元，预计销售费用和相关税金为30万元。已计提存货跌价准备40万元。

（2）乙产品账面余额为400万元，其中有20%已签订销售合同，合同价款为80万元；另有80%未签订合同。期末库存乙产品如果按照一般市场价格计算，其预计销售价

格为440万元。有合同部分乙产品的预计销售费用和税金为6万元，无合同部分乙产品的预计销售费用和税金为24万元。此前未计提存货跌价准备。

（3）因产品更新换代，丙材料已不适应新产品的需要，准备对外销售。丙材料的账面余额为250万元，预计销售价格为220万元，预计销售费用及相关税金为25万元，此前未计提跌价准备。

（4）丁材料30吨，每吨实际成本15万元。该批丁材料用于生产20件X产品，X产品每件加工成本为10万元，现有7件已签订销售合同，合同规定每件为40万元，每件一般市场售价为35万元，假定销售税费均为销售价格的10%。丁材料未计提存货跌价准备。

（5）对存货采用单项计提存货跌价准备，按年计提跌价准备。

要求：

分别计算上述存货的期末可变现净值和应计提的跌价准备，并进行相应的账务处理。

第五章 金融资产

【案例导学】

2018年3月31日，上市公司上海莱士（股票代码：002252）发布了业绩预告，公告中预计2018年一季度公司的净利润为亏损6.53亿—7.2亿元，原因竟是公司的"炒股"业务产生了高达8.98亿元的亏损，公告一出，资本市场一片哗然，要知道2017年公司全年的净利润也只有8.5亿元，短短三个月时间，通过炒股就亏完了一整年的净利润。其实早在2014年，上海莱士就通过购买信托和理财产品试水资本市场，当年就获得了0.31亿元的投资收益，在小试牛刀之后，公司把风险投资上升到了经营战略的层面，2015年大举投入7.48亿元用于炒股，而且当年就获得了高达8.65亿元的惊人收益。在尝到甜头之后，公司持续加大对"炒股事业"的投入，到2017年三季度，持有的股票总市值已高达29.11亿元，而其2017年全年的营业收入仅有19.27亿元，在股票方面的投资金额已经远远超越了营业收入，如此大手笔的投入也给其带来了巨额收益，从2015—2017年三季度的两年半时间里，公司通过股票市场赚取的累计收益超过22亿元，对营业利润的整体贡献率达到了46.3%，显然炒股收益已经成为公司重要的利润来源，可谓是功不可没。然而，好景不长，随着市场环境的变化，其炒股收益自2017年开始逐渐下滑。进入2018年，该公司净利润亏损幅度进一步扩大。根据其2019年4月25日披露的财报显示，其2018年全年实现总营收18.04亿元，较上年减少6.41%；归属于上市公司股东的净利润亏损高达15.18亿元，较上年同期更是减少281.66%。对此，上海莱士表示，主要系证券投资业务受市场波动影响，持有和处置风险投资而产生的公允价值变动损益和投资收益巨亏，导致2018年度业绩大幅亏损。

思考： 公允价值计量对公司盈余管理有何影响？如何有效防范？

第一节 金融资产及其分类

一、金融工具

金融工具是指形成一方的金融资产并形成其他方的金融负债或权益工具的合同。合同可以是书面的，也可以是口头的，非合同的资产和负债不属于金融工具。一般来说，金融工具包括金融资产、金融负债和权益工具，也可能包括一些尚未确认的项目。

二、金融资产

金融资产是指企业持有的货币资金、持有的其他企业的权益工具以及符合下列任一条件的资产：

（1）从其他方收取现金或其他金融资产的权利；

（2）在潜在的有利条件下，与其他方交换金融资产或金融负债的权利；

（3）将来须用或可用企业自身权益工具进行结算的非衍生工具合同，且企业根据该合同将收到可变数量的自身权益工具；

（4）将来须用或可用企业自身权益工具进行结算的衍生工具合同（不包括以固定数量的自身权益工具交换固定金额的现金或其他金融资产的衍生工具合同）。

在符合金融资产定义的项目中，库存现金、银行存款、应收款项、长期股权投资在本书其他章节作专门介绍，因此，本章节所指金融资产不包括货币资金、应收款项和长期股权投资。

三、金融资产分类

企业应当根据其管理金融资产的业务模式和金融资产的合同现金流量特征，将金融资产划分为以下三类：

（1）以摊余成本计量的金融资产；

（2）以公允价值计量且其变动计入其他综合收益的金融资产；

（3）以公允价值计量且其变动计入当期损益的金融资产。

企业应当结合自身业务的特点和风险管理要求，对金融资产进行分类。金融资产的分类一经确定，不得随意变更。

（一）以摊余成本计量的金融资产

金融资产同时符合下列条件的，应当分类为以摊余成本计量的金融资产：

（1）企业管理该金融资产的业务模式是以收取合同现金流量为目标。

（2）该金融资产的合同条款规定，在特定日期产生的现金流量，仅为对本金和以未偿付本金金额为基础的利息的支付。

企业一般应当设置"银行存款""贷款""应收账款""债权投资"等科目核算分类为以摊余成本计量的金融资产。

(二) 以公允价值计量且其变动计入其他综合收益的金融资产

金融资产同时符合下列条件的，应当分类为以公允价值计量且其变动计入其他综合收益的金融资产：

(1) 企业管理该金融资产的业务模式既以收取合同现金流量为目标，又以出售该金融资产为目标。

(2) 该金融资产的合同条款规定，在特定日期产生的现金流量，仅为对本金和以未偿付本金金额为基础的利息的支付。

企业应当设置"其他债权投资"科目核算分类为以公允价值计量且其变动计入其他综合收益的金融资产。

(三) 以公允价值计量且其变动计入当期损益的金融资产

按照上述（一）和（二）分类为以摊余成本计量的金融资产和以公允价值计量且其变动计入其他综合收益的金融资产之外的金融资产，企业应当将其分类为以公允价值计量且其变动计入当期损益的金融资产。

企业应当设置"交易性金融资产"科目核算以公允价值计量且其变动计入当期损益的金融资产。企业持有的直接指定为以公允价值计量且其变动计入当期损益的金融资产，也在本科目核算。

第二节 债权投资

一、债权投资的初始计量

企业应当设置"债权投资"科目，核算取得的以摊余成本计量的金融资产，并按照债权投资的类别和品种，分别设置"成本""利息调整""应计利息"明细科目进行核算。其中："成本"明细科目，反映债权投资的面值；"利息调整"明细科目反映债权投资的初始入账金额与面值的差额以及按照实际利率法分期摊销后该差额的摊余金额；"应计利息"明细科目反映企业计提的到期一次还本付息债权投资应计未付的利息。

债权投资应当按取得时的公允价值与相关交易费用之和作为初始入账金额。如果实际支付的价值中包含已到付息期但尚未领取的债券利息，应单独确认为应收项目，不构成债权投资的初始入账金额。

企业取得该类债权投资时，应按该投资的面值，借记"债权投资——成本"科目，按支付的价款中包含的已到付息期但尚未领取的利息，借记"应收利息"科目，按实际支付的金额，贷记"银行存款"等科目，按其差额，借记或贷记"债权投资——利息调整"科目。收到支付的价款中包含的已到付息期但尚未领取的利息，借记"银行存款"

科目，贷记"应收利息"科目。

【例5-1】2018年1月1日，鸿发公司从市场上购入甲公司当日发行的面值为100 000元、期限5年、票面利率5%、每年12月31日付息、到期还本的债券，并分类为以摊余成本进行计量的金融资产，实际支付购买价款（包含交易费用）100 000元。账务处理如下：

借：债权投资——甲公司债券（成本） 100 000
　　贷：银行存款 100 000

【例5-2】2018年1月1日，鸿发公司从市场上购入乙公司当日发行的面值100 000元、期限5年、票面利率5%、每年12月31日付息、到期还本的债券，并分类为以摊余成本进行计量的金融资产，实际支付购买价款（包含交易费用）110 000元。账务处理如下：

借：债权投资——乙公司债券（成本） 100 000
　　　　　　——乙公司债券（利息调整） 10 000
　　贷：银行存款 110 000

【例5-3】2018年1月1日，鸿发公司从市场上购入丙公司2017年1月1日发行的面值100 000元、期限5年、票面利率5%、每年12月31日付息、到期还本的债券，并分类为以摊余成本进行计量的金融资产，实际支付购买价款（包含交易费用）115 000元，该价款中还包含已到付息期但尚未支付的利息5 000元。账务处理如下：

借：债权投资——丙公司债券（成本） 100 000
　　　　　　——丙公司债券（利息调整） 10 000
　　应收利息 5 000
　　贷：银行存款 115 000

收到利息时：

借：银行存款 5 000
　　贷：应收利息 5 000

二、债权投资的后续计量

（一）实际利率法

实际利率法，是指以实际利率为基础计算金融资产的账面余额（或摊余成本）以及将利息收入分摊计入各会计期间的方法。

实际利率，是指将金融资产在预期存续期的估计未来现金流量，折现为该金融资产账面余额所使用的利率。例如，企业购入债券作为债权投资，实际利率就是将该债券未来收回的利息和面值折算为现值恰好等于债券投资的初始入账金额的折现率。

（二）摊余成本

债权投资的摊余成本应当以该金融资产的初始确认金额经过以下列调整后的结果来确定：

（1）扣除已偿还的本金；

（2）加上或减去采用实际利率法将该初始确认金额与到期日金额之间的差额进行摊

销形成的累计摊销额（即利息调整的累计摊销额）；

（3）扣除累计计提的损失准备（如果有）。

（三）利息收入

企业应当按照实际利率法确认利息收入。利息收入应当根据该金融资产摊余成本乘以实际利率计算确定。

在实际利率法下，利息收入、应收利息、利息调整摊销额、摊余成本之间的关系，可用如下公式表示：

利息收入＝债权投资摊余成本×实际利率

应收利息＝面值（到期日金额）×票面利率（名义利率）

利息调整摊销额＝利息收入－应收利息

摊余成本＝初始确认金额±利息调整累计摊销额

＝面值±利息调整摊余金额

（四）后续计量的会计处理

1. 分期付息债券收入的确认

以摊余成本计量的债权投资如为分期付息、一次还本的债券，企业应当于付息日或资产负债表日计提债券利息，计提的利息通过"应收利息"核算，同时确认利息收入。付息日或资产负债表日，按照以债权投资的面值和票面利率计算确定的利息，借记"应收利息"科目，按照以债权投资的摊余成本和实际利率计算确定的利息收入，贷记"投资收益"科目，按其差额，借记或贷记"债权投资——利息调整"科目。收到上列应计未收的利息时，借记"银行存款"等科目，贷记"应收利息"科目。

【例5－4】鸿发公司于2015年1月1日购入面值为100 000元、期限为5年、年利率为6%、每年12月31日付息、到期还本的甲公司债券并分类为以摊余成本进行计量的金融资产，初始确认金额为105 600元，该债券在持有期间确认利息收入并确定摊余成本的会计处理如下：

（1）计算实际利率。

由于公司债券的初始确认金额高于其面值，因此，该项债权投资的实际利率一定低于票面利率，先按5%作为折现率进行测算。查年金现值系数表和复利现值系数表可知，5期、5%的年金现值系数和复利现值系数分别为4.32947667和0.78352617。公司债券的利息和本金按5%作为折现率计算的现值如下：

债券年利息额＝100 000×6%＝6 000（元）

利息和面值的现值＝6 000×4.32947667＋100 000×0.78352617＝104 329（元）

上式计算结果小于公司债券的初始确认金额，说明实际利率小于5%，再按4%作为折现率进行测算。查年金现值系数表和复利现值系数表可知，5期、4%的年金现值系数和复利现值系数分别为4.45182233和0.82192711。公司债券的利息和本金按4%作为折现率计算的现值如下：

利息和面值的现值＝6 000×4.45182233＋100 000×0.82192711＝108 904（元）

上式计算结果大于公司债券的初始确认金额，说明实际利率大于4%。因此，实际利率介于4%和5%之间。使用插值法估算实际利率如下：

实际利率 = 4% + (5% - 4%) × (108 905 - 105 600)/(108 905 - 104 329)
       = 4.72%

（2）采用实际利率法编制利息收入与摊余成本计算表，见表 5 - 1。

（3）编制各年确认利息收入和摊销利息调整的会计分录。

① 2015 年 12 月 31 日：

借：应收利息　　　　　　　　　　　　　　　　　　　　6 000
　　贷：投资收益　　　　　　　　　　　　　　　　　　　　　4 984
　　　　债权投资——甲公司债券（利息调整）　　　　　　　　1 016

② 2016 年 12 月 31 日：

借：应收利息　　　　　　　　　　　　　　　　　　　　6 000
　　贷：投资收益　　　　　　　　　　　　　　　　　　　　　4 936
　　　　债权投资——甲公司债券（利息调整）　　　　　　　　1 064

③ 2017 年 12 月 31 日：

借：应收利息　　　　　　　　　　　　　　　　　　　　6 000
　　贷：投资收益　　　　　　　　　　　　　　　　　　　　　4 886
　　　　债权投资——甲公司债券（利息调整）　　　　　　　　1 114

④ 2018 年 12 月 31 日：

借：应收利息　　　　　　　　　　　　　　　　　　　　6 000
　　贷：投资收益　　　　　　　　　　　　　　　　　　　　　4 834
　　　　债权投资——甲公司债券（利息调整）　　　　　　　　1 166

⑤ 2019 年 12 月 31 日：

借：应收利息　　　　　　　　　　　　　　　　　　　　6 000
　　贷：投资收益　　　　　　　　　　　　　　　　　　　　　4 760
　　　　债权投资——甲公司债券（利息调整）　　　　　　　　1 240

（4）债券到期，收回债券本金和最后一期利息。

借：银行存款　　　　　　　　　　　　　　　　　　　106 000
　　贷：债权投资——甲公司债券（成本）　　　　　　　　100 000
　　　　应收利息　　　　　　　　　　　　　　　　　　　　6 000

表 5 - 1　　　　　　　利息收入与摊余成本计算表　　　　　　　　　　单位：元

日　期	应收利息	实际利率（%）	利息收入	利息调整摊销	摊余成本
2015 年 1 月 1 日					105 600
2015 年 12 月 31 日	6 000	4.72%	4 984	1 016	104 584
2016 年 12 月 31 日	6 000	4.72%	4 936	1 064	103 520
2017 年 12 月 31 日	6 000	4.72%	4 886	1 114	102 406
2018 年 12 月 31 日	6 000	4.72%	4 834	1 166	101 240
2019 年 12 月 31 日	6 000	4.72%	4 760	1 240	100 000
合　计	30 000	—	24 400	5 600	—

【例 5 - 5】鸿发公司于 2016 年 1 月 1 日购入面值为 400 000 元、期限为 4 年、年利率

为5%、每年12月31日付息、到期还本的乙公司债券,初始确认金额为389 250元,该债券在持有期间确认利息收入并确定摊余成本的会计处理如下:

(1) 计算实际利率。

由于乙公司债券的初始确认金额低于其面值,因此,该项债权投资的实际利率一定高于票面利率,先按6%作为折现率进行测算。查年金现值系数表和复利现值系数表可知,4期、6%的年金现值系数和复利现值系数分别为3.46510561和0.79209366。公司债券的利息和本金按6%作为折现率计算的现值如下:

债券年利息额 = 400 000 × 5% = 20 000(元)

利息和本金的现值 = 200 00 × 3.46510561 + 400 000 × 0.79209366 = 386 140(元)

上式计算结果小于公司债券的初始确认金额,说明实际利率小于6%,高于票面利率5%,因此实际利率介于5%和6%之间。使用插值法估算实际利率如下:

实际利率 = 5% + (6% - 5%) × (400 000 - 389 250)/(400 000 - 386 140)
　　　　 = 5.78%

(2) 采用实际利率法编制利息收入与摊余成本计算表,见表5-2。

表 5-2　　　　　　　　利息收入与摊余成本计算表　　　　　　　　单位:元

日　期	应收利息	实际利率(%)	利息收入	利息调整摊销	摊余成本
2016年1月1日					389 250
2016年12月31日	20 000	5.78%	22 499	2 499	391 749
2017年12月31日	20 000	5.78%	22 643	2 643	394 392
2018年12月31日	20 000	5.78%	22 796	2 796	397 188
2019年12月31日	20 000	5.78%	22 812	2 812	400 000
合　计	80 000	—	90 750	10 750	—

(3) 编制各年确认利息收入和摊销利息调整的会计分录。

① 2016年12月31日:

借:应收利息　　　　　　　　　　　　　　　　　　　　　　20 000
　　债权投资——乙公司债券(利息调整)　　　　　　　　　 2 499
　　　贷:投资收益　　　　　　　　　　　　　　　　　　　　22 499

② 2017年12月31日:

借:应收利息　　　　　　　　　　　　　　　　　　　　　　20 000
　　债权投资——乙公司债券(利息调整)　　　　　　　　　 2 643
　　　贷:投资收益　　　　　　　　　　　　　　　　　　　　22 643

③ 2018年12月31日:

借:应收利息　　　　　　　　　　　　　　　　　　　　　　20 000
　　债权投资——乙公司债券(利息调整)　　　　　　　　　 2 796
　　　贷:投资收益　　　　　　　　　　　　　　　　　　　　22 796

④ 2019年12月31日:

借:应收利息　　　　　　　　　　　　　　　　　　　　　　20 000

        债权投资——乙公司债券（利息调整）   2 812
    贷：投资收益   22 812

2. 到期一次还本付息债券利息收入的确认

以摊余成本进行计量的债权投资如为到期一次还本付息的债券，企业应当于资产负债表日计提债券利息，计提的利息通过"债权投资——应计利息"科目核算，同时按实际利率法确认利息收入并摊销利息调整。资产负债表日，按照以债权投资的面值和票面利率计算确定的应收利息，借记"债权投资——应计利息"科目，按照以债权投资的摊余成本和实际利率计算确定的利息收入，贷记"投资收益"科目，按其差额，借记或贷记"债权投资——利息调整"科目。

【例5-6】2018年1月1日，鸿发公司购入丙公司当日发行的面值400 000元、期限5年、票面利率4%、到期一次还本付息的债券（利息不计复利）并分类为以摊余成本进行计量的金融资产，实际支付的价款金额（包含交易费用）为326 680元。账务处理如下：

（1）2018年1月1日，购入债券。

    借：债权投资——丙公司债券（成本）   400 000
    贷：银行存款   326 680
        债权投资——丙公司债券（利息调整）   73 320

（2）计算实际利率。

由于丙公司债券的初始金额低于其面值，因此，该项债权投资的实际利率一定高于票面利率，先按8%作为折现率进行测算。丙公司债券的利息和面值按8%作为折现率计算的现值如下：

债券年利息额 = 400 000 × 4% = 16 000（元）

利息和面值的现值 =（400 000 + 16 000 × 5）× 0.680583 = 326 680（元）

上式计算结果等于丙公司债券的初始确认金额，说明实际利率为8%。

（3）采用实际利率法编制利息收入与摊余成本计算表，见表5-3。

表5-3　　　　　　　　利息收入与摊余成本计算表　　　　　　　　单位：元

日期	应收利息	实际利率（%）	利息收入	利息调整摊销	摊余成本
2018年1月1日					326 680
2018年12月31日	16 000	8%	26 134	10 134	352 814
2019年12月31日	16 000	8%	28 225	12 225	381 039
2020年12月31日	16 000	8%	30 483	14 483	411 522
2021年12月31日	16 000	8%	32 922	16 922	444 444
2022年12月31日	16 000	8%	35 556	19 556	480 000
合计	80 000	—	153 320	73 320	

（4）编制各年确认利息收入和摊销利息调整的会计分录。

① 2018年12月31日：

    借：债权投资——丙公司债券（应计利息）   16 000
            ——丙公司债券（利息调整）   10 134

贷：投资收益	26 134

② 2019 年 12 月 31 日：

借：债权投资——丙公司债券（应计利息）	16 000
——丙公司债券（利息调整）	12 225
贷：投资收益	28 225

③ 2020 年 12 月 31 日：

借：债权投资——丙公司债券（应计利息）	16 000
——丙公司债券（利息调整）	14 483
贷：投资收益	30 483

④ 2021 年 12 月 31 日：

借：债权投资——丙公司债券（应计利息）	16 000
——丙公司债券（利息调整）	16 922
贷：投资收益	32 922

⑤ 2022 年 12 月 31 日：

借：债权投资——丙公司债券（应计利息）	16 000
——丙公司债券（利息调整）	19 556
贷：投资收益	35 556

三、债权投资的处置

企业处置以摊余成本计量的债权投资时，应将所取得的价款与债权投资账面价值之间的差额计入"投资收益"科目。其中，债权投资的账面价值是指债权投资账面余额减除已计提的减值准备后的差额，即摊余成本。如果在处置债权投资时，已计入应收项目的债券利息尚未收回，还应从处置价款中扣除该部分债券利息后，确认处置损益。

企业在处置债权投资时，应按实际收到的处置价款，借记"银行存款"科目，按债权投资的面值，贷记"债权投资——成本"科目，按应计未收利息，贷记"应收利息"科目或"债权投资——应计利息"科目，按利息调整摊余金额，贷记或借记"债权投资——利息调整"科目，按其差额，贷记或借记"投资收益"科目。

【例 5-7】鸿发公司于 2018 年 6 月 1 日将持有的尚未到期的丁集团债券出售，该债券分类为以摊余成本计量的金融资产，实际收到价款 532 500 元，该债券的账面价值为 517 500 元，其中，成本 450 000 元，应计利息 60 000 元，利息调整借方余额 7 500 元。其账务处理如下：

借：银行存款	532 500
贷：债权投资——丁集团债券（成本）	450 000
——丁集团债券（利息调整）	7 500
——丁集团债券（应计利息）	60 000
投资收益	15 000

第三节 其他金融工具投资

一、其他债权投资

（一）其他债权投资的初始计量

企业应当设置"其他债权投资"科目，核算持有的以公允价值计量且其变动计入其他综合收益的债权投资，并按照其他债权投资的类别和品种，分别设置"成本""利息调整""应计利息""公允价值变动"等明细科目进行核算。其中："成本"明细科目反映其他债权投资的面值；"利息调整"明细科目反映其他债权投资的初始入账金额与其面值的差额以及按照实际利率法分期摊销后该差额的摊余金额；"应计利息"明细科目反映企业计提的到期一次还本付息的其他债权投资应计未付利息；"公允价值变动"明细科目反映其他债权投资的公允价值变动金额。

其他债权投资应当按照取得该金融资产的公允价值和相关交易费用之和作为初始入账金额。如果支付的价款中包含已到付息期但尚未领取的利息，应单独确认为应收项目，不构成其他债权投资的初始入账金额。

账务处理如下：

（1）企业取得债权投资。

借：其他债权投资——成本　　　　　　　　（按其面值）
　　应收利息　　　　　　　　　　　　　　（包含的已到付息期但尚未领取的利息）
　　贷：银行存款
　　　　其他债权投资——利息调整　　　　（差额有可能在借方）

（2）收到利息时。

借：银行存款
　　贷：应收利息

【例5-8】2018年1月1日，鸿发公司购入A公司当日发行的面值100 000元、期限3年、票面利率8%、每年12月31日付息、到期还本的债券并分类为以公允价值计量且其变动计入其他综合收益的金融资产，实际支付购买价款（包括交易费用）104 000元。

借：其他债权投资——A公司债券（成本）　　　　　100 000
　　　　　　　　　——A公司债券（利息调整）　　　4 000
　　贷：银行存款　　　　　　　　　　　　　　　　104 000

（二）其他债权投资利息收入的确认

其他债权投资在持有期间确认利息收入的方法与按摊余成本计量的债权投资相同，即采用实际利率法确认当期收入，计入投资收益。在采用实际利率法确认其他债权投资的利息收入时，应当以不包括"公允价值变动"明细科目余额的其他债权投资账面余额和实际利率计算确定利息收入。

其他债权投资如为分期付息、一次还本的债券，应于付息日或资产负债表日按照以其他债权投资的面值和票面利率计算确定的应收利息，借记"应收利息"科目，按照以其他债权投资的账面余额（不包括"公允价值变动"明细科目的余额）和实际利率计算确定的利息收入，贷记"投资收益"科目，按其差额，借记或贷记"其他债券投资——利息调整"科目；收到上列应计未收的利息时，借记"银行存款"科目，贷记"应收利息"科目。资产负债表日，计算利息的账务处理如下：

借：应收利息　　　　　　　　　　（分期付息债券按票面利率计算的利息）
　　其他债权投资——利息调整　　（差额有可能在贷方）
　　贷：投资收益　　　　　　　　（其他债权投资的期初账面余额或摊余成本
　　　　　　　　　　　　　　　　乘以实际利率）

其他债权投资如为到期一次还本付息的债券，应于资产负债表日按照以其他债权投资的面值和票面利率计算确定的应收利息，借记"其他债权投资——应计利息"科目，按照与其他债权投资的账面余额（不包括"公允价值变动"明细科目的余额）和实际利率计算确定的利息收入，贷记"投资收益"科目，按其差额，借记或贷记"其他债权投资——利息调整"科目。资产负债表日，计算利息的账务处理：

借：其他债权投资——应计利息　　（分期付息债券按票面利率计算的利息）
　　其他债权投资——利息调整　　（差额有可能在贷方）
　　贷：投资收益　　　　　　　　（其他债券投资的期初账面余额或摊余成本乘
　　　　　　　　　　　　　　　　以实际利率计算确定的利息收入）

【例5-9】沿用【例5-4】的资料，鸿发公司于2018年1月1日购入面值为100 000元、期限为5年、年利率为6%、每年12月31日付息、到期还本的甲公司债券并分类为以公允价值计量且其变动计入其他综合收益的金融资产，初始确认金额为105 600元，该债券在持有期间确认利息收入并确定摊余成本的会计处理如下：

（1）计算实际利率。

由于公司债券的初始确认金额高于其面值，因此，该项债权投资的实际利率一定低于票面利率，先按6%作为折现率进行测算。查年金现值系数表和复利现值系数表可知，5期、5%的年金现值系数和复利现值系数分别为4.32947667和0.78352617。公司债券的利息和本金按5%作为折现率计算的现值如下：

债券年利息额=100 000×6%=6 000（元）

利息和面值的现值=6 000×4.32947667+100 000×0.78352617=104 329（元）

上式计算结果小于公司债券的初始确认金额，说明实际利率小于5%，再按4%作为折现率进行测算。查年金现值系数表和复利现值系数表可知，5期、4%的年金现值系数和复利现值系数分别为4.45182233和0.82192711。公司债券的利息和本金按4%作为折现率计算的现值如下：

利息和面值的现值=6 000×4.45182233+100 000×0.82192711=108 904（元）

上式计算结果大于公司债券的初始确认金额，说明实际利率大于4%。因此，实际利率介于4%和5%之间。使用插值法估算实际利率如下：

实际利率 =4% +(5% -4%)×(108 905 -105 600)/(105 600 -104 329)=4.72%

(2) 采用实际利率法编制利息收入与摊余成本计算表，见表 5-4。

表 5-4　　　　　　　　　　利息收入与摊余成本计算表　　　　　　　　　　单位：元

日　期	应收利息	实际利率（%）	利息收入	利息调整摊销	摊余成本
2018 年 1 月 1 日					105 600
2018 年 12 月 31 日	6 000	4.72%	4 984	1 016	104 584
2019 年 12 月 31 日	6 000	4.72%	4 936	1 064	103 520
2020 年 12 月 31 日	6 000	4.72%	4 886	1 114	102 406
2021 年 12 月 31 日	6 000	4.72%	4 834	1 166	101 240
2022 年 12 月 31 日	6 000	4.72%	4 760	1 240	100 000
合　计	30 000	—	24 400	5 600	—

(3) 编制各年确认利息收入和摊销利息调整的会计分录。

① 2018 年 12 月 31 日

借：应收利息　　　　　　　　　　　　　　　　　　　　　　6 000
　　贷：投资收益　　　　　　　　　　　　　　　　　　　　　　4 984
　　　　其他债权投资——甲公司债券（利息调整）　　　　　　　1 016

② 2019 年 12 月 31 日

借：应收利息　　　　　　　　　　　　　　　　　　　　　　6 000
　　贷：投资收益　　　　　　　　　　　　　　　　　　　　　　4 936
　　　　其他债权投资——甲公司债券（利息调整）　　　　　　　1 064

其他年份会计处理略。

(三) 其他债权投资的期末计量

其他债权投资的价值应按资产负债表日的公允价值反映，公允价值的变动计入其他综合收益。

资产负债表日，其他债权投资的公允价值高于其账面余额时，应按二者之间的差额，调增其他债权投资的账面余额，同时将公允价值变动计入其他综合收益，借记"其他债权投资——公允价值变动"科目，贷记"其他综合收益——其他债权投资公允价值变动"科目；其他债权投资的公允价值低于其账面余额时，应按二者之间的差额调减其他债权投资的账面余额，作相反的会计处理。

资产负债表日公允价值正常变动的会计处理如下：

(1) 公允价值上升。

借：其他债权投资——公允价值变动
　　贷：其他综合收益——其他债权投资公允价值变动

(2) 公允价值下降。

借：其他综合收益——其他债权投资公允价值变动
　　贷：其他债权投资——公允价值变动

【例 5-10】接【例 5-9】资料，鸿发公司于 2018 年 1 月 1 日购入面值为 100 000 元、期限为5年、年利率为6%、每年12月31日付息、到期还本的甲公司债券并分类为以公允价值计量且其变动计入其他综合收益的金融资产,2018年12月31日的市价(不包括应计利息)为105 500元,2019年12月31日的市价(不包括应计利息)为104 000元。

(1) 2018年12月31日,确认公允价值变动。

公允价值变动 = 105 500 - 104 584 = 916(元)

借:其他债权投资——甲公司债券(公允价值变动)　　　　　916
　　贷:其他综合收益——其他债权投资公允价值变动　　　　　916

调整后甲公司债券的账面价值 = 104 584 + 916 = 105 500(元)

(2) 2019年12月31日,确认公允价值变动。

调整前甲公司债券的账面价值 = 105 500 - 1064 = 104 436(元)

公允价值变动 = 104 000 - 104 436 = -436(元)

借:其他综合收益——其他债权投资公允价值变动　　　　　436
　　贷:其他债权投资——甲公司债券(公允价值变动)　　　　　436

调整后甲公司债券的账面价值 = 104 436 - 436 = 104 000(元)

(四) 其他债权投资的处置

处置其他债权投资时,应当将取得的处置价款与其他债权投资账面余额之间的差额,计入投资收益;同时,该金融资产原计入其他综合收益的累计利得或损失对应处置部分的金额应当从其他综合收益中转出,计入投资收益。其中,其他债权投资的账面余额,是指出售前最后一个计量日其他债权投资的公允价值。如果在处置其他债权投资时,已计入应收项目的债券利息尚未收回,还应从处置价款中扣除该部分债券利息之后,确认处置损益。

处置其他债权投资的账务处理如下:

借:银行存款等
　　贷:其他债权投资——成本　　　　　(账面价值)
　　　　应收利息　　　　　(分期付息到期还本,应计未收的利息)
　　　　其他债权投资——应计利息　　　　　(一次还本付息,应计未收的利息)
　　　　其他债权投资——利息调整　　　　　(按利息调整摊余金额,有可能在借方)
　　　　其他债权投资——公允价值变动　　　　　(按累计公允价值变动金额,有可能在借方)
　　　　投资收益　　　　　(差额,有可能在借方)

同时,将原计入其他综合收益的累计得利或损失对应处置部分的金额转出:

借:其他综合收益——其他债权投资公允价值变动
　　贷:投资收益

或作相反的会计处理。

【例5-11】接【例5-10】、【例5-9】资料,2020年4月1日,鸿发公司将持有的面值为100 000元、期限为5年、年利率为6%、每年12月31日付息、到期还本的甲公司债券售出,实际收到价款105 000元。

出售日,甲公司债券账面余额(2019年12月31日的公允价值)为104 000元,其中，成本 100 000 元，利息调整（借方）3 520 元（5 600 - 1 016 - 1 064），公允价值变动（借方）480 元（916 - 436）。鸿发公司账务处理如下：

借：银行存款　　　　　　　　　　　　　　　　　　　　　　105 000
　　贷：其他债权投资——甲公司债券（成本）　　　　　　　100 000
　　　　　　　　　　——甲公司债券（利息调整）　　　　　3 520
　　　　　　　　　　——甲公司债券（公允价值变动）　　　480
　　　　投资收益　　　　　　　　　　　　　　　　　　　　1 000
借：其他综合收益——其他债权投资公允价值变动　　　　　　480
　　贷：投资收益　　　　　　　　　　　　　　　　　　　　480

二、其他权益工具投资

（一）其他权益工具投资的初始计量

企业应当设置"其他权益工具投资"科目，核算持有的指定为以公允价值计量且其变动计入其他综合收益的非交易性权益工具投资，并按照其他权益工具投资的类别和品种，分别设置"成本""公允价值变动"明细科目进行核算。其中："成本"明细科目反映其他权益工具投资的初始入账金额；"公允价值变动"明细科目反映其他权益工具投资在持有期间的公允价值变动金额。

其他权益工具投资应当按照取得时的公允价值和相关费用之和作为初始入账金额。如果支付的价款中包含已宣告但尚未发放的现金股利，则应单独确认为应收项目，不构成其他权益工具投资的初始入账金额。

账务处理如下：

(1) 取得其他权益工具投资。

借：其他权益工具投资——成本　　　（公允价值与交易费用之和）
　　应收股利　　　　　　　　　　　（已宣告但尚未发放的现金股利）
　　贷：银行存款　　　　　　　　　（实际支付的金额）

(2) 收到尚未发放的现金股利。

借：银行存款
　　贷：应收股利

【例5-12】2018年4月30日，鸿发公司按每股8.8元的价格从二级市场上购入B公司每股面值1元的股票100 000股，并指定为以公允价值计量且期变动计入其他综合收益的金融资产，支付交易费用2 000元。股票购买价款中包含每股0.2元已宣告但尚未领取的现金股利，该现金股利于2018年5月20日发放。鸿发公司账务处理如下：

(1) 2018年4月30日，购入B公司股票。

初始入账金额 =（8.8 - 0.2）× 100 000 + 2 000 = 862 000（元）

应收现金股利 = 0.2 × 100 000 = 20 000（元）

借：其他权益工具投资——B公司股票（成本）　　　　　　862 000
　　应收股利　　　　　　　　　　　　　　　　　　　　　20 000
　　贷：银行存款　　　　　　　　　　　　　　　　　　　882 000

(2) 2018 年 5 月 20 日，收到 B 公司发放的现金股利。

借：银行存款　　　　　　　　　　　　　　　　　　　20 000
　　贷：应收股利　　　　　　　　　　　　　　　　　　　　20 000

（二）其他权益工具投资持有收益的确认

其他权益工具投资在持有期间，只有在同时满足股利收入确认条件时，才能确认为股利收入并计入当期投资收益。

其他权益工具投资期间，被投资方宣告发放的现金股利同时满足股利收入的确认条件时，投资方应按享有的份额，借记"应收股利"科目，贷记"投资收益"科目；收到发放的现金股利时，借记"银行存款"科目，贷记"应收股利"科目。

【例 5-13】 接例【例 5-12】资料，鸿发公司持有 B 公司股票 100 000 股。2019 年 4 月 20 日，B 公司宣告分派现金股利 0.25 元（该现金股利已同时满足股利收入确认条件），并于 2019 年 5 月 20 日发放。鸿发公司账务处理如下：

(1) 2019 年 4 月 20 日，B 公司宣告分派现金股利。

应收现金股利 = 0.25 × 100 000 = 25 000（元）

借：应收股利　　　　　　　　　　　　　　　　　　　25 000
　　贷：投资收益　　　　　　　　　　　　　　　　　　　　25 000

(2) 2019 年 5 月 20 日，收到 B 公司发放的现金股利。

借：银行存款　　　　　　　　　　　　　　　　　　　25 000
　　贷：应收股利　　　　　　　　　　　　　　　　　　　　25 000

（三）其他权益工具投资的期末计量

其他权益工具投资期末应按资产负债表日的公允价值反映，公允价值的变动计入其他综合收益。

在资产负债表日，其他权益工具投资的公允价值高于其账面价值时，应按两者之间的差额，调增其他权益工具投资的账面余额，同时将公允价值变动计入其他综合收益，借记"其他权益工具投资——公允价值变动"科目，贷记"其他综合收益——其他权益工具投资公允价值变动"科目；其他权益工具投资的公允价值低于其账面价值时，按两者之间的差额，作相反的会计处理。

【例 5-14】 接例【例 5-13】资料，鸿发公司持有 B 公司股票 100 000 股。2018 年 12 月 31 日的每股市价为 9 元，2019 年 12 月 31 日的每股市价为 8 元。2018 年 12 月 31 日，B 公司股票按公允价值调整前的账面余额（即初始入账金额）862 000 元。账务处理如下：

(1) 2018 年 12 月 31 日，调整其他权益工具投资的账面余额。

公允价值变动 = 9 × 100 000 − 862 000 = 38 000（元）

借：其他权益工具投资——B 公司股票（公允价值变动）　　38 000
　　贷：其他综合收益——其他权益工具投资公允价值变动　　　38 000

调整后 B 公司股票账面余额 = 862 000 + 38 000 = 9 × 100 000 = 900 000（元）

(2) 2019 年 12 月 31 日，调整其他权益工具投资的账面余额。

公允价值变动 = 8 × 100 000 − 900 000 = −100 000（元）

借：其他综合收益——其他权益工具投资公允价值变动　　100 000
　　　贷：其他权益工具投资——B公司股票（公允价值变动）　　100 000

调整后B公司股票账面余额＝900 000－10 000＝8×100 000＝800 000（元）

（四）其他权益工具投资的处置

处置其他权益工具投资时，应将取得的处置价款与该金融资产账面余额之间差额，计入留存收益；同时，该金融资产原计入其他综合收益的累计利得或损失对应处置部分的金额应当从其他综合收益中转出，计入留存收益。其中，其他权益工具投资的账面余额，是指其他权益工具初始入账金额加上或减去累计公允价值变动后的金额，即出售前最后一个计量日其他权益工具投资的公允价值。在处置时，已计入应收项目的现金股利尚未收回，还应从处置价值中扣除该部分现金股利之后，确定计入留存收益的金额。

处置时相关账务处理：

借：银行存款　　　　　　　　　　　　　　　　（实际收到的价款）
　　贷：其他权益工具投资——成本　　　　　　（按其他权益工具的初始入账金额）
　　　　其他权益工具投资——公允价值变动　　（累计公允价值变动金额，可能在借方）
　　　　盈余公积　　　　　　　　　　　　　　（有可能在借方）
　　　　利润分配——未分配利润　　　　　　　（有可能在借方）

同时，将原计入其他综合收益的累计利得或损失对应处置部分的金额转出：

借：其他综合收益——其他权益工具投资公允价值变动
　　贷：盈余公积
　　　　利润分配——未分配利润

或作相反的会计处理。

【例5-15】接例【例5-13】、【例5-14】资料，鸿发公司将持有的100 000股B公司股票出售，实际收到价款850 000元。出售日，B公司股票账面余额有800 000元（862 000＋38 000－100 000），其中，成本862 000元，公允价值变动（贷方）62 000元。鸿发公司按10%提取法定盈余公积。鸿发公司账务处理如下：

借：银行存款　　　　　　　　　　　　　　　　　　850 000
　　其他权益工具投资——公允价值变动　　　　　　 62 000
　　贷：其他权益工具投资——成本　　　　　　　　862 000
　　　　盈余公积　　　　　　　　　　　　　　　　　5 000
　　　　利润分配——未分配利润　　　　　　　　　 45 000
借：盈余公积　　　　　　　　　　　　　　　　　　 6 200
　　利润分配——未分配利润　　　　　　　　　　　 55 800
　　贷：其他综合收益——其他权益工具投资公允价值变动　　62 000

第四节 交易性金融资产

一、交易性金融资产的初始计量

企业应当设置"交易性金融资产"科目,核算为交易目的而持有的债券投资、股票投资、基金投资等交易性金融资产的公允价值,按照交易性金融资产的类别和种类,分别设置"成本""公允价值变动"明细科目进行核算。其中,"成本"明细科目反映交易性金融产的初始确认金额;"公允价值变动"明细科目反映交易性金融资产在持有期间的公允价值变动金额。

需要注意的是,企业持有的指定为以公允价值计量且其变动计入当期损益的金融资产,也通过"交易性金融资产"科目核算,不单独设置会计科目核算;划分为交易性金融资产的衍生金融资产,不通过"交易性金融资产"科目核算,应通过单独设置的"衍生工具"科目核算。因此,本节有关交易性金融资产的会计处理,包括指定为以公允价值计量且其变动计入当期损益的金融资产,但不包括衍生金融资产的会计处理。

交易性金融资产应当按照取得时的公允价值作为初始入账金额,相关交易性费用在发生时直接进入当期损益。其中,交易费用是指可直接归属于购买、发行或处置金融工具的增量费用,主要包括支付给代理机构、咨询公司、券商、证券交易所、政府有关部门等的手续费、佣金、相关税费及其他必要支出,但不包括债券溢价、折价、融资费用、内部管理成本和持有成本等与交易不直接相关的费用。

企业取得金融资产所支付的价款中包含的已宣告但尚未发放的现金股利或已到付息期但尚未领取的债券利息,性质上属于暂付应收款,应当单独确认为应收项目进行处理,不计入交易性金融资产的初始入账金额。

取得时账务处理:

借:交易性金融资产——成本 (按照取得时公允价值,不含应收金额)
　　投资收益 (交易费用)
　　应收利息(或应收股利) (价款中包含的应收金额)
　贷:银行存款 (按实际支付的金额)

【例 5-16】2018 年 3 月 25 日,鸿发公司以银行存款购入甲公司股票 10 000 股,每股成交价 8.6 元,另支付相关税费等交易费用 800 元,公司将该金融资产分类为以公允价值计量且其变动计入当期损益的金融资产。账务处理如下:

2018 年 3 月 25 日购入股票。

初始确认金额 = 86 000(元)

借:交易性金融资产——甲公司股票(成本)　　　　　　　　　　86 000
　　投资收益　　　　　　　　　　　　　　　　　　　　　　　　　800

       贷：银行存款   86 800

【例 5-17】2018 年 3 月 5 日，鸿发公司以银行存款购入乙公司已宣告但尚未分派现金股利的股票 100 000 股，每股成交价 19.6 元，包含已宣告但尚未分派的现金股利 0.4 元，股权登记截止日为 3 月 10 日。另支付相关税费等交易费用 8 000 元。鸿发公司于 4 月 10 日收到甲公司发放的现金股利。公司将该金融资产分类为以公允价值计量且其变动计入当期损益的金融资产。鸿发公司账务处理如下：

(1) 2018 年 3 月 5 日购入股票。

初始确认金额 = 100 000 × (19.6 − 0.4) = 1 920 000（元）

应收现金股利 = 100 000 × 0.4 = 40 000（元）

   借：交易性金融资产——乙公司股票（成本）   1 920 000
       投资收益   8 000
       应收股利   40 000
       贷：银行存款   1 968 000

(2) 2018 年 4 月 10 日，收到发放的现金股利。

   借：银行存款   40 000
       贷：应收股利   40 000

【例 5-18】鸿发公司 2018 年 1 月 1 日以银行存款 130 200 元的价格购入公司 2017 年 1 月 1 日发行的面值 120 000 元、期限 5 年、票面利率 6%、每年 12 月 31 日付息、到期还本的债券并分类为公允价值计量且其变动计入当期损益的金融资产，另支付相关税费等交易费用 500 元。债券购买价格中包含已到付息期但尚未支付的利息 7 200 元。鸿发公司账务处理如下：

(1) 2018 年 1 月 1 日购入债券时。

初始确认金额 = 130 200 − 7 200 = 123 000（元）

   借：交易性金融资产——丙公司债券（成本）   123 000
       应收利息   7 200
       投资收益   500
       贷：银行存款   130 700

(2) 收到乙公司支付的债券利息。

   借：银行存款   7 200
       贷：应收利息   7 200

二、交易性金融资产持有收益的确认

企业取得债券并分类为以公允价值计量且其变动计入当期损益的金融资产，在持有期间，应于每一资产负债表日或付息日计提债券利息，计入当期投资收益。企业取得股票并分类为以公允价值计量且其变动计入当期损益的金融资产，在持有期间，只有在同时符合下列条件时，才能确认股利收入并计入当期投资损益：

(1) 企业收取股利的权利已经确立；

(2) 与股利相关的经济利益很可能流入企业；

(3) 股利的金额能够可靠地计量。

企业在持有交易性金融资产期间,被投资方宣告发放的现金股利同时满足股利收入的确认条件时,投资方应按享有的份额,借记"应收股利"科目,贷记"投资收益"科目;资产负债表日或付息日,投资方按债券面值和票面利率计提利息时,借记"应收利息"科目,贷记"投资收益"科目。收到上列现金股利或债券利息时,借记"银行存款"科目,贷记"应收股利"或"应收利息"科目。

【例5-19】接【例5-16】资料,2018年8月18日,鸿发公司宣告2018年半年度利润分配方案,每股分派现金股利0.5元,并于2018年9月18日发放。其账务处理如下:

(1) 2018年8月18日,甲公司宣告分派现金股利。

应收现金股利 = 10 000 × 0.5 = 5 000(元)

借:应收股利　　　　　　　　　　　　　　　　　　　　　5 000
　　贷:投资收益　　　　　　　　　　　　　　　　　　　　　　　5 000

(2) 2018年9月18日,收到派发的现金股利。

借:银行存款　　　　　　　　　　　　　　　　　　　　　5 000
　　贷:应收股利　　　　　　　　　　　　　　　　　　　　　　　5 000

三、交易性金融资产的期末计量

交易性金融资产的期末计量,是指运用一定的价值标准,对交易性金融资产的期末价值进行后续计量,并以此列示于资产负债表的会计程序。

交易性金融资产取得时,是按公允价值入账,反映其实际成本,但交易性金融资产的公允价值是随市场不断变化的,会计期末的公允价值则应反映出交易性金融资产的现时价值。根据企业会计准则的规定,资产负债表日,交易性金融资产应按公允价值反映,公允价值的变动计入当期损益。

资产负债表日,交易性金融资产的公允价值高于其账面余额的差额,借记"交易性金融资产——公允价值变动"科目,贷记"公允价值变动损益"科目;交易性金融资产的公允价值低于其账面余额的差额作相反的会计分录。

【例5-20】鸿发公司交易性金融资产采用公允价值进行后续计量。假设该公司2018年6月30日交易性金融资产的账面价值和公允价值的资料见表5-5:

表5-5　　　　　　　交易性金融资产账面余额和公允价值表　　　　　　单位:元

项目	账面价值	公允价值	差额
交易性金融资产——债券			
甲企业债券	15 100	13 000	-2 100
乙企业债券	100 350	101 000	650
小　计	115 450	114 000	-1 450
交易性金融资产——股票			
A企业股票	60 200	65 000	4 800
B企业股票	60 100	54 000	-6 100
小　计	120 300	119 000	-1 300
合　计	235 750	233 000	-2 750

根据上述资料，公司应在 2018 年 6 月 30 日作如下会计分录：

借：公允价值变动损益	2 100	
贷：交易性金融资产——甲企业债券（公允价值变动）		2 100
借：交易性金融资产——乙企业债券（公允价值变动）	650	
贷：公允价值变动损益		650
借：交易性金融资产——A 企业股票（公允价值变动）	4 800	
贷：公允价值变动损益		4 800
借：公允价值变动损益	6 100	
贷：交易性金融资产——B 企业股票（公允价值变动）		6 100

这样，公司 2018 年 6 月 30 日资产负债表上"交易性金融资产"的金额应为 233 000 元，反映企业交易性金融资产的公允价值。

四、交易性金融资产的处置

企业处置交易性金融资产的主要问题，是正确确认处置损益。交易性金融资产的处置损益，就是处置交易性金融资产实际收到的价款，减去处置交易性金融资产账面余额后的差额。其中，交易性金融资产的账面余额，是指交易性金融资产的初始确认金额加上或减去其公允价值变动后的余额。如果处置交易性金融资产时，有已计入应收项目的现金股利或债券利息尚未收回，则应先扣除该部分现金股利或债券利息之后，确认处置损益。

处置交易性金融资产，应按实际收到的金额，借记"银行存款"等科目，按该金融资产的初始入账金额，贷记"交易性金融资产——成本"，按交易性金融资产的累计公允价值变动金额，贷记或借记"交易性金融资产——公允价值变动"科目，按已计入应收项目但尚未收回的现金股利或债券利息，贷记"应收股利"或"应收利息"，按其差额，贷记或借记"投资收益"科目。

企业处置交易性金融资产时：

借：银行存款	（实际收到的金额）
应收股利或应收利息	（尚未收回的现金股利或债券利息）
投资收益	（差额，有可能在贷方）
贷：交易性金融资产——成本	（该项交易性金融资产的成本）
交易性金融资产——公允价值变动	（累计公允价值变动金额，有可能在借方）

【例 5-21】鸿发公司于 2018 年 10 月 20 日将乙公司债券以 23 000 元的价格全部出售（不考虑交易费用），其中，交易性金融资产成本为 25 000 元，已确认公允价值变动损失为 3 500 元，其账务处理如下。

2018 年 10 月 20 日，乙公司债券全部出售时，处置损益 = 23 000 - (25 000 - 3 500) = 1 500（元）。

借：银行存款	23 000	
交易性金融资产——乙公司债券（公允价值变动）	3 500	
贷：交易性金融资产——乙公司债券（成本）		25 000
投资收益		1 500

【例 5-22】 2019 年 5 月 20 日，鸿发公司从深交所购入乙公司股票 1 000 000 股，占乙公司有表决权股份的 5%，支付价款合计 5 080 000 元，其中，证券交易税等交易费用 8 000 元，已宣告尚未发放 2018 年现金股利 72 000 元。鸿发公司没有在乙公司董事会中派出代表，鸿发公司将其分类为以公允价值计量且其变动计入当期损益的金融资产。

2019 年 6 月 20 日，鸿发公司收到乙公司发放的 2018 年现金股利 72 000 元。

2019 年 6 月 30 日，乙公司股票收盘价为每股 5.20 元。

2019 年 12 月 31 日，鸿发公司仍持有乙公司股票；当日，乙公司股票收盘价为每股 4.90 元。

2020 年 4 月 20 日，乙公司宣告发放 2019 年现金股利 2 000 000 元。

2020 年 5 月 10 日，鸿发公司收到乙公司发放的 2019 年现金股利。

2020 年 5 月 17 日，鸿发公司以每股 4.50 元的价格将股票全部转让，同时支付证券交易税等交易费用 7 200 元。

假定不考虑其他因素，鸿发公司的账务处理如下：

(1) 2019 年 5 月 20 日，购入乙公司股票 1 000 000 股。

借：交易性金融资产——乙公司股票（成本）　　　　　　　　　5 000 000
　　应收股利——乙公司　　　　　　　　　　　　　　　　　　　72 000
　　投资收益　　　　　　　　　　　　　　　　　　　　　　　　 8 000
　　贷：银行存款　　　　　　　　　　　　　　　　　　　　　　5 080 000

乙公司股票的单位成本 =（5 080 000 - 72 000 - 8 000）/1 000 000 = 5.00（元/股）。

(2) 2019 年 6 月 20 日，收到乙公司发放的 2018 年现金股利 72 000 元。

借：银行存款　　　　　　　　　　　　　　　　　　　　　　　　72 000
　　贷：应收股利——乙公司　　　　　　　　　　　　　　　　　 72 000

(3) 2019 年 6 月 30 日确认乙公司股票公允价值变动 =（5.20 - 5.00）× 1 000 000 = 200 000（元）。

借：交易性金融资产——乙公司股票（公允价值变动）　　　　　　200 000
　　贷：公允价值变动损益——乙公司股票　　　　　　　　　　　200 000

(4) 2019 年 12 月 31 日，确认乙公司股票公允价值变动 =（4.90 - 5.20）× 1 000 000 = -300 000（元）。

借：公允价值变动损益——乙公司股票　　　　　　　　　　　　　300 000
　　贷：交易性金融资产——乙公司股票（公允价值变动）　　　　300 000

(5) 2020 年 4 月 20 日，确认乙公司发放的 2019 年现金股利中应享有的份额 = 2 000 000 × 5% = 100 000（元）。

借：应收股利——乙公司　　　　　　　　　　　　　　　　　　　100 000
　　贷：投资收益　　　　　　　　　　　　　　　　　　　　　　100 000

(6) 2020 年 5 月 10 日，收到乙公司发放的 2019 年现金股利。

借：银行存款　　　　　　　　　　　　　　　　　　　　　　　　100 000
　　贷：应收股利——乙公司　　　　　　　　　　　　　　　　　100 000

(7) 2020 年 5 月 17 日，出售乙公司股票 1 000 000 股。

借：银行存款	4 492 800	
投资收益	407 200	
交易性金融资产——乙公司股票（公允价值变动）	100 000	
贷：交易性金融资产——乙公司股票（成本）		5 000 000

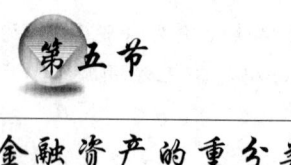

第五节 金融资产的重分类

一、金融资产重分类的会计处理原则

企业改变管理金融资产的业务模式时，应当按照规定对所有受影响的相关金融资产进行重分类，所以金融资产（即非衍生债权资产）可以在以摊余成本计量的金融资产、以公允价值计量且其变动计入其他综合收益的金融资产和以公允价值计量且其变动计入当期损益的金融资产之间进行重分类。企业管理金融资产业务模式的变更是一种极其少见的情形。具体包括：

（1）以摊余成本进行计量的金融资产重分类为以公允价值计量且其变动计入当期损益的金融资产或重分类为以公允价值计量且其变动计入其他综合收益的金融资产。

（2）以公允价值计量且其变动计入其他综合收益的金融资产重分类为以摊余成本计量的金融资产或者重分类为以公允价值计量且其变动计入当期损益的金融资产。

（3）以公允价值计量且其变动计入当期损益的金融资产重分类为摊余成本计量的金融资产或者以公允价值计量且其变动计入其他综合收益的金融资产。

企业对金融资产进行重分类，应当至重分类日起采用未来适用法进行相关会计处理，不得对以前已经确认的利得、损失（包括减值损失或利得）或利息进行追溯调整。

重分类日，是指导致企业对金融资产进行重分类的业务模式发生变更后的首个报告期间的第一天。以按季度、半年度和年度对外提供财务报告的上市公司为例，假定A上市公司决定于2019年2月25日改变对某金融资产的业务模式，则重分类日为2019年4月1日。

二、以摊余成本计量的金融资产的重分类

第一种情况：企业将一项以摊余成本计量的金融资产重分类为以公允价值计量且其变动计入当期损益的金融资产。

该种情况下，应当按照该金融资产在重分类日的公允价值计量，原账面价值与公允价值之间的差额计入当期损益。

【例5-23】2016年1月1日，鸿发公司购入A公司于当日发行的面值100 000元、期限5年、票面利率6%、每年12月31日付息的债券并将其分类为以摊余成本计量的金融资产、实际支付购买价款104 330元、购买日确定的实际利率为5%。2018年12月11日，鸿发公司决定改变管理A公司债券的业务模式。2018年12月31日，A公司债券的账面

余额为 101 860 元，其中，成本 100 000 元、利息调整 1 860 元；重分类日（2019 年 1 月 1 日），A 公司债券的公允价值为 104 500 元。鸿发公司账务处理如下：

假定鸿发公司将 A 债券重分类为以公允价值计量且其变动计入当期损益的金融资产。

借：交易性金融资产——A 公司债券（成本） 104 500
　　贷：债权投资——A 公司债券（成本） 100 000
　　　　　　　　——A 公司债券（利息调整） 1 860
　　　　公允价值变动损益 2 640

第二种情况：企业将一项以摊余成本计量的金融资产重分类为以公允价值计量且其变动计入其他综合收益的金融资产。

该种情况下，应当按照该金融资产在重分类日的公允价值计量，原账面价值与公允价值之间的差额计入其他综合收益。该金融资产重分类不影响其实际利率和预期信用损失的计量。

【例 5 - 24】接【例 5 - 23】，假定鸿发公司将 A 债券重分类为以公允价值计量且其变动计入其他综合收益的金融资产。鸿发公司账务处理如下：

借：其他债权投资——A 公司债券（成本） 100 000
　　　　　　　　——A 公司债券（利息调整） 1 860
　　　　　　　　——A 公司债券（公允价值变动） 2 640
　　贷：债权投资——A 公司债券（成本） 100 000
　　　　　　　　——A 公司债券（利息调整） 1 860
　　　　其他综合收益——其他债权投资公允价值变动 2 640

三、以公允价值计量且其变动计入其他综合收益的金融资产的重分类

第一种情况：企业将一项以公允价值计量且其变动计入其他综合收益的金融资产重分类为以摊余成本进行计量的金融资产。

该种情况下，应当将之前计入其他综合收益的累计利得或损失转出，调整该金融资产在重分类日的公允价值，并以调整后的金额作为新的账面价值，即视同该金融资产一直以摊余成本计量。该金融资产重分类不影响其实际利率和预期信用损失的计量。

【例 5 - 25】2016 年 1 月 1 日，鸿发公司购入 B 公司于当日发行的面值 100 000 元、期限 5 年、票面利率 8%、每年 12 月 31 日付息的债券并将其分类为以公允价值计量且其变动计入其他综合收益的金融资产，实际支付购买价款（包括交易费用）112 000 元、购买日确定的实际利率为 5.22%。2018 年 12 月 12 日，鸿发公司决定改变管理 B 公司债券的业务模式。2018 年 12 月 31 日，B 公司债券的账面余额为 105 400 元，其中，成本 100 000 元、利息调整 5 196 元，公允价值变动 204 元；重分类日（2019 年 1 月 1 日），B 公司债券的公允价值为 105 400 元。鸿发公司账务处理如下：

鸿发公司将 B 公司债券重分类为以摊余成本进行计量的金融资产。

借：债权投资——B 公司债券（成本） 100 000
　　　　　　——B 公司债券（利息调整） 5 196
　　其他综合收益——其他债券投资公允价值变动 204

贷：其他债权投资——B公司债券（成本）　　　　　　　　100 000
　　　　　　　　——B公司债券（利息调整）　　　　　　　　5 196
　　　　　　　　——B公司债券（公允价值变动）　　　　　　204

B公司债券重分类为以摊余成本进行计量的金融资产后，仍以5.22%作为实际利率，据以确认后续期间B公司债券的利息收入。

第二种情况：企业将一项以公允价值计量且其变动计入其他综合收益的金融资产重分类为以公允价值计量且其变动计入当期损益的金融资产。

该种情况下，应当继续以公允价值计量该金融资产。同时，企业应当将之前计入其他综合收益的累计利得或损失从其他综合收益转入当期损益。

【例5-26】接【例5-25】，假定鸿发公司将B公司债券重分类为以公允价值计量且其变动计入当期损益的金融资产。鸿发公司账务处理如下：

借：交易性金融资产——B公司债券（成本）　　　　　　　105 400
　　贷：其他债权投资——B公司债券（成本）　　　　　　　100 000
　　　　　　　　——B公司债券（利息调整）　　　　　　　　5 196
　　　　　　　　——B公司债券（公允价值变动）　　　　　　204
借：其他综合收益——其他债权投资公允价值变动　　　　　　204
　　贷：公允价值变动损益　　　　　　　　　　　　　　　　204

四、以公允价值计量且其变动计入当期损益的金融资产的重分类

第一种情况：企业将以公允价值计量且其变动计入当期损益的金融资产重分类为以摊余成本计量的金融资产，应当以其在重分类日的公允价值作为新的账面价值。

【例5-27】2018年4月1日，鸿发公司购入C公司于2018年1月1日发行的面值50 000元、期限5年、票面利率5%、每年12月31日付息的债券并分类为公允价值计量且其变动计入当期损益的金融资产，实际支付购买价款（不包括交易费用）51 000元。2018年12月15日，鸿发公司决定改变管理C公司债券的业务模式。2018年12月31日，C公司债券的账面价值为49 250元，其中，成本51 000元，公允价值变动（贷方）1 750元；重分类日为2019年1月1日，C公司债券的公允价值为49 250元。鸿发公司账务处理如下：

（1）重分类日，将C公司债券重分类为以摊余成本计量的金融资产。

借：债权投资——C公司债券（成本）　　　　　　　　　　50 000
　　交易性金融资产——C公司债券（公允价值变动）　　　1 750
　　贷：交易性金融资产——C公司债券（成本）　　　　　51 000
　　　　债权投资——C公司债券（利息调整）　　　　　　　750

（2）重分类日，计算确定C公司实际利率。

由于C公司债券初始入账金额低于面值，因此，实际利率高于票面利率，先按6%作为折现率进行测算。查年金现值系数表和复利现值系数表可知，4期、6%的年金现值系数和复利现值系数分别为3.4651和0.7921。

C公司债券的利息和面值的现值＝2 500×3.4651＋50 000×0.7921＝48 268（元）

计算结果小于 C 公司债券的初始入账金额，说明实际利率小于 6%，但高于票面利率 5%。使用插值法估算实际利率如下：

实际利率 = 5% + (6% - 5%) × (50 000 - 49 250) / (50 000 - 48 268) = 5.43%

(3) 2018 年 12 月 31 日，确认利息收入并摊销利息调整。

利息收入 = 49 250 × 5.43% = 2 674（元）

应收利息 = 50 000 × 5% = 2 500（元）

借：应收利息　　　　　　　　　　　　　　　　　　　　　　　2 500
　　　债权投资——C 公司债券（利息调整）　　　　　　　　　　　174
　　贷：投资收益　　　　　　　　　　　　　　　　　　　　　　　　2 674

第二种情况：企业将以公允价值计量且其变动计入当期损益的金融资产重分类为以公允价值计量且其变动计入其他综合收益的金融资产，应当继续以公允价值计量该金融资产。

【例 5-28】 接【例 5-27】，假设鸿发公司将 C 公司债券重分类为公允价值计量且其变动计入其他综合收益的金融资产，2018 年 12 月 31 日，C 公司债券的公允价值为 49 500 元。

(1) 重分类日，将 C 公司债券重分类为公允价值计量且其变动计入其他综合收益的金融资产。

借：其他债权投资——C 公司债券（成本）　　　　　　　　　　50 000
　　交易性金融资产——C 公司债券（公允价值变动）　　　　　 1 750
　　贷：交易性金融资产——C 公司债券（成本）　　　　　　　　　51 000
　　　　其他债权投资——C 公司债券（利息调整）　　　　　　　　　750

(2) 重分类日，计算确定 C 公司债券的实际利率（与重分类为以摊余成计量的金融资产相同，此处略）。

(3) 2018 年 12 月 31 日，确认利息收入，并摊销利息调整。

借：应收利息　　　　　　　　　　　　　　　　　　　　　　　2 500
　　其他债权投资——C 公司债券（利息调整）　　　　　　　　　174
　　贷：投资收益　　　　　　　　　　　　　　　　　　　　　　　　2 674

(4) 2018 年 12 月 31 日，确认公允价值变动。

公允价值变动收益 = 49 500 - (49 250 + 174) = 76（元）

借：其他债权投资——C 公司债券（公允价值变动）　　　　　　　76
　　贷：其他综合收益——其他权益工具投资公允价值变动　　　　　　76

调整后 C 公司债券的账面价值 = 49 250 + 174 + 76 = 49 500（元）

第六节 金融资产减值

一、已发生信用减值和预期信用损失

（一）已发生信用减值

已发生信用减值是只存在表明金融资产信用损失已实际发生的客观证据，当对金融资产预期未来现金流量具有不利影响的一项或多项事件发生时，该金融资产成为已发生信用减值的金融资产。金融资产发生信用减值的证据，包括但不限于下列信息：

（1）已发行方或债务人发生重大财务困难；

（2）而债务人违反合同，如偿付利息或本金违约或预期等；

（3）债权人出于与债务人于财务困难有关的经济考虑，给予债务人在任何情况下都不会做出的让步；

（4）债务人很可能破产或进行其他债务重组；

（5）发行方或债务人财务困难，导致该金融资产的活跃市场消失；

（6）以大幅折扣购买和源生一项金融资产，该折扣反映了发生信用损失的事实。

金融资产发生信用减值，有可能是多个事件的共同作用所致，未必是可单独识别的事件所致。

（二）信用损失与预期信用损失

信用损失是指企业按照原实际利率折现的，根据合同应收的所有合同现金流量与预期收取的所有现金流量之间的差额，即全部现金短缺的现值。其中，对于企业购买或源生的已发生减值的金融资产，应按照该金融资产经信用调整的实际利率折现。经信用调整的实际利率，是指将购入或源生的已发生信用减值的金融资产在预计存续期的估计未来现金流量，折现为该金融资产摊余成本的利率。

由于预期信用损失，考虑付款的金额和时间分布，因此即使企业预计可以全额收款，但收款时间晚于合同规定的到期期限，也会产生信用损失。

预期信用损失，是指以发生违约的风险为权重的金融资产信用损失的加权平均值。

 小贴士

以预期信用损失为基础计提金融资产损失准备的方法，称预期信用损失法或预期信用损失模型。在预期信用损失法下，如果金融资产未发生信用减值即不存在表明金融资产发生减值的客观证据，相关金融资产利息收入的确认应采用总额法；如果金融资产已发生信用减值，即已存在表明金融资产发生信用减值的客观证据，即相关金融资产利息收入的确认采用净额法。总额法是指按照未扣除累计计提的损失准备的金融资产账面余额和实际利率计算确认利息收入的方法。现行企业会计准则要求以预期信用损失为基础计提金融资产损失准备。

二、计提金融资产损失准备的方法

(一) 确定预期信用损失的三阶段模型

企业应当在每个资产负债表日评估相关金融资产（购买或源生的已发生信用减值的金融资产和始终按照相当于整个存续期内预期信用损失的金额计量其损失准备的应收款项等金融资产除外）的信用风险，自初始确认后是否已显著增加以及是否发生信用减值，按照下列情形分别计量其损失准备、确认预期信用损失及其变动：

1. 初始确认后信用风险并未显著增加的金融资产

如果金融资产的信用风险至初始确认后并未显著增加，企业应当按照相当于该金融资产未来12个月内预期信用损失的金额计量其损失准备，由此形成的损失准备的增加或转回金额，应当作为减值损失或利得计入当期损益。

未来12个月内预期信用损失，是指因资产负债表日后12个月内（若金融资产的预计存续期少于12个月，则为预计存续期）可能发生的金融资产违约事件而导致的预期信用损失，是整个存续期预期信用损失的一部分。

2. 初始确认后信用风险已显著增加但并未发生信用减值的金融资产

如果金融资产的信用风险在初始确认后已显著增加，但并没有客观证据表明已发生信用减值，企业应当按照相当于该金融资产整个存续期内预期信用损失的金额计量其损失准备。由此形成的损失准备的增加或转回金额，应当作为减值损失或利得计入当期损益。

整个存续期内预期信用损失，是指因金融资产整个预计存续期内所有可能发生的违约事件而导致的预期信用损失。

3. 初始确认后信用风险已显著增加且已发生信用减值的金融资产

如果金融资产的信用风险自初始确认后已显著增加且有客观证据表明已发生信用减值，企业应当按照相当于该金融资产整个存续期内预期信用损失的金额计量其损失准备。由此形成的损失准备的增加或转回金额应当作为减值损失或利得计入当期损益。

在信用风险已显著增加且已发生信用减值的情况下，金融资产利息收入的确认应当采用净额法。其后期间若该金融资产因其信用风险有所改善而不再存在信用减值，并且这一改善在客观上可与发生的某一事件相联系，如债务人的信用评级被上调，企业应当转按总额法确认利息收入。

(二) 对风险显著增加的判断

企业在评估金融资产的信用风险自初始确认后是否已显著增加时，应当考虑金融资产预计存续期内发生违约风险的变化，而不是预期信用损失金额的变化。企业应当通过比较金融资产在资产负债表日发生违约的风险与初始确认时发生违约的风险，以确定金融资产预计存续期内发生违约风险的变化情况。

企业通常应当在金融资产逾期前确认该资产整个存续期预期信用损失。

无论企业采用何种方式评估信用风险是否显著增加，通常情况下如果逾期超过30日，这表明金融资产的信用风险已显著增加。如果企业在合同付款逾期超过30日前，已确定信用风险显著增加，则应当按整个存续期的预期信用损失确认损失准备。如果交易对手方未按合同规定时间支付约定的款项，这表明该金融资产发生逾期。

企业确定金融资产在资产负债表日具有较低的信用风险的，可以假设该金融资产的信用风险自初始确认后并未显著增加。

三、预期信用损失的计量

金融资产的信用损失，应当按照应收取的合同现金流量与预期收取的现金流量二者之间的差额以实际利率折算的现值计量。

企业应当以概率加权平均为基础对预期信用损失进行计量。企业对预期信用损失的计量，应当反映发生信用损失的各种可能性，但不必识别所有可能的情形。在计量预期信用损失时，企业需考虑的最长期限，为企业面临信用风险的最长合同期限（包括考虑续约选择权），而不是更长期间，即使该期间与业务实践相一致。

四、金融资产减值的会计处理

资产负债表日，企业应当以预期信用损失为基础，对摊余成本计量的金融资产（包括债权投资和应收款项）和以公允价值计量且其变动计入其他综合收益的债权投资（即其他债权投资）计提损失准备。计提的损失准备借记"信用减值损失"科目，贷记"债权投资减值准备""坏账准备""其他综合收益——信用减值准备"等科目。

以公允价值计量且其变动计入当期损益的金融资产和指定为以公允价值计量且其变动计入其他综合收益的非交易性权益工具投资不计提损失准备。

【例5-29】假设鸿发公司2018年12月15日按面值购买了公允价值2 000万元的债券，这些债券确认为以公允价值计量且其变动计入其他综合收益的金融资产，债权的合同期限为10年，利率为5%，实际利率同为5%。初始确认时该公司确认该资产不是所购买或源生的已发生信用减值的资产。2018年12月31日即首个报告日，由于市场利率变化，该债权的公允价值下降至1 900万元，该债券的惠誉评级为AA+，通过采用低信用风险简化操作，鸿发公司确定信用风险自初始确认后没有显著增加，应计量12个月内预期信用损失。为了计算预期信用损失，鸿发公司采用了AA+级中隐含的12个月违约率（假设为2%）和60%的违约损失率，因此12个月预期信用损失为24万元。

2019年年底（即第二个报告日），由于市场利率变化以及发行人面临的不利业务和经济状况风险导致的不确定性，该债券的公允价值进一步降低至1 700万元。惠誉将该债券的外部评级调低至BBB-级以下（即投资等级以下），这表明该风险敞口已使该债券发生违约的风险显著增加，因此鸿发公司认定信用风险已显著增加，基于该等级中隐含的整个存续期违约率（假设为15%）和60%的违约损失率，甲公司确定整个存续期的预期损失为180万元，假定不考虑利息收入的确认及其他因素。鸿发公司账务处理如下：

(1) 2018年12月15日购入债券投资。

借：其他债权投资——成本　　　　　　　　　　　　　　　　2 000
　　贷：银行存款　　　　　　　　　　　　　　　　　　　　　　2 000

(2) 2018年12月31日确认债权投资公允价值变动及预期损失准备。

借：其他综合收益——其他债权投资公允价值变动　　　　　　100
　　贷：其他债权投资——公允价值变动（2 000 - 1 900）　　　100

借：信用减值损失 24
  贷：其他综合收益——信用减值准备 24

(3) 2019年12月31日确认债券投资公允价值变动及预期损失准备。

借：其他综合收益——其他债权投资公允价值变动 200
  贷：其他债权投资——公允价值变动（1 900 - 1 700） 200
借：信用减值损失 156
  贷：其他综合收益——信用减值准备（180 - 24） 156

练习题

一、不定项选择题

1. 以摊余成本进行计量的债券投资与以公允价值计量且其变动计入其他综合收益的其他债券投资最根本区别是（　　）。
   A. 持有时间不同   B. 投资风险不同
   C. 合同现金流量特征不同   D. 管理的业务模式不同

2. 企业取得交易性金融资产的主要目的是（　　）。
   A. 利用闲置资金短期获利   B. 控制对方的经营政策
   C. 向对方提供财务援助   D. 分散经营风险

3. 资产负债表日应按公允价值计量的金融资产有（　　）。
   A. 交易性金融资产   B. 债券投资
   C. 其他债权投资   D. 其他权益工具投资

4. 企业对于有关交易性金融资产的下列交易或事项进行会计处理时，会涉及"投资收益"科目的有（　　）。
   A. 取得投资时支付的交易费用
   B. 取得投资支付的价款中包含的现金股利
   C. 持有期间获得的现金股利
   D. 持有期间获得的股票股利

5. "债权投资"科目下应设置的明细科目有（　　）。
   A. 成本   B. 公允价值变动
   C. 利息调整   D. 应计利息

6. 企业购入股票并分类为以公允价值计量且其变动计入当期损益的金融资产，初始入账金额是指（　　）。
   A. 股票的面值   B. 股票的公允价值
   C. 实际支付的全部价款   D. 股票的公允价值与交易费用之和

7. 企业购入债券并分类为摊余成本计量的金融资产，支付的价款中所包含的已到付息期，但尚未领取的利息应当作为（　　）。

A. 利息调整 B. 应收利息
C. 初始入账金额 D. 投资收益

8. 关于摊余成本计量的债券投资的会计处理，下列表述中正确的是（　　）。
A. 债权投资应按面值和票面利率确认投资收益
B. 债权投资应按票面余额和实际利率确认投资收益
C. 债权投资期末应按摊余成本计量
D. 债权投资的投资对象不能是股票

9. 企业持有的下列投资中不计提损失准备的是（　　）。
A. 交易性金融资产 B. 债券投资
C. 其他债权投资 D. 长期股权投资

10. 企业购入债券并分类为摊余成本计量的金融资产，该债券初始入账金额与面值的差额，在取得债券时应作为（　　）。
A. 财务费用 B. 投资收益
C. 应计利息 D. 利息调整

11. 下列关于金融资产的说法中，错误的是（　　）。
A. 金融资产包含从其他单位收取现金或其他金融资产的合同权利
B. 金融资产包含持有的其他方的权益工具
C. 将来需用和可用企业自身权益工具进行结算的非衍生工具合同，且企业根据该合同将受到可变数量的自身权益工具属于金融资产
D. 预付账款属于金融资产

12. 鸿发公司于2019年1月1日，支付532 500元（含已到付息期的债券利息）的价款购入票面利率6%、期限4年、于每年12月31日付息的债券，该债券面值500 000元，公司将其分类为以摊余成本进行计量的金融资产，应计入"债权投资——成本"科目的金额为（　　）元。
A. 500 000 B. 502 500
C. 530 000 D. 532 500

13. 关于以公允价值计量且其变动计入其他综合收益的金融资产，下列各项中不应确认为当期投资收益的是（　　）。
A. 持有期间的利息收入
B. 出售时原计入其他综合收益的贷方差额
C. 出售时受到的价款高于其账面余额的差额
D. 资产负债表日公允价值高于账面价值的差额

14. 企业以每股4.8元的价格购入G公司股票10 000股，并指定为公允价值计量且其变动计入其他综合收益的金融资产，支付交易费用200元。股票的买价中包括了每股0.2元已宣告但尚未派发的现金股利，该股票的初始入账金额为（　　）万元。
A. 46 000 B. 46 200
C. 48 000 D. 48 200

15. "其他债权投资"科目下应设置的明细科目有（　　）。

A. 成本 B. 公允价值变动
C. 利息调整 D. 损益调整

16. 2018年6月1日鸿发公司购入甲公司于2018年1月1日发行的面值为1 500万元、期限为4年、票面利率为5%、于每年12月31日付息的债券，并分类为以公允价值计量且其变动计入其他综合收益的金融资产，购买日的公允价值为1 530万元，另支付交易税费5万元，该债券的初始入账金额为（　　）万元。

A. 1 500 B. 1 505
C. 1 530 D. 1 535

17. 资产负债表日，在公允价值信息能够持续可靠取得的情况下，可以按公允价值计量的资产有（　　）。

A. 交易性金融资产 B. 其他债权投资
C. 其他权益工具投资 D. 投资性房地产

18. 企业将债权投资重分类为其他债权投资，其他债券投资的入账金额应当是（　　）。

A. 债券的初始成本 B. 债券的摊余成本
C. 债券的公允价值 D. 债券的票面价值

19. 企业将债权投资重分类为其他债权投资，该项投资重分类日账面价值与公允价值的差额，应当计入（　　）。

A. 公允价值变动损益 B. 投资收益
C. 营业外收入 D. 其他综合收益

20. 其他债券投资期末公允价值的变动应当计入（　　）。

A. 公允价值变动损益 B. 投资收益
C. 其他综合收益 D. 盈余公积

二、业务题

1. 2018年1月1日，鸿发公司支付价款526 730元（包括相关税费）购入当日发行的面值为500 000元、期限为3年、票面利率为8%、每年12月31日付息、到期还本的公司债券并分类为以摊余成本计量的债权投资。鸿发公司在取得债券时确定的实际利率为6%。要求：做出鸿发公司有关债券投资的下列会计处理：

（1）编制购入债券的会计分录。
（2）采用实际利率法编制债券利息收入与账面余额计算表（表式参考教材）。
（3）编制各年年末确认债券利息收益的会计分录。
（4）编制债券投资到期收回本金的会计分录。

2. 2018年1月1日，鸿发公司支付价款526 730元（包括相关税费）购入当日发行的面值为500 000元、期限为3年、票面利率为8%、每年12月31日付息、到期还本的公司债券并分类为以公允价值计量且其变动计入其他综合收益的债权投资。鸿发公司在取得债券时确定的实际利率为6%。2018年12月31日，A公司债券公允价值为520 000元；2019年9月1日，鸿发公司将A公司债券出售，取得转让收入546 000元。

要求：做出鸿发公司有关该其他债权投资的下列会计处理：

（1）编制购入债券的会计分录。

（2）采用实际利率法编制债券利息收入与账面余额计算表（表式参考教材）。

（3）编制 2018 年 12 月 31 日确认债券利息收益的会计分录。

（4）编制 2018 年 12 月 31 日确认债公允价值变动的会计分录。

（5）编制 2019 年 9 月 1 日出售债券的会计分录。

3. 2019 年 1 月 10 日，鸿发公司以每股 6.5 元的价格购入 B 公司每股面值 1 元的普通股 10 000 股，并指定为公允价值计量且其变动计入其他综合收益的权益工具投资，支付税金和手续费 500 元。2019 年 4 月 5 日，B 公司宣告 2018 年度股利分配方案，每股分派现金股利 0.1 元，并于 4 月 20 日派发。2019 年 6 月 30 日 B 公司股票每股公允价值 7.5 元。2019 年 9 月 25 日将 B 公司股票出售，收到出售价款 86 000 元。

要求：编制鸿发公司有关该项其他权益工具投资的下列会计分录：

（1）2019 年 1 月 10 日，购入股票。

（2）2019 年 4 月 5 日，B 公司宣告分派现金股利。

（3）2019 年 4 月 20 日，收到 B 公司分派的现金股利。

（4）2019 年 6 月 30 日，确认公允价值变动。

（5）2019 年 9 月 25 日，将 B 公司股票出售。

第六章 长期股权投资

【案例导学】

2019年1月31日,上市公司天山生物(股票代码:300313)发布2018年度业绩预告,预计公司2018年1—12月归属于上市公司股东的净利润亏损约19.6亿元。2月14日,深交所发布关注函,询问天山生物2018年亏损的原因,并要求其详细说明不再将大象广告纳入合并报表的充分依据,说明业绩预告中对大象广告的长期股权投资进行减值测试的过程以及可回收金额确定依据和合理性,是否存在通过计提大额减值对2018年财务报表进行不当盈余管理的情形。

天山生物的业绩骤变,源于其一年前的"蛇吞象"式的并购,2017年8月,处于暂停上市边缘的天山生物披露重大资产重组预案称,拟以24.36亿元以发行股份及支付现金的方式收购新三板公司大象股份(大象广告前身)98.8%股权,以涉足跨界户外广告运营业务。大象广告是2001年在东莞成立以交通系统媒体运营为核心,专注于户外广告领域的公司。在天山生物和大象广告的并购完成不足半个月,5月7日,天山生物就为大象广告旗下的公司进行借款担保,借款合计为1 500万元,2018年10月12日,天山生物再次为大象广告1.5亿元的借款提供担保。2019年1月18日,天山生物公告称,公司无法控制大象广告营业执照原件、法定代表人印鉴等关键要件,已经对大象广告失去控制。根据公司了解到的情况,大象广告存在资金被挪用、违规对外担保及违规对外借款等情况且金额巨大,武汉地铁2号线经营权合同提前终止协议疑似伪造,历年摊销成本累计少摊销金额达到4.8亿元等情况以及仍有新的涉案事项在调查中,大象广告持续经营存在较大的不确定性,极可能出现资不抵债的情况。公司认为该项投资能够收回的可能性极小,按预计可收回金额计提长期股权投资减值准备约17.95亿元。

思考: 天山生物对大象广告长期股权投资全额计提减值准备是否合理?

第一节 投资概述

一、股权投资

股权投资又称权益性投资,是指通过付出现金或非现金资产等取得被投资单位的股份股权,享有一定比例的权益份额代表的资产。投资企业取得被投资单位的股权,相应的享有被投资单位净资产有关份额,通过自被投资单位分得现金股利和利润以及待被投资单位增值后出售等获利。

股权投资基于投资合同协议等约定,会形成投资方的金融资产,而对被投资单位其所接受的来自投资方的出资会形成所有者权益,因此按照《企业会计准则第22号——金融工具确认和计量》的界定,股权投资一方面形成投资方的金融资产,另一方面形成被投资单位的权益工具,原则上属于金融工具。在大的范畴属于金融工具的情况下,根据投资方在投资后对被投资单位能够施加影响的程度,企业会计准则将股权投资区分为应当按照金融工具确认和计量的准则进行核算和应当按照长期股权投资准则进行核算两种情况。其中,属于长期股权投资准则规范的股权投资是根据投资方在获取投资以后,能够对被投资单位施加影响的程度来划分的,而不是一定要求持有投资的期限长短。会计意义的长期股权投资包括投资方持有的对联营企业、合营企业以及子公司的投资。

二、联营企业投资

联营企业投资是指投资方能够对被投资单位施加重大影响的股权投资。重大影响,是指投资方对被投资单位的财务和生产经营决策有参与决策的权力,但并不能控制或与其他方一起共同控制这些政策的制定。

较为常见的重大影响体现为,在被投资单位的董事会或类似权力机构中派有代表,通过在被投资单位财务和经营决策制定过程中的发言权实施重大影响。从股权比例来看投资方直接或通过子公司间接持有被投资单位20%以上但低于50%的表决权股份时,一般认为对被投资单位具有重大影响,除非有明确的证据表明这种情况下不能参与被投资单位生产经营决策,不形成重大影响。

企业通常可以通过以下一种或几种情形来判断是否对被投资单位具有重大影响:

(1) 在被投资单位的董事会或类似权力机构中派有代表。这种情况下,由于被投资单位的董事会或类似权力机构中派有代表并享有实质性的参与决策权,投资方可以通过该代表参与投资单位经营决策的制定,达到对被投资单位施加重大影响的目的。

(2) 参与被投资单位财务和经营政策制定过程。包括股利分配政策等的制定,这种情况下应可以参与被投资单位的政策制定过程,在政策制定过程中可以为其自身利益提出建议和意见,从而对被投资单位施加重大影响。

（3）与被投资单位之间发生重要交易。有关的交易因对被投资单位的日常经营具有重要性，一定程度上可以影响被投资单位的生产经营决策。

（4）向被投资单位派出管理人员。这种情况下通过投资方对被投资单位派出管理人员，管理人员有权力并负责被投资单位的财务和经营活动，从而能够对被投资单位施加重大影响。

（5）向被投资单位提供关键技术资料。因被投资单位的生产经营需要依赖投资方的技术或技术资料，表明投资方对被投资单位具有重大影响。

三、合营企业投资

合营企业投资，是指投资方持有的对构成合营企业的合营安排的投资。投资方判断持有的对合营企业的投资，应当首先看是否构成合营安排，其次再看有关合营安排是否构成合营企业。投资方通过与其他方共同投资设立被投资单位或是通过购买等方式取得对被投资单位的投资，能够与其他方一并对被投资单位实施共同控制的，虽然从法律形式上体现为投资，但是否能够作为会计意义上对合营企业的投资还是仅构成对合营安排中的投资，并最终体现为投资方财务报表中占合营企业有关资产、负债、收入、费用的份额，要依据有关判断确定。

四、对子公司的投资

对子公司的投资是投资方持有的能够对被投资单位施加控制的股权投资。

控制，是指投资方拥有被投资方的权力，通过参与被投资方的相关活动而享有可变回报，并且有能力运用对被投资方的权力影响其回报金额。因此，控制必须同时具备以下三项基本要素：

（1）拥有对被投资方的权力；

（2）通过参与被投资方的相关活动而享有可变回报；

（3）有能力运用对被投资方的权力影响其回报金额。

投资方在判断其是否能够控制被投资方，应当综合考虑所有的相关事实和情况，只有当投资方同时具备上述三个要素时，投资方才能控制被投资方。一旦相关事实和情况发生了变化，导致上述三个要素中的一个或多个发生变化的，投资方应当重新评估其是否能够控制被投资方。

投资方能够对被投资方实施控制的被投资方为其子公司，投资方应当将其子公司纳入合并财务报表的合并范围。

第二节 长期股权投资的初始计量

一、长期股权投资初始计量的原则

企业在取得长期股权投资时，应按初始成本入账。长期股权投资可以通过企业合并取得，也可以通过企业合并以外的方式取得，在不同的取得方式下，初始投资成本的确定方法有所不同。企业应当分企业合并和非企业合并两种情况，确定长期股权投资的初始投资成本。

企业在取得长期股权投资时，如果实际支付的价款或其他对价中包含已宣告但尚未发放的现金股利或利润，该现金股利或利润在性质上属于暂付应收款项，应作为应收项目单独入账，不构成长期股权投资的初始投资成本。

二、企业合并方式取得的长期股权投资

企业合并是指将两个或者两个以上单独的企业合并，形成一个报告主体的交易或事项。企业合并通常包括吸收合并、新设合并和控股合并三种形式。其中，吸收合并和新设合并均不形成投资关系，只有控股合并形成投资关系。因此，企业合并形成的长期股权投资，是指控股合并所形成的投资方（即合并后的母公司）对被投资方（即合并后的子公司）的股权投资。企业合并形成的长期股权投资，应当区分同一控制下的企业合并和非同一控制下的企业合并，分别确定初始投资成本。

（一）同一控制下企业合并形成的长期股权投资

参与合并的企业在合并前后均受同一方或相同的多方最终控制，且该控制并非暂时性的为同一控制下的企业合并。其中，在合并日取得对其他参与合并企业控制权的一方，为合并方，参与合并的其他企业为被合并方。对于同一控制下的企业合并，从能够对参与合并各方在合并前及合并后均实施最终控制的一方来看，其能够控制的资产在合并前及合并后并没有发生变化。因此，合并方通过企业合并形成的对被合并方的长期股权投资，其成本代表的是按持股比例享有的被合并方所有者权益在最终控制方合并财务报表中的账面价值份额。

1. 合并方以支付现金、转让非现金资产或承担债务方式作为合并对价

合并方以支付现金、转让非现金资产或承担债务方式作为合并对价的，应当在合并日按照取得的被合并方所有者权益在最终控制方合并财务报表中的账面价值的份额作为长期股权投资的初始投资成本。初始投资成本大于支付的合并对价账面价值的差额应计入资本公积（资本溢价或股本溢价）；初始投资成本小于支付的合并对价账面价值的差额应冲减资本公积（仅限于资本溢价或股本溢价），资本公积的余额不足冲减的，应依次冲减盈余公积、未分配利润。

合并方为进行企业合并而发行债券或承担其他债务支付的手续费、佣金等，应当计入

所发行债券及其他债务的初始确认金额；为进行企业合并而发生的各项直接相关费用，如审计费用、评估费用、法律服务费用等，应当于发生时计入当期管理费用。

合并方应当在合并日，按取得的被合并方所有者权益在最终控制方合并财务报表中的账面价值的份额，借记"长期股权投资"科目，按应享有被合并方已宣告但尚未发放的现金股利或利润，借记"应收股利"科目，按支付的合并对价的账面价值，贷记有关资产等科目，按其差额，贷记"资本公积——资本溢价（或股本溢价）"科目。如为借方差额，则应借记"资本公积——资本溢价（或股本溢价）"科目，资本公积（资本溢价或股本溢价）不足冲减的，应依次借记"盈余公积""利润分配——未分配利润"科目。

账务处理如下：

借：长期股权投资　　　　　　　　　（按取得的被合并方所有者权益在最终控制方合并财务报表中的账面价值的份额）

　　应收股利　　　　　　　　　　　（按应享有被合并方已宣告但尚未发放的现金股利或利润）

　贷：相关资产　　　　　　　　　　（投出资产账面价值）

　　　资本公积——资本溢价或股本溢价（差额，可能在借方）

借：管理费用　　　　　　　　　　　（审计、法律服务、评估咨询等中介费用以及其他相关管理费用）

　贷：银行存款

【例6-1】鸿发公司和A公司是同为甲公司所控制的两个子公司，2019年2月20日，鸿发公司与A公司达成合作协议，约定鸿发公司以4 800万元的银行存款作为合并对价，取得A公司80%的股份。A公司80%的股份系甲公司于2017年1月1日从本集团外部购入（属于非同一控制下的企业合并），购买日，A公司可辨认净资产公允价值为4 500万元。2017年1月1日至2019年3月1日，A公司以购买日净资产的公允价值为基础实现的净利润为1 000万元，无其他所有者权益变动。2019年3月1日，鸿发公司实际取得对A公司的控制权，当日，A公司所有者权益在最终控制方甲公司合并财务报表中的账面价值总额为5 500万元（4 500 + 1 000），鸿发公司"资本公积——股本溢价"科目余额为300万元，在与A公司的合并中，鸿发公司以银行存款支付了审计费用、评估费用、法律服务费用等，共计65万元。

解析：本例中鸿发公司和A公司在合并前后均受甲公司最终控制，通过合并，鸿发公司取得了对A公司的控制权，因此该合并为同一控制下的控股合并。鸿发公司为合并方，A公司为被合并方，甲公司为能够对参与合并各方在合并前以及合并后均实施最终控制的一方，合并日为2019年3月1日。

鸿发公司在合并日的账务处理如下：

（1）确认取得的长期股权投资。

初始投资成本 = 5 500 × 80% = 4 400（元）

借：长期股权投资——A公司　　　　　　　　　　　　　44 000 000

　　资本公积——股本溢价　　　　　　　　　　　　　　3 000 000

　　盈余公积　　　　　　　　　　　　　　　　　　　　1 000 000

　　　　贷：银行存款　　　　　　　　　　　　　　　　　　　　48 000 000
（2）支付直接相关费用。
　　借：管理费用　　　　　　　　　　　　　　　　　　　　　　650 000
　　　　贷：银行存款　　　　　　　　　　　　　　　　　　　　　　650 000

2. 合并方以发行权益性证券作为合并对价

合并方以发行权益性证券作为合并对价的，应按合并日取得被合并方所有者权益在最终控制方合并财务报表中的账面价值的份额作为长期股权投资的初始投资成本，按照发行权益性证券的面值总额作为股本。长期股权投资初始投资成本与所发行权益性证券面值总额之间的差额，应当调整资本公积（资本溢价或股本溢价），资本公积（资本溢价或股本溢价）不足冲减的调整留存收益。

具体进行会计处理时，在合并日按取得被合并方所有者权益在最终控制方合并财务报表中的账面价值的份额，借记"长期股权投资"科目，按应享有被投资单位已宣告但尚未发放的现金股利或利润，借记"应收股利"科目，按发行权益性证券的面值，贷记"股本"科目，如为贷方差额，贷记"资本公积——资本溢价或股本溢价"科目；如为借方差额，应借记"资本公积——资本溢价或股本溢价"科目，资本公积（资本溢价或股本溢价）不足冲减的，借记"盈余公积""利润分配——未分配利润"科目。

账务处理如下：
　　借：长期股权投资　　　　　　　（按取得的被合并方所有者权益在最终控制方合
　　　　　　　　　　　　　　　　　　并财务报表中的账面价值的份额）
　　　　贷：股本　　　　　　　　　（发行股票的数量×每股面值）
　　　　　　资本公积——股本溢价　（差额，可能在借方）
　　借：资本公积——股本溢价　　　（权益性证券的发行费用）
　　　　贷：银行存款

【例6－2】鸿发公司和B公司同为甲公司所控制的两个子公司，根据鸿发公司和B公司达成的合作协议，2019年4月1日，鸿发公司以增发权益性证券作为合并对价取得B公司80%的股份，鸿发公司增发的权益性证券为每股面值1元，共增发2 500万股，支付手续费及佣金等发行费用50万元。2019年4月1日鸿发公司实际取得对B公司的控制权，当日B公司所有者权益在最终控制方合并财务报表中的账面价值总额为5 000万元。

解析：本例中鸿发公司和B公司在合并前后均受甲公司控制，通过合并，鸿发公司取得了对B公司的控制权，因此该合并为同一控制下的控股合并。鸿发公司为合并方，B公司为被合并方，甲公司为能够对参与合并各方在合并前及合并后均实施最终控制的一方，合并日为2019年4月1日。

鸿发公司在合并日的会计处理如下：
　　借：长期股权投资　　　　　　　　　　　　　　　　　　　40 000 000
　　　　贷：股本　　　　　　　　　　　　　　　　　　　　　　25 000 000
　　　　　　资本公积——股本溢价　　　　　　　　　　　　　　15 000 000
　　借：资本公积——股本溢价　　　　　　　　　　　　　　　　　500 000
　　　　贷：银行存款　　　　　　　　　　　　　　　　　　　　　　500 000

小贴士

在按照合并日应享有被合并方所有者权益在最终控制方合并财务报表中的账面价值份额,确定长期股权投资的初始投资成本时,需要注意以下几点:①如果被合并方在合并日的净资产账面价值为负数,则长期股权投资的成本按零确定,同时在备查簿中予以登记;②如果被合并方在被合并以前,是最终控制方通过非同一控制下的企业合并所控制的,则长期股权投资的初始投资成本还应包括相关的商誉金额;③如果合并前合并方与被合并方所采用的会计政策、会计期间不一致,则应当基于重要性原则,按照合并方的会计政策、会计期间对被合并方资产、负债的账面价值进行调整,并以调整后的被合并方所有者权益在最终控制方合并财务报表中的账面价值为基础,计算确定长期股权投资的初始投资成本。

(二)非同一控制下企业合并形成的长期股权投资

参与合并的各方在合并前后不受同一方或相同的多方最终控制的,为非同一控制下的企业合并。其中,在购买日取得对其他参与合并企业控制权的一方为购买方,参与合并的其他企业为被购买方。对于非同一控制下的企业合并,购买方应将企业合并视为一项购买交易,合理确定合并成本,作为长期股权投资的初始投资成本。

1. 购买方以支付现金等方式作为合并对价的

购买方以支付现金、转让非现金资产或承担债务作为合并对价的,合并成本为购买方在购买日为取得对被购买方的控制权而付出的资产、发生或承担的负债的公允价值。

购买方作为合并对价付出的资产,应当按照以公允价值处置该资产进行会计处理,资产的公允价值和账面价值的差额按照表6-1进行处理。

表6-1　　　　　　　　购买方支付合并对价会计处理

项目	付出资产	资产的公允价值与账面价值的差额
1	固定资产/无形资产	计入资产处置损益
2	金融资产(除项目3外)	计入投资收益
3	指定为以公允价值计量且其变动计入其他综合收益的非交易性权益工具投资	计入留存收益
4	存货	按公允价值确认收入,按账面价值结转成本,涉及增值税的进行相应的处理

购买方为进行企业合并而发行债券支付的手续费、佣金等费用,应当计入所发行债券及其他债务的初始确认金额,不构成初始投资成本;购买方为进行企业合并而发生的各项直接相关费用,如审计费用、评估费用、法律服务费用等,应当于发生时计入当期管理费用。

相关账务处理:

借:长期股权投资　　　　　(按确定的企业合并成本)
　　应收股利　　　　　　　(按应享有被买方已宣告但尚未发放的现金股利或利润)

其他综合收益　　　　　　（有可能在贷方）
　贷：有关资产
　　　资产处置损益　　　　（有可能在借方）
　　　投资收益　　　　　　（有可能在借方）
　　　留存收益　　　　　　（有可能在借方）
借：管理费用　　　　　　　（按发生的各项直接相关费用）
　贷：银行存款

【例6-3】鸿发公司和C公司为两个独立的法人企业，合并之前不存在任何关联方关系。2019年3月10日，鸿发公司和C公司达成合并协议，以表6-2中资产作为合并对价取得C公司70%的股份。

表6-2　　　　　　　　　鸿发公司合并对价构成

项目	付出资产	账面价值	公允价值
1	库存商品	3 000万元	4 000万元
2	以公允价值计量且其变动计入其他综合收益的金融资产	2 880万元（其中，成本为2 800万元，公允价值变动为80万元）	3 000万元
3	银行存款	5 100万元	

2019年4月1日，鸿发公司实际取得C公司的控制权，在与C公司的合并中鸿发公司以银行存款支付审计费用、评估费用、法律服务费用等共计150万元。

解析：在本例中，鸿发公司和C公司为两个独立的法人企业，在合并之前不存在任何关联方关系，通过合并鸿发公司取得了对C公司的控制权。因此，该合并为非同一控制下的企业合并，鸿发公司为购买方，C公司为被购买方，购买日为2019年4月1日。公司在购买日的会计处理如下：

合并成本 = 4 000 + 4 000 × 13% + 3 000 + 5 100 = 12 620（万元）

借：长期股权投资——C公司　　　　　　　　　　126 200 000
　贷：主营业务收入　　　　　　　　　　　　　　40 000 000
　　　应交税费——应交增值税（销项税额）　　　5 200 000
　　　其他债权投资——成本　　　　　　　　　　28 000 000
　　　　　　　　——公允价值变动　　　　　　　800 000
　　　投资收益　　　　　　　　　　　　　　　　1 200 000
　　　银行存款　　　　　　　　　　　　　　　　51 000 000
借：主营业务成本　　　　　　　　　　　　　　　30 000 000
　贷：库存商品　　　　　　　　　　　　　　　　30 000 000
借：其他综合收益　　　　　　　　　　　　　　　800 000
　贷：投资收益　　　　　　　　　　　　　　　　800 000
借：管理费用　　　　　　　　　　　　　　　　　1 500 000
　贷：银行存款　　　　　　　　　　　　　　　　1 500 000

2. 购买方以发行权益性证券作为合并对价的

购买方以发行权益性证券作为合并对价的，合并成本为购买方在购买日为取得被购买方的控制权而发行的权益性证券的公允价值。

购买方为发行权益性证券而支付的手续费、佣金等费用，应当抵减权益性证券的溢价发行收入，溢价发行收入不足冲减的，冲减留存收益，不构成初始投资成本。

相关账务处理：

借：长期股权投资　　　　　　　（按发行权益性证券的公允价值）
　　应收股利　　　　　　　　　（按应享有对方已宣告但尚未发放的现金股利或利润）
　　贷：股本　　　　　　　　　（按发行权益性证券的面值总额）
　　　　资本公积——股本溢价　（差额）
借：资本公积——股本溢价　　　（发行权益性证券过程中支付的手续费、佣金等）
　　贷：银行存款

注：溢价发行收入不足冲减的，依次借记"盈余公积""利润分配——未分配利润"科目。

借：管理费用　　　　　　　　　（按企业合并的各项直接相关费用）
　　贷：银行存款

【例6-4】鸿发公司和D公司为两个独立的法人企业，合并之前不存在任何关联方关系。鸿发公司和D公司达成合并协议，约定鸿发公司以发行的权益性证券作为合并对价，取得D公司80%的股份，鸿发公司发行的权益性证券为每股面值1元的普通股股票，共增发1 500万股，每股公允价值为3.8元；2019年7月1日，鸿发公司完成了权益性证券的增发。发行手续费及佣金等费用100万元，在与D公司的合并中，鸿发公司另以银行存款支付审计费用、评估费用、法律服务费用等共计80万元。

解析：在本例中，鸿发公司和D公司为两个独立的法人企业，在合并之前不存在任何关联方关系，通过合并，鸿发公司取得了对D公司的控制权。因此，该合并为非同一控制下的企业合并，鸿发公司为购买方，D公司为被购买方，购买日为2019年7月1日。

鸿发公司在购买日的账务处理如下：

合并成本 = 3.8 × 1 500 = 5 700（万元）

借：长期股权投资——D公司　　　　　　　　　57 000 000
　　贷：股本　　　　　　　　　　　　　　　　15 000 000
　　　　资本公积——股本溢价　　　　　　　　42 000 000
借：资本公积——股本溢价　　　　　　　　　　 1 000 000
　　贷：银行存款　　　　　　　　　　　　　　 1 000 000
借：管理费用　　　　　　　　　　　　　　　　　 800 000
　　贷：银行存款　　　　　　　　　　　　　　　 800 000

三、非企业合并方式取得的长期股权投资

除企业合并形成的对子公司的长期股权投资外，企业以支付现金、转让非现金资产、发行权益性证券等方式取得的对被投资方不具有控制的长期股权投资，为非企业合并方式取得的长期股权投资，包括取得的对合营企业和联营企业的权益性投资。

企业通过非企业合并方式取得的长期股权投资,应当根据不同的取得方式按照实际支付的价款、转让非现金资产的公允价值、发行权益性证券的公允价值等分别确定其初始投资成本,作为入账的依据。

(一) 以支付现金、转让非现金资产等方式取得的长期股权投资

1. 支付现金取得长期股权投资的账务处理

借:长期股权投资　　(实际支付的购买价款,包括买价和购买过程中支付的与取得的股权投资直接相关的费用、税金及其他必要支出)

　　应收股利　　　　(按应享有被投资方已宣告但尚未发放的现金股利或利润)

　　贷:银行存款　　(实际支付的买价及手续费、税金等)

【例 6-5】鸿发公司以支付现金的方式取得 E 公司 25% 的股份,实际支付的价款为 4 200 万元,在购买过程中另支付手续费等相关费用 20 万元。股份购买价款中包含 E 公司已宣告但尚未发放的现金股利 100 万元。鸿发公司在取得 E 公司股份后派人参与公司的生产经营决策,能够对 E 公司实施重大影响,鸿发公司将其划分为长期股权投资。

(1) 购入 E 公司 25% 的股份,初始投资成本 = 4 200 + 20 - 100 = 4 120(万元)。

借:长期股权投资——E 公司(投资成本)　　　　　　　　4 120
　　应收股利　　　　　　　　　　　　　　　　　　　　　 100
　　贷:银行存款　　　　　　　　　　　　　　　　　　　　　　　4 220

(2) 收到 E 公司派发的现金股利。

借:银行存款　　　　　　　　　　　　　　　　　　　　　 100
　　贷:应收股利　　　　　　　　　　　　　　　　　　　　　　　 100

2. 转让非现金资产等方式取得的长期股权投资的账务处理

相关账务处理可参照非同一控制下企业合并方式取得的长期股权投资的初始确认原则。

(二) 以发行权益性证券取得的长期股权投资

借:长期股权投资　　　　　(发行权益性证券的公允价值)

　　应收股利　　　　　　　(按应享有被投资方已宣告但尚未发放的现金股利或利润)

　　贷:股本　　　　　　　(按权益性证券面值)

　　　　资本公积——股本溢价　(差额)

借:资本公积——股本溢价　　(发行权益性证券所支付的手续费、佣金等相关税费等)

　　贷:银行存款

注:溢价发行收入不足冲减的,应依次借记"盈余公积""利润分配——未分配利润"科目。

【例 6-6】鸿发公司以增发权益性证券作为对价,取得 F 公司 20% 的股份,公司增发的权益性证券为每股面值 1 元的普通股股票,共增发 1 500 万股,每股公允价值为 3 元,向证券承销机构支付发行手续费及佣金等直接相关费用 150 万元,鸿发公司取得该部分股权后,能够对 F 公司的生产经营决策施加重大影响,鸿发公司将其划分为长期股权投资。

投资成本 = 3 × 1 500 = 4 500(万元)

借:长期股权投资——F 公司(投资成本)　　　　　　　　45 000 000

　　　　贷：股本　　　　　　　　　　　　　　　　　　　　15 000 000
　　　　　　资本公积——股本溢价　　　　　　　　　　　　30 000 000
　　借：资本公积——股本溢价　　　　　　　　　　　　　　1 500 000
　　　　贷：银行存款　　　　　　　　　　　　　　　　　　1 500 000

第三节 长期股权投资的后续计量

　　企业取得的长期股权投资在持有期间，要根据对被投资方是否能够实施控制，分别采用成本法或权益法进行核算。

一、长期股权投资的成本法

　　成本法，是指长期股权投资的账面价值按初始投资成本计量，除追加或收回投资外，一般不对长期股权投资账面价值进行调整的一种会计处理方法。

　　投资方对被投资方能够实施控制的长期股权投资，即对子公司的长期股权投资应当采用成本法核算。投资方在判断对被投资方是否具有控制时，应综合考虑直接持有的股权和通过子公司间接持有的股权，但在个别财务报表中采用成本法进行核算时，应考虑直接持有的股权份额。

　　成本法的基本核算如下：

　　（1）设置"长期股权投资"科目，反映长期股权投资的初始投资成本。在收回投资前无论被投资方经营情况如何，净资产是否增减，投资方一般不对股权投资的账面价值进行调整。如果发生追加投资或收回投资的情况，应按追加或收回投资的成本增加或减少长期股权投资的账面价值。

　　（2）被投资方宣告发放现金股利或利润，投资方应按宣告发放的现金股利或利润中属于本企业享有的部分确认投资收益。

　　借：应收股利　　（按照持股比例计算享有被投资方宣告发放的现金股利或利润）
　　　　贷：投资收益

　　收到现金股利时：

　　借：银行存款
　　　　贷：应收股利

　　（3）被投资方宣告分派股票股利，投资方应于除权日作备忘登记。

　　【例6-7】2018年3月20日，鸿发公司以5 250万元（包括相关税费和已宣告但尚未发放的现金股利250万元）取得M公司3 000万股占公司普通股股份的70%，形成非同一控制下的企业合并。鸿发公司将其划分为长期股权投资并采用成本法核算。2018年4月1日，鸿发公司收到支付的投资价款中包含的已宣告但尚未发放的现金股利；2019年4月5日，M公司宣告2018年度股利分配方案，每股分派现金股利0.25元，并于2019年4

月15日派发；2020年4月3日，M公司宣告2019年度股利分配方案，每股派送股票股利0.2股，除权日为2020年4月30日。鸿发公司账务处理如下：

（1）2018年3月20日，取得M公司普通股股票。

借：长期股权投资——M公司　　　　　　　　　50 000 000
　　应收股利　　　　　　　　　　　　　　　　 2 500 000
　　贷：银行存款　　　　　　　　　　　　　　　　　　　52 500 000

（2）2018年4月1日，收到M公司派发的现金股利。

借：银行存款　　　　　　　　　　　　　　　　 2 500 000
　　贷：应收股利　　　　　　　　　　　　　　　　　　　 2 500 000

（3）2019年4月5日，M公司宣告2018年度股利分配方案。

现金股利＝0.25×30 000 000＝7 500 000（元）

借：应收股利　　　　　　　　　　　　　　　　 7 500 000
　　贷：投资收益　　　　　　　　　　　　　　　　　　　 7 500 000

（4）2019年4月15日，收到M公司派发的现金股利。

借：银行存款　　　　　　　　　　　　　　　　 7 500 000
　　贷：应收股利　　　　　　　　　　　　　　　　　　　 7 500 000

（5）2020年4月30日，M公司派送的股票股利除权。

鸿发公司不作正式的会计处理，但应于除权日在备查簿中登记增加的股份：

股票股利＝0.2×30 000 000＝6 000 000（股）

持有M公司股票总数＝30 000 000＋6 000 000＝36 000 000（股）

二、长期股权投资的权益法

权益法，是指在取得长期股权投资时以投资成本计量，在投资持有期间则要根据投资方应享有被投资方所有者权益份额的变动，对长期股权投资的账面价值进行相应调整的一种会计处理方法。

投资方对被投资方具有共同控制或重大影响的长期股权投资，即对合营企业和联营企业的长期股权投资应当采用权益法核算。投资方在判断对被投资方是否具有共同控制、重大影响时，应综合考虑直接持有的股权和通过子公司间接持有的股权，但在个别财务报表中采用权益法进行核算时，应仅考虑直接持有的股权份额。

（一）会计科目的设置

采用权益法核算，应设置"长期股权投资"科目，并在其下设置"投资成本""损益调整""其他综合收益""其他权益变动"明细科目，分别反映长期股权投资的初始投资成本以及因被投资方所有者权益发生变动而对长期股权投资账面价值进行调整的金额。

（1）投资成本，反映长期股权投资的初始投资成本以及在长期股权投资的初始投资成本小于取得投资时应享有被投资方可辨认净资产公允价值份额的情况下，按其差额调整初始投资成本后形成的账面价值。

（2）损益调整，反映被投资方因发生净损益、分配利润引起的所有者权益变动中，投资方按持股比例计算的应享有或应分担的份额。

(3) 其他综合收益，反映被投资方应确认其他综合收益引起的所有者权益变动中，投资方按持股比例计算的应享有或应分担的份额。

(4) 其他权益变动，反映被投资方除发生净损益、分配利润以及其他综合收益以外所有者权益的其他变动中，投资方按持股比例计算应享有或应分担的份额。

(二) 长期股权投资初始投资成本的确认

企业在取得长期股权投资时，应当按照确定的初始投资成本入账，对于初始投资成本与应享有被投资方可辨认净资产公允价值份额之间的差额应分别处理：

(1) 如果长期股权投资的初始投资成本大于取得投资时应享有被投资方可辨认净资产公允价值的份额，不需要按该差额调整已确认的初始投资成本。

(2) 如果长期股权投资的初始投资成本小于取得投资时应享有被投资方可辨认净资产公允价值的份额，计入取得投资当期的营业外收入，同时调整长期股权投资的账面价值。

【例6-8】2019年1月1日，鸿发公司购入N公司股票1 800万股，实际支付购买价款2 800万元（包括交易税费）。该股份占N公司普通股股份的25%，鸿发公司在取得股份后派人参与了N公司的生产经营决策，应能够对N公司施加重大影响，鸿发公司采用权益法核算该股权投资。账务处理如下：

(1) 情况一：假定投资时N公司可辨认净资产公允价值为10 000万元。

应享有N公司可辨认净资产公允价值份额 = 10 000 × 25% = 2 500（万元）

由于长期股权投资的初始投资成本（2 800万元）大于投资时应享有N公司可辨认净资产公允价值的份额（2 500万元），因此，不调整长期股权投资的初始投资成本。

鸿发公司应作如下会计处理：

借：长期股权投资——N公司（投资成本）　　28 000 000
　　贷：银行存款　　　　　　　　　　　　　　　　　28 000 000

(2) 情况二：假定投资时N公司可辨认净资产公允价值为12 000万元。

应享有N公司可辨认净资产公允价值份额 = 12 000 × 25% = 3 000（万元）

由于长期股权投资的初始投资成本（2 800万元）小于投资时应享有N公司可辨认净资产公允价值的份额（3 000万元），因此，应按两者之间的差额调整长期股权投资的初始投资成本。

鸿发公司应作如下会计处理：

借：长期股权投资——N公司（投资成本）　　28 000 000
　　贷：银行存款　　　　　　　　　　　　　　　　　28 000 000
借：长期股权投资——N公司（投资成本）　　 2 000 000
　　贷：营业外收入　　　　　　　　　　　　　　　　 2 000 000

调整后的投资成本 = 2 800 + 200 = 3 000（万元）

(三) 投资损益的确认

投资企业取得长期股权投资后，应当按照应享有或应分担的被投资单位实现的净损益的份额，确认投资损益并调整长期股权投资的账面价值。

(1) 被投资单位实现净利润。

借：长期股权投资——损益调整
     贷：投资收益

（2）被投资单位发生净亏损。

借：投资收益
     贷：长期股权投资——损益调整

采用权益法核算的长期股权投资在确认应享有或应分担被投资单位的净利润或净亏损时，在被投资单位账面净损益的基础上，应考虑以下因素的影响进行适当调整：

（1）被投资单位采用的会计政策及会计期间与投资方不一致的，应按投资方的会计政策及会计期间对被投资单位的财务报表进行调整。

（2）投资方在确认应享有被投资单位净损益的份额时，应当以取得投资时被投资单位可辨认净资产的公允价值为基础，被投资单位的净利润进行调整后确认。

投资方在取得投资时，是以被投资方有关资产、负债的公允价值为基础确定投资成本的，股权投资收益所代表的应当是被投资方的资产、负债以公允价值计量的情况下在未来期间通过经营产生的净损益中归属于投资方的部分，而被投资方个别利润表中的净损益是以其持有的资产、负债的账面价值为基础持续计算的。如果取得投资时被投资方有关资产、负债的公允价值其账面价值不同，投资方应当以取得投资时被投资方可辨认净资产的公允价值为基础，对被投资方的账面净损益进行调整，并按调整后的净损益和持股比例计算确认投资损益。

【例6-9】2019年1月1日，鸿发公司购入A公司股票2 000万股，实际支付购买价款为3 000万元（包括交易税费），该股份占A公司普通股股份的20%，鸿发公司在取得A公司股份后，派人参与了A公司的生产经营决策，能够对A公司施加重大影响。因而对该股权投资采用权益法核算。取得投资当日A公司可辨认净资产公允价值为10 000万元，假定除表6-3所列的项目外，公司其他资产、负债的公允价值与账面价值相同。

2019年度，A公司实现净利润1 000万元，鸿发公司取得投资时的存货已有60%对外出售。固定资产、无形资产均按直线法计提折旧或摊销，预计净残值均为零，鸿发公司与A公司的会计年度及采用的会计政策相同，双方未发生任何内部交易。

表6-3   资产公允价值与账面价值对比表

2019年1月1日   金额单位：万元

项目	原始成本	预计使用年限	已使用年限	已提折旧（或摊销）	账面价值	公允价值	剩余使用年限
存货	1 000				1 000	1 200	
固定资产	2 000	20	5	500	1 500	1 800	15
无形资产	1 500	10	2	300	1 200	1 000	8
合计	4 500				3 700	4 000	

根据上列资料，鸿发公司在确认其应享有的投资收益时，应首先在A公司实现净利润的基础上，考虑取得投资时A公司有关资产的公允价值与账面价值差额的影响，对A公司的净利润作如下调整（假定不考虑所得税影响）：

存货差额应调增营业成本（调减利润）＝（1 200－1 000）×60%＝120（万元）
固定资产差额应调增折旧费（调减利润）＝（1 800－1 500）÷15＝20（万元）
无形资产差额应调减摊销额（调增利润）＝（1 200－1 000）÷8＝25（万元）
调整后的净利润＝1 000－120－20＋25＝885（万元）
鸿发公司应享有的收益份额＝885×20%＝177（万元）
根据调整后的净利润，鸿发公司确认投资收益的会计处理如下：

借：长期股权投资——A公司（损益调整）　　　　　1 770 000
　　贷：投资收益　　　　　　　　　　　　　　　　　　　　　1 770 000

（3）投资方与联营企业及合营企业之间进行商品交易形成的未实现内部交易损益，按照持股比例计算的归属于投资方的部分应当予以抵销，在此基础上确认投资损益。

投资方与联营企业及合营企业之间的内部交易可以分为逆流交易和顺流交易。逆流交易，是指投资方自其联营企业或合营企业购买资产；顺流交易，是指投资方向其联营企业或合营企业出售资产。当内部交易形成的资产尚未对外部独立第三方出售，内部交易损益包含在投资方或其联营企业、合营企业持有的相关资产账面价值中时，形成未实现内部交易损益。

逆流交易，投资方自其联营企业或合营企业购买资产，在将该资产出售给外部独立第三方之前，投资方不应确认联营企业或合营企业因该内部交易产生的未实现损益中按照持股比例计算确定的归属于本企业享有的部分。即投资方在采用权益法计算确认应享有联营企业或合营企业的投资损益时，应抵销该未实现内部交易损益的影响，并相应调整对联营企业和合营企业的长期股权投资账面价值。

顺流交易，投资方向其联营企业或合营企业投出资产或出售资产，但有关资产仍由联营企业或合营企业持有时，投资方因投入或出售资产应确认的损益仅限于与联营企业或合营企业其他投资者交易的部分，而该内部交易产生的未实现损益中按照持股比例计算确定的归属于本企业享有的部分则不予确认，即投资方在采用权益法计算确认应享有联营企业或合营企业的投资损益时，应抵销该未实现内部交易损益的影响，并相应调整对联营企业和合营企业的长期股权投资账面价值。

（四）应收股利的确认

长期股权投资采用权益法核算，当被投资方宣告分派现金股利或利润时，投资方应按获得的现金股利或利润确认应收股利，同时抵减长期股权投资的账面价值，借记"应收股利"科目，贷记"长期股权投资"科目；被投资方分派股票股利时，投资方不进行账务处理，但应于除权日在备查簿中登记增加的股份。

【例6－10】2017年7月1日，鸿发公司购入B公司股票1 800万股，占B公司普通股股份的25%，能够对B公司施加重大影响，鸿发公司对该项股权投资采用权益法核算。假定投资当时，B公司各项可辨认资产、负债的公允价值与其账面价值相同，鸿发公司与B公司的会计年度及采用的会计政策相同，双方未发生任何内部交易，鸿发公司按照B公司的账面净损益和持股比例计算确认投资损益。

（1）2017年度，B公司报告净收益2 000万元；2018年3月5日，B公司宣告2017年度利润分配方案，每股分派现金股利0.1元。

①应确认投资收益＝2 000×25%×6/12＝250（万元）

借:长期股权投资——B公司(损益调整)　　　　　　　　　2 500 000
　　贷:投资收益　　　　　　　　　　　　　　　　　　　　　　2 500 000
②确认应收股利=0.1×1 800=180(万元)
借:应收股利　　　　　　　　　　　　　　　　　　　　　　　1 800 000
　　贷:长期股权投资——B公司(损益调整)　　　　　　　　　1 800 000

(2) 2018年度,B公司报告净收益1 600万元;2019年4月10日,B公司宣告2018年度利润分配方案,每股派送股票股利0.3股,除权日为2019年4月30日。

①应确认投资收益=1 600×25%=400(万元)
借:长期股权投资——B公司(损益调整)　　　　　　　　　4 000 000
　　贷:投资收益　　　　　　　　　　　　　　　　　　　　　　4 000 000
②除权日,在备查簿中登记增加的股份。
股票股利=0.3×1 800=540(万股)
持有股票总数=1 800+540=2 340(万股)

(五) 超额亏损的确认

在被投资方发生亏损,投资方按持股比例确认应分担的亏损份额时,应当以长期股权投资的账面价值以及其他实质上构成对被投资方净投资的长期权益减记至零为限,投资方负有承担额外损失义务的除外。其中,实质上构成对被投资方净投资的长期权益通常是指长期性的应收项目,例如投资方对被投资方的某项长期债权,如果没有明确的清收计划,且在可预见的未来期间不准备收回,这实质上构成对被投资方的净投资。需要注意的是,该类长期权益不包括投资方与被投资方之间因销售商品、提供劳务等日常活动所产生的长期债权。

投资方在确认应分担被投资方发生的亏损份额时,应当按照下列顺序进行处理:

首先,冲减长期股权投资的账面价值,借记"投资收益"科目,贷记"长期股权投资"科目。

其次,在长期股权投资的账面价值冲减为零的情况下,如果账面上存在其他实质上构成对被投资方净投资的长期权益项目,则应当以其他实质上构成对被投资方净投资的长期权益账面价值为限继续确认投资,并冲减长期应收项目等的账面价值,借记"投资收益",贷记"长期应收款"等科目。

最后,在长期股权投资的账面价值和其他实质上构成对被投资方净投资的长期权益账面价值均冲减为零的情况下,按照投资合同或协议约定投资方仍需承担额外损失弥补等义务的,对于符合预计负债确认条件的义务,应按预计承担的金额确认预计负债,计入当期投资损失,借记"投资收益"科目,贷记"预计负债"科目。

经过上列顺序确认应分担的亏损份额后,如果仍有未确认的亏损分担额,投资方应在账外做备查登记,待被投资方以后年度实现盈利时,再按应享有的收益份额,首先扣减账外备查登记的未确认亏损分担额,然后再按与上述相反的顺序进行处理,减去已确认的预计负债账面价值,恢复其他实质上构成对被投资方净投资的长期权益账面价值,恢复长期股权投资的账面价值,同时确认投资收益。

(六) 其他综合收益的确认

被投资方确认其他综合收益及其变动,会导致其所有者权益总额发生变动,从而影响投资方在被投资方所有者权益中应享有的份额。因此，在权益法下，当被投资方确认其他综合收益及其变动时，投资方应按持股比例计算应享有或应分担的份额，调整长期股权投资的账面价值，同时计入其他综合收益。

【例 6-11】鸿发公司持有 C 公司 25% 的股份，能够对 C 公司施加重大影响，采用权益法核算。2019 年 12 月 31 日，C 公司持有的一项成本为 2 000 万元的以公允价值计量且其变动计入其他综合收益的金融资产，公允价值升至 2 100 万元，C 公司按公允价值超过成本的差额 100 万元调增该项金融资产的账面价值，并计入其他综合收益，导致其所有者权益发生变动。

应享有其他综合收益份额 = 100 × 25% = 25（万元）

借：长期股权投资——C 公司（其他综合收益）　　　　　　　　250 000
　　贷：其他综合收益　　　　　　　　　　　　　　　　　　　　　　250 000

（七）其他权益变动的确认

其他权益变动是指被投资方发生除净损益、分配利润以及确认其他综合收益以外所有者权益的其他变动，主要包括被投资方接受其他股东的资本性投入、被投资方发行可分离交易的可转换公司债券中包含的权益成分、以权益结算的股份支付、其他股东对被投资方增资导致投资方持股比例的变动等。投资方对于按持股比例计算的应享有或应分担的被投资方其他权益变动份额，应调整长期股权投资的账面价值，同时计入资本公积（其他资本公积）。

【例 6-12】鸿发公司持有 D 公司 30% 的股份，能够对 D 公司施加重大影响，采用权益法核算。2019 年度，D 公司接受其母公司实质上属于资本性投入的现金捐赠，金额为 800 万元，D 公司将其计入资本公积，导致所有者权益发生变动。

应享有其他所有者权益变动份额 = 800 × 30% = 240（万元）

借：长期股权投资——D 公司（其他权益变动）　　　　　　　2 400 000
　　贷：资本公积——其他资本公积　　　　　　　　　　　　　　　2 400 000

第四节 长期股权投资的转换

股权投资转换涉及六种情形，见表 6-4。

表 6-4　　　　　　　　　　股权投资转换的六种情形

持股比例	转换形式	个别报表	合并报表
上升	1. 公允价值计量转换为权益法	原投资调整到公允价值	
	2. 权益法转换为成本法	原投资保持账面价值	原投资调整到公允价值
	3. 公允价值计量转换为成本法	原投资调整到转换日公允价值	个别报表已调为公允价值，合并报表无须调整

续表

持股比例	转换形式	个别报表	合并报表
下降	4. 成本法转换为权益法	剩余投资追溯调整为权益法下的账面价值	剩余投资调整到公允价值
	5. 权益法转换为公允价值计量	剩余投资调整到公允价值	
	6. 成本法转换为公允价值计量	剩余投资调整到公允价值	无须调整剩余投资价值

一、长期股权投资核算方法的转换

长期股权投资核算方法的转换是因追加投资或处置投资导致持股比例发生变动，而将长期股权投资的核算方法由成本法转换为权益法，或者由权益法转换为成本法，包括处置投资导致的成本法转换为权益法（表 6-4，转换形式 4），追加投资导致的权益法转换为成本法（表 6-4，转换形式 2）两种情况。

（一）处置投资导致的成本法转换为权益法

投资方原持有的对被投资方具有控制的长期股权投资，因处置投资导致持股比例下降，不再对被投资方具有控制但仍能够施加重大影响或与其他投资方一起实施共同控制的，长期股权投资的核算方法应当由成本法转换为权益法。对于处置的长期股权投资应当按照处置投资的比例转销应终止确认的长期股权投资账面价值，并与处置价款相比，确认处置损益；对于剩余的长期股权投资，应当将其原采用成本法核算的账面价值按照权益法的核算要求进行追溯调整，调整的具体内容与方法如下：

（1）将剩余的长期股权投资的成本与按照剩余持股比例计算的取得原投资时应享有被投资方可辨认净资产公允价值的份额进行比较，二者之间存在差异，如果存在属于剩余投资成本大于取得原投资时应享有被投资方可辨认净资产公允价值份额的差额，不调整长期股权投资的账面价值；如果属于剩余投资成本小于取得原投资时应享有被投资方可辨认净资产公允价值份额的差额，应按其差额调整长期股权投资的账面价值，同时调整留存收益。

（2）对于取得原投资后至处置投资交易日之间被投资方实现的净损益（扣除已发放及已宣告发放的现金股利或利润）中投资方按剩余持股比例计算的应享有份额，在调整长期股权投资账面价值的同时，对于在取得原投资时至处置投资当期期初被投资方实现的净损益中应享有的份额，应调整留存收益；对于在处置投资当期期初至处置投资交易日之间被投资方实现的净损益中应享有的份额，应调整当期损益。

（3）对于取得原投资后至处置投资交易日之间，被投资方确认其他综合收益导致的所有者权益变动中投资方按剩余持股比例计算的应享有份额，在调整长期股权投资账面价值的同时，计入其他综合收益。

（4）对于取得原投资后至处置投资交易日之间，被投资方除发生净损益、分配利润以及确认其他综合收益以外所有者权益的其他变动中，投资方按剩余持股比例计算的应享有份额在调整长期股权投资账面价值的同时，计入资本公积（其他资本公积）。

【例 6-13】鸿发公司原持有 A 公司 60% 的股份，账面成本为 4 500 万元，对 A 公司具有控制，采用成本法核算。2019年4月1日，鸿发公司将持有的A公司20%的股份转让给其他企业，收到转让价款1 800万元。由于鸿发公司对A公司的持股比例已降为40%，不再对A公司具有控制，但仍然施加重大影响，因此将剩余股权投资改按权益法核算。自鸿发公司取得A公司60%的股份后至转让A公司20%的股份前，A公司实现净利润4 000万元（其中：2019年1月1日至2019年3月31日实现净利润400万元），未分配现金股利；A公司应确认以公允价值计量且其变动计入其他综合收益的金融资产公允价值变动而计入其他综合收益的金额为500万元，因接受其母公司实质上属于资本性投入的现金捐赠而计入资本公积的金额为100万元。鸿发公司取得A公司60%的股份时，A公司可辨认净资产的公允价值为8 000万元，各项可辨认资产、负债的公允价值与其账面价值相同；取得A公司60%的股份后，双方未发生过任何内部交易；鸿发公司与A公司的会计年度及采用的会计政策相同。鸿发公司按照净利润的10%提取盈余公积。账务处理如下：

（1）2019年4月1日，转让A公司20%的股份。

转让股份的账面价值＝4 500×1/3＝1 500（万元）

借：银行存款　　　　　　　　　　　　　　　　　　　　　　　　　1 800 000
　　贷：长期股权投资——A公司　　　　　　　　　　　　　　　　　1 500 000
　　　　投资收益　　　　　　　　　　　　　　　　　　　　　　　　　300 000

（2）2019年4月1日，调整长期股权投资的账面价值。

①剩余长期股权投资的成本为3 000万元（4 500－1 500），按照剩余持股比例计算的取得原投资时应享有A公司可辨认净资产公允价值的份额为3 200万元（8 000×40%），二者之间的差额200万元属于剩余投资成本小于应享有被投资方可辨认净资产公允价值的份额的差额，应将该差额调整剩余投资成本，同时调整留存收益，其中，应调整盈余公积20万元（200×10%），应调整未分配利润180万元（200－20）。鸿发公司会计处理如下：

借：长期股权投资——A公司（投资成本）　　　　　　　　　　　　32 000 000
　　贷：长期股权投资　　　　　　　　　　　　　　　　　　　　　30 000 000
　　　　盈余公积　　　　　　　　　　　　　　　　　　　　　　　　200 000
　　　　利润分配——未分配利润　　　　　　　　　　　　　　　　1 800 000

②鸿发公司自取得A公司60%的股份后至转让A公司20%的股份前，A公司实现净利润为4 000万元，未分配现金股利，鸿发公司按剩余持股比例计算应享有份额为1 600万元（4 000×40%），一方面，应调整长期股权投资的账面价值，另一方面，对于取得A公司60%的股份后至2018年12月31日期间，A公司实现的净利润中，鸿发公司按剩余持股比例计算的应享有的份额1 440万元［(4 000－400)×40%］，应调整留存收益（其中：调整盈余公积144万元，调整未分配利润1 296万元），对于2019年1月1日至2019年3月31日期间，A公司实现的净利润中，鸿发公司按剩余持股比例计算的应享有份额160万元（400×40%）应计入当期损益。鸿发公司的会计处理如下：

借：长期股权投资——A公司（损益调整）　　　　　　　　　　　　16 000 000
　　贷：盈余公积　　　　　　　　　　　　　　　　　　　　　　　1 440 000
　　　　利润分配——未分配利润　　　　　　　　　　　　　　　　12 960 000

  投资收益   1 600 000

  ③鸿发公司自取得 A 公司 60% 的股份后至转让 A 公司 20% 的股份前，A 公司应确认以公允价值计量且其变动计入其他综合收益的金融资产公允价值变动而计入其他综合收益的金额为 500 万元，鸿发公司按剩余持股比例计算的应享有份额为 200 万元（500×40%），在调整长期股权投资账面价值的同时，应当计入其他综合收益。

  借：长期股权投资——A 公司（其他综合收益） 2 000 000
    贷：其他综合收益   2 000 000

  ④鸿发公司自取得 A 公司 60% 的股份后至转让 A 公司 20% 的股份前，A 公司因接受其母公司实质上是属于资本性投入的现金捐赠，而计入资本公积的金额为 100 万元，鸿发公司按剩余持股比例计算的应享有的份额为 40 万元（100×40%），在调整长期股权投资账面价值的同时，应当计入资本公积（其他资本公积）。

  借：长期股权投资——A 公司（其他权益变动） 400 000
    贷：资本公积——其他资本公积   400 000

（二）追加投资导致的权益法转换为成本法

  投资方因追加投资等原因使原持有的对联营企业或合营企业的投资转变为对子公司的投资，长期股权投资的核算方法应当由权益法转换为成本法。转换核算方法时，应当根据追加投资形成的企业合并类型，确定按照成本法核算的初始投资成本。

  （1）追加投资形成同一控制下企业合并的，应当按照取得的被合并方所有者权益在最终控制方合并财务报表中的账面价值份额，作为改按成本法核算的初始投资成本。

  （2）追加投资形成的非同一控制下的企业合并的，应当按照原持有的股权投资账面价值与新增投资成本之和作为改按成本法核算的初始投资成本。

  原采用权益法核算时确认的其他综合收益，暂不做会计处理，待将来处置该项长期股权投资时，采用与被投资方直接处置相关资产或负债相同的基础进行会计处理；原采用权益法核算时确认的其他权益变动，也不能自资本公积（其他资本公积）转为本期投资收益，而应待将来处置该项长期股权投资时，转为处置当期投资收益。

  【例 6-14】2018 年 1 月 5 日鸿发公司以 2 800 万元的价款，取得 B 公司 30% 的股份，能够对 B 公司施加重大影响，采用权益法核算，当日，B 公司可辨认净资产公允价值为 10 000 万元。由于该项投资的初始投资成本小于投资时应享有 B 公司可辨认净资产公允价值的份额 3 000 万元（10 000×30%），因此，鸿发公司按其差额调整了该项股权投资成本 200 万元，同时计入当期营业外收入。2018 年度，B 公司实现净收益 500 万元，未分配现金股利，鸿发公司已将应享有的收益份额 150 万元（500×30%）作为投资收益确认入账，并相应调整了长期股权投资账面价值；除实现净损益外，鸿发公司在此期间还确认了以公允价值计量且其变动计入其他综合收益的金融资产变动利得 200 万元，鸿发公司已将应享有的份额 60 万元作为其他综合收益确认入账，并相应调整了长期股权投资账面价值。2019 年 2 月 10 日，鸿发公司又以 2 400 万元的价款取得 B 公司 25% 的股份，当日，B 公司所有者权益在最终控制方合并财务报表中的账面价值为 12 000 万元。至此，鸿发公司对 B 公司的持股比例已增至 55%，对 B 公司形成控制，长期股权投资的核算方法由权益法转换为成本法。

(1) 假定该项合并为同一控制下的企业合并。
原持有股份按权益法核算的账面价值 = 2 800 + 200 + 150 + 60 = 3 210（万元）
成本法下的初始投资成本 = 12 000 × 55% = 6 600（万元）

借：长期股权投资——B 公司　　　　　　　　　　　　　　66 000 000
　　贷：长期股权投资——B 公司（投资成本）　　　　　　　30 000 000
　　　　　　　　　　——B 公司（损益调整）　　　　　　　 1 500 000
　　　　　　　　　　——B 公司（其他综合收益）　　　　　　 600 000
　　　　银行存款　　　　　　　　　　　　　　　　　　　　24 000 000
　　　　资本公积——股本溢价　　　　　　　　　　　　　　 9 900 000

(2) 假定该项合并为非同一控制下的企业合并。
成本法下的初始投资成本 = 3 210 + 2 400 = 5 610（万元）

借：长期股权投资——B 公司　　　　　　　　　　　　　　56 100 000
　　贷：长期股权投资——B 公司（投资成本）　　　　　　　30 000 000
　　　　　　　　　　——B 公司（损益调整）　　　　　　　 1 500 000
　　　　　　　　　　——B 公司（其他综合收益）　　　　　　 600 000
　　　　银行存款　　　　　　　　　　　　　　　　　　　　24 000 000

鸿发公司采用权益法核算期间，确认的在 B 公司以公允价值计量且其变动计入其他综合收益的金融资产公允价值变动中应享有份额 60 万元，不能自其他综合收益转为本期投资收益，而在待将来处置该项长期股权投资时，转为处置当期投资收益。

二、长期股权投资与以公允价值计量的金融资产之间的转换

长期股权投资与以公允价值计量的金融资产之间的转换，是指因追加投资或处置投资导致持股比例发生变动而将长期股权投资转换为以公允价值计量的金融资产或者将以公允价值计量的金融资产转换为长期股权投资，包括：追加投资导致的以公允价值计量的金融资产转换为长期股权投资（表 6-4，情形 1、情形 3）和处置投资导致的长期股权投资转换为以公允价值计量的金融资产（表 6-4，情形 5、情形 6）两种情况。其中，以公允价值计量的金融资产是指以公允价值计量且其变动计入当期损益的权益工具投资和指定为以公允价值计量且其变动计入其他综合收益的非交易性权益工具投资。需要注意的是，企业指定为以公允价值计量且其变动计入其他综合收益的非交易性权益工具投资不能重分类为以公允价值计量且其变动计入当期损益的金融资产，但可以转换为长期股权投资。

（一）追加投资导致的以公允价值计量的金融资产转换为长期股权投资

追加投资导致的以公允价值计量的金融资产转换为长期股权投资，具体又可以分为：追加投资形成控制而将以公允价值计量的金融资产转换为对子公司的长期股权投资（表 6-4，情形 3）和追加投资形成共同控制或重大影响而将以公允价值计量的金融资产转换为对合营企业或联营企业的长期股权投资（表 6-4，情形 1）两种情况。

1. 追加投资形成对子公司的长期股权投资

企业因追加投资形成控制（即实现企业合并）而将以公允价值计量的金融资产转换为对子公司的长期股权投资，应当根据追加投资所形成的企业合并类型，确定对子公司长

期股权投资的初始投资成本。

(1) 追加投资最终形成同一控制下企业合并的,合并方应当按照形成企业合并时的累计持股比例计算的合并日应享有被合并方所有者权益在最终控制方合并财务报表中的账面价值份额,作为长期股权投资的初始投资成本。

初始投资成本大于原作为以公允价值计量的金融资产持有的被合并方股权投资账面价值与合并日取得进一步股份新支付的对价之和的差额应当计入资本公积（资本溢价或股本溢价）；初始投资成本小于原作为以公允价值计量的金融资产持有的被合并方股权投资账面价值与合并日取得进一步股份新支付的对价之和的差额,应当冲减资本公积（仅限于资本溢价或股本溢价）,资本公积的余额不足冲减的,应依次冲减盈余公积、未分配利润。

合并日之前持有的股权投资,根据金融工具确认和计量准则核算而确认的公允价值变动损益,不进行会计处理。

【例6-15】鸿发公司和C公司同为甲公司所控制的两个子公司。2018年4月1日,鸿发公司以2 400万元的价款（包括相关税费）取得C公司10%有表决权的股份,鸿发公司将其划分为交易性金融资产,在持有该项金融资产期间,累计确认公允价值变动收益600万元。2019年1月1日,鸿发公司再次以13 000万元的价款（包括相关税费）取得C公司45%有表决权的股份。至此,鸿发公司已累计持有C公司55%有表决权的股份,能够对C公司实施控制,因此,将原作为交易性金融资产持有的C公司10%的股权投资转换为长期股权投资并采用成本法核算。2019年1月1日,C公司所有者权益在最终控制方合并财务报表中的账面价值总额为32 000万元。账务处理如下:

初始投资成本 = 32 000 × 55% = 17 600（万元）

借：长期股权投资——C公司　　　　　　　　　　176 000 000
　　贷：交易性金融资产——C公司（成本）　　　　24 000 000
　　　　　　　　　　　　——C公司（公允价值变动）　6 000 000
　　　　银行存款　　　　　　　　　　　　　　　130 000 000
　　　　资本公积——股本溢价　　　　　　　　　 16 000 000

(2) 追加投资最终形成非同一控制下企业合并的,购买方应当按照原作为以公允价值计量的金融资产持有的被购买方股权投资账面价值与购买日取得进一步股份新支付对价的公允价值之和,作为长期股权投资的初始投资成本。原指定为以公允价值计量且其变动计入其他综合收益的非交易性权益工具投资,因追加投资转换为长期股权投资时,该非交易性权益工具投资在持有期间因公允价值变动而形成的其他综合收益应同时转出,计入留存收益。

【例6-16】鸿发公司和D公司为两个独立的法人企业,在合并之前不存在任何关联方关系。2018年2月1日,鸿发公司以3 000万元的价款（包括相关税费）取得D公司12%有表决权的股份,鸿发公司将其指定为以公允价值计量且其变动计入其他综合收益的金融资产；至2018年12月31日,该项金融资产的账面价值为4 000万元。2019年1月1日,鸿发公司再次以13 000万元的价款（包括相关税费）取得D公司40%有表决权的股份。至此,鸿发公司已累计持有D公司52%有表决权的股份,能够对D公司实施控制,因此，将原指定为以公允价值计量且其变动计入其他综合收益的 D 公司 12% 的权益工具投资转换为长期股权投资并采用成本法核算。鸿发公司按 10% 提取法定盈余公积。

初始投资成本 = 4 000 + 13 000 = 17 000（万元）

借：长期股权投资——D 公司　　　　　　　　　　　　　　170 000 000
　　贷：其他权益工具投资——D 公司（成本）　　　　　　　30 000 000
　　　　　　　　　　　　——D 公司（公允价值变动）　　　10 000 000
　　　　银行存款　　　　　　　　　　　　　　　　　　　130 000 000
借：其他综合收益　　　　　　　　　　　　　　　　　　　 10 000 000
　　贷：盈余公积　　　　　　　　　　　　　　　　　　　　1 000 000
　　　　利润分配——未分配利润　　　　　　　　　　　　　 9 000 000

2. 追加投资形成对合营企业或联营企业的长期股权投资

企业因追加投资形成共同控制或重大影响而将以公允价值计量的金融资产转换为对合营企业或联营企业的长期股权投资，应当按照原作为以公允价值计量的金融资产持有的被购买方股权投资公允价值与取得新增股权投资而应支付的对价的公允价值之和，作为长期股权投资的初始投资成本。原指定为以公允价值计量且其变动计入其他综合收益的非交易性权益工具投资，因追加投资转换为长期股权投资时，该金融资产公允价值与账面价值之间的差额以及在持有期间因公允价值变动而形成的其他综合收益，应当计入留存收益。

【例 6 - 17】2018 年 9 月 1 日，鸿发公司以 1 700 万元的价款（包括相关税费）取得 E 公司 5% 有表决权的股份，鸿发公司将其指定为以公允价计量且其变动计入其他综合收益的金融资产，2018 年 12 月 31 日，该项金融资产的账面价值为 2 000 万元。2019 年 4 月 1 日，鸿发公司再次以 8 500 万元的价款（包括相关税费）取得 E 公司 20% 有表决权的股份，至此，鸿发公司已累计持有 E 公司 25% 有表决权的股份，能够对 E 公司施加重大影响，因此，将原指定为以公允价值计量且其变动计入其他综合收益的 E 公司 5% 的权益工具投资转换为长期股权投资并采用权益法核算。转换日，鸿发公司原持有的 E 公司 5% 股权投资的公允价值为 2 100 万元，E 公司可辨认净资产公允价值为 40 000 万元。鸿发公司以 10% 提取法定盈余公积。账务处理如下：

初始投资成本 = 2 100 + 8 500 = 10 600（万元）

借：长期股权投资——D 公司　　　　　　　　　　　　　　106 000 000
　　贷：其他权益工具投资——D 公司（成本）　　　　　　　17 000 000
　　　　　　　　　　　　——D 公司（公允价值变动）　　　 4 000 000
　　　　银行存款　　　　　　　　　　　　　　　　　　　 85 000 000
借：其他综合收益　　　　　　　　　　　　　　　　　　　 4 000 000
　　贷：盈余公积　　　　　　　　　　　　　　　　　　　　 400 000
　　　　利润分配——未分配利润　　　　　　　　　　　　　 3 600 000

采用权益法核算的初始投资成本为 10 600 万元，大于按照持股比例 25% 计算的转换日应享有 E 公司可辨认净资产公允价值的份额 10 000（40 000×25%）万元，因此，不需要调整初始投资成本。

（二）处置投资导致的长期股权投资转换为以公允价值计量的金融资产

处置投资导致对被投资方不再具有控制、共同控制或重大影响而将剩余股权投资转为以公允价值计量的金融资产，具体又可以分为将剩余股权投资转换为以公允价值计量且其变动计入当期损益的金融资产和将剩余股权投资指定为以公允价值计量且其变动计入其他综合收益的金融资产两种情况。

处置投资导致的长期股权投资转换为以公允价值计量的金融资产，均应按转换日该金融资产的公允价值计量，公允价值与原采用成本法或权益法核算的股权投资账面价值之间的差额，应当计入当期投资收益。原持有的对合营企业或联营企业的长期股权投资，因采用权益法核算而确认的其他综合收益，应当在终止采用权益法核算时，采用与被投资方直接处置相关资产或负债相同的基础进行会计处理；因采用权益法核算而确认的其他所有者权益变动应当在终止采用权益法核算时，全部转入当期投资收益。

【例6-18】鸿发公司持有F公司股份2 000万股，占F公司有表决权股份的20%，能够对F公司施加重大影响，采用权益法核算。至2019年6月30日，该项长期股权投资采用权益法核算的账面价值为5 800万元，其中，投资成本4 000万元，损益调整（借方）1 000万元，其他综合收益（借方）500万元（均为在F公司持有的以公允价值计量且其变动计入其他综合收益的N公司债券公允价值变动中应享有的份额），其他权益变动（借方）300万元，2019年7月1日，鸿发公司将持有的F公司股份中的1 500万股出售给其他企业，收到出售价款4 530万元，由于鸿发公司对F公司的持股比例已降为5%，不再具有重大影响，因此，鸿发公司将其转换为交易性金融资产并按公允价值计量。转换日，剩余5%的F公司股份的公允价值为1 510万元。账务处理如下：

(1) 2019年7月1日，出售F公司股份。

转让股份的账面价值 = 5 800 × 1 500/2 000 = 4 350（万元）

其中：

投资成本 = 4 000 × 1 500/2 000 = 3 000（万元）

损益调整 = 1 000 × 1 500/2 000 = 750（万元）

其他综合收益 = 500 × 1 500/2 000 = 375（万元）

其他权益变动 = 300 × 1 500/2 000 = 225（万元）

借：银行存款 45 300 000
　　贷：长期股权投资——F公司（投资成本） 30 000 000
　　　　　　　　　　——F公司（损益调整） 7 500 000
　　　　　　　　　　——F公司（其他综合收益） 3 750 000
　　　　　　　　　　——F公司（其他权益变动） 2 250 000
　　　　投资收益 1 800 000
借：其他综合收益 3 750 000
　　贷：投资收益 3 750 000
借：资本公积——其他资本公积 2 250 000
　　贷：投资收益 2 250 000

(2) 2019年7月1日，将剩余股权投资转换为交易性金融资产。

剩余股份的账面价值 = 5 800 - 4 350 = 1 450（万元）
其中：
投资成本 = 4 000 - 3 000 = 1 000（万元）
损益调整 = 1 000 - 750 = 250（万元）
其他综合收益 = 500 - 375 = 125（万元）
其他权益变动 = 300 - 225 = 75（万元）

借：交易性金融资——F公司（成本）　　　　　　　　　15 100 000
　　贷：长期股权投资——F公司（投资成本）　　　　　　10 000 000
　　　　　　　　　　——F公司（损益调整）　　　　　　 2 500 000
　　　　　　　　　　——F公司（其他综合收益）　　　　 1 250 000
　　　　　　　　　　——F公司（其他权益变动）　　　　　 750 000
　　　　　投资收益　　　　　　　　　　　　　　　　　　　 600 000
借：其他综合收益　　　　　　　　　　　　　　　　　　 1 250 000
　　贷：投资收益　　　　　　　　　　　　　　　　　　 1 250 000
借：资本公积——其他资本公积　　　　　　　　　　　　　 750 000
　　贷：投资收益　　　　　　　　　　　　　　　　　　　 750 000

长期股权投资的处置

一、长期股权投资处置损益的构成

长股权投资的处置，主要指通过证券市场售出股权，也包括抵偿债务转出、非货币性资产交换转出以及因被投资方破产清算而被迫清算股权等情形。

长期股权投资的处置损益，是指取得的处置收入扣除长期股权投资的账面价值和已确认但未收到的现金股利之后的差额。其中：

（1）处置收入，是指企业处置长期股权投资实际收到的价款，该价款已经扣除了手续费、佣金等交易费用。

（2）长期股权投资的账面价值，是指长期股权投资的账面余额扣除相应的减值准备后的金额。

（3）已确认但尚未收到的现金股利，是指投资方已于被投资方宣告分派现金股利时按享有的份额确认了应收债权，但至处置投资时被投资方尚未实际派发的现金。

二、处置长期股权投资的会计处理

处置长期权投资发生的损益应当在符合股权转让条件时予以确认，计入处置当期损益，已计提减值准备的长期股权投资，处置时应将与所处置的长期股权投资相对应的减值准备予以转出。处置长期股权投资时，按实际收到的价款，借记"银行存款"科目，按已计提的长期股权投资减值准备，借记"长期股权投资减值准备"科目，按长期股权投资的账面余额，贷记"长期股权投资"科目，按已确认但尚未收到的现金股利，贷记"应收股利"科目，按上列贷方差额，贷记"投资收益"科目，如为借方差额，借记"投资收益"科目。

处置采用权益法核算的长期股权投资时，应当采用与被投资方直接处置相关资产或负债相同的基础，对相关的其他综合收益进行会计处理，对于可以转入当期损益的其他综合收益，应借记或贷记"其他综合收益"科目，贷记或借记"投资收益"科目，同时，还应将原计入资本公积的其他权益变动金额转出，计入当期损益，借记或贷记"资本公积——其他资本公积"科目，贷记或借记"投资收益"科目。

在部分处置某项长期股权投资时，按该项投资的总平均成本确定处置部分的成本，并按相同的比例结转已计提的长期股权投资减值准备和相关的其他综合收益、资本公积金额。

【例6-19】2017年6月1日，鸿发公司以8 850万元的价款取得M公司普通股股票2 000万股，占M公司普通股股份的60%，能够对M公司实施控制，鸿发公司将其划分为长期股权投资并采用成本法核算。2018年12月31日，鸿发公司为该项股权投资计提了减值准备2 450万元；2019年10月30日，鸿发公司将持有的M公司股份全部转让，实际收到转让价款6 600万元。账务处理如下：

转让损益 = 6 600 -（8 850 - 2 450）= 200（万元）

借：银行存款	66 000 000
长期股权投资减值准备	24 500 000
贷：长期股权投资——M公司	88 500 000
投资收益	2 000 000

【例6-20】鸿发公司对持有的N公司股份采用权益法核算。2019年4月5日，鸿发公司将持有的N公司股份全部转让，收到转让价款5 500万元。转让日，该项长期股权投资的账面余额为5 000万元，其中，投资成本4 000万元，损益调整（借方）600万元，其他综合收益（借方）300万元（均为在N公司持有的以公允价值计量且其变动计入其他综合收益的M公司债券公允价值变动中应享有的份额），其他权益变动（借方）100万元。

转让损益 = 5 500 - 5 000 = 500（万元）

借：银行存款	55 000 000
贷：长期股权投资——N公司（投资成本）	40 000 000
——N公司（损益调整）	6 000 000
——N公司（其他综合收益）	3 000 000
——N公司（其他权益变动）	1 000 000
投资收益	5 000 000
借：其他综合收益	3 000 000
贷：投资收益	3 000 000

借：资本公积——其他资本公积　　　　　　　　　　　　　1 000 000
　　贷：投资收益　　　　　　　　　　　　　　　　　　　　　　　1 000 000

第六节　长期股权投资的减值

一、长期股权投资的可收回金额

每年年末，企业应对长期股权投资的账面价值进行检查，如果出现减值迹象，应对其进行减值测试，估计其可收回金额。

长期股权投资的可收回金额是指长期股权投资的公允价值减去处置费用后的净额与其预计未来产生的现金流量的现值两者之间的较高者。

二、长期股权投资减值的账务处理

如果长期股权投资可收回金额的计量结果表明其可收回金额低于账面价值，说明长期股权投资已经发生减值损失，应当将其账面价值减记至可收回金额，减记的金额确认为资产减值损失，计入当期损益，同时计提相应的资产减值准备。即借记"资产减值损失"科目，贷记"长期股权投资减值准备"科目。

长期股权投资减值损失一经确认，在以后会计期间不得转回。

【例6-21】2018年12月31日，鸿发公司持有W公司长期股权投资的可收回金额为1 000 000元，其账面价值为1 200 000元（等于投资成本）。2019年1月10日鸿发公司将持有的W公司的股权全部对外出售，收取价款950 000元。账务处理如下：

（1）确认长期股权投资减值损失。

借：资产减值损失　　　　　　　　　　　　　　　　　　　　200 000
　　贷：长期股权投资减值准备　　　　　　　　　　　　　　　　　200 000

（2）处置长期股权投资。

借：银行存款　　　　　　　　　　　　　　　　　　　　　　950 000
　　长期股权投资减值准备　　　　　　　　　　　　　　　　　200 000
　　投资收益　　　　　　　　　　　　　　　　　　　　　　　 50 000
　　贷：长期股权投资——W公司（投资成本）　　　　　　　　　1 200 000

练习题

一、不定项选择题

1. 成本法核算的长期股权投资，被投资单位宣告分派现金股利时，投资单位按享有的份额应计入（　　）科目。
   A. 长期股权投资　　　　　　B. 投资收益
   C. 资本公积　　　　　　　　D. 营业外收入

2. A 公司以 2 000 万元取得 B 公司 30% 的股权，取得投资时被投资单位可辨认净资产的公允价值为 6 000 万元。如 A 公司能够对 B 公司施加重大影响，则 A 公司计入长期股权投资的金额为（　　）万元。
   A. 2 000　　　　　　　　　B. 1 800
   C. 6 000　　　　　　　　　D. 4 000

3. 下列不属于长期股权投资核算内容的有（　　）。
   A. 对子公司股权投资　　　　B. 对合营企业股权投资
   C. 对共同经营股权投资　　　D. 对联营企业股权投资

4. 下列各项关于长期股权投资成本法核算的相关处理中，正确的有（　　）。
   A. 成本法核算下，被投资单位宣告发放现金股利，投资方应当增加投资收益
   B. 成本法核算下，被投资单位宣告发放股票股利，投资方应当增加长期股权投资的账面价值
   C. 成本法核算下，被投资单位实现净利润，投资方应当增加长期股权投资的账面价值，同时增加投资收益
   D. 成本法核算下，被投资单位发生其他权益变动，投资方不需要进行会计处理

5. 下列各项中，能引起权益法核算的长期股权投资账面价值发生变动的有（　　）。
   A. 被投资单位实现净利润
   B. 被投资单位宣告分配股票股利
   C. 被投资单位宣告分配现金股利
   D. 被投资单位除净损益、其他综合收益以及利润分配以外的所有者权益其他变动

6. 下列关于长期股权投资的处置的说法中，表述正确的有（　　）。
   A. 企业处置长期股权投资时，应将出售价款与处置长期股权投资账面价值之间的差额计入营业外收入
   B. 企业处置长期股权投资时，应将出售价款与处置长期股权投资账面价值之间的差额计入投资收益
   C. 采用权益法核算时，原计入资本公积的金额，在处置时不应相应地予以结转
   D. 采用权益法核算时，原计入其他综合收益的金额，在终止采用权益法核算时采用与被投资单位直接处置相关资产或负债相同的基础进行会计处理

7. 非企业合并方式下取得长期股权投资，下列各项中影响初始投资成本的有（　　）。
   A. 投资时支付的不含应收股利的价款
   B. 为取得长期股权投资而发生的评估、审计、咨询费
   C. 投资时支付的税金、手续费
   D. 投资时支付款项中所含的已宣告而尚未领取的现金股利

8. 甲公司出资1 000万元，取得了乙公司80%的控股权。假如购买股权时乙公司的净资产账面价值为1 500万元，甲、乙公司合并前后不受同一方控制，则甲公司确认的长期股权投资初始投资成本为（　　）万元。
   A. 1 000　　　　　　　　　　B. 1 500
   C. 800　　　　　　　　　　　D. 1 200

9. 下列各项投资中，后续计量采用权益法核算的有（　　）。
   A. 投资单位对被投资单位具有共同控制的长期股权投资
   B. 投资单位对被投资单位能够施加重大影响的长期股权投资
   C. 投资单位持有的对子公司的投资
   D. 投资单位持有的对被投资单位不具有控制、共同控制或重大影响，并且在活跃市场中没有报价、公允价值不能可靠计量的长期股权投资

10. 因部分处置长期股权投资，企业将剩余长期股权投资的核算方法由成本法转变权益法时进行的下列会计处理中，正确的有（　　）。
    A. 按照处置部分的比例结转应终止确认的长期股权投资成本
    B. 剩余股权按照处置投资当期期初至处置投资日应享有的被投资单位已实现净损益中的份额调整当期损益
    C. 剩余股权按照原取得投资时至处置投资当期期初应享有的被投资单位已实现净损益中的份额调整留存收益
    D. 将剩余股权的账面价值大于按照剩余持股比例计算原投资时应享有的被投资单位可辨认净资产公允价值份额的差额，调整长期股权投资的账面价值

二、业务题

鸿发公司与长期股权投资有关业务如下：

（1）2015年1月1日，鸿发公司向M公司定向发行500万股普通股（每股面值1元，每股市价8元）作为对价，取得M公司拥有的甲公司80%的股权。在此之前，M公司与鸿发公司不存在任何关联方关系。鸿发公司另以银行存款支付评估费、审计费以及律师费30万元；为发行股票，鸿发公司以银行存款支付了券商佣金、手续费50万元。2015年1月1日，甲公司可辨认净资产公允价值为4 800万元，与账面价值相同，相关手续于当日办理完毕，鸿发公司于当日取得甲公司的控制权。2015年3月10日，甲公司股东大会做出决议，宣告分配现金股利300万元。2015年3月20日，鸿发公司收到该现金股利。2015年度甲公司实现净利润1800万元，其持有的以公允价值计量且其变动计入其他综合收益的金融资产期末公允价值增加了150万元。

(2) 2015年2月1日，从证券市场上以银行存款2 000万元取得了乙公司30%的股权。当日相关手续办理完毕，并向乙公司派出一名董事。在此之前，鸿发公司与乙公司之间不具有任何关联方关系。当日，乙公司可辨认净资产的公允价值为6 000万元（与账面价值相等）。鸿发公司支付的价款中包含乙公司已宣告但尚未发放现金股利150万元。

(3) 2015年度乙公司实现净利润2 000万元，其持有的以公允价值计量且其变动计入其他综合收益的金融资产期末公允价值增加了180万元，除净损益、其他综合收益以及利润分配以外的所有者权益其他变动为200万元。

(4) 2016年1月10日，鸿发公司将持有的甲公司的长期股权投资的80%对外出售，出售取得价款3 300万元。在出售80%的股权后，鸿发公司对甲公司的剩余持股比例为20%，对甲公司不具有控制、共同控制和重大影响，剩余部分划分为以公允价值计量且其变动计入其他综合收益的金融资产核算。剩余股权投资在当日的公允价值为825万元。

其他资料：①假设上述投资均未发生减值；②不考虑所得税等相关因素的影响。

要求：

(1) 根据资料（1），分析、判断鸿发公司并购甲公司属于何种合并类型，并说明理由。

(2) 根据资料（1），编制鸿发公司在2015年度对甲公司长期股权投资相关的会计分录。

(3) 根据资料（2），判断鸿发公司对乙公司投资应当采用的后续计量方法，并计算出长期股权投资的初始投资成本。

(4) 根据资料（2）、（3），编制对乙公司长期股权投资相关的会计分录。

(5) 根据资料（4），计算鸿发公司处置80%股权时个别财务报表中应确认的投资收益金额，并编制鸿发公司个别财务报表中处置80%长期股权投资以及对剩余股权投资进行调整的相关会计分录。

第七章 固定资产

【案例导学】

厦门钨业股份有限公司（股票代码：600549）2016年9月3日发布了关于变更固定资产折旧年限的公告，公告称：近年来公司不断加大对固定资产的投资力度，主要包括公司下属金明新材料等子公司的投资建设，并对房屋及建筑物进行定期修缮，对生产设备进行定期检修维护和升级改造，提高了机器设备的使用性能和房屋建筑物的使用寿命，从而实际上延长了固定资产的使用寿命。同时，公司下属虹波实业等子公司的房屋、建筑物和IT设备，根据固定资产最新的实际使用和损耗情况，固定资产使用寿命和原确定的会计估计年限存在一定偏差。因此，公司根据固定资产的性质和使用情况对部分固定资产的预计使用年限进行重新确定，基本上将房屋建筑物使用年限由20—30年变更为30—40年，运输设备由5年变更为10年，机器设备由8年变更为10年，其他设备由8年变更为5年。

思考：厦门钨业变更固定资产使用年限的依据是什么？其变更固定资产折旧年限会带来什么财务影响？

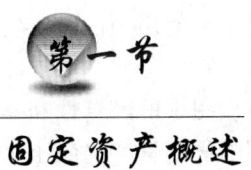

第一节 固定资产概述

一、固定资产的含义及特征

固定资产是指为生产商品、提供劳务、出租或经营管理而持有的，使用寿命超过一个会计年度的有形资产。固定资产一般包括房屋、建筑物、机器、运输工具以及其他与生产、经营有关设备、器具等。不同种类的固定资产在企业生产经营过程中所服务的领域和作用不同，但一般来说，固定资产都具有如下三个特征。

（一）企业持有固定资产的目的是用于生产商品、提供劳务或经营管理

企业持有各种固定资产的目的是用于生产商品、提供劳务、出租或经营管理，这意味着企业持有的固定资产是企业的生产经营的工具或手段，而不是直接用于出售的产品。这

是固定资产区别于存货资产最根本的特征。需强调的是，其中"出租"的固定资产，是指用以出租的机器设备类固定资产，不包括以经营租赁方式出租的建筑物，后者属于"投资性房地产"。

（二）固定资产的预计使用寿命超过一个会计年度

固定资产的使用寿命，是指固定资产的预计使用期间，或者是该固定资产所能生产产品或提供劳务的数量。通常情况下固定资产的使用寿命是指使用固定资产的预计期间，如自用房屋建筑物的使用寿命或使用年限。而某些机器设备或运输设备等固定资产，其使用寿命往往以该固定资产所能生产产品或提供劳务的数量来表示。

（三）固定资产是有形资产

固定资产具有实物特征，这一特征将固定资产与无形资产区别开来。有些无形资产可能同时符合固定资产的其他特征，如无形资产为生产商品、提供劳务而持有，使用寿命超过一个会计年度，但是，由于其没有实物形态，所以不属于固定资产。

二、固定资产的分类

企业的固定资产种类繁多、规格不一，为加强管理，便于组织会计核算，有必要对其进行科学、合理地分类。根据不同的管理需要和核算要求以及不同的分类标准，可以对固定资产进行不同的分类，主要有以下几种分类方法。

（一）按经济用途分类

按固定资产的经济用途分类，可分为经营用固定资产和非经营用固定资产。

经营用固定资产是指直接服务于企业生产、经营过程的各种固定资产，如生产经营用的房屋、建筑物、机器、设备、器具、工具等。

非经营用固定资产，是指不直接服务于生产、经营过程的各种固定资产，如职工宿舍、食堂、浴室、理发室等使用的房屋、设备和其他固定资产等。

（二）按使用情况分类

按固定资产使用情况分类，可分为使用中的固定资产、未使用的固定资产和不需用的固定资产。

使用中的固定资产，是指正在使用中的经营性和非经营性的固定资产。由于季节性经营或大修理等原因，暂时停止使用的固定资产仍属于企业使用中的固定资产，企业出租给其他单位使用的固定资产也属于使用中的固定资产。

未使用的固定资产，是指已完工或已购建的尚未交付使用的新增固定资产以及因进行改建、扩建等原因暂停使用的固定资产。如企业构建的尚待安装的固定资产、经营任务变更停止使用的固定资产等。

不需用的固定资产，是指本企业多余或不适用、需要调配处理的各种固定资产。

（三）综合分类

按固定资产的经济用途和使用情况等综合分类，固定资产可划分为7大类：生产经营用固定资产；非生产经营用固定资产；租出固定资产（指在经营性租赁方式下出租给外单位使用的固定资产）；不需用固定资产；未使用固定资产；土地（指过去已经估价单独入账的土地。因征地所支付的补偿费，应计入与土地有关的房屋、建筑物的价值内，不单独作为土地价值入账);融资租入固定资产(指企业以融资租赁方式租入的固定资产,在租赁期间,应视同自有固定资产进行管理)。

第二节 固定资产的确认与初始计量

一、固定资产的确认

一项资产确认为固定资产需要满足两项标准,一是符合固定资产的定义;二是符合固定资产的确认条件。固定资产的确认条件为:

(一) 该固定资产包含的经济利益很可能流入企业

判断固定资产所包含的经济利益是否很可能流入企业,主要依据是与该固定资产所有权有关的风险和报酬是否转移到了企业。凡是所有权已经属于企业,不论企业是否收到或持有该固定资产,均可作为企业的固定资产;如果企业没有所有权,即使该项固定资产存放在企业,也不能作为本企业的固定资产。有时,某项固定资产的所有权虽然不属于企业,如融资租赁的固定资产,但是企业能够控制该项固定资产所包含的经济利益流入企业。在这种情况下,可以认为与固定资产所有权相关的风险和报酬实质上已经转移给企业,也可以作为企业的固定资产加以确认。

(二) 该固定资产的成本能够可靠计量

成本能够可靠计量,是资产确认的一项基本条件。企业在确定固定资产成本时需要根据所获得的最新资料,对固定资产的成本进行合理预估。如已经达到预定可使用状态但尚未办理竣工决算的固定资产,按暂估价值入账,待竣工决算手续完成之后再做调整。

二、固定资产的初始计量

固定资产的初始计量是指企业最初取得固定资产时对其入账价值的确定。固定资产一般应以历史成本入账。历史成本是指固定资产达到预定可使用状态前所发生的一切合理、必要的支出。这些支出包括直接购买价款、运杂费、包装费、保险费和安装成本,也包括间接发生的,如应承担的借款利息资本化部分、满足资本化条件的外币借款折算差额以及应分摊的其他间接费用。对于特殊行业的特定固定资产,确定其初始入账成本时还应考虑弃置费用。

(一) 外购固定资产

企业外购固定资产的成本包括实际支付的买价、相关税费、使固定资产达到预定可使用状态前所发生的可归属于该项资产的运输费、装卸费、安装费和专业人员服务费等。外购的固定资产分为不需要安装的固定资产和需要安装的固定资产两类。

1. 不需要安装的固定资产

购入不需要安装的固定资产,相关支出直接计入固定资产成本。

【例7-1】甲公司购入一台不需要安装的设备,发票上注明设备价款10 000元,增值税税额为1 300元。上述款项企业已用银行存款支付,其账务处理如下:

借:固定资产　　　　　　　　　　　　　　　　　　　　　10 000
　　应交税费——应交增值税(进项税额)　　　　　　　　　　1 300
　　贷:银行存款　　　　　　　　　　　　　　　　　　　　　　11 300

2. 需要安装的固定资产

需要安装的固定资产的成本应通过"在建工程"科目核算,待安装完毕,固定资产达到预定可使用状态时,其成本再由"在建工程"科目转入"固定资产"科目。

【例7-2】2018年2月1日,鸿发公司购入一台需要安装的生产用机器设备,取得的增值税专用发票上注明的设备价款为50 000元,增值税进项税额为6 500元,支付的包装费和保险费1 400元。款项已通过银行支付,安装设备时,支付安装工人的工资为4 000元,假定不考虑其他相关税费。鸿发公司账务处理如下:

(1) 支付设备价款和运输费。

借:在建工程　　　　　　　　　　　　　　　　　　　　　51 400
　　应交税费——应交增值税(进项税额)　　　　　　　　　　6 500
　　贷:银行存款　　　　　　　　　　　　　　　　　　　　　　57 900

(2) 支付安装工人工资等费用。

借:在建工程　　　　　　　　　　　　　　　　　　　　　4 000
　　贷:应付职工薪酬　　　　　　　　　　　　　　　　　　　　4 000

(3) 设备安装完毕达到预定可使用状态。

借:固定资产　　　　　　　　　　　　　　　　　　　　　55 400
　　贷:在建工程　　　　　　　　　　　　　　　　　　　　　　55 400

3. 外购固定资产的特殊考虑

(1) 在实际工作中,企业可能以一笔款项购入多项没有单独标价的资产。如果这些资产均符合固定资产的定义,并满足固定资产的确认条件,则应将各项资产单独确认为固定资产,并按各项固定资产公允价值的比例对总成本进行分配,分别确定各项固定资产的成本。如果以一笔款项购入的多项资产中还包括固定资产以外的其他资产,也应按类似的方法予以处理。

【例7-3】鸿发公司为了降低采购成本,向甲公司一次购进了三套不同型号且具有不同生产能力的设备A、B和C。鸿发公司为该批设备共支付价款900万元,增值税税额为117万元,全部以银行存款支付;假定A、B和C设备均满足固定资产的定义和确认条件,公允价值分别为200万元、300万元、500万元。鸿发公司账务处理如下:

(1) 确定计入固定资产成本的金额为900万元。

(2) 计算A、B和C设备分配固定资产价值的比例。

A设备:200÷(200+300+500)×100%=20%

B设备:300÷(200+300+500)×100%=30%

C设备:500÷(200+300+500)×100%=50%

(3) 计算各设备购买成本。

A 设备：900×20% = 180（万元）

B 设备：900×30% = 270（万元）

C 设备：900×50% = 450（万元）

(4) 编制会计分录。

借：固定资产——A 设备　　　　　　　　　　　　　　　　1 800 000
　　　　　　——B 设备　　　　　　　　　　　　　　　　2 700 000
　　　　　　——C 设备　　　　　　　　　　　　　　　　4 500 000
　　应交税费——应交增值税（进项税额）　　　　　　　　1 170 000
　　贷：银行存款　　　　　　　　　　　　　　　　　　　10 170 000

(2) 购买固定资产的价款超过正常信用条件延期支付，实质上具有融资性质的，固定资产的成本以购买价款的现值为基础确定。实际支付的价款与购买价款的现值之间的差额，应当在信用期间内采用实际利率法进行摊销，摊销金额除满足借款费用资本化条件的应当计入固定资产成本外，均应当在信用期间内计入当期损益。

【例7－4】鸿发公司2016年1月1日购入一台设备，设备不需要安装。合同规定此设备的价款为1 000万元，分三年支付，2016年年底支付500万元，2017年年底支付300万元，2018年年底支付200万元。假定公司3年期银行借款利率为6%。鸿发公司账务处理如下：

(1) 计算总价款的现值。

总价款的现值 = 500 ÷ (1＋6%) ＋ 300 ÷ (1＋6%)^2 ＋ 200 ÷ (1＋6%)^3
　　　　　　 = 906.62（万元）

(2) 确定总价款与现值的差额。

1 000 － 906.62 = 93.38（万元）

(3) 编制购入时会计分录（其他分录省略）。

借：固定资产　　　　　　　　　　　　　　　　　　　　　9 066 200
　　未确认融资费用　　　　　　　　　　　　　　　　　　　933 800
　　贷：长期应付款　　　　　　　　　　　　　　　　　　10 000 000

需注意，"长期应付款"科目，反映未来应付本金和利息；"未确认融资费用"科目，反映未来应付利息，是"长期应付款"科目的备抵科目，不是资产类科目。

（二）自行建造固定资产

自行建造固定资产是指企业利用自己的力量自行建造以及出包给他人建造的固定资产。自行建造固定资产的成本，无论是自行建造还是出包建造，均由建造该项资产达到预定可使用状态前所发生的必要支出构成，包括工程物资成本、人工成本、交纳的相关税费、应予资本化的借款费用以及应分摊的间接费用等。由于自行建造固定资产，从开始建造到完工交付使用需经历较长的时间，建造过程中发生的各项支出应先通过"在建工程"科目进行核算，待完工达到预定可使用状态时，再由"在建工程"科目转入"固定资产"科目。

自营建造和出包建造两种方式的会计处理方式有所不同。

1. 自营方式建造固定资产

企业以自营方式建造的固定资产的成本应按照直接材料、直接人工、直接机械施工费等计量。在确定工程成本时还需要注意以下几点：

（1）企业为建造固定资产准备的各种物资应当按照实际支付的买价、运输费、保险费等相关税费作为实际成本。

（2）建造固定资产领用工程物资、原材料或库存商品，应按其实际成本转入所建工程成本。

（3）建设期间发生的工程物资盘亏、报废及毁损，减去残料价值以及保险公司、过失人赔款后的净损失，计入所建工程的成本；盘盈的工程物资或处置净收益，冲减所建工程项目的成本。工程完工后发生的工程物资盘亏、盘盈、报废、毁损，计入当期损益。

（4）所建造的固定资产已达到预定可使用状态，但尚未办理竣工决算的，应当自达到预定可使用状态之日起，按暂估价值转入固定资产，待竣工手续办理完毕后，再调整固定资产的账面价值。

（5）高危行业企业要按照国家规定提取安全生产费，提取安全费时，应借记"生产成本"科目或当期损益，贷记"专项储备"科目；使用提取的安全费用时，若属于费用性支出，则直接冲减专项储备，借记"专项储备"科目，贷记"银行存款"科目；使用提取的安全费用时，若属于资本性支出，在确定了形成的固定资产的入账价值之后，借记"专项储备"科目，贷记"累计折旧"科目，金额与固定资产入账金额相同。

【例7-5】鸿发公司为一般纳税人企业，增值税税率为13%。在生产经营期间以自营方式建造一条生产线。2018年1—6月发生的有关经济业务如下（不考虑增值税分期抵扣）：

（1）1月10日，为建造生产线购入A工程物资一批，收到的增值税专用发票上注明的价款为180万元，增值税税额为23.4万元，款项已支付。

（2）1月20日，建造生产线领用A工程物资180万元。

（3）工程建设期间领用生产用原材料合计为45万元。

（4）6月30日，建造生产线的工程人员职工薪酬合计165万元。

（5）6月30日，生产线达到预定可使用状态并交付使用。

鸿发公司的账务处理如下：

(1) 购入工程物资。

借：工程物资　　　　　　　　　　　　　　　　　　1 800 000
　　应交税费——应交增值税（进项税额）　　　　　　234 000
　　贷：银行存款　　　　　　　　　　　　　　　　　　　　2 034 000

(2) 领用工程物资。

借：在建工程——生产线　　　　　　　　　　　　　1 800 000
　　贷：工程物资　　　　　　　　　　　　　　　　　　　　1 800 000

(3) 领用原材料。

借：在建工程——生产线　　　　　　　　　　　　　　450 000
　　贷：原材料　　　　　　　　　　　　　　　　　　　　　　450 000

(4) 结转应付职工薪酬。

借：在建工程——生产线　　　　　　　　　　　　　1 650 000
　　贷：应付职工薪酬　　　　　　　　　　　　　　　　　　1 650 000

(5) 结转工程成本。

设备成本 = 180 + 45 + 165 = 390（万元）

借：固定资产——生产线　　　　　　　　　　　　　　　3 900 000
　　贷：在建工程——生产线　　　　　　　　　　　　　　　3 900 000

2. 出包方式建造固定资产

在出包方式下，企业通过招标方式将工程项目发包给建筑承包商，由承包商组织项目施工。企业以出包方式建造固定资产，其成本由建造该项固定资产达到预定可使用状态前所发生的必要支出构成，包括发生的建筑工程支出、安装工程支出以及需分摊计入各固定资产价值的待摊支出。

待摊支出是指在建设期间发生的，不能直接计入某项固定资产价值、而应由所建造固定资产共同负担的相关费用，包括为建造工程发生的管理费、可行性研究费、临时设施费、公证费、监理费、应负担的税金、符合资本化条件的借款费用、建设期间发生的工程物资盘亏、报废及毁损净损失以及负荷联合试车费等。

待摊支出分配方法如下：

待摊支出分配率 = 累计发生的待摊支出 ÷（建筑工程支出 + 建筑安装工程支出 + 在安装设备支出）× 100%

某项工程应分摊的待摊支出 = 该项工程支出 × 待摊支出分配率

【例7-6】鸿发公司经当地有关部门批准，新建一个火电厂。建造的火电厂由3个单项工程组成，包括建造发电车间、冷却塔以及安装发电设备。2018年2月1日，公司与乙公司签订合同，将该项目出包给乙公司承建。根据双方签订的合同，建造发电车间的价款为500万元，建造冷却塔的价款为300万元，安装发电设备需支付安装费用50万元。建造期间发生的有关事项如下：

(1) 2018年2月10日，鸿发公司按合同约定向乙公司预付10%备料款80万元，其中发电车间50万元，冷却塔30万元。

(2) 2018年8月2日，建造发电车间和冷却塔的工程进度达到50%，鸿发公司与乙公司办理工程价款结算400万元，其中发电车间250万元，冷却塔150万元。抵扣了预付备料款后，将余款用银行存款付讫。

(3) 2018年10月8日，公司购入需安装的发电设备，价款总计350万元，增值税进项税额45.5万元，已用银行存款付讫。

(4) 2019年3月10日，建筑工程主体已完工，公司与乙公司办理工程价款结算400万元，其中，发电车间250万元，冷却塔150万元。公司向乙公司开具了一张期限3个月的商业票据。

(5) 2019年4月1日，鸿发公司将发电设备运抵现场，交乙公司安装。

(6) 2019年5月10日，发电设备安装到位，甲公司与乙公司办理设备安装价款结算50万元，款项已支付。

(7) 工程项目发生管理费、可行性研究费、公证费、监理费共计29万元，已用银行存款付讫。

(8) 2019年5月，进行负荷联合试车领用本企业材料10万元，发生其他试车费用5

万元，用银行存款支付，试车期间取得发电收入20万元存入银行。

（9）2019年6月1日，完成试车，各项指标达到设计要求。

鸿发公司的账务处理如下：

（1）预付款项。

借：预付账款　　　　　　　　　　　　　　　　　　　　800 000
　　贷：银行存款　　　　　　　　　　　　　　　　　　　　　800 000

（2）中期工程款结算。

借：在建工程——建筑工程（冷却塔）　　　　　　　　1 500 000
　　　　　　——建筑工程（发电车间）　　　　　　　2 500 000
　　贷：银行存款　　　　　　　　　　　　　　　　　　　　3 200 000
　　　　预付账款　　　　　　　　　　　　　　　　　　　　　800 000

（3）购入需安装的发电设备。

借：工程物资——发电设备　　　　　　　　　　　　　3 500 000
　　应交税费——应交增值税（进项税额）　　　　　　　　455 000
　　贷：银行存款　　　　　　　　　　　　　　　　　　　　3 955 000

（4）办理工程价款结算。

借：在建工程——建筑工程（冷却塔）　　　　　　　　1 500 000
　　　　　　——建筑工程（发电车间）　　　　　　　2 500 000
　　贷：应付票据　　　　　　　　　　　　　　　　　　　　4 000 000

（5）将发电设备交付安装。

借：在建工程——安装工程（发电设备）　　　　　　　3 500 000
　　贷：工程物资——发电设备　　　　　　　　　　　　　　3 500 000

（6）结算设备安装价款。

借：在建工程——安装工程（发电设备）　　　　　　　　500 000
　　贷：银行存款　　　　　　　　　　　　　　　　　　　　　500 000

（7）发生待摊支出。

借：在建工程——待摊支出　　　　　　　　　　　　　　290 000
　　贷：银行存款　　　　　　　　　　　　　　　　　　　　　290 000

（8）负荷联合试车。

借：在建工程——待摊支出　　　　　　　　　　　　　　150 000
　　贷：原材料　　　　　　　　　　　　　　　　　　　　　　100 000
　　　　银行存款　　　　　　　　　　　　　　　　　　　　　 50 000

借：银行存款　　　　　　　　　　　　　　　　　　　　200 000
　　贷：在建工程——待摊支出　　　　　　　　　　　　　　200 000

（9）结转工程成本。

①首先对待摊支出进行分配：

待摊支出分配率＝（29＋15－20）÷（500＋300＋400）×100%
　　　　　　　＝24÷1 200×100%＝2%

发电车间应分配的待摊支出 = 500×2% = 10（万元）

冷却塔应分配的待摊支出 = 300×2% = 6（万元）

发电设备应分配的待摊支出 = 400×2% = 8（万元）

②待摊支出转入在建工程：

借：在建工程——建筑工程——发电车间　　　　　　　　　　100 000
　　　　　　——建筑工程——冷却塔　　　　　　　　　　　 60 000
　　　　　　——安装工程——发电设备　　　　　　　　　　 80 000
　　贷：在建工程——待摊支出　　　　　　　　　　　　　　240 000

③计算并结转已完工的固定资产的成本：

发电车间的成本 = 500+10 = 510（万元）

冷却塔的成本 = 300+6 = 306（万元）

发电设备的成本 = 400+8 = 408（万元）

借：固定资产——发电车间　　　　　　　　　　　　　　　5 100 000
　　　　　——冷却塔　　　　　　　　　　　　　　　　　3 060 000
　　　　　——发电设备　　　　　　　　　　　　　　　　4 080 000
　　贷：在建工程——建筑工程——发电车间　　　　　　　　5 100 000
　　　　　　　　——建筑工程——冷却塔　　　　　　　　　3 060 000
　　　　　　　　——安装工程——发电设备　　　　　　　　4 080 000

（三）其他方式取得的固定资产的成本

1. 投资者投入的固定资产的成本

接受投资者投入的固定资产，应该按投资各方签订的合同或协议约定的价值确定，但合同或协议约定的价值不公允的除外。投入固定资产时，借记"固定资产"科目，贷记"股本"或"实收资本"科目。

2. 接受捐赠的固定资产

若企业接受捐赠的固定资产是新的，应该按凭据上标明的金额加上应支付的相关税费，作为入账价值；若捐赠方没有提供有关凭据的，应按公允价值入账。

若企业接受捐赠的固定资产是旧的，则需要按上述方法确定新固定资产价值，减去按该项资产的新旧程度估计的价值损耗后的余额作为入账价值。账务处理为：借记"固定资产"科目，贷记"营业外收入"科目。

3. 盘盈的固定资产

盘盈的固定资产，应作为前期会计差错处理，在按管理权限批准处理前，应先通过"以前年度损益调整"科目核算。企业的账务处理为：借记"固定资产"科目，贷记"以前年度损益调整"科目。

（四）存在弃置费用的固定资产

对于特殊行业的特定固定资产，存在弃置费用时，应当将弃置费用的现值计入相关固定资产的成本，同时确认相应的预计负债，即借记"固定资产"科目，贷记"预计负债"科目；在固定资产的使用寿命内，按照预计负债的摊余成本和实际利率计算确定的利息费用，应当在发生时计入财务费用，即借记"财务费用"科目，贷记"预计负债"科目。

需强调的是，一般工商企业的固定资产发生的报废清理费用不属于弃置费用，应当作为固定资产的处置费用处理。

【例7-7】鸿发公司经国家批准2018年1月1日建造完成核电站核反应堆并交付使用，建造成本为500 000万元，预计使用寿命40年。根据法律规定，该核反应堆将会对生态环境产生一定的影响，企业应在该项设施使用期满后将其拆除，并对造成的污染进行整治，预计发生弃置费用2 500万元。假定适用的折现率为10%。核反应堆属于特殊行业的特定固定资产，确定其成本时应考虑弃置费用。账务处理如下：

（1）2018年1月1日，弃置费用的现值 = 2 500 × （P/F，10%，40） = 2 500 × 0.022 1 = 55.25（万元）。

固定资产的成本 = 500 000 + 55.25 = 500 055.25（万元）

借：固定资产　　　　　　　　　　　　　　　　　5 000 552 500
　　贷：在建工程　　　　　　　　　　　　　　　　5 000 000 000
　　　　预计负债　　　　　　　　　　　　　　　　　　 552 500

（2）分期计提利息，即计提第1年应分担的利息费用 = 552 500 × 10% = 5 525（元）。

借：财务费用　　　　　　　　　　　　　　　　　　　 5 525
　　贷：预计负债　　　　　　　　　　　　　　　　　　 5 525

以后年度，企业应当按照实际利率法计算确定每年财务费用，账务处理略。

第三节　固定资产的后续计量

固定资产的后续计量包括固定资产折旧、固定资产后续支出和会计期末固定资产调整。

一、固定资产折旧

（一）固定资产折旧的含义

根据会计准则，折旧是指在固定资产的使用寿命内，按照确定的方法对应计折旧额进行系统、合理地分摊。

从经济性质上看，折旧实际上反映了固定资产的服务潜能随着不断使用而逐渐减低这一经济事实。服务潜能降低的原因可以分为两类：有形损耗和无形损耗。有形损耗，又称物质损耗或物质磨损，是可见或可测量出来的物理性损失、消耗。这种耗损一方面是由固定资产的使用引起的，另一方面则是由不使用而受自然力的作用造成的，如锈蚀、自然老化等。无形损耗包括陈旧过时和不合用。陈旧过时是指由于技术进步，创造了新的、效率更高、性能更好的劳动资料，引起原有固定资本或固定资金贬值；不合用是指原有的固定资产不再满足当前环境下的需求。

> **小贴士**
>
> 从会计性质上看，折旧概念的产生即是企业由收付实现制向权责发生制转变的重要标志。固定资产的受益期很长，如果将固定资产支出一次性计入某个月，会导致当月明显亏损，而实际上当月从该固定资产得到的受益不会这么多，同时，其他受益的月份又没有体现应有的支出。因此，按照配比原则，固定资产的成本不仅仅是为取得当期收入而发生的成本，也是为取得以后各项收入而发生的成本。

（二）固定资产折旧的范围

企业应当对所有的固定资产计提折旧，但是已提足折旧仍继续使用的固定资产和单独计价入账的土地除外。在确定固定资产的折旧范围时还应注意以下几点：

（1）固定资产应当按月计提折旧，并根据用途计入相关资产的成本或者当期损益。当月增加的固定资产，当月不计提折旧，从下月起计提折旧；当月减少的固定资产，当月计提折旧，从下月起停止计提折旧。

（2）固定资产提足折旧后，不论能否继续使用，均不再计提折旧，提前报废的固定资产也不再计提折旧。

（3）已达到预定可使用状态但尚未办理竣工决算的固定资产，应当按照估计价值确定其成本，并计提折旧；待办理竣工决算手续后再按实际成本调整原来的暂估价值，但不需要调整原已计提的折旧额。

（4）处于更新改造过程中的固定资产，应当将其账面价值转入"在建工程"，不再计提折旧，直到更新改造完毕；处于定期大修理期间的固定资产，照提折旧。

（三）影响固定资产折旧的因素

影响固定资产折旧计算的因素有四个，即原始价值、预计净残值、使用年限和固定资产减值准备。

1. 原始价值

原始价值是指固定资产的初始入账价值，是计提折旧的基础。

2. 预计净残值

预计净残值是指在固定资产结束使用寿命之后，企业预期从该项资产处置中获得的扣除预计处置费后的金额。在计算固定资产折旧时，应采取预估的方法，将预计净残值从固定资产原值中扣除。

3. 使用年限

使用年限是指固定资产预计经济使用年限。企业在确定固定资产的使用寿命时，应当考虑下列因素：①预计生产能力或实物产量；②预计有形损耗或无形损耗；③法律或者类似规定的限制。

4. 固定资产减值准备

固定资产减值准备是指由于固定资产市价持续下跌，或技术陈旧、损坏、长期闲置等原因导致其可收回金额低于账面价值的，应当将可收回金额低于其账面价值的差额作为固定资产减值准备。固定资产计提减值准备后，应当在剩余使用寿命内根据调整后的账面价值和预计净残值重新计算折旧率和折旧额。

上述四个因素均对企业的固定资产折旧产生影响，其中固定资产的预计使用年限和预计净残值一经确定，不得随意更改。企业应计折旧额的计算，可用公式表示：

应计折旧额 = 固定资产原价 – 预计净残值 – 固定资产减值准备累计金额

当应计折旧额的各项因素有一项发生改变时，应当重新调整应计折旧额。具体处理参见本节的"会计期末固定资产的调整"中的内容。

（四）固定资产折旧方法

固定资产折旧方法是将计提折旧总额在固定资产各使用期间进行分配时所采用的具体计算方法。企业选择折旧方法时，应当根据与固定资产有关的经济利益的预期消耗方式做出决定，而不是以与固定资产有关的收入为基础进行折旧，这是因为收入会受到生产过程、销售等多因素的干扰。

企业可选用的折旧方法包括年限平均法、工作量法、双倍余额递减法和年数总和法等。固定资产的折旧方法一经确定，不得随意变更。如要变更，需在财务报表的附注中进行披露。

1. 年限平均法

年限平均法，又称直线法，是按固定资产的使用年限平均计提折旧的方法，即每年计提的折旧额是相同的。由于这种方法较为简单，易于理解，是最常使用的一种折旧方法。在年限平均法下：

年折旧额 =（原始价值 – 预计净残值）÷ 预计使用年限

年折旧率 = 年折旧额 ÷ 原始价值 × 100%

　　　　 =（1 – 预计净残值率）÷ 预计使用年限 × 100%

月折旧率 = 年折旧率 ÷ 12

其中，预计净残值率 = 预计净残值 ÷ 原始价值 × 100%

【例7-8】2018年12月31日鸿发公司购入一台A设备，原始价值为50 000元，预计净残值10 000元，预计使用年限4年，鸿发公司采用年限平均法计提折旧。则鸿发公司2019年应该计提的折旧额为：

应计提的年折旧额 =（50 000 – 10 000）÷ 4 = 10 000（元）

2. 工作量法

工作量法，又称变动费用法，是按照计算期内固定资产的预计完成的工作量来计提折旧的一种方法。实质上，工作量法是平均年限法的补充和延伸。工作量法是以固定资产预计可完成的工作总量为分摊标准，根据各年实际完成的工作量计算折旧的一种方法。工作量可以是汽车的总行驶里程，也可以是机器设备的总工作台班、总工作小时等。在工作量法下：

单位工作量折旧额 = 原始价值 ×（1 – 预计净残值率）÷ 预计工作量总额

年折旧额 = 某年实际完成的工作量 × 单位工作量折旧额

【例7-9】鸿发公司有运输货车一辆，原值100 000元，预计净残值率5%，预计总行驶里程500 000千米，当月行驶3 000千米。计算该项固定资产的月折旧额。

该项固定资产每公里折旧额 = 100 000 ×（1 – 5%）÷ 500 000 = 0.19（元/千米）

月折旧额 = 3 000 × 0.19 = 570（元）

3. 双倍余额递减法

双倍余额递减法是在不考虑固定资产残值的情况下，根据每期期初固定资产账面余额和双倍直线折旧率计算固定资产折旧的一种方法。由于这种方法不考虑固定资产的预计净残值，为了使固定资产的账面价值不低于预计净残值，应当在折旧年限到前期两年内改用年限平均法，将倒数第2年初的固定资产账面净值扣除预计净残值后的余额在这两年平均分摊。折旧额的计算公式如下：

年折旧率 = 2/折旧年限 × 100%

月折旧率 = 年折旧率 ÷ 12

年折旧额 = 固定资产账面价值 × 年折旧率

【例 7-10】在【例 7-8】中，若鸿发公司采用双倍余额递减法折旧，则每年的折旧计算过程如下：

年折旧率 = 2 ÷ 4 × 100% = 50%

A 设备采用双倍余额递减法计算的每年折旧额结果见表 7-1。

表 7-1　　　　　　　　　　双倍余额递减法各年折旧额计算表　　　　　　　　　　单位：元

使用年次	折旧率（%）	年折旧额	累计折旧额	账面净值
初始	—	—		50 000
2019	50	25 000	25 000	25 000
2020	50	12 500	37 500	12 500
2021	—	1 250	38 750	11 250
2022	—	1 250	40 000	10 000

4. 年数总和法

年数总和法，是指用固定资产原值减去预计残值后的净额，乘以一个逐年递减的分数（折旧率）。在年数总和法下：

年折旧率 = 该项固定资产尚可使用年限/可使用年限总和 × 100%

年折旧额 = 应计折旧额 × 年折旧率

【例 7-11】在【例 7-8】中，若鸿发公司采用年数总和法折旧，则每年的折旧计算过程如下（在此例中，预计使用年限是 4 年，年数总和 = 1 + 2 + 3 + 4 = 10）。

表 7-2　　　　　　　　　　年数总和法各年折旧计算表　　　　　　　　　　单位：元

年次	年折旧率	折旧计算	年折旧额	累计折旧额	期末账面价值
初始	—	—	—		50 000
2019	4/10	（50 000 - 10 000）× 4/10	16 000	16 000	34 000
2020	3/10	（50 000 - 10 000）× 3/10	12 000	28 000	22 000
2021	2/10	（50 000 - 10 000）× 2/10	8 000	36 000	14 000
2022	1/10	（50 000 - 10 000）× 1/10	4 000	40 000	10 000

> **小贴士**
>
> 年限平均法简单易懂、易于操作，但不符合收入和费用的配比原则，不能够恰当反映固定资产服务潜能下降的实际情况；工作量法考虑了固定资产的使用强度，但只着眼于固定资产的使用强度，忽视了停用期间的自然腐蚀，更没有考虑到固定资产的无形损耗，并且固定资产的总工作量较难以进行估计，由于维护和修理费用的递增，单位工作量负担的成本并不均衡；加速折旧法（双倍余额递减法和年数总和法）早期多提折旧，后期少提折旧，一方面可以使服务效能与费用相配比，另一方面又可以使各期的固定资产的使用成本得以均衡，但加速折旧法较为复杂，在企业固定资产种类繁多的情况下，可操作难度大。

二、固定资产后续支出

固定资产的后续支出主要是指固定资产在使用过程中发生的更新改造支出、修理费用等。在核算时，首先应根据其具体内容确认这笔支出是资本化支出还是费用化支出。资本化支出和费用化支出的根本区别在于，资本化支出能够提高固定资产的性能而费用化支出只能维持固定资产的性能。

（一）资本化的后续支出

当企业对固定资产进行更新改造时，首先应将固定资产的原价和已经计提的累计折旧和减值准备转销，固定资产的账面价值转入"在建工程"科目，并停止计提折旧。后续发生的更新改造支出，符合固定资产确认条件的，应当计入固定资产成本，同时将被替换部分的账面价值扣除。资本化的后续支出首先通过"在建工程"科目核算，待改造完毕固定资产达到预定可使用状态时，再转入"固定资产"科目，同时按照重新确定的固定资产入账价值、预计使用寿命、预计净残值和折旧方法计提折旧。

另外，需注意区分"固定资产账面余额""固定资产账面净值"和"固定资产账面价值"。

固定资产账面余额＝固定资产原价

固定资产账面净值＝固定资产原价－累计折旧

固定资产账面价值＝固定资产原价－累计折旧－固定资产减值准备

【例7-12】鸿发公司专用生产设备的电机因意外损毁，需要用新的电机替换，该套生产设备原价432 000元，已计提折旧144 000元。烧毁电机的成本为16 800元，公司已购买新的电机将其替换，新电机的成本为17 440元，应交增值税2 267.2元。账务处理如下：

（1）注销生产设备原价以及累计折旧。

借：在建工程　　　　　　　　　　　　　　　　288 000
　　累计折旧　　　　　　　　　　　　　　　　144 000
　　贷：固定资产　　　　　　　　　　　　　　　　　　432 000

（2）购买新电机。

借：工程物资 17 440
　　应交税费——应交增值税（进项税额） 2 267.2
　　　贷：银行存款 19 707.2

（3）安装新电机。
借：在建工程 17 440
　　　贷：工程物资 17 440

（4）终止确认旧电机。
旧电机累计折旧 = 16 800 ÷ 432 000 × 144 000 = 5 600（元）
旧电机账面净值 = 16 800 − 5 600 = 11 200（元）
借：营业外支出 11 200
　　　贷：在建工程 11 200

（5）生产设备调试完毕，达到预定可使用状态。
生产设备入账价值 = 288 000 + 17 440 − 11 200 = 294 240（元）
借：固定资产 294 240
　　　贷：在建工程 294 240

（二）费用化的后续支出

与固定资产有关的修理费用等后续支出，不符合固定资产确认条件的，应计入当期损益。行政部门的固定资产发生的修理费用计入管理费用；与销售部门有关的固定资产发生的修理费用计入销售费用。

【例7-13】鸿发公司对公司的生产设备进行日常修理，领用修理配件500元，用银行存款支付其他修理费用300元（不考虑相关税费）。其账务处理如下：
借：管理费用——修理费 800
　　　贷：原材料 500
　　　　　银行存款 300

三、会计期末固定资产的调整

企业至少应当于每年终了，对固定资产的使用寿命、预计净残值和折旧方法进行复核：使用寿命预计数与原先估计数有差异的，应当调整固定资产使用寿命；预计净残值预计数与原先估计数有差异的，应当调整预计净残值；与固定资产有关的经济利益预期实现方式有重大改变的，应当改变固定资产折旧方法。

固定资产使用寿命、预计净残值和折旧方法的改变应当作为会计估计变更，采用未来适用法，不需要追溯调整以前数据。

另外，企业至少应当于每年终了对固定资产逐项进行检查，判定固定资产是否发生减值。固定资产减值是指固定资产发生损坏、技术陈旧或者其他经济原因，导致其可收回金额低于其账面价值。这里的账面价值是固定资产原价扣除累计折旧后的净值再扣除减值准备；可收回金额是指资产的公允价值减去处置费用后的净额与资产预计未来现金流量的现值两者之间较高者。可收回金额也可定义为可实现净值与在用价值孰高。

如果固定资产的可收回金额低于其账面价值，企业应当将固定资产的账面价值减至可收回金额,按可收回金额低于其账面价值的差额确认为固定资产减值损失,计入当期损益,同时计提相应的固定资产减值准备。固定资产的减值损失一经确定,在以后会计期间不能够转回。

【例 7-14】鸿发公司于 2016 年 1 月 1 日购入一台生产用的设备,支付价款 452 万元,其中增值税税额 52 万元。该设备的使用年限为 20 年,预计净残值为 20 万元,采用直线法计提折旧。2017 年年底,该资产出现减值迹象,其可回收金额为 326 万元。2018 年年底,该资产再次减值,其可回收金额为 230 万元。鸿发公司账务处理如下:

(1) 固定资产入账。

借:固定资产	4 000 000
应交税费——应交增值税(进项税额)	520 000
贷:银行存款	4 520 000

(2) 2016 年和 2017 年计提折旧。

年折旧额 =(400 - 20)÷ 20 = 19(万元)

借:制造费用	190 000
贷:累计折旧	190 000

(3) 2017 年年底计提减值准备。

发生减值金额 =(400 - 19 × 2)- 326 = 36(万元)

借:资产减值损失	360 000
贷:固定资产减值准备	360 000

(4) 2018 年年计提折旧。

重新计算折旧额 =(326 - 20)÷ 18 = 17(万元)

借:制造费用	170 000
贷:累计折旧	170 000

(5) 2018 年年底再次计提减值准备。

发生减值金额 =(326 - 17)- 230 = 79(万元)

借:资产减值损失	790 000
贷:固定资产减值准备	790 000

第四节　固定资产处置

一、固定资产处置概述

固定资产处置包括固定资产的出售、转让、报废或损毁、对外投资、非货币性资产交换、债务重组。这些业务均会使固定资产退出生产经营过程。本章只讨论固定资产出售、转让、报废或损毁的情况。

因为处置某项固定资产会导致它退出生产经营过程,因此需要对这些固定资产终止确认。固定资产满足下列条件之一的,应当予以终止确认:

(1) 该固定资产处于处置状态;
(2) 该固定资产预期通过使用或处置不能产生经济利益。

二、固定资产处置的账务处理

企业出售、转让、报废固定资产或发生固定资产损毁,应当将处置收入扣除账面价值和相关税费后的金额计入当期损益。对于固定资产清理完成后产生的清理净收益,按照固定资产处置方式不同,应选择不同的处理方法。

(一) 出售、转让固定资产处置利得或损失

企业出售、转让固定资产的处置利得或损失应计入"资产处置损益"科目。资产处置损益是损益类会计科目,主要用来核算固定资产、无形资产因出售、转让等原因,产生的处置利得或损失。

在核算时,首先将出售的固定资产的账面价值转入"固定资产清理"科目借方;发生的清理费用等计入"固定资产清理"科目借方;取得的出售收入计入"固定资产清理"科目贷方;产生处置净损失的,借记"资产处置损益"科目,贷记"固定资产清理"科目;产生处置净收益的,借记"固定资产清理"科目,贷记"资产处置损益"科目。

【例7-15】鸿发公司出售一栋厂房,原始成本300万元,已提折旧50万元。用银行存款支付清理费用5万元,出售取得价款280万元。假设不考虑相关税金,鸿发公司会计处理如下:

(1) 固定资产转入清理。

借:固定资产清理   2 500 000
    累计折旧   500 000
  贷:固定资产   3 000 000

(2) 支付清理费用。

借:固定资产清理   50 000
  贷:银行存款   50 000

(3) 收到出售款项。

借:银行存款   2 800 000
  贷:固定资产清理   2 800 000

(4) 结转固定资产清理净损益。

净收益 = 2 800 000 - 2 500 000 - 50 000 = 250 000(元)

借:固定资产清理   250 000
  贷:资产处置损益   250 000

(二) 固定资产损毁、报废产生的利得或损失

因丧失使用功能或因自然灾害发生毁损、报废而清理产生的利得和损失应计入营业外收支。在核算时,首先将报废的固定资产的账面价值转入"固定资产清理"科目借方;发生的清理费用等计入"固定资产清理"科目借方;取得的残料变价收入计入"固定资

产清理"科目贷方;保险赔偿或责任人赔偿计入"固定资产清理"科目贷方。

属于生产经营期间正常报废清理产生的处置净损失,借记"营业外支出——处置非流动资产损失"科目,贷记"固定资产清理"科目;属于由自然灾害等非正常原因造成的净损失,借记"营业外支出——非常损失"科目,贷记"固定资产清理"科目;如果是净收益,则借记"固定资产清理"科目,贷记"营业外收入"科目。

【例7-16】鸿发公司的一辆卡车因火灾烧毁。卡车原价100 000元,累计折旧20 000元,大火扑灭后对现场进行了清理,发生清理费用4 000元,收到保险公司赔款30 000元,残料变卖收入20 000元。其账务处理如下:

(1)报废卡车注销。

借:固定资产清理　　　　　　　　　　　　　　　　80 000
　　累计折旧　　　　　　　　　　　　　　　　　　20 000
　　贷:固定资产　　　　　　　　　　　　　　　　　　　　100 000

(2)支付现场清理费用。

借:固定资产清理　　　　　　　　　　　　　　　　4 000
　　贷:银行存款　　　　　　　　　　　　　　　　　　　　4 000

(3)残料变卖收入。

借:银行存款　　　　　　　　　　　　　　　　　　20 000
　　贷:固定资产清理　　　　　　　　　　　　　　　　　　20 000

(4)收到保险公司赔款。

借:银行存款　　　　　　　　　　　　　　　　　　30 000
　　贷:固定资产清理　　　　　　　　　　　　　　　　　　30 000

(5)计算并结转毁损净损失。

毁损净损失 = 80 000 + 4 000 - 20 000 - 30 000 = 34 000(元)

借:营业外支出——非常损失　　　　　　　　　　　34 000
　　贷:固定资产清理　　　　　　　　　　　　　　　　　　34 000

另外,需强调盘亏的固定资产不通过"固定资产清理科目"核算,而是通过"待处理财产损溢——待处理固定资产损溢"科目进行核算。发现盘亏的固定资产,在未经批准处理前,要先按账面价值和累计折旧及时予以注销,账面价值转入"待处理财产损溢——待处理固定资产损溢"科目;待报经批准处理后,再将净值转入"营业外支出——固定资产盘亏"科目。

(三)持有待售固定资产

1. 持有待售固定资产的划分条件

同时满足下列条件的非流动资产应当划分为持有待售类别:

(1)企业已经就处置该非流动资产作出决议(决定卖);

(2)企业已经与受让方签订了不可撤销的转让协议(卖给谁);

(3)该项转让将在一年内完成(什么时候卖)。

企业固定资产如果由于转产等原因而不再需用,在同时满足上述三个条件时应转为持有待售固定资产。

2. 持有待售固定资产的账务处理

固定资产从划分为持有待售状态至按照协议出售期间，涉及划分日固定资产预计净残值的调整、持有期间的会计处理以及持有待售固定资产的出售等方面问题。其账务处理的基本原则是不提折旧、按照账面价值与公允价值减去处置费用后的净额孰低计量。

（1）划分日持有待售固定资产预计净残值的调整。企业将固定资产划分为持有待售固定资产时，应当调整该项固定资产的预计净残值，目的是使该项固定资产的预计净残值能够反映其公允价值减去处置费用后的金额。但调整后的预计净残值不得超过符合持有待售条件时该项固定资产的原账面价值，原账面价值高于调整后预计净残值的差额，应作为资产减值损失计入当期损益，借记"资产减值损失"科目，贷记"固定资产减值准备"科目。

【例7-17】鸿发公司2016年12月15日购买一台设备，原始价值1 250 000元，预计使用10年，净残值率为4%，按年限平均法计提折旧。2018年3月10日鸿发公司由于转产，此设备不再使用，遂与甲公司签订不可撤销销售协议，约定在2018年年底将此设备转售给甲公司。2018年甲公司出价为1 000 000元，预计处置费用30 000元，假定不考虑其他税费。2018年3月10日该项设备应转为待售固定资产，其预计净残值调整及账务处理如下：

固定资产账面价值 = 1 250 000 − 1 250 000 × (1 − 4%) ÷ 10 ÷ 12 × 15
　　　　　　　　　 = 1 100 000（元）

调整后预计净残值 = 1 000 000 − 30 000 = 970 000（元）

计提减值准备 = 1 100 000 − 970 000 = 130 000（元）

借：资产减值损失　　　　　　　　　　　　　　　　　　　　　　　　130 000
　　贷：固定资产减值准备　　　　　　　　　　　　　　　　　　　　　　　130 000

【例7-18】2017年3月1日，鸿发公司与乙公司签订了一项不可撤销的转让合同。协议约定，鸿发公司于2017年12月1日，将其一台生产经营用设备出售给乙公司。该固定资产的账面价值为520万元，其中原值为800万元，已计提折旧200万元，已计提减值准备80万元，设备处置费用为20万元。则：

如果销售价格为400万元（等于公允价值），此时公允价值减去处置费用后的净额为380万元，小于账面价值，因此需要计提减值准备140万元。账务处理如下：

借：资产减值损失　　　　　　　　　　　　　　　　　　　　　　　1 400 000
　　贷：固定资产减值准备　　　　　　　　　　　　　　　　　　　　　　1 400 000

即转为持有待售固定资产后，其账面价值为380万元。

如果销售价格为600万元（等于公允价值），此时公允价值减去处置费用后的净额为580万元，大于账面价值，此时，应该按照账面价值计量，其转为持有待售后，该固定资产的账面价值为520万元。

（2）持有待售固定资产持有期间的会计处理。持有待售固定资产在持有期间不得计提折旧，而是按照账面价值与公允价值减去处置费用后的净额孰低原则进行计量。原因是，当固定资产转为持有待售固定资产以后，其在未来给企业带来经济利益的方式不再是通过使用这项固定资产来实现，而是通过以相当确定的金额出售给其他企业来实现，如果继续计提折旧会减少持有待售固定资产账面价值，会使固定资产账面价值低于其将来能为企业带来的经济利益，使固定资产账面价值的反映不真实，影响会计信息的可靠性。

3. 持有待售固定资产的出售

持有待售固定资产的出售与普通固定资产的出售没有区别，处置损益通过"固定资产清理"科目进行处理。但在持有期间如果固定资产不再满足持有待售固定资产的确认条件，企业应当停止将其划归持有待售固定资产，并按照下列两项金额中较低者予以计量：

（1）该资产或处置组被划归为持有待售之前的账面价值，按照其假定在没有被划归为持有待售固定资产的情况下原应确认的折旧、摊销或减值进行调整后的金额；

（2）决定不再出售之日的再收回金额。

【例7-19】接【例7-17】，假定鸿发公司如期于2018年年底按协议将此设备转售给甲公司，其他条件不变。相关业务会计处理如下：

（1）将固定资产转入清理。

借：固定资产清理　　　　　　　　　　　　　　　970 000
　　累计折旧　　　　　　　　　　　　　　　　　150 000
　　固定资产减值准备　　　　　　　　　　　　　130 000
　　贷：固定资产　　　　　　　　　　　　　　　　　1 250 000

（2）支付处置费用。

借：固定资产清理　　　　　　　　　　　　　　　 30 000
　　贷：银行存款　　　　　　　　　　　　　　　　　　30 000

（3）收到出售设备款项。

借：银行存款　　　　　　　　　　　　　　　　1 130 000
　　贷：固定资产清理　　　　　　　　　　　　　　　1 000 000
　　　　应交税费——应交增值税（销项税额）　　　　 130 000

第五节 固定资产期末计量

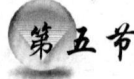

固定资产的期末计量是指固定资产列报于资产负债表中的价值。如果固定资产没有发生减值，则按其期末账面价值列报。如果固定资产已发生减值，还要进行减值测试，确认其可收回金额，按其可收回金额列报。

一、固定资产减值的认定

固定资产减值是指固定资产的可收回金额低于账面价值。可收回金额是指固定资产的公允价值减去处置费用后的净额与固定资产预计未来现金流量的现值两者之中的较高者。账面价值指固定资产原值扣减已提累计折旧和固定资产减值准备后的净额。

企业应当于期末对固定资产进行检查，进行减值测试。如发现存在下列情况，应计算固定资产的可收回金额，以确定资产是否已经发生减值。对可收回金额低于账面价值的差额，应当计提固定资产减值准备。

（1）固定资产市价大幅度下跌，其跌幅大大高于因时间推移或正常使用而预计的下跌，并且预计暂时不可能恢复；

（2）企业所处经营环境，如技术、市场、经济或法律环境，或者产品营销市场在发生或在发生重大变化，并对企业产生负面影响；

（3）同期市场利率等大幅度提高，进而很可能影响企业计算固定资产可收回金额的折现率，并导致固定资产可收回金额大幅度降低；

（4）固定资产陈旧过时或发生实体损坏等；

（5）固定资产预计使用方式发生重大不利变化，如企业计划终止或重组该资产所属的经营业务、提前处置资产等情形，从而对企业产生负面影响；

（6）其他有可能表明资产已发生减值的情况。

当存在下列情况之一时，应当按照该项固定资产的账面价值全额计提固定资产减值准备：

（1）长期闲置不用，在可预见的未来不会再使用，且已无转让价值的固定资产；

（2）由于技术进步等原因，已不可使用的固定资产；

（3）虽然固定资产尚可使用，但使用后产生大量不合格品的固定资产；

（4）已遭毁损，以至于不再具有使用价值和转让价值的固定资产；

（5）其他实质上已经不能再给企业带来经济利益的固定资产。

二、固定资产减值的账务处理

固定资产进行减值测试并计算了可收回金额后，如果可收回金额低于账面价值，应当将固定资产的账面价值减记至可收回金额，减记的金额一方面确认为固定资产减值损失，借记"资产减值损失"科目，另一方面计提相应的资产减值准备，贷记"固定资产减值准备"科目。

固定资产减值损失确认后，减值固定资产的折旧应当在未来期间作相应调整，即固定资产计提了减值准备后，固定资产账面价值将根据计提的减值准备进行相应抵减，在未来计提折旧时，应当以新的固定资产账面价值为基础计提每期折旧。

> **小贴士**
>
> 固定资产发生减值后，一方面价值回升的可能性较小，通常属于永久减值；另一方面从会计信息的谨慎性要求考虑，未来避免确认资产重估增值和操纵利润。《企业会计准则第8号——资产减值》规定，固定资产减值损失一经确认，在以后期间不得转回。以前期间计提的减值准备只有在固定资产处置、出售、对外投资等方式下才可以予以转出。

【例7-20】鸿发公司2017年年末，清查固定资产时发现，一台设备原账面净值为

480 000 元，但由于技术进步等原因造成设备贬值，预计可收回金额为 360 000 元。2018 年该固定资产市价下跌，预计可收回金额 320 000 元。会计处理如下：

2017 年年末该企业应提资产减值准备 120 000 元（480 000 − 360 000）。

借：资产减值损失　　　　　　　　　　　　　　　　　120 000
　　贷：固定资产减值准备　　　　　　　　　　　　　　　　120 000

2018 年年末由于可收回金额低于 2017 年，应补提资产减值准备 40 000（360 000 − 320 000）。

借：资产减值损失　　　　　　　　　　　　　　　　　 40 000
　　贷：固定资产减值准备　　　　　　　　　　　　　　　　 40 000

【例 7−21】2015 年 12 月 31 日，鸿发公司购入一台不需要安装的生产用设备，确认其入账价值为 200 万元。该设备于当日投入使用，预计使用年限 10 年，预计净残值为 5 万元，采用平均年限法计提折旧。2017 年 12 月 31 日，鸿发公司对该设备进行减值测试，发现其预计可收回金额为 140 万元，确认减值后，估计尚可使用年限为 6 年，预计净残值不变。鸿发公司 2016—2018 年的账务处理如下：

2016 年度该设备计提的折旧额 =（200 − 5）÷ 10 = 19.5（万元）

借：制造费用　　　　　　　　　　　　　　　　　　　195 000
　　贷：累计折旧　　　　　　　　　　　　　　　　　　　　195 000

2017 年度该设备计提的折旧额为 19.5 万元。

2017 年 12 月 31 日计提减值准备 =（200 − 19.5 × 2）− 140 = 21（万元）

借：制造费用　　　　　　　　　　　　　　　　　　　195 000
　　贷：累计折旧　　　　　　　　　　　　　　　　　　　　195 000
借：资产减值损失　　　　　　　　　　　　　　　　　210 000
　　贷：固定资产减值准备　　　　　　　　　　　　　　　　210 000

2018 年度该设备计提的折旧额 =（140 − 5）÷ 6 = 22.5（万元）

借：制造费用　　　　　　　　　　　　　　　　　　　225 000
　　贷：累计折旧　　　　　　　　　　　　　　　　　　　　225 000

练习题

一、不定项选择题

1. 由于自然灾害等原因造成的在建工程报废或毁损后的净损失，应借记（　　）。
   A. 在建工程　　　　　　　　　　B. 待处理财产损溢
   C. 营业外支出　　　　　　　　　D. 固定资产清理

2. 下列固定资产应计提折旧的有（　　）。
   A. 融资租入的固定资产
   B. 按规定单独估价作为固定资产入账的土地

C. 封存的固定资产
D. 已全额提足折旧继续使用的固定资产

3. 某项固定资产的原始价值 600 000 元，预计可使用年限为 5 年，预计净残值为 50 000 元。企业采用双倍余额递减法计提折旧，则第 4 年该项固定资产计提折旧为（　　）元。

　　A. 39 800　　　　　　　　　B. 51 840
　　C. 20 800　　　　　　　　　D. 10 400

4. 关于固定资产，下列说法正确的有（　　）
　　A. 分期付款购买固定资产，实质上具有融资性质的，其成本以购买价款的现值为基础确定
　　B. 自行建造的固定资产，按建造该资产达到预定可使用状态前发生的必要支出作为入账价值
　　C. 投资者投入固定资产的成本，应当按照投资合同或协议约定的价值确定，但合同或协议约定价值不公允的除外
　　D. 如果有迹象表明以前期间据以计提固定资产减值的各种因素发生变化，使得固定资产的可收回金额大于其账面价值，则以前期间已计提的减值损失应当收回，但转回的金额不应超过原已计提的固定资产减值准备金额

5. 固定资产更新改造工程如果符合资本化条件，应通过（　　）科目核算。
　　A. 制造费用　　　　　　　　B. 管理费用
　　C. 固定资产清理　　　　　　D. 在建工程

6. 下列各项关于资产的确认，表述不正确的有（　　）。
　　A. 企业由于安全或环保需要要求购入的设备等，不能直接给企业带来未来经济利益，因此不应作为固定资产进行管理和核算
　　B. 固定资产各组成部分以不同的方式为企业提供经济利益的应当分别将各个组成部分确认为单项固定资产
　　C. 以经营租赁方式租入的固定资产，企业拥有使用权，因此应将其作为固定资产核算
　　D. 房地产开发公司建造完成的准备销售的商品房应作为企业存货核算

7. 甲企业购入三项没有单独标价的固定资产 A、B、C，均不需要安装，实际支付的价款总额为 100 万元。其中，固定资产 A 的公允价值为 60 万元，固定资产 B 的公允价值为 40 万元，固定资产 C 的公允价值为 20 万元（假定不考虑增值税问题）。固定资产 A 的入账价值为（　　）万元。
　　A. 60　　　　　　　　　　　B. 50
　　C. 100　　　　　　　　　　D. 120

8. 企业在确定固定资产的使用寿命时，应当考虑的因素有（　　）。
　　A. 预计生产能力　　　　　　B. 预计有形损耗
　　C. 预计无形损耗　　　　　　D. 法律或类似规定对资产使用寿命的限制

9. 甲公司一台用于生产 M 的设备预计使用年限为 5 年，预计净残值为零，假定 M 产

品各年产量比较均匀。下列折旧方法中,能够使该设备第一年折旧金额最多的是(　　)。

　　A. 工作量法　　　　　　　　B. 年限平均法
　　C. 年数总和法　　　　　　　D. 双倍余额递减法

10. 甲公司的某项固定资产已完成改造,累计发生的改造成本400万元,拆除部分的原价200万元,改造前,该固定资产原价800万元,已计提折旧250万元。不考虑其他因素,甲公司该固定资产改造后的价值为(　　)万元。

　　A. 750　　　　　　　　　　B. 812.5
　　C. 950　　　　　　　　　　D. 1 000

11. 甲公司为增值税一般纳税人,2018年12月31日购入不需要安装的生产设备一台,当日投入使用。该设备价款为360万元,预计使用寿命为5年,预计净残值为零,采用年数总和法计提折旧。该设备2019年应计提的折旧额为(　　)万元。

　　A. 72　　　　　　　　　　　B. 120
　　C. 140.4　　　　　　　　　D. 168.48

12. 企业2017年3月购入并投入使用不需要安装设备一台,设备原值860万元,预计使用年限5年,预计净残值2万元,采用双倍余额递减法计提折旧,则企业在2018年应计提的折旧额为(　　)万元。

　　A. 344　　　　　　　　　　B. 240.8
　　C. 206.4　　　　　　　　　D. 258

13. 某核电站以10 000万元购建一项核设施,现已达到预定可使用状态,预计在使用寿命届满时,为恢复环境将发生弃置费用1 000万元,该弃置费用按实际利率折现后的金额为620万元。该核电站的入账价值为(　　)万元。

　　A. 9 000　　　　　　　　　B. 10 000
　　C. 10 620　　　　　　　　D. 11 000

14. 和平均年限法相比,采用年数总和法对固定资产计提折旧将使(　　)。

　　A. 计提折旧的初期,企业利润减少,固定资产净值减少
　　B. 计提折旧的初期,企业利润减少,固定资产原值减少
　　C. 计提折旧的后期,企业利润减少,固定资产净值减少
　　D. 计提折旧的后期,企业利润减少,固定资产原值减少

15. 甲公司为增值税一般纳税人,2017年5月开始建造办公楼。下列各项中,应计入甲公司所建造办公楼成本的是(　　)。

　　A. 办公楼建造期间(非自然灾害等非常原因)发生的工程物资报废净损失
　　B. 办公楼开始建造前借入的专门借款发生的利息费用
　　C. 为建造办公楼购入的工程物资支付的增值税进项税额
　　D. 办公楼达到预定可使用状态后发生的相关费用

二、业务题

鸿发公司为增值税一般纳税人,适用的增值税税率为13%,购置了一台需要安装的

生产用设备，与该设备有关的业务如下：

（1）2016年1月20日，购入一台需要安装的设备，供生产车间使用，增值税专用发票上注明的买价为400 000元，增值税税额为52 000元；另支付保险费及其他费用29 000元。该设备交付本公司安装部门安装。

（2）安装设备时领用本公司生产用原材料一批，该项原材料的实际成本为60 000元。

（3）安装设备时领用本公司部门产品一批，该批产品的实际成本为400 000元。

（4）领用本企业工程物资一批，价款为100 000元。

（5）安装工程人员应付工资及福利费26 200元，银行存款支付其他安装费用4 800元。

（6）2016年6月30日，安装工程结束并随即投入使用，该设备预计使用年限为5年，采用年数总和法计提折旧，预计净残值为零。

（7）2017年年末，对该项资产进行减值测试，发现该项资产的公允价值为590 000元，处置费用为50 000元，预计未来现金流量的现值为500 000元。计提减值后，剩余使用年限为3年，采用年限平均法计提折旧，预计净残值为0万元。

（8）2018年12月31日，企业由于经营方向的改变，处置了该项资产，收到价款400 000元，增值税税率为13%，发生的相关清理费用为3 000元。

要求：

（1）编制鸿发公司2016年度购建设备的有关会计分录。

（2）计算2016年度、2017年度该项设备应计提的折旧，并编制会计分录。

（3）计算2017年该项资产应计提的减值，并编制相关的账务处理。

（4）计算2018年应计提的折旧并编制相应的会计处理。

（5）计算2018年12月31日处置该项资产的账务处理。

第八章 无形资产

【案例导学】

隆平高科（股票代码：000998）是由湖南农业科学院为主要发起人，联合湖南杂交水稻研究中心、湖南东方农业产业公司、袁隆平先生等共同发起设立的，主要从事以杂交水稻、杂交辣椒、西甜瓜为主的高科技农作物种子、种苗的培育繁殖和推广销售的公司。该公司的特别之处在于其有一项无形资产，这就是我国著名科学家袁隆平先生的名字。根据公司和袁隆平先生签订的协议，袁隆平先生同意在股份公司存续期间将其姓名用于股份公司的名称和公司股票上市时的股票简称，公司则向袁隆平先生支付姓名权使用费580万元。

袁隆平是中国工程院院士、"世界杂交水稻之父"，据有关资产评估事务所评估，"袁隆平"三个字的品牌价值高达1 008.9亿元，正所谓一字万金！

思考：企业的商誉、客户关系、内部产生的品牌能否确认为无形资产？

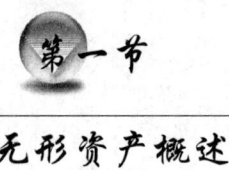

第一节 无形资产概述

一、无形资产的定义与特征

无形资产是指企业拥有或者控制的没有实物形态的可辨认的非货币性资产。无形资产具有以下特征。

（一）由企业拥有或者控制并能为其带来未来经济利益的资源

无形资产作为一项资产，具有一般资产的本质特征，即由企业拥有或者控制并预期能为其带来未来经济利益。通常情况下，企业拥有或者控制的无形资产应当拥有其所有权，但在某些情况下，如果企业能控制其获得的经济利益，即使企业没有拥有所有权，也可认为是企业的无形资产。客户关系、人力资源等，由于企业无法控制其带来的未来经济利益，不符合无形资产的定义，不应将其确认为无形资产。

（二）无形资产不具有实物形态

没有实物形态这一特征使无形资产有别于有形资产。但没有实物形态并不是无形资产独有特征，如应收款、长期股权投资等也没有实物形态，但不是无形资产。

（三）无形资产具有可辨认性

作为无形资产核算的资产必须是能够区别于其他资产可单独辨认的。值得注意的是，商誉通常与企业整体价值联系在一起，无法与企业自身相分离而存在，不具有可辨认性，因此不属于无形资产的范畴。

（四）无形资产属于非货币性资产

非货币性资产是指货币性资产以外的资产。非货币性资产有别于货币性资产的最基本特征是，其在将来为企业带来的经济利益是不固定的或不可确定的。无形资产由于没有发达的交易市场，一般不容易转换为现金，在持有过程中能为企业带来的未来经济利益具有不确定性，因此属于非货币性资产。

二、无形资产的分类

依据无形资产的特征，一般可以做如下分类。

（一）按经济内容分类

无形资产按经济内容分类，通常包括专利权、非专利技术、商标权、著作权、土地使用权、特许权。

1. 专利权

专利权是知识产权的一种，是指国家专利主管机关依法授予发明创造专利申请人，对其发明创造在法定期限内所享有的专有权利。根据我国《专利法》的规定，专利包括发明专利权、实用新型专利权和外观设计专利权，其中发明专利权的期限为 20 年，实用新型专利权和外观设计专利权的期限为 10 年。

2. 非专利技术

非专利技术是指不为外界所知，在生产经营活动中已采用了的、不享有法律保护的、可以带来经济利益的各种技术和诀窍。非专利技术与专利权一样，能使企业在竞争中处于优势地位，在未来能为企业带来经济利益。与专利权不同的是非专利技术没有在专利机关登记注册，依靠保密手段进行垄断。

3. 商标权

商标是用以区别商品和服务不同来源的商业性标志，由文字、图形、字母、数字、三维标志、颜色组合、声音或者上述要素的组合构成。商标权是指商标所有人对其商标所享有的独占的、排他的权利。

4. 著作权

著作权又称版权，是指作者对其创作的文学、科学和艺术作品依法享有的某些特殊权利。著作权是作品创作完成之后，即依法自动产生，而不需要经过任何主管机关的审查批准。

5. 土地使用权

土地使用权是指经国家土地管理机关批准享有的，在一定期间内对国有土地开发利用和经营的权利,在我国土地为国家所有。土地使用权获取方式有出让、划拨、转让三种方式。出让是指国家将土地使用权在一定年限内出让给土地使用者,由土地使用者向国家支付土地使用权出让金的行为;划拨土地使用权不需要使用者出钱购买土地使用权,而是经国家批准其无偿的、无年限限制地使用国有土地;转让是指土地使用者将土地使用权再转移的行为,即土地使用者将土地使用权单独或者随同地上建筑物、其他附着物转移给他人的行为。

6. 特许权

特许权是指企业在某一地区经营或销售某种特定商品的权利或是一家企业接受另一家企业使用其商标、商号、技术秘密等权利。特许权通常有两种形式:一种是由政府机构授权,准许企业使用或在一定地区享有经营某种业务的特权,如水、电、邮电通信等专营权;另一种是企业之间依照签订的合同,有限期或无限期使用另一家企业的某些权利,如连锁分店使用总店的名称等。

(二) 按来源分类

按照取得来源不同,无形资产可以分为外购的无形资产、自行研发的无形资产、投资者投入的无形资产、企业合并取得的无形资产、债务重组取得的无形资产、以非货币性资产交换取得的无形资产以及政府补助取得的无形资产等。

(三) 按使用寿命分类

无形资产按使用期限可以分为使用寿命有限的无形资产和使用寿命不确定的无形资产。使用寿命有限的无形资产,是指法律或合同规定了使用年限的无形资产,如专利权、商标权、著作权、土地使用权和特许权,这类无形资产在法律法规的有限期限内受法律保护;使用寿命不确定的无形资产是指没有相应的法律规定其有效期限的无形资产,如非专利技术,此类无形资产的使用期限取决于技术进步的快慢、技术保密工作的好坏以及企业的财务和经营状况。当新的技术代替旧的技术或者企业的非专利技术已不再是秘密时,非专利技术的价值也就丧失了。

三、无形资产的确认条件

作为无形的资产项目,必须符合无形资产的定义,然后同时满足以下两个条件时,才能将其确定为无形资产。

(一) 与该无形资产有关的经济利益很可能流入企业

作为无形资产确认的项目,必须满足其所产生的经济利益很可能流入企业这一条件。因为资产最基本的特征是产生的经济利益预期很可能流入企业,如果某一项目产生的经济利益预期不能流入企业,就不能确认为企业的资产。在会计实务中,要确定无形资产所创造的经济利益是否很可能流入企业,需要实施职业判断。在实施这一种判断时,需要对无形资产在预计使用寿命中可能存在的各种经济因素做出合理估计,并且应当有确凿的证据支持。例如,企业是否有足够的人力资源、高素质的管理队伍、相关的硬件设备、相关的原材料等来配合无形资产为企业创造经济利益。

(二) 该无形资产的成本能够可靠地计量

成本能够可靠计量是确认资产的一项基本条件,对无形资产而言该条件尤为重要。如企业自创商誉以及内部产生的品牌、报刊名等，因其成本不能够可靠地计量，因此不能确认为无形资产。另如，一些高科技领域的高科技人才，假定其与企业签订了服务合同，且合同规定其在一定期限内不能为其他企业提供服务，在这种情况下，虽然这些高科技人才的知识在规定的期限内预期能够为企业创造经济利益，但所发生的成本难以计量，因不能满足成本能够可靠计量这一条件，从而不能确认为企业的无形资产。

第二节 无形资产的初始计量

无形资产的初始计量是指企业初始取得无形资产时入账价值的确定。无形资产通常按照实际成本进行初始计量，即以取得无形资产并使其达到预定用途而发生的全部支出作为无形资产的成本。各种渠道取得的无形资产的初始计量分述如下。

一、外购的无形资产

外购无形资产的成本，包括购买价款、相关税费以及直接归属于使该项资产达到预定用途所发生的其他支出。其中，直接归属于使该项资产达到预定用途所发生的其他支出包括使无形资产达到预定用途所发生的专业服务费用、测试无形资产是否能够正常发挥作用的费用等，但不包括为引入新产品进行宣传发生的广告费、管理费用及其他间接费用，也不包括在无形资产已经达到预定用途以后发生的费用。

【例 8-1】鸿发公司为增值税一般纳税人，购入一项专利权，支付价款 100 万元，支付增值税税款 6 万元。为推广由该专利权生产的产品，鸿发公司支付发生的宣传费用 2 万元、展览费 1 万元。则鸿发公司取得该项无形资产账务处理如下：

借：无形资产——专利权　　　　　　　　　　　　　　1 000 000
　　销售费用　　　　　　　　　　　　　　　　　　　　　30 000
　　应交税费——应交增值税（进项税额）　　　　　　　　60 000
　　贷：银行存款　　　　　　　　　　　　　　　　　　　　1 090 000

购买无形资产的价款超过正常信用条件延期支付，实质上具有融资性质，无形资产的成本应以购买价款的现值为基础确定。实际支付的价款与购买价款的现值之间的差额作为未确认融资费用，在付款期间内采用实际利率法进行摊销，摊销金额除满足借款费用资本化条件应当计入无形资产成本外，均应当在信用期间内确认为财务费用。

【例 8-2】2018 年 1 月 1 日鸿发公司购入一项商标权，采用分期付款方式支付款项。合同规定该项商标权金额为 4 500 000 元，分 3 年付清，假设银行同期贷款利率为 8%，不考虑相关税费，已知（P/A，8%，3）=2.577 1，则购买时的账务处理如下：

无形资产的入账价值 = 1 500 000 × 2.577 1 = 3 865 650（元）
未确认融资费用 = 4 500 000 − 3 865 650 = 634 350（元）

借：无形资产——商标权　　　　　　　　　　　　　　3 865 650

　　　　未确认融资费用　　　　　　　　　　　　　　634 350
　　　　　贷：长期应付款　　　　　　　　　　　　　　　　4 500 000

二、内部研究开发形成的无形资产

　　企业为了提高竞争能力会投入大量的资金研究开发新技术、新工艺、新产品。如果研究开发取得成功便取得了一项新的无形资产。从理论上讲，自创的无形资产应按实际成本计价，也就是为创造该项无形资产所发生的全部的研究开发成本，但是由于研究开发的时间比较长且失败的可能性比较大，如果将研究开发成本先归集起来，等工作结束后再作处理，显然是不妥的。因此，企业会计准则规定，企业自行研究开发中发生的支出，应当分为两个阶段，即研究阶段的支出和开发阶段支出，具体区分情况见表8-1。

表8-1　　　　　　　　　　　　研究阶段与开发阶段的区分

分类	定义	特点
研究阶段	研究，是指为获取并理解新的科学或技术知识进行的有计划的调查	计划性、探索性、成果的不确定性
开发阶段	开发，是指在进行商业性生产或使用前，将研究成果或其他知识应用于某项计划或设计，以生产出新的或具有实质性改进的材料、装置、产品等	针对性、形成成果的可能性较大

（一）研究阶段与开发阶段的区分

　　1. 研究阶段

　　研究，是指为获取并理解新的科学或技术知识等进行的有计划的调查。研究阶段基本上是探索性的，是为进一步的开发活动进行资料及相关方面的准备，已经进行的研究活动将来是否转入开发、开发后是否会形成无形资产等均具有较大的不确定性。在这一阶段一般不会形成阶段性成果。

　　2. 开发阶段

　　开发，是指在进行商业性生产或使用前，将研究成果或其他知识应用于某项计划或设计，以生产出新的或具有实质性改进的材料、装置、产品等。相对研究阶段而言，开发阶段应当是已完成研究阶段的工作，在很大程度上具备了形成一项新产品或新技术的基本条件。

（二）研究与开发阶段支出的确认

　　1. 研究阶段的支出

　　对于研究阶段是否能在未来形成成果，即通过开发后是否会形成无形资产具有很大的不确定性，企业也无法证明其研究活动一定能够形成带来未来经济利益的无形资产，因此研究阶段的有关支出在发生时应当费用化，计入当期损益（管理费用）。

　　2. 开发阶段的支出

　　开发阶段的研发项目往往形成成果的可能性比较大，因此，如果企业能够证明开发支出符合无形资产的定义及相关确认条件，则可将其确认为无形资产。企业内部研究开发项目开发阶段的支出同时满足下列5个条件才能资本化，计入无形资产的成本，否则应当计入当期损益（管理费用）。

第一，完成该无形资产以使其能够使用或出售在技术上具有可行性；

第二，具有完成该无形资产并使用或出售的意图；

第三，很有可能为企业带来未来经济利益；

第四，有足够的技术、财务资源和其他资源，以完成该无形资产的开发，并有能力使用或出售该无形资产；

第五，归属于该无形资产开发阶段的支出能够可靠地计量。

3. 无法区分研究阶段和开发阶段的支出

无法区分研究阶段和开发阶段的支出，应当在发生时予以费用化，计入当期损益（管理费用）。

（三）内部研究开发支出的会计处理

为了反映企业内部在研发过程中发生的支出，企业应设置"研发支出"科目，并分别按"费用化支出"与"资本化支出"进行明细核算，具体会计处理如下：

1. 企业研究阶段发生的支出

借：研发支出——费用化支出
　　贷：原材料、银行存款、应付职工薪酬等

2. 企业开发阶段发生的支出

借：研发支出——费用化支出　（未满足资本化条件的支出）
　　　　　　——资本化支出　（满足资本化条件的支出）
　　贷：原材料、银行存款、应付职工薪酬等

3. 期末，结转费用化支出

借：管理费用
　　贷：研发支出——费用化支出

4. 开发项目达到预定用途形成无形资产

借：无形资产
　　贷：研发支出——资本化支出

5. 支付的申请注册等相关费用时

借：无形资产
　　贷：银行存款

【例 8-3】鸿发公司自行研究开发一项专利技术，在研发过程中发生材料费用 120 000 元，应付研发人员薪酬 80 000 元，计提专用设备折旧费 40 000 元，以银行存款支付其他费用 20 000 元。各项支出中应予以费用化的部分为 80 000 元，应予资本化的部分为 180 000 元。另外该技术又成功申请了国家专利，在申请专利过程中发生注册费 20 000 元，聘请律师费 5 000 元。假设不考虑相关税费，账务处理如下：

（1）研发支出发生。

借：研发支出——费用化支出　　　　　　　　　　　　　　　80 000
　　　　　　——资本化支出　　　　　　　　　　　　　　　180 000
　　贷：原材料　　　　　　　　　　　　　　　　　　　　　　　　120 000

应付职工薪酬	80 000
累计折旧	40 000
银行存款	20 000

（2）期末，结转费用化支出。

借：管理费用　　　　　　　　　　　　　　　　80 000
　　贷：研发支出——费用化支出　　　　　　　　　　　80 000

（3）研发项目达到预定用途。

借：无形资产——专利权　　　　　　　　　　　180 000
　　贷：研发支出——资本化支出　　　　　　　　　　180 000

（4）支付的申请注册相关费用。

借：无形资产　　　　　　　　　　　　　　　　25 000
　　贷：银行存款　　　　　　　　　　　　　　　　　25 000

三、投资者投入的无形资产

投资者投入无形资产的成本，应当按照投资合同或协议约定的价值确定，但合同或协议价不公允的应按无形资产的公允价值入账。如果无形资产的入账价值大于投资方在企业注册资本中占有的份额，其差额应计入资本公积（股本溢价或资本溢价）。

【例 8-4】 鸿发公司因业务发展需要接受甲公司一项专利权的投资。根据投资双方签订的合同，该专利权的价值为 800 万元，占鸿发公司的注册资本的份额为 600 万元。

借：无形资产——专利权　　　　　　　　　　8 000 000
　　贷：实收资本　　　　　　　　　　　　　　　　6 000 000
　　　　资本公积——资本溢价　　　　　　　　　　2 000 000

四、土地使用权的处理

企业取得的土地使用权，通常应确认为无形资产。土地使用权用于自行开发建造厂房等地上建筑物时，土地使用权的账面价值不与地上建筑物合并计算其成本，而仍作为无形资产进行核算，对土地使用权和地上建筑物分别进行摊销和计提折旧，但下列情况除外：

（1）房地产开发企业取得的土地使用权，用于建造对外出售的房屋建筑物，相关的土地使用权应当计入所建造的房屋建筑物成本；

（2）企业外购的房屋建筑物，实际支付的价款中包括土地以及建筑物的价值，则应当对支付的价款按照合理的方法（如公允价值）在土地和地上建筑物之间进行分配，如果确实无法在地上建筑物和土地使用权之间进行合理分配的，应当全部作为固定资产核算；

（3）企业改变土地使用权的用途，将其作为用于出租或增值目的的，是应将其转为投资性房地产。

五、通过非货币性资产交换、债务重组、政府补助等取得的无形资产

企业因非货币性资产交换、债务重组、政府补助取得的无形资产，应当分别按照

《企业会计准则第 7 号——非货币性资产交换》《企业会计准则第 12 号——债务重组》和《企业会计准则第 16 号——政府补助》的有关规定确定。

第三节 无形资产的后续计量

无形资产初始确认和计量后,在其后使用该项无形资产期间内应以成本减去累计摊销额和累计减值损失后的余额计量。需要强调的是,确定无形资产在使用过程中的累计摊销额,基础是估计其使用寿命,只有使用寿命有限的无形资产才需要在估计的使用寿命内采用系统合理的方法进行摊销,对于使用寿命不确定的无形资产,每年进行减值测试。

一、无形资产使用寿命的确定

(一)估计无形资产使用寿命应考虑的因素

无形资产的使用寿命包括法定寿命和经济寿命两个方面。有些无形资产的使用寿命受法律、规章或合同的限制,称为法定寿命,如我国法律规定,发明专利的有效期为 20 年,商标权的有效期为 10 年;经济寿命则是指无形资产可以为企业带来经济利益的年限。无形资产能在未来较长时间内带来预期的经济利益,但其使用寿命具有高度的不确定性,所以企业应在取得无形资产时,就对无形资产的使用寿命进行合理的估计,估计时应考虑以下因素:

(1)运用该资产生产的产品通常的寿命周期、可获得的类似资产使用寿命的信息;

(2)技术、工艺等方面的现实情况及对未来发展的估计;

(3)以该资产生产的产品或提供的服务的市场需求情况;

(4)现在或潜在的竞争者预期将采取的行动;

(5)为维持该资产产生未来经济利益的能力预期的维护支出以及企业预计支付有关支出的能力;

(6)对该资产的控制期限以及对该资产使用的法律或类似限制;

(7)与企业持有的其他资产使用寿命的关联性等。

(二)无形资产使用寿命的确定

(1)源自合同性权利或其他法定权利取得的无形资产,其使用寿命通常不应超过合同性权利或其他法定权利的期限。但如果企业使用资产的预期期限短于合同性权利或其他法定权利规定的期限的,则应当按照企业预期使用的期限来确定其使用寿命。

(2)没有明确的合同或法律规定无形资产的使用寿命的,企业应当综合各方面因素判断。如聘请有关专家进行论证、与同行业的情况进行比较以及参考企业的历史经验等,来确定无形资产为企业带来未来经济利益的期限。

(3)经过上述努力仍确实无法合理确定无形资产为企业带来未来经济利益的期限的,才能将其划分为使用寿命不确定的无形资产。

（三）无形资产使用寿命的复核

企业至少应在每年年度终了，对使用寿命有限的无形资产的使用寿命进行复核。如果有证据表明无形资产的使用寿命与以前估计不同的，应当改变其摊销期限，并按照会计估计变更处理。

企业应当在每个会计期间对使用寿命不确定的无形资产的使用寿命进行复核。如果有证据表明该无形资产的使用寿命是有限的，应当按照使用寿命有限的无形资产的处理原则进行会计处理。

二、使用寿命有限的无形资产的摊销

（一）应摊销金额

无形资产的应摊销金额为其成本扣除预计残值后的金额，已计提减值准备的无形资产，还应扣除已计提的无形资产减值准备的金额。使用寿命有限的无形资产其残值一般为零，但下列情况除外：

（1）有第三方承诺在无形资产使用寿命结束时愿意以一定的价格购买该无形资产；

（2）可以根据活跃市场得到预计残值信息，并且该市场在无形资产使用寿命结束时还可能存在。

（二）摊销期

无形资产的摊销期自其可供使用（即其达到预定用途）时起至终止确认时止。即：当月增加的无形资产，当月开始摊销；当月减少的无形资产，当月不再摊销。

（三）摊销方法

企业选择的无形资产摊销方法，应当能够反映与该项无形资产有关的经济利益的预期实现方式，并一致地运用于不同会计期间。具体方法包括直线法、产量法等。受技术陈旧因素影响较大的专利权等无形资产可采用类似固定资产加速折旧的方法进行摊销；有特定产量限制的专营权或专利权，应采用产量法进行摊销；无法可靠确定其预期实现方式的，应当采用直线法进行摊销。

企业至少应当于每年年度终了，对使用寿命有限的无形资产的使用寿命及摊销方法进行复核，如有证据表明无形资产的使用寿命及摊销方法与以前估计不同的，应当改变其摊销年限和摊销方法，并作为会计估计变更处理。

持有待售的无形资产不进行摊销，按照账面价值与公允价值减去处置费用后的净额孰低进行计量。

（四）使用寿命有限的无形资产摊销的会计处理

企业摊销无形资产时，应按无形资产所服务的对象，将其摊销的金额计入相关资产成本或当期损益，具体会计处理如下：

借：管理费用　　　　　　（管理用等无形资产的摊销）
　　制造费用　　　　　　（专门用于生产某种产品的无形资产摊销）
　　其他业务成本　　　　（经营出租无形资产的摊销）
　　研发支出　　　　　　（用于研发无形资产的摊销）
　贷：累计摊销

【例8-5】2019年1月1日，鸿发公司从外单位购入一项专利权，支付价款5 000万元，使用寿命为10年，用于企业的产品生产；同时购入一项商标权，支付价款1 500万元，使用寿命为10年。假定这两项无形资产的净残值为零，并按直线法摊销。相关的账务处理如下：

(1) 取得无形资产时：

借：无形资产——专利权　　　　　　　　　　　　　　　50 000 000
　　　　　　——商标权　　　　　　　　　　　　　　　15 000 000
　　贷：银行存款　　　　　　　　　　　　　　　　　　65 000 000

(2) 按年摊销时：

借：制造费用　　　　　　　　　　　　　　　　　　　　5 000 000
　　管理费用　　　　　　　　　　　　　　　　　　　　1 500 000
　　贷：累计摊销　　　　　　　　　　　　　　　　　　6 500 000

【例8-6】若鸿发公司2018年12月31日根据科学技术发展的趋势判断，2017年1月1日购入的专利权在4年后将被淘汰，不能再为企业带来经济利益，决定对其再使用4年后不再使用。为此，应当在2018年12月31日据此变更其估计使用寿命，并按会计估计变更进行处理，则公司2019年的账务处理如下：

2019年年摊销额 ＝（5 000 － 500×2）/4 ＝ 1 000（万元）

借：制造费用　　　　　　　　　　　　　　　　　　　　10 000 000
　　贷：累计摊销　　　　　　　　　　　　　　　　　　10 000 000

三、使用寿命不确定的无形资产的会计处理

根据可获得的情况判断，无法合理估计其使用寿命的无形资产，应作为使用寿命不确定的无形资产。按照会计准则规定，对使用寿命不确定的无形资产在持有期间不需要摊销，但应于每一会计期末进行减值测试。如果发生减值，应借记"资产减值损失"科目，贷记"无形资产减值准备"科目。

【例8-7】2018年1月1日，鸿发公司自行研发的某项专利技术已达到预定可使用状态，累计开发支出中符合资本化条件的支出为2 000 000元。有关调查表明根据产品生命周期、市场竞争等方面情况判断，该技术将在不确定的期间内为企业带来经济利益。2018年年底对该专利技术进行了减值测试，发生减值500 000元。鸿发公司账务处理如下：

(1) 2018年1月1日，专利权达到预定用途。

借：无形资产—专利权　　　　　　　　　　　　　　　　2 000 000
　　贷：研发支出——资本化出　　　　　　　　　　　　2 000 000

(2) 2018年12月30日，发生减值时。

借：资产减值损失　　　　　　　　　　　　　　　　　　500 000
　　贷：无形资产减值准备　　　　　　　　　　　　　　500 000

四、无形资产的减值

期末对无形资产进行摊销之后，还应对其进行减值测试。如果无形资产已发生减值，

应对其计提减值准备，衡量其是否发生减值的标准是判断无形资产的可收回金额是否低于其账面价值。

每年年末，企业应对无形资产的账面价值进行检查，如果出现减值迹象，应对其进行减值测试，估计其可收回金额。无形资产的可收回金额是指无形资产的公允价值减去处置费用后的净额与其预计未来产生的现金流量的现值两者之间的较高者。

如果无形资产可收回金额的计量结果表明可收回金额低于账面价值，说明无形资产已经发生减值损失，应当将其账面价值减记至可收回金额，减记的金额确认为资产减值损失，计入当期损益，借记"资产减值损失"科目，同时计提相应的资产减值准备，贷记"无形资产减值准备"科目。

无形资产减值损失确认后，减值无形资产的摊销费用应当在未来期间作相应调整，以使该无形资产在剩余使用寿命内，系统地分摊调整后的无形资产账面价值。

无形资产减值损失一经确认，在以后会计期间不得转回。

【例 8-8】 鸿发公司 2011 年 1 月 5 日购入一项专利权，实际成本为 300 000 元，预计使用年限为 10 年。2014 年 12 月 31 日，该项专利权发生减值，预计未来现金流量现值为 120 000 元，公允价值为 110 000 元，该项专利权发生减值后，预计剩余使用年限为 5 年。2017 年 1 月 5 日，鸿发公司将该专利权出售，收取价款 60 000 元，增值税税额为 3 600 元。鸿发公司的账务处理如下：

（1）计算该专利权在 2014 年 12 月 31 日计提减值准备前的累计摊销和账面余额。

累计摊销 =（300 000÷10）×4 = 120 000（元）

账面余额 = 300 000 - 120 000 = 180 000（元）

（2）计提减值准备。

可收回金额 = 120 000（元）

应计提的减值准备 = 180 000 - 120 000 = 60 000（元）

借：资产减值损失　　　　　　　　　　　　　　　　　　60 000
　　贷：无形资产减值准备　　　　　　　　　　　　　　　　60 000

（3）计算剩余年限内摊销额。

剩余使用年限内年摊销额 =（120 000÷5）= 24 000（元）

（4）计算该专利权在 2017 年 1 月 5 日的累计摊销额和账面价值。

2015 年 1 月至 2016 年 12 月的摊销额 = 24 000×2 = 48 000（元）

累计摊销 = 120 000 + 48 000 = 168 000（元）

账面价值 = 300 000 - 168 000 - 60 000 = 72 000（元）

（5）出售专利权。

出售无形资产的净损益 = 60 000 - 72 000 = -12 000（元）

借：银行存款　　　　　　　　　　　　　　　　　　　　63 600
　　累计摊销　　　　　　　　　　　　　　　　　　　　168 000
　　无形资产减值准备　　　　　　　　　　　　　　　　　60 000
　　资产处置损益　　　　　　　　　　　　　　　　　　　12 000
　　贷：无形资产　　　　　　　　　　　　　　　　　　　300 000

应交税费——应交增值税（销项税额）　　　　　　　　3 600

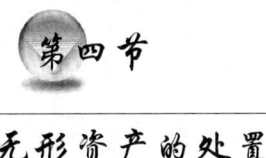

第四节　无形资产的处置

无形资产的处置，主要是指无形资产对外出租、出售、捐赠，或是无法为企业带来未来经济利益时，应予终止确认并转销。

一、无形资产出租

无形资产出租是指企业将拥有的无形资产的使用权转让给其他企业或个人，并收取租金。这类交易符合让渡资产使用权收入确认条件，因而相关所得应作为其他业务收入，在确认收入的同时，还应确认相关费用。出租无形资产取得租金收入时，借记"银行存款"等科目，贷记"其他业务收入""应交税费——应交增值税（销项税额）"科目；摊销无形资产的成本时，借记"其他业务成本"科目，贷记"累计摊销"科目。

【例8-9】2018年1月1日，鸿发公司将一商标权出租给乙公司使用，租赁期为4年，每年收取不含税租金150 000元。该商标权是公司2017年1月1日购入的，初始入账金额为1 200 000元，预计使用年限为10年，采取直线法摊销。鸿发公司的账务处理如下：

(1) 每年收取租金时：

借：银行存款　　　　　　　　　　　　　　　　　　　　159 000
　　贷：其他业务收入　　　　　　　　　　　　　　　　　　150 000
　　　　应交税费——应交增值税（销项税额）　　　　　　　　9 000

(2) 按年摊销时：

借：其他业务成本　　　　　　　　　　　　　　　　　　120 000
　　贷：累计摊销　　　　　　　　　　　　　　　　　　　120 000

二、无形资产出售

无形资产的出售是指转让无形资产的所有权，即将无形资产占有权、使用权、收益权和处置权全部出让。企业无形资产所有权转让不属于企业的日常活动，所以价款不能作为企业的营业收入。出售无形资产一方面要反映所得价款以及出售过程中发生的相关税费；另一方面，要转销无形资产的账面价值，同时将转让无形资产所得价款与无形资产账面价值及相关税费的差额计入"资产处置损益"科目。

【例8-10】2018年1月1日，鸿发公司将一项专利权出售给乙公司，售价600万元已收到存入银行，该专利权成本为1 000万元，已摊销500万元，已计提减值准备20万元。鸿发公司账务处理如下：

借：银行存款　　　　　　　　　　　　　　　　　　　6 000 000

累计摊销	5 000 000
无形资产减值准备	200 000
贷：无形资产	10 000 000
应交税费——应交增值税（销项税额）	360 000
资产处置损益	840 000

三、无形资产报废

如果无形资产预期不能为企业带来经济利益，则不再符合无形资产的定义，应将其报废并予以转销，其账面价值转作当期损益。

【例8-11】鸿发公司原拥有一项专利权成本为1 000万元，采用直线法摊销，预计使用年限10年，现该技术已被内部研发成功的新技术替代，并且根据市场调查，用其所生产的产品已没有市场，预期不能再为企业带来任何经济利益，故应予转销，转销时该项非专利技术已摊销6年，累计已计提减值准备300万元。鸿发公司账务处理如下：

借：累计摊销	6 000 000
无形资产减值准备	3 000 000
营业外支出	1 000 000
贷：无形资产——专利权	10 000 000

练习题

一、不定项选择题

1. 下列各项中，可以确认为无形资产的是（　　）。
   A. 客户关系　　　　　　B. 人力资源
   C. 商誉　　　　　　　　D. 专利权

2. 下列各项中，应计入外购无形资产成本的有（　　）。
   A. 购买价款
   B. 为引入新产品进行宣传发生的广告费
   C. 使无形资产达到预定用途发生的专业服务费用
   D. 无形资产达到预定用途以后发生的相关费用

3. 2018年9月1日，甲公司购买一项专利权，购买价款为100万元，另支付相关费用2万元。此外，为测试能否用于产品生产发生专业测试费用5万元；为推广由该专利权生产的产品发生宣传广告费用3万元及展览费2万元。该项无形资产的入账价值为（　　）万元。
   A. 102　　　　　　　　B. 107
   C. 103　　　　　　　　D. 112

4. 下列有关无形资产研发支出的处理中，正确的是（　　）。

A. 全部计入管理费用　　　　　B. 全部计入无形资产
C. 开发阶段的支出计入无形资产　D. 研究阶段的支出计入当期损益

5. 下列各项中，影响使用寿命有限的无形资产每期摊销额的有（　　）。
A. 无形资产的成本　　　　　　B. 预计净残值
C. 使用寿命　　　　　　　　　D. 无形资产减值准备

6. 企业用于出租的无形资产其摊销额，应计入（　　）。
A. 管理费用　　　　　　　　　B. 其他业务成本
C. 生产成本　　　　　　　　　D. 制造费用

7. 2018年1月1日，甲公司将一项专利权的使用寿命变更为6年，该项专利权系甲公司2015年10月购入，原价为360万元，变更前其预计使用年限为10年，预计净残值为0，采用直线法进行摊销，未计提减值准备。假定其使用寿命变更后，该项专利权的摊销方法、净残值均没有变化，则2018年度该项专利权应计提的摊销额为（　　）万元。
A. 49.5　　　　　　　　　　　B. 46.5
C. 79.2　　　　　　　　　　　D. 74.4

8. 下列有关无形资产摊销的会计处理中，不正确的有（　　）。
A. 企业对使用寿命有限的无形资产进行摊销时，应借记"管理费用"科目，贷记"无形资产"科目
B. 企业对专门用于生产某种产品的无形资产进行摊销时，应借记"制造费用"科目，贷记"累计摊销"科目
C. 企业对无形资产的摊销方法，只能采用直线法摊销，不允许采用其他方法摊销
D. 使用寿命有限的无形资产，其残值一定为0

9. 甲公司2013年1月1日购入一项无形资产。该无形资产的实际成本为500万元，摊销年限为10年，采用直线法摊销。2017年12月31日，该无形资产发生减值，预计可收回金额为180万元。计提减值准备后，该无形资产原摊销年限不变。2018年12月31日，该无形资产的账面价值为（　　）万元。
A. 500　　　　　　　　　　　B. 214
C. 200　　　　　　　　　　　D. 144

10. 2018年2月5日，甲公司将其一项专利权出售给丙公司，售价为3 800万元。出售时该项专利权的原价为6 400万元，已累计提取摊销2 800万元，计提减值准备1 400万元。甲公司转让无形资产取得价款所适用税率为6%。则甲公司因该项无形资产应确认的资产处置损益为（　　）万元。
A. 1 600　　　　　　　　　　B. 1 520
C. 1 480　　　　　　　　　　D. 1 372

二、业务题

鸿发公司为一项专利技术进行研究开发活动，发生业务如下，要求编制相关的会计分录。

（1）2017年1月为研究获取知识而进行的活动发生差旅费20万元，以银行存款

支付；

（2）2017年3月为研究购买改进的材料、设备而发生费用16万元，以银行存款支付；

（3）2017年5月在开发过程中发生材料费40万元、人工工资10万元以及其他费用30万元，合计80万元，其中，符合资本化条件的支出为50万元；

（4）2017年6月20日，该专利技术已经达到预定用途，并交付管理部门使用；

（5）该无形资产的预计使用年限为5年，采用直线法摊销。同日某企业与本公司确定协议，约定5年后将购买该无形资产，价款为5万元，计算2017年度公司应摊销的金额。

（6）2018年将该无形资产出租，年租金为20万元（不含税价），假定年末确认收入并摊销。

第九章 投资性房地产

【案例导学】

业绩不够，卖房来凑。用卖房所获的钱，来填补经营的"黑洞"，在 A 股上市公司中屡见不鲜。截至 2019 年第一季度末，有多达 1726 家 A 股上市公司持有"投资性房地产"，占比总体上市公司近一半，合计持有的"投资性房地产"价值约高达 1.26 万亿元。其中，除本身为房地产属性的公司之外，持有"投资性房地产"的上市公司的类别中，商业贸易类上市公司拥有的"投资性房地产"最多，高居榜首的是美凯龙（股票代码：601828），其拥有的投资性房地产为 785.33 亿元。如果说，房地产公司拥有"投资性房地产"属情理之中，那么商业贸易类上市公司购置"投资性房地产"，意义又何在？美凯龙近三年的年报显示，2016 年至 2018 年年末，公司"投资性房地产"账面价值分别为 669.48 亿元、708.31 亿元、785.33 亿元，逐年升值较快，而根据 2018 年年末计算，其"投资性房地产"占比总资产高达 70.84%。

为此，上交所曾向其发出问询函，美凯龙的回复显示，其在全国共持有 68 家物业，"投资性房地产"账面价值 785.33 亿元。而所有这些房产的购置成本为 460.45 亿元。同时，公司也明确表示："公司持有房地产的目的是用于赚取租金用途。"表面上看，美凯龙的"投资性房地产"账面价值比购置成本高出 324.88 亿元，但是如按实际市场价格来看，远不止此，存在数倍的溢价。

思考：为什么作为商贸行业的美凯龙拥有如此多的投资性房地产？这与现行的会计准则有何关系？

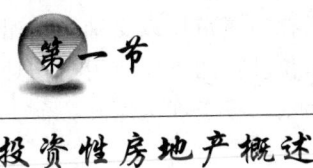

第一节 投资性房地产概述

一、投资性房地产的定义与特征

（一）投资性房地产的定义

投资性房地产是指为赚取租金或者资本增值，或者两者兼有而持有的房地产。投资性房地产应当能够单独计量和出售。房地产通常是土地和房屋及其权属的总称,房是指土地上的房屋等建筑物及构筑物,地是指土地使用权。

(二) 投资性房地产的特征

1. 投资性房地产是一种经营性活动

投资性房地产的主要形式是出租建筑物、出租土地使用权,这实质上属于一种让渡资产使用权行为;投资性房地产的另一种形式是持有并准备增值后转让的土地使用权,尽管其增值收益通常与市场供求、经济发展等因素相关,但目的是为了增值后转让以赚取增值收益,也是企业为完成其经营目标所从事的经营性活动以及与之相关的其他活动形成的经济利益总流入。

2. 投资性房地产在用途、状态、目的等方面区别于作为生产经营场所的房地产和用于销售的房地产

企业持有的房地产除用作自身管理、生产经营活动场所和对外销售之外,出现了将房地产用于赚取租金或增值收益的活动,甚至成为个别企业的主营业务。这就需要将投资性房地产单独作为一项资产核算和反映,需与自用的厂房等房地产和作为存货的房地产加以区别,从而更清晰地反映企业所持有的房地产的构成情况和盈利能力。

3. 投资性房地产有两种后续计量模式

企业通常应当采用成本模式对投资性房地产进行后续计量,只有在满足特定条件的情况下,才可以采用公允价值模式进行后续计量。《企业会计准则第 3 号——投资性房地产》适度引入公允价值模式,在满足特定条件的情况下,可以对投资性房地产采用公允价值模式进行后续计量。但是,同一企业只能采用一种模式对所有投资性房地产进行后续计量,不得同时采用两种计量模式进行后续计量。

二、投资性房地产的范围

投资性房地产的范围包括已出租的土地使用权、持有并准备增值后转让的土地使用权、已出租的建筑物。

(一) 属于投资性房地产的项目

1. 已出租的土地使用权

我国由于土地所有权属于国家或集体,企业所拥有的其实只是土地的使用权。已出租的土地使用权,是指企业通过出让或转让方式取得并以经营租赁方式出租的土地使用权。企业取得的土地使用权通常包括在一级市场以交纳土地出让金的方式取得的土地使用权,也包括在二级市场上接受其他单位转让的土地使用权。对于以经营租赁方式租入土地使用权再转租给其他单位的,不能确认为投资性房地产。企业计划用于出租但尚未出租的土地使用权,也不属于此类。

【例 9-1】鸿发公司与 B 企业签订了一项经营租赁合同,B 企业将其持有使用的一块土地出租给鸿发公司,鸿发公司又将这块土地转租给 C 企业,以赚取差价。

分析:对于鸿发公司而言出租土地不属于投资性房地产,对于 B 企业而言则属于投资性房地产。

2. 持有并准备增值后转让的土地使用权

持有并准备增值后转让的土地使用权,是指企业取得的准备增值后转让的土地使用权。

企业依法取得土地使用权后,应当按照国有土地有偿使用合同或建设用地批准书规定的期限动工开发建设。未经批准同意,超过规定的期限未动工开发建设用地属于闲置土地,按照国家有关规定认定的闲置土地,不属于持有并准备增值后转让的土地使用权。

3. 已出租的建筑物

已出租的建筑物,是指企业拥有产权并以经营租赁方式出租的建筑物,包括自行建造或开发活动完成后用于出租的建筑物。企业以经营租赁方式租入再转租的房地产不能确认为投资性房地产。

(二) 不属于投资性房地产的项目

1. 自用房地产

自用房地产,即为生产商品、提供劳务或者经营管理而持有的房地产。例如,企业拥有产权并自行经营的旅馆饭店,其经营目的主要是通过提供客户服务等赚取服务收入,该旅馆饭店不应确认为投资性房地产;企业出租给本企业职工居住的宿舍,虽然也收取租金,但间接为企业自身的生产经营服务,因此具有自用房地产的性质,不属于投资性房地产。

2. 作为存货的房地产

作为存货的房地产通常是指房地产开发企业在正常经营过程中销售的或为了销售而正在开发的商品房和土地。这部分房地产属于房地产开发企业的存货,其生产、销售构成企业的主营业务活动,产生的现金流量也与企业的其他资产密切相关。因此,具有存货性质的房地产不属于投资性房地产。

某项房地产,部分用于赚取租金或资本增值、部分用于生产商品提供劳务或经营管理,能够单独计量和出售的,用于赚取租金或资本增值的部分,应当确认为投资性房地产;不能够单独计量和出售的,用于赚取租金或资本增值的部分,不确认为投资性房地产。

投资性房地产的确认和计量

一、投资性房地产的确认和初始计量

(一) 投资性房地产的确认

房地产只有符合投资性房地产的定义,并同时满足下列条件时,才能予以确认为投资性房地产:

(1) 与该投资性房地产有关的经济利益很可能流入企业;
(2) 该投资性房地产的成本能够可靠计量。

(二) 投资性房地产的初始计量

投资性房地产应当按照成本进行初始计量。

1. 外购的投资性房地产

企业外购的房地产，只有在购入的同时开始对外出租或用于资本增值，才能作为投资性房地产加以确认。企业购入房地产，自用一段时间之后再改为出租或用于资本增值，应当先将外购的房地产确认为固定资产或无形资产，自租赁期开始日或用于资本增值之日起，才能从固定资产或无形资产转换为投资性房地产。企业外购投资性房地产时，应当按照取得时的实际成本进行初始计量。取得时的实际成本，包括购买价款、相关税费和可直接归属于该资产的其他支出。

2. 自行建造投资性房地产

企业自行建造的投资性房地产，其成本由建造该项资产达到预定可使用状态前发生的必要支出构成，包括土地开发费、建筑成本、安装成本、应予以资本化的借款费用、支付的其他费用和分摊的间接费用等。

(三) 投资性房地产初始确认的会计处理

投资性房地产初始确认的会计处理，要看其后续计量是采用成本模式还是采用公允价值模式。后续计量模式不同，账户设置和账务处理也有差别，具体差别见表9-1。

表9-1　　　　　　　　　投资性房地产初始确认的会计处理

后续计量模式	账户设置	账务处理
成本模式	投资性房地产 投资性房地产累计折旧 投资性房地产累计摊销 投资性房地产减值准备	借：投资性房地产 　　应交税费——应交增值税（进项税额） 　贷：银行存款
公允价值模式	投资性房地产——成本 　　　　　　——公允价值变动	借：投资性房地产——成本 　　应交税费—应交增值税（进项税额） 　贷：银行存款

【例9-2】鸿发公司2019年6月1日购入一栋建筑物，作为投资性房地产核算，取得增值税专用发票，价款为1 000万元，增值税税额为90万元，款项全部支付，公司采用成本模式进行后续计量。鸿发公司账务处理如下：

借：投资性房地产　　　　　　　　　　　　　　　　　　10 000 000
　　应交税费——应交增值税（进项税额）　　　　　　　　 900 000
　贷：银行存款　　　　　　　　　　　　　　　　　　　 10 900 000

二、投资性房地产的后续支出

与投资性房地产有关的后续支出分为资本化的后续支出和费用化的后续支出。

(一) 资本化的后续支出

投资性房地产有关的后续支出，满足投资性房地产确认条件的应当计入投资性房地产成本。例如，企业为了提高投资性房地产的使用效能，往往需要对投资性房地产进行改建、扩建而使其更加坚固耐用，或者通过装修而改善其室内装潢。改扩建或装修支出满足确认条件的，应当将其资本化。投资性房地产进入改扩建或装修，应当将其账面价值转入"投资性房地产——在建"科目，企业对某项投资性房地产进行改扩建等再开发且将来仍作为投资性房地产的，在开发期间应继续将其作为投资性房地产，不计提折旧或摊销。

【例9-3】2018年5月31日，鸿发公司与乙公司的一项厂房经营租赁合同到期，该厂房原价为6 000万元，已计提折旧1 600万元，为提高租金公司决定进行改扩建，当天便进入改扩建工程。至2018年12月31日改扩建工程完工，共发生支出800万元，均已通过银行支付，即日将其出租给丙公司。鸿发公司采用成本计量模式，其相关的账务处理如下：

(1) 2018年5月31日，投资性房地产转入改扩建。

借：投资性房地产——在建　　　　　　　　　　　　　44 000 000
　　投资性房地产累计折旧　　　　　　　　　　　　　16 000 000
　　　贷：投资性房地产　　　　　　　　　　　　　　　　　　60 000 000

(2) 2018年5月31日至2018年12月31日，发生改扩建支出。

借：投资性房地产——在建　　　　　　　　　　　　　 8 000 000
　　　贷：银行存款　　　　　　　　　　　　　　　　　　　　 8 000 000

(3) 2018年12月31日，改扩建工程完工再出租。

借：投资性房地产　　　　　　　　　　　　　　　　　52 000 000
　　　贷：投资性房地产——在建　　　　　　　　　　　　　　52 000 000

【例9-4】2018年5月31日，鸿发公司与乙公司的一项厂房经营租赁合同到期，该厂房账面余额3 600万元，其中成本3 000万元，累计公允价值变动600万元，为提高租金，公司决定进行改扩建，当天便进入改扩建工程。2018年12月31日该厂房改扩建工程完工，共发生支出400万元，均已支付，即日按照租赁合同出租给丙公司。鸿发公司投资性房地产采用公允价值模式计量，其相关账务处理如下：

(1) 2018年5月31日，投资性房地产转入改扩建工程。

借：投资性房地产——在建　　　　　　　　　　　　　36 000 000
　　　贷：投资性房地产——成本　　　　　　　　　　　　　　30 000 000
　　　　　　　　　　　　——公允价值变动　　　　　　　　　 6 000 000

(2) 2018年5月31日至2018年12月31日，发生改扩建支出。

借：投资性房地产——在建　　　　　　　　　　　　　 4 000 000
　　　贷：银行存款　　　　　　　　　　　　　　　　　　　　 4 000 000

(3) 2018年12月31日，改扩建工程完工。

借：投资性房地产——成本　　　　　　　　　　　　　40 000 000
　　　贷：投资性房地产——在建　　　　　　　　　　　　　　40 000 000

(二) 费用化的后续支出

与投资性房地产有关的后续支出，不满足投资性房地产确认条件的，如企业对投资性房地产进行日常维护所发生的支出，应当在发生时计入当期损益，会计分录为：

借：其他业务成本
　　贷：银行存款

第三节 投资性房地产的后续计量

投资性房地产的后续计量有成本模式和公允价值模式两种模式。企业通常应当采用成本模式进行后续计量，在满足特定条件的情况下可采用公允价值模式计量。但是，同一企业只能采用一种模式对所有的投资性房地产进行后续计量，不得同时采用两种计量模式。

一、采用成本模式进行后续计量的投资性房地产

采用成本模式对投资性房地产进行后续计量的企业，对投资性房地产具体会计处理同固定资产或无形资产相同，即按期（月）计提折旧或摊销，投资性房地产存在减值迹象的，还应按照资产减值的有关规定，经减值测试后发生减值的，应当计提减值准备。采用成本模式进行后续计量的投资性房地产，其会计处理的基本要点如下：

（1）按期（月）计提折旧或进行摊销，方法与固定资产或无形资产相同。
借：其他业务成本
　　贷：投资性房地产累计折旧（累计摊销）

（2）取得的租金收入。
借：银行存款
　　贷：其他业务收入
　　　　应交税费——应交增值税（销项税额）

（3）经减值测试后确定发生减值的。
借：资产减值损失
　　贷：投资性房地产减值准备

（4）已经计提减值准备的投资性房地产的价值又得以恢复，不得转回。

【例9-5】鸿发公司将一栋办公楼出租给B企业使用，采用成本模式进行后续计量。该栋办公楼的成本为1 800万元，按直线法计提折旧，使用寿命为20年，预计净残值为零。B企业每月支付甲公司租金8万元（不含税），增值税税率为9%，当年12月，该办公楼发生减值迹象，其可收回金额为1 200万元，此时办公楼的账面价值为1 400万元，以前未计提减值准备。鸿发公司的账务处理如下：

（1）每月计提折旧金额=1 800÷20÷12=7.5（万元）。
借：其他业务成本　　　　　　　　　　　　　　　　　　75 000
　　贷：投资性房地产累计折旧　　　　　　　　　　　　　　　75 000

（2）确认租金收入。
借：银行存款　　　　　　　　　　　　　　　　　　　　87 200

　　　　贷：其他业务收入　　　　　　　　　　　　　　　　　　　　80 000
　　　　　　应交税费——应交增值税（销项税额）　　　　　　　　　7 200
　（3）计提减值准备。
　　借：资产减值损失　　　　　　　　　　　　　　　　　　　　2 000 000
　　　　贷：投资性房地产减值准备　　　　　　　　　　　　　　　2 000 000

> **小贴士**
>
> 　　一般认为，流动资产计提的减值准备，如果在持有期间减记资产价值的影响因素已经消失，则减记的金额应当予以恢复，并在原已计提的减值准备金额内转回；非流动资产（固定资产、无形资产、长期股权投资、采用成本模式计量的投资性房地产等）计提的减值准备，即使以后价值回升，其减值准备在持有期间也不可以转回。但是金融资产比较特殊，尽管以摊余成本计量的金融资产和以公允价值计量且其变动计入其他综合收益的金融资产属于非流动资产，但是如果价值回升，其减值准备也可以在允许的范围内转回。上述非流动资产减值准备不可以转回，一方面是考虑到其价值回升的可能性比较小，通常属于永久性减值；另一方面从会计信息稳健性要求考虑，为了避免确认资产重估增值和操纵利润，所以规定不得转回。

二、采用公允价值模式进行后续计量的投资性房地产

（一）采用公允价值模式进行后续计量的条件

　　企业只有存在确凿证据表明投资性房地产的公允价值能够持续可靠取得，才能够采用公允价值模式对投资性房地产进行后续计量。即采用公允价值模式进行后续计量的投资性房地产，应当同时满足下列两个条件：

　　（1）投资性房地产所在地有活跃的房地产交易市场。

　　（2）企业能够从活跃的房地产交易市场上取得同类或类似房地产的市场价格及其他相关信息，从而对投资性房地产的公允价值做出合理的估计。

　　企业一旦选择采用公允价值计量模式，就应当对其所有投资性房地产均采用公允价值模式进行后续计量。

（二）采用公允价值模式进行后续计量的会计处理

　　采用公允价值模式进行后续计量的投资性房地产，不对投资性房地产计提折旧或摊销。应当以资产负债表日投资性房地产的公允价值为基础调整账面价值，公允价值与原账面价值之间的差额计入当期损益（公允价值变动损益）。其会计处理的基本要点如下：

　　（1）资产负债表日，投资性房地产的公允价值高于其账面价值时。
　　　借：投资性房地产——公允价值变动
　　　　　贷：公允价值变动损益

　　（2）资产负债表日，投资性房地产的公允价值低于其账面价值时。
　　　借：公允价值变动损益
　　　　　贷：投资性房地产——公允价值变动

【例9-6】鸿发公司有一个从事房地产开发的子公司。2017年8月该子公司与B公司签订租赁协议，约定写字楼开发完成的同时租赁给B公司，租赁期10年。当年10月1日，该写字楼开发完成并开始起租，写字楼的造价为80 000 000元，采用公允价值模式进行后续计量。2017年12月31日，该写字楼的公允价值为82 000 000元。2018年12月31日，该写字楼的公允价值为81 000 000元。则该子公司相关的账务处理如下：

（1）2017年10月1日。

借：投资性房地产——（成本） 80 000 000
　　贷：开发产品 80 000 000

（2）2017年12月31日。

借：投资性房地产——公允价值变动 2 000 000
　　贷：公允价值变动损益 2 000 000

（3）2018年12月31日。

借：公允价值变动损益 1 000 000
　　贷：投资性房地产——公允价值变动 1 000 000

三、投资性房地产后续计量模式的变更

遵循可比性要求，企业对投资性房地产的计量模式一经确认，不得随意变更。只有在房地产市场比较成熟能够满足采用公允价值模式条件的情况下，才允许企业对投资性房地产从成本模式计量变更为公允价值模式计量。已采用公允价值模式计量的投资性房地产，不得从公允价值模式转为成本模式。

成本模式转为公允价值模式的应当作为会计政策变更处理，将计量模式变更时公允价值与账面价值的差额，调整期初留存收益。企业将投资性房地产的计量由成本模式转为公允价值模式时，应做如下会计分录为：

借：投资性房地产——成本　　　　（转换日投资性房地产的公允价值）
　　投资性房地产累计折旧（摊销）（投资性房地产累计已计提的折旧或摊销）
　　投资性房地产减值准备　　　　（投资性房地产已计提的减值准备）
　　贷：投资性房地产　　　　　　（投资性房地产的账面原价）
　　　　利润分配——未分配利润　（公允价值与账面价值的差额×90%）
　　　　盈余公积　　　　　　　　（公允价值与账面价值的差额×10%）

【例9-7】鸿发公司将一栋写字楼租赁给乙公司，并一直采用成本模式进行后续计量。2018年1月1日，决定改为公允价值模式计量。该写字楼原造价为90 000 000元，已计提折旧3 000 000元，账面价值87 000 000元。2018年1月1日，该写字楼的公允价值为95 000 000元。假设鸿发公司按净利润的10%计提盈余公积。相关的会计处理如下：

借：投资性房地产——成本 95 000 000
　　投资性房地产累计折旧 3 000 000
　　贷：投资性房地产 90 000 000
　　　　利润分配——未分配利润 7 200 000
　　　　盈余公积 800 000

第四节 投资性房地产的转换

一、投资性房地产的转换

房地产的转换，是指因房地产的用途发生改变而对房地产进行的重新分类。企业必须有确凿证据表明房地产用途发生了改变，才能将投资性房地产转换为非投资性房地产或者将非投资性房地产转换为投资性房地产。房地产的转换形式主要有：

（1）投资性房地产开始自用，即投资性房地产转为自用房地产（固定资产或无形资产）；

（2）投资性房地产转为存货，即房地产开发企业将用于经营出租的房地产重新开发用于对外销售；

（3）作为存货的房地产改为出租，通常指房地产开发企业将其持有的开发产品以经营租赁方式出租，存货相应地转换为投资性房地产；

（4）自用建筑物或土地使用权停止自用，改为出租，即企业将原本用于生产商品、提供劳务或经营管理的房地产改用于出租，固定资产或土地使用权相应地转换为投资性房地产；

（5）自用土地使用权停止自用改用于资本增值，即企业将原本用于生产商品、提供劳务或者经营管理的土地使用权改用于资本增值，土地使用权相应地转换为投资性房地产。

二、房地产转换的会计处理

（一）成本模式下的转换

1. 投资性房地产转换为自用房地产

企业将采用成本模式计量的投资性房地产转换为自用房地产时，应当将该项投资性房地产在转换日的账面余额、累计折旧、减值准备等，分别转入"固定资产""累计折旧""固定资产减值准备"等科目。转换时应做如下会计分录：

借：固定资产（无形资产）　　　　　　　（投资性房地产的账面原价）
　　投资性房地产累计折旧（摊销）　　　（投资性房地产已计提的折旧或摊销）
　　投资性房地产减值准备　　　　　　　（投资性房地产已计提的减值准备）
　贷：投资性房地产　　　　　　　　　　（投资性房地产的账面原价）
　　　累计折旧（摊销）　　　　　　　　（投资性房地产已计提的折旧或摊销）
　　　固定资产（无形资产）减值准备　　（投资性房地产已计提的减值准备）

【例9-8】2018年7月末，鸿发公司将出租在外的厂房收回，8月1日开始用于本企业的产品生产。在转换用途前采用成本模式计量，截至2018年7月31日，账面价值

5 000万元，其中原价6 000万元，累计已计提折旧1 000万元，其账务处理如下：

　　借：固定资产　　　　　　　　　　　　　　　　　　　60 000 000
　　　　投资性房地产累计折旧　　　　　　　　　　　　　10 000 000
　　　贷：投资性房地产　　　　　　　　　　　　　　　　60 000 000
　　　　　累计折旧　　　　　　　　　　　　　　　　　　10 000 000

2. 投资性房地产转换为存货

企业将用于经营出租的房地产收回重新开发用于对外销售的，相应地从投资性房地产转为存货，按照该项房地产在转换日的账面价值结转，即按照该项房地产在转换日的账面价值作为存货开发产品的入账价值，转换时应做会计分录如下：

　　借：开发产品　　　　　　　　　　（投资性房地产在转换日的账面价值）
　　　　投资性房地产累计折旧（摊销）　（投资性房地产已计提的折旧或摊销）
　　　　投资性房地产减值准备　　　　　（投资性房地产已计提的折旧或摊销）
　　　贷：投资性房地产　　　　　　　　（投资性房地产的账面原价）

3. 作为存货的房地产转换为投资性房地产

作为存货的房地产转换为投资性房地产，通常指房地产开发企业将其持有的开发产品以经营租赁的方式出租，存货相应地转换为投资性房地产，转换日，企业应当按照该项存货在转换日的账面价值，作为投资性房地产的入账价值，在转换日应做如下会计分录：

　　借：投资性房地产　　　　　　　　（房地产在转换日的账面价值）
　　　　存货跌价准备　　　　　　　　（房地产已计提的存货跌价准备）
　　　贷：开发产品　　　　　　　　　（房地产的成本）

【例9-9】鸿发公司子公司是从事房地产开发业务的企业，2018年3月10日，与乙企业签订租赁协议，将其开发的一栋写字楼整体出租给乙企业使用，租赁期开始日为2018年4月15日。2018年4月15日，该写字楼的账面余额为450 000 000元，未计提存货跌价准备，转换后采用成本计量模式。其账务处理如下：

　　借：投资性房地产　　　　　　　　　　　　　　　　　450 000 000
　　　贷：开发产品　　　　　　　　　　　　　　　　　　450 000 000

4. 自用房地产转换为投资性房地产

企业将原本用于日常生产商品、提供劳务或者经营管理的房地产改用于出租，通常应于租赁期开始时，应当按该项建筑物或土地使用权在转换日的原价、累计折旧、减值准备分别转入"投资性房地产""投资性房地产累计折旧（摊销）""投资性房地产减值准备"科目。在转换日应做如下会计分录：

　　借：投资性房地产　　　　　　　　　（房地产的账面原价）
　　　　累计折旧（摊销）　　　　　　　（房地产已计提的折旧或摊销）
　　　　固定资产（无形资产）减值准备　（房地产已计提的减值准备）
　　　贷：固定资产（无形资产）　　　　（房地产的账面原价）
　　　　　投资性房地产累计折旧（摊销）（房地产已计提的折旧或摊销）
　　　　　投资性房地产减值准备　　　　（房地产已计提的减值准备）

【例9-10】鸿发公司拥有一栋办公楼，2018年3月10日，鸿发公司与乙企业签订了一份经营租赁合同，将该栋办公楼整体出租给乙企业使用，租赁期开始日为 2018 年 4 月 15 日，期限 5 年。2018 年 4 月 15 日，该栋办公楼的账面余额为 450 000 000 元，已计提折旧 3 000 000 元。假设该办公楼所在地没有活跃的房地产交易市场，账务处理如下：

借：投资性房地产　　　　　　　　　　　　　　　　　450 000 000
　　累计折旧　　　　　　　　　　　　　　　　　　　　3 000 000
　　贷：固定资产　　　　　　　　　　　　　　　　　　　　450 000 000
　　　　投资性房地产累计折旧　　　　　　　　　　　　　　3 000 000

（二）公允价值模式下的转换

1. 投资性房地产转换为自用房地产

企业将采用公允价值模式计量的投资性房地产转换为自用房地产时，应当以其转换当日的公允价值作为自用房地产入账价值，公允价值与原账面价值的差额计入当期损益。转换日，应做如下分录：

借：固定资产、无形资产　　　　　（投资性房地产在转换日的公允价值）
　　贷：投资性房地产——成本　　　（投资性房地产的成本）
　　　　　　　　　　——公允价值变动（投资性房地产累计确认的公允价值变动）
　　贷（或借）：公允价值变动损益　（投资性房地产公允价值与账面价值的差额）

【例 9-11】2018 年 10 月 15 日，鸿发公司因租赁期满，将出租的写字楼收回，准备作为行政管理用办公楼。2018 年 12 月 1 日，该写字楼正式开始自用，当日的公允价值为 50 000 000 元。该项房地产在转换之前采用公允价值模式计量，原账面价值 49 000 000 元，其中成本 48 000 000 元，公允价值变动 1 000 000 元。其账务处理如下：

借：固定资产　　　　　　　　　　　　　　　　　　50 000 000
　　贷：投资性房地产——（成本）　　　　　　　　　　48 000 000
　　　　　　　　　　——（公允价值变动）　　　　　　 1 000 000
　　　　公允价值变动损益　　　　　　　　　　　　　　1 000 000

2. 投资性房地产转换为存货

企业将采用公允价值模式计量的投资性房地产转换为存货时，应当以其转换日的公允价值作为存货的入账价值，公允价值与原账面价值之间的差额计入当期损益。转换日，应做如下会计分录：

借：开发产品　　　　　　　　　　（投资性房地产在转换日的公允价值）
　　贷：投资性房地产——成本　　　（投资性房地产的成本）
　　　　　　　　　　——公允价值变动（投资性房地产累计确认的公允价值变动）
　　贷（或借）：公允价值变动损益　（投资性房地产公允价值与账面价值的差额）

3. 作为存货的房地产转换为投资性房地产

企业将作为存货的房地产转换为采用公允价值模式计量的投资性房地产时，应该按该项房地产在转换日的公允价值，借记"投资性房地产——成本"科目；原已计提跌价准备的，借记"存货跌价准备"科目，按其账面余额，贷记"开发产品"科目；同时，转换日的公允价值小于账面价值的,按其差额,借记"公允价值变动损益"科目,转换日的公允价值大于账面价值的,按其差额,贷记"其他综合收益"科目。待该项投资性房地产处置时,因转换计入其他综合收益的部分转入当期损益。即:

转换日房地产的公允价值小于账面价值的:

借:投资性房地产——成本　　　　（转换当日房地产的公允价值）
　　存货跌价准备　　　　　　　　（转换当日房地产已计提的存货跌价准备）
　　公允价值变动损益　　　　　　（房地产的公允价值小于账面价值的差额）
　贷:开发产品　　　　　　　　　　（房地产的账面余额）

转换日房地产的公允价值大于账面价值的:

借:投资性房地产——成本　　　　（转换当日房地产的公允价值）
　　存货跌价准备　　　　　　　　（转换当日房地产已计提的存货跌价准备）
　贷:开发产品　　　　　　　　　　（房地产的账面余额）
　　其他综合收益　　　　　　　　（房地产公允价值大于账面价值的差额）

【例9-12】鸿发公司下属甲公司为房地产开发企业,采用公允价值模式对投资性房地产进行后续计量,2018年3月1日与乙公司签订的租赁协议,将其开发的1栋写字楼出租给乙公司使用,租赁开始日为2018年7月1日,2018年7月1日该写字楼账面余额1 200万元,未计提存货跌价准备,公允价值为1 500万元。甲公司账务处理如下:

借:投资性房地产—成本　　　　　　　　　　15 000 000
　贷:开发产品　　　　　　　　　　　　　　　12 000 000
　　　其他综合收益　　　　　　　　　　　　　3 000 000

【例9-13】承【例9-12】其他情况不变,假定公允价值为1 000万元。甲公司账务处理如下:

借:投资性房地产——成本　　　　　　　　　10 000 000
　　公允价值变动损益　　　　　　　　　　　 2 000 000
　贷:开发产品　　　　　　　　　　　　　　　12 000 000

4. 自用房地产转换为投资性房地产

企业将自用土地使用权或建筑物转为采用公允价值计量模式计量的投资性房地产时,应按该项土地使用权或建筑物在转换日的公允价值,借记"投资性房地产——成本"科目,按已计提的累计摊销或累计折旧,借记"累计摊销"或"累计折旧"科目,原已计提减值准备的,借记"无形资产减值准备"或"固定资产减值准备"科目;按其账面余额,贷记"无形资产"或"固定资产"科目;同时,转换日的公允价值小于账面价值的,按其差额,借记"公允价值变动损益"科目;转换日公允价值大于账面价值的,按其差额,贷记"其他综合收益"科目。待该项投资性房地产处置时,因转换计入其他综合收益的部分应转入当期损益。即:

转换日房地产的公允价值小于账面价值的:

借:投资性房地产——成本　　　　（转换当日房地产的公允价值）
　　累计折旧（摊销）　　　　　　（转换当日房地产已计提的累计折旧或摊销）

固定资产（无形资产）减值准备　（转换当日房地产已计提的减值准备）
　　公允价值变动损益　　　　　　　（房地产公允价值小于账面价值的差额）
　　　贷：固定资产（或无形资产）　　（房地产的账面原价）
转换日房地产的公允价值大于账面价值的：
　　借：投资性房地产——成本　　　　（转换当日房地产的公允价值）
　　　　累计折旧（摊销）　　　　　　（转换当日房地产已计提的累计折旧或摊销）
　　　　固定资产（无形资产）减值准备（转换当日房地产已计提的减值准备）
　　　贷：固定资产（或无形资产）　　（房地产的账面原价）
　　　　　其他综合收益　　　　　　　（房地产公允价值大于账面价值的差额）

【例9-14】2018年6月，鸿发公司打算搬迁至新建办公楼，由于原办公楼处于商业繁华地段，鸿发公司准备将其出租以赚取租金收入。2018年10月完成了搬迁工作，原办公楼停止自用。2018年12月，鸿发公司与丙企业签订了租赁合同，将其原办公楼租赁给丙企业，租赁期开始日为2019年1月1日，租期3年。假定鸿发公司对出租的办公楼采用公允价值模式进行计量。2019年1月1日，该办公楼的公允价值为400 000 000元，其原价为500 000 000元，已计提折旧80 000 000元。账务处理如下：

　　借：投资性房地产——成本　　　　　　　　400 000 000
　　　　累计折旧　　　　　　　　　　　　　　 80 000 000
　　　　公允价值变动损益　　　　　　　　　　 20 000 000
　　　贷：固定资产　　　　　　　　　　　　　500 000 000

第五节　投资性房地产的处置

当投资性房地产被处置，或者永久退出使用且预计不能从其处置中取得经济利益时，应当终止确认该项投资性房地产。企业出售、转让、报废投资性房地产或者发生投资性房地产毁损，应当将处置收入扣除其账面价值和相关税费后的金额计入当期损益。

一、成本计量模式下的投资性地产的处置

处置采用成本模式计量的投资性房地产时，应当按实际收到的金额，借记"银行存款"等科目，贷记"其他业务收入""应交税费——应交增值税（销项税额）"科目；按该项投资性房地产的账面价值，借记"其他业务成本"科目，按其账面余额，贷记"投资性房地产"科目，按照已计提的折旧或摊销，借记"投资性房地产累计折旧（摊销）"科目，原已计提减值准备的，借记"投资性房地产减值准备"科目。即：

（1）取得处置收入时。
　　借：银行存款等
　　　贷：其他业务收入

应交税费——应交增值税（销项税额）

（2）结转投资性房地产账面价值时。

借：其他业务成本　　　　　　　　　　（投资性房地产的账面价值）
　　投资性房地产累计折旧（累计摊销）　（投资性房地产已计提的累计折旧或摊销）
　　投资性房地产减值准备　　　　　　　（投资性房地产已计提的减值准备）
　贷：投资性房地产　　　　　　　　　　（投资性房地产的账面余额）

【例 9-15】鸿发公司将其出租的一栋写字楼出售给乙公司，合同价格为 1 000 万元，增值税税率为 9%。乙公司已用银行存款付清。假如该写字楼原采用成本模式计量，出售时该写字楼的成本为 1 500 万元，已计提折旧 600 万元。账务处理如下：

借：银行存款　　　　　　　　　　　　　　　　10 900 000
　贷：其他业务收入　　　　　　　　　　　　　　10 000 000
　　　应交税费——应交增值税（销项税额）　　　　　900 000
借：其他业务成本　　　　　　　　　　　　　　　9 000 000
　　投资性房地产累计折旧　　　　　　　　　　　　6 000 000
　贷：投资性房地产　　　　　　　　　　　　　　15 000 000

二、公允价值计量模式下的投资性房地产的处置

处置采用公允价值模式计量的投资性房地产时，应当按照实际收到的金额，借记"银行存款"等科目，贷记"其他业务收入""应交税费——应交增值税（销项税额）"科目；按该项投资性房地产的账面余额，借记"其他业务成本"科目，按其成本，贷记"投资性房地产——成本"科目，按其累计公允价值变动，贷记或借记"投资性房地产——公允价值变动"科目。同时按该项投资性房地产的公允价值变动，借记或贷记"公允价值变动损益"科目，贷记或借记"其他业务成本"科目。按该项投资性房地产在转换日计入其他综合收益的金额，借记"其他综合收益"科目，贷记"其他业务成本"科目。即：

（1）取得处置收入时。

借：银行存款等
　贷：其他业务收入
　　　应交税费——应交增值税（销项税额）

（2）结转投资性房地产账面价值时。

借：其他业务成本　　　　　　　　　　（投资性房地产的账面价值）
　贷：投资性房地产——成本　　　　　（投资性房地产的成本）
　　　　　　　　　——公允价值变动　（投资性房地产累计公允价值变动金额）

（3）结转累计确认的公允价值变动损益时。

借：公允价值变动损益　　　　　　　　（投资性房地产累计公允价值变动金额）
　贷：其他业务成本

(4) 结转原转换日计入其他综合收益金额时。

借：其他综合收益　　　　　（投资性房地产在转换日计入其他综合收益的金额）
　　贷：其他业务成本

【例 9-16】鸿发公司 2017 年 3 月 15 日与乙企业签订了租赁协议，将其开发的一栋写字楼出租给乙企业使用，租赁期开始日为 2017 年 5 月 1 日，2017 年 5 月 1 日，该写字楼的账面余额 68 000 万元，公允价值为 70 000 万元，2017 年 12 月 31 日，该投资性房地产的公允价值为 71 000 万元，2018 年 9 月租赁期届满，鸿发公司收回该投资性房地产，并以 80 000 万元的价格出售，出售款已收存银行。鸿发公司投资性房地产采用公允价值模式计量，其账务处理如下：

(1) 2017 年 5 月 1 日，存货转为投资性房地产。

借：投资性房地产——成本　　　　　　　　　　　　　　700 000 000
　　贷：开发产品　　　　　　　　　　　　　　　　　　680 000 000
　　　　其他综合收益　　　　　　　　　　　　　　　　 20 000 000

(2) 2017 年 12 月 31 日，公允价值变动。

借：投资性房地产——公允价值变动　　　　　　　　　　 10 000 000
　　贷：公允价值变动损益　　　　　　　　　　　　　　 10 000 000

(3) 2018 年 9 月出售投资性房地产。

借：银行存款　　　　　　　　　　　　　　　　　　　　872 000 000
　　贷：其他业务收入　　　　　　　　　　　　　　　　800 000 000
　　　　应交税费——应交增值税（销项税额）　　　　　　72 000 000
借：其他业务成本　　　　　　　　　　　　　　　　　　710 000 000
　　贷：投资性房地产——成本　　　　　　　　　　　　700 000 000
　　　　　　　　　　——公允价值变动　　　　　　　　 10 000 000
借：公允价值变动损益　　　　　　　　　　　　　　　　 10 000 000
　　贷：其他业务成本　　　　　　　　　　　　　　　　 10 000 000
借：其他综合收益　　　　　　　　　　　　　　　　　　 20 000 000
　　贷：其他业务成本　　　　　　　　　　　　　　　　 20 000 000

练习题

一、不定项选择题

1. 企业采用成本模式计量的投资性房地产，且投资性房地产不属于企业的主营业务，按期计提的折旧或摊销应计入（　　）。

　　A. 其他业务成本　　　　　　　　　B. 管理费用
　　C. 制造费用　　　　　　　　　　　D. 营业外支出

2. 下列事项中，影响当年度利润表中营业利润的有（　　）。

A. 对投资性房地产计提的折旧费　　　　B. 对投资性房地产计提的减值准备
C. 购入投资性房地产支付的增值税　　　D. 投资性房地产取得的租金收入

3. 企业将自用的房地产或存货转换为采用公允价值模式计量的投资性房地产时，转换当日的公允价值大于原账面价值的差额应计入（　　）。
A. 公允价值变动损益　　　　　　　　　B. 营业外收入
C. 其他业务收入　　　　　　　　　　　D. 其他综合收益

4. 下列各项中，会引起投资性房地产账面价值发生变化的有（　　）。
A. 计提投资性房地产减值准备　　　　　B. 计提投资性房地产折旧
C. 对投资性房地产的维修　　　　　　　D. 对投资性房地产进行改良

5. 企业出售、转让投资性房地产时，应当将处置收入计入（　　）。
A. 公允价值变动损益　　　　　　　　　B. 营业外收入
C. 其他业务收入　　　　　　　　　　　D. 其他综合收益

6. 下列事项中，影响企业当期损益的有（　　）。
A. 采用公允价值模式计量的投资性房地产期末公允价值高于账面价值
B. 采用公允价值模式计量的投资性房地产期末公允价值低于账面价值
C. 采用成本模式计量的投资性房地产期末可收回金额高于账面价值
D. 采用成本模式计量的投资性房地产期末可收回金额低于账面价值

7. 企业外购、自行建造等取得的投资性房地产，应按投资性房地产准则确定的成本，借记（　　）科目，贷记"银行存款""在建工程"等科目。
A. 投资性房地产　　　　　　　　　　　B. 固定资产
C. 在建工程　　　　　　　　　　　　　D. 无形资产

8. 下列各项中，应该计入一般企业其他业务收入的有（　　）。
A. 出售投资性房地产的收入
B. 出租建筑物的租金收入
C. 出售自用房屋的收入
D. 将持有并准备增值后转让的土地使用权予以转让所取得的收入

9. 若企业采用成本模式对投资性房地产后续计量，下列说法中正确的是（　　）。
A. 应对已出租的建筑物计提折旧
B. 不应对已出租的建筑物计提折旧
C. 不应对已出租的土地使用权进行摊销
D. 不应对投资性房地产计提减值准备

10. 下列项目中，属于投资性房地产的有（　　）。
A. 已出租的建筑物　　　　　　　　　　B. 已出租的土地使用权
C. 持有并准备增值后转让的土地使用权　D. 按照国家有关规定认定的闲置土地

11. 关于投资性房地产的计量模式，下列说法中不正确的是（　　）。
A. 采用公允价值模式计量的，不对投资性房地产计提折旧或进行摊销
B. 企业对投资性房地产的计量模式一经确定，不得随意变更
C. 已采用公允价值模式计量的投资性房地产，不得从公允价值模式转为成本模式

D. 已采用成本模式计量的投资性房地产，不得从成本模式转为公允价值模式

12. 下列各项中，不属于投资性房地产的有（　　）。
A. 为生产商品、提供劳务或者经营管理而持有的房地产
B. 作为存货的房地产
C. 已出租的建筑物
D. 持有并准备增值后转让的土地使用权

二、业务题

1. 鸿发公司于2015年12月31日将一建筑物对外出租并采用公允价值模式计量，租期为3年，每年12月31日收取租金150万元，出租时，该建筑物的成本为2 800万元，已提折旧500万元，已提减值准备300万元，尚可使用年限为20年，公允价值为1 800万元。2016年12月31日，该建筑物的公允价值为1 850万元；2017年12月31日，该建筑物的公允价值为1 820万元；2018年12月31日该建筑物的公允价值为1 780万元；2019年1月5日将该建筑物对外出售，收到1 800万元存入银行。以上业务都不考虑相关税费。

要求：编制鸿发公司上述经济业务的会计分录（假定按年确认公允价值变动损益和确认租金收入，金额单位：万元）。

2. 鸿发公司为增值税一般纳税人，对投资性房地产采用公允价值模式计量，有关房地产的相关业务资料如下：

（1）2017年1月，自行建造一栋厂房。在建设期间，购进为工程准备的一批物资，价款为1 400万元，增值税税额为238万元。该批物资已验收入库，款项以银行存款支付。该批物资全部用于厂房建造项目。当月鸿发公司为厂房建造工程，领用本企业生产的库存商品一批，成本180万元，计税价格200万元，另支付在建工程人员薪酬634万元。

（2）2017年8月，该厂房建设达到了预定可使用状态并投入使用。厂房预计使用寿命为22年，预计净残值为36万元，采用直线法计提折旧。

（3）2018年12月，鸿发公司与丙公司签订了租赁协议，将该厂房经营租赁给丙公司，租赁期为10年，年租金为220万元，租金于每年年末结清。租赁期开始日为2018年12月31日。

（4）鸿发公司对租赁后的厂房采用公允价值计量。经测算，该厂房2018年年末的公允价值为2 200万元，2019年年末的公允价值为2 400万元。

（5）2020年1月，鸿发公司与丙公司达成协议并办理过户手续，以2 500万元的价格将该厂房转让给丙公司，全部款项已收到并存入银行，不考虑厂房处置时的相关税费。

要求：
（1）编制鸿发公司自行建造厂房的有关会计分录；
（2）计算鸿发公司该厂房2018年年末累计折旧的金额；
（3）编制鸿发公司将该厂房停止自用改为出租的有关会计分录；
（4）编制鸿发公司该厂房有关2019年年末后续计量的有关会计分录；
（5）编制鸿发公司该厂房有关2019年租金收入的会计分录；
（6）编制鸿发公司2020年处置该厂房的有关会计分录。

第十章 负债

【案例导学】

2015年12月30日，上市公司山水文化（股票代码：600234）发布公告称，公司欲核销1 486笔应付账款，金额13 017 374.95元。上述长期挂账的应付款项，债权人与公司无关联关系，自移交给公司后债权人一直未向公司催讨且公司从未偿付，应付账款账龄均超过5年以上，已过法律诉讼时效。公司拟将上述长期挂账的应付款项予以核销，并计入2015年度财务报告。核销上述长期挂账应付款项后，将增加公司2015合并报表利润总额13 017 374.95元。

值得注意的是，2015年1—9月，山水文化实现归属净利润－1 422.22万元。由于公司2014年度累计净利润为亏损，如2015年仍为亏损，公司将被实施退市风险警示（*ST）。或许是因为山水文化此番核销旧账的数量过大，且已经时隔多年，此举引来了监管层的注意。上证所为此接连发出3道问询函。

2015年12月30日，上证所发函要求山水文化及会计师逐笔核实并列举上述1 486笔应付款项的具体发生时间、债权人、债务人、涉及金额及应付账款的形成原因；并要求公司会计师核实拟核销的应付款项的真实性且需发表专项意见。山水文化随后回复上证所并公开披露了1 486笔应付款项的详细情况，公司称核销债务事项符合企业会计准则和公司会计政策的规定，真实反映了公司的财务状况和经营成果。

2016年1月6日，上证所第二次发函要求山水文化核实相关事项，逐笔明确并补充披露债务"确实无法支付"的原因等。随后，山水文化回复称，公司成立资产清算、债务核查小组对资产进行全面清查。调查结果显示，1 486家债权人公司（个人）中工商状态显示1 202家为吊销、吊销未注销、注销、破产、停业或者已无信息；284家显示存续。公司向律师、会计师咨询后，认为拟核销的长期挂账应付款项均无涉及诉讼，且债权人在公司履行期限届满后，均从未向公司主张过债权。若今后出现债权人主张债权的情形，公司将会在诉讼中提出诉讼时效已过，请求法院判决驳回其诉讼请求。

然而，山水文化的二度回复依然没能让交易所满意。2016年1月8日上证所向山水文化发来第三份问询函，要求山水文化补充披露：在2007年、2010年核销应付账款时，此次拟核销的1 486笔应付账款的状态，是否超过诉讼时效、无法支付。如是，请明确当时未进行核销是否符合会计准则和公司会计制度；如否，请逐笔明确变为超过诉讼时效、无法支付状态的具体时点。此次问询函除要求继续补充披露一系列信息外，更质疑公司此次核销的动机"是否为规避'两连亏'"。

在上证所的层层问询下，山水文化于2016年1月18日正式回应，称上述核销并非出于规避"两连亏"。不过，经谨慎考虑后，为进一步逐笔核实上述"确实无法支付"的债务，公司决定2015年取消对该1 486笔应付款项的账务核销。对上述债务"确实无法支付"出现的原因、时点及应当予以核销的时点进一步仔细核查，待逐笔核查清楚，重新履行核销审核相关程序后，再进行账务核销处理。

思考：山水文化在此时核销如此大规模的应付账款意欲何为？上市公司核销应付账款的前提是什么？

第一节 负债概述

一、负债的定义及特征

负债是指企业过去的交易或者事项形成的预期会导致经济利益流出企业的现时义务。负债具有以下基本特征：

（一）负债是由过去的交易或事项产生的

过去的交易或事项是指已经完成的经济业务。例如，企业已经购进材料但是尚未付款，在这种情况下，企业就有偿付货款的义务。负债只与已经发生的交易或事项相关，而与尚未发生的交易或事项无关。

（二）负债是企业承担的现时义务

现时义务是指企业现行条件下已承担的义务。未来发生的交易或者事项形成的义务，不属于现时义务，不应当确认为负债。例如，企业与供货单位签订的可能形成负债的供货合同，当前不能确认为负债。

（三）负债的清偿会导致企业未来经济利益的流出

负债的清偿就是企业履行其经济责任。不论采用哪种履行方式，都会导致企业经济利益流出企业。

二、负债的确认条件

企业要确认负债，除了要符合负债的定义之外，还应同时满足以下两个条件：

（一）与该业务有关的经济利益很可能流出企业

由于经济业务存在不确定性，导致企业在履行经济业务时流出的经济利益有时需要估计，特别是推定义务而产生的负债。如果有证据表明，与现时义务有关的经济利益很可能流出企业且金额能可靠计量，就应当确认负债，反之，不应确认为一项负债。

（二）未来流出经济利益的金额能够可靠估计

企业要确认负债，必须能够可靠地计量负债的金额。企业因法定义务而预期发生的经济利益流出金额,通常可以根据法律或者合同的规定予以确定。而因推定义务产生的未来经济利益流出金额,则往往需要根据合理的估计才能确定履行相关义务所需支出的金额。

三、负债的分类

负债需要根据流动性进行分类列报,划分为流动负债和非流动负债。

(一)流动负债

流动负债指在一年内或者超过一年的一个营业周期内需要偿还的债务,主要包括短期借款、应付票据、应付账款、预收账款、应付职工薪酬、应交税费和其他应付款等。

除具有负债的基本特征外,流动负债还具有以下特点:
(1)偿还期短;
(2)举借目的是为了满足经营周转资金的需要;
(3)负债的数额相对较小;
(4)一般以企业的流动资金来偿付。

(二)非流动负债

非流动负债是指偿还期在一年以上或者超过一年的一个营业周期以上的负债,其中包括长期借款、应付债券、长期应付款、预计负债等。与流动负债相比,非流动负债具有偿还期较长、金额较大的特点。

第二节 流动负债

一、短期借款

(一)短期借款的核算内容

短期借款是指企业向银行或其他金融机构等借入的期限在一年以下(含一年)的各种借款。短期借款一般是企业为维持正常的生产经营所需的资金而借入的或者为抵偿某项债务而借入的款项。

(二)短期借款的会计处理

1. 取得短期借款的核算

企业借入的短期借款,应按照实际借入金额计入"短期借款"科目,借记"银行存款"科目,贷记"短期借款"科目。

2. 短期借款利息的核算

企业对于取得短期借款的利息,通常应当按照合同规定于每个季度末根据借款本金和合同利率确定金额支付。由于短期借款是一种融资行为,因此短期借款的利息应作为一项财务费用计入当期损益。根据权责发生制的原则,月末借记"财务费用"科目,贷记"应付利息"科目。

3. 偿还短期借款的核算

企业应于短期借款到期日偿还短期借款的本金以及尚未支付的利息，借记"短期借款""应付利息""财务费用"等科目，贷记"银行存款"科目。

【例10-1】鸿发公司2019年4月1日，借入为期3个月的生产周转借款500 000元存入银行，合同约定的年利率为3.6%，利息按月计算，到期一次还本付息。借入该短期借款的实际利率与合同约定的名义利率无差异。鸿发公司对于该项短期借款的有关账务处理如下：

（1）2019年4月1日取得短期借款。

借：银行存款　　　　　　　　　　　　　　　　　　　　　　500 000
　　贷：短期借款　　　　　　　　　　　　　　　　　　　　　　　500 000

（2）2019年4月30日、2019年5月31日计提短期借款利息。

应付利息 = 500 000 × 3.6% ÷ 12 = 1 500（元）

借：财务费用　　　　　　　　　　　　　　　　　　　　　　1 500
　　贷：应付利息　　　　　　　　　　　　　　　　　　　　　　　1 500

（3）2019年6月30日短期借款到期归还本金和利息。

借：短期借款　　　　　　　　　　　　　　　　　　　　　　500 000
　　应付利息　　　　　　　　　　　　　　　　　　　　　　3 000
　　财务费用　　　　　　　　　　　　　　　　　　　　　　1 500
　　贷：银行存款　　　　　　　　　　　　　　　　　　　　　　　504 500

二、应付票据

（一）应付票据的核算内容

应付票据，是指企业因购买商品、接受劳务供应等而向供应单位签发的、允诺在不超过一年的期限内按票据上规定的时间支付一定金额给持票人的一种书面证明。商业汇票按承兑人的不同分为商业承兑汇票和银行承兑汇票，按是否带息分为带息票据和不带息票据。

（二）应付票据的会计处理

企业应开设"应付票据"科目反映购买材料、商品或接受劳务等而开出、承兑的商业汇票的增减变动情况。应付票据不考虑折现问题，按面值入账。

1. 不带息票据的核算

企业开出的商业汇票如为不带息票据，直接按票据面值入账。借记"原材料""应交税费——应交增值税（进项税额）"等科目，贷记"应付票据"科目。对于企业申请并签发商业汇票支付给银行的手续费，直接计入当期损益。

【例10-2】鸿发公司2019年5月8日从外购入价值300 000元、增值税进项税额为39 000元的材料一批，材料已入库，用银行存款支付货款139 000元，余款公司开出一张面值为200 000元、期限为3个月的银行承兑汇票。用银行存款支付银行手续费200元。

鸿发公司相关的账务处理如下：

（1）2019年5月8日购入材料。

借：原材料　　　　　　　　　　　　　　　　　　　　　　300 000

应交税费——应交增值税（进项税额）　　　　　　　　　39 000
　　　贷：银行存款　　　　　　　　　　　　　　　　　　　　139 000
　　　　　应付票据　　　　　　　　　　　　　　　　　　　　200 000
（2）2019 年 5 月 8 日支付银行手续费。
　　借：财务费用　　　　　　　　　　　　　　　　　　　　　200
　　　贷：银行存款　　　　　　　　　　　　　　　　　　　　　200
（3）2019 年 8 月 8 日到期支付票据。
　　借：应付票据　　　　　　　　　　　　　　　　　　　　200 000
　　　贷：银行存款　　　　　　　　　　　　　　　　　　　200 000

2. 带息票据的核算

若企业开出的为带息票据，应按票据面值计入"应付票据"科目的贷方，在票据持有期，应于每期期末计算应付利息，借记"财务费用"科目，贷记"应付票据"科目。票据到期支付本息时，按票据账面余额，借记"应付票据"科目，按未计的利息借记"财务费用"科目，按实际支付的金额，贷记"银行存款"科目。

【例 10-3】 鸿发公司原材料按实际成本核算，2019 年 4 月 1 日从 A 公司购入原材料一批，价款 3 000 000 元，增值税税额为 390 000 元，该批原材料已验收入库，同日开出同等金额的带息商业承兑汇票一张，年利率 4%，期限 4 个月。鸿发公司相关的账务处理如下：

（1）2019 年 4 月 1 日购买材料。
　　借：原材料　　　　　　　　　　　　　　　　　　　　3 000 000
　　　　应交税费——应交增值税（进项税额）　　　　　　　390 000
　　　贷：应付票据　　　　　　　　　　　　　　　　　　3 390 000
（2）分别于 2019 年 4 月 30 日、5 月 31 日、6 月 30 日、7 月 31 日计算应付利息。
应计提利息 = 3 390 000 × 4% ÷ 12 = 11 300（元）
　　借：财务费用　　　　　　　　　　　　　　　　　　　　11 300
　　　贷：应付票据　　　　　　　　　　　　　　　　　　　11 300
（3）2019 年 8 月 1 日，票据到期，鸿发公司到期支付本息。
　　借：应付票据　　　　　　　　　　　　　　　　　　　3 435 200
　　　贷：银行存款　　　　　　　　　　　　　　　　　　3 435 200

若 2019 年 8 月 1 日，票据到期，鸿发公司因资金周转遇到困难，无法按期支付货款及增值税。
　　借：应付票据　　　　　　　　　　　　　　　　　　　3 435 200
　　　贷：应付账款　　　　　　　　　　　　　　　　　　3 435 200

> **小贴士**
> 若鸿发公司签发的是带息银行承兑汇票，在票据到期时，如果鸿发公司无力支付，则承兑银行负责承兑，应按票据账面价值借记"应付票据"，贷记"短期借款"，作为承兑银行对鸿发公司发放贷款来处理。

三、应付账款

(一) 应付账款的核算内容

应付账款是指企业因购买材料、商品和接受劳务供应等经营活动应付给供应单位的款项。具体包括:

(1) 因购买材料、商品或者接受劳务时应向销货方或劳务提供方支付的合同或协议价款;

(2) 按照货款计算的增值税进项税额;

(3) 购买材料或商品时应负担的运杂费和包装费等。

(二) 应付账款的确认

1. 应付账款入账时间的确定

应付账款入账时间的确定,应以所购货物所有权的转移或接受劳务的发生为标志。但在实际工作中,应区别情况处理。

(1) 在货物和发票账单同时到达的情况下,应付账款一般待货物验收入库后,才按发票账单登记入账,其目的在于确保所购货物在数量上和品种上与合同所订的条款一致。

(2) 在物资和发票账单不是同时到达的情况下,若货物已到而发票账单要间隔一段时间才能到达,由于应付账款要根据发票账单登记入账,可暂不入账,但由于这笔负债已经成立,为了真实地反映企业的负债,应采用月份终了暂估入账,待下月初再用红字冲回的办法。

2. 应付账款入账价值的确定

应付账款一般按照应付金额入账,而不按到期应付金额的现值入账。如果购入的资产在形成一笔应付账款时是带有现金折扣的,应付账款入账金额的确定按发票上记载的应付金额的总值(即不扣除折扣)记账。在这种方法下,应按发票上记载的全部应付金额,借记有关科目,贷记"应付账款"科目;获得的现金折扣冲减财务费用。

(三) 应付账款的会计核算

1. 货物和发票同时到达的会计核算

【例 10-4】鸿发公司 2019 年 4 月 10 日从甲公司购入原材料一批,收到增值税发票注明价款为 10 000 元,增值税税额为 1 300 元。材料已经验收入库,货款尚未支付。鸿发公司相关账务处理如下:

借:原材料 10 000
　　应交税费——应交增值税(进项税额) 1 300
　　贷:应付账款 11 300

2. 发票先到货物后到的会计核算

【例 10-5】鸿发公司 2019 年 4 月 10 日从甲公司购入原材料一批,收到增值税发票注明价款为 10 000 元,增值税税额为 1 300 元。材料尚未收到,货款尚未支付。鸿发公司相关账务处理如下:

借:在途物资 10 000
　　应交税费——应交增值税(进项税额) 1 300

    贷：应付账款　　　　　　　　　　　　　　　　　　　　　　　11 300

3. 货物先到发票后到的会计核算

【例 10-6】鸿发公司 2019 年 4 月 28 日从甲公司购入原材料一批，材料已经入库，但至月末尚未收到发票，已知该批材料的计划成本为 10 000 元。鸿发公司相关账务处理如下：

（1）2019 年 4 月 30 日。

　借：原材料　　　　　　　　　　　　　　　　　　　　　　　　10 000
　　贷：应付账款　　　　　　　　　　　　　　　　　　　　　　10 000

（2）2019 年 5 月 1 日。

　借：原材料　　　　　　　　　　　　　　　　　　　　　　　　10 000
　　贷：应付账款　　　　　　　　　　　　　　　　　　　　　　10 000

4. 附有现金折扣条件的应付账款的会计核算

【例 10-7】鸿发公司 2019 年 9 月 1 日从甲公司购入材料一批，材料价款（不含增值税）100 000 元，增值税税额为 13 000 元。材料已经入库，货款未付。双方约定的付款条件为"2/10，1/20，n/30"，计算折扣时不考虑增值税。鸿发公司按实际成本核算原材料。9 月 10 日鸿发公司支付了上述货款。鸿发公司相关账务处理如下：

（1）9 月 1 日购进材料。

　借：原材料　　　　　　　　　　　　　　　　　　　　　　　　100 000
　　　应交税费——应交增值税（进项税额）　　　　　　　　　　13 000
　　贷：应付账款　　　　　　　　　　　　　　　　　　　　　　113 000

（2）9 月 10 日支付货款。

　借：应付账款　　　　　　　　　　　　　　　　　　　　　　　113 000
　　贷：银行存款　　　　　　　　　　　　　　　　　　　　　　111 000
　　　　原材料　　　　　　　　　　　　　　　　　　　　　　　2 000

5. 确实无法支付的应付账款的会计核算

在某些情况下，付款人可能因为某些原因无法支付某些应付账款。比如，由于销货方破产导致债务人确实无法支付应付账款，此时，企业应当将该应付账款确认为一项利得，计入营业外收入。

四、预收账款

（一）预收账款的核算内容

预收账款是企业按照合同规定向购货单位预收的款项。该笔款项构成企业的一项负债，以后要用商品、劳务等偿付。预收账款的核算，应视企业的具体情况而定，如果企业预收账款不多的，也可以不设置"预收账款"科目，将发生的预收账款直接记入"应收账款"科目的贷方。

（二）预收账款的会计处理

企业可以单独设置"预收账款"科目进行预收账款业务的核算。向购货单位预收款项时，借记"银行存款"等科目，贷记"预收账款"科目。销售实现时，按实现的收入和应交的增值税销项税额，借记"预收账款"科目，按实现的销售收入贷记"主营业务收入"科目，按应交的增值税销项税额贷记"应交税费——应交增值税（销项税额）"科目。企业若应收的销售货款大于预收的款项，收到购货单位补付的货款时，借记"银行存款"科目，贷记"预收账款"科目；若预收的款项大于应收的销售货款，退回购货单位多付的款项时，则做相反的会计分录。

【例 10-8】鸿发公司 2019 年 8 月 5 日收到 C 公司按合同预付的货款 800 000 元存入银行，2019 年 9 月 3 日按合同规定发出商品 1 000 000 元，增值税专用发票上注明的税款为 130 000 元，该批商品的成本为 700 000 元，同时其余款已经收到存入银行。鸿发公司相关账务处理如下：

(1) 2019 年 8 月 5 日收到预收款项。

借：银行存款　　　　　　　　　　　　　　　　　　　800 000
　　贷：预收账款　　　　　　　　　　　　　　　　　　　　800 000

(2) 2019 年 9 月 3 日销售商品。

借：预收账款　　　　　　　　　　　　　　　　　　1 130 000
　　贷：主营业务收入　　　　　　　　　　　　　　　　　1000 000
　　　　应交税费——应交增值税（销项税额）　　　　　　130 000

同时结转商品成本

借：主营业务成本　　　　　　　　　　　　　　　　　700 000
　　贷：库存商品　　　　　　　　　　　　　　　　　　　　700 000

(3) 2019 年 9 月 3 日结算余款。

借：银行存款　　　　　　　　　　　　　　　　　　　330 000
　　贷：预收账款　　　　　　　　　　　　　　　　　　　　330 000

五、应付职工薪酬

(一) 应付职工薪酬及其内容

职工薪酬，是指企业为获得职工提供的服务或解除劳动关系而给予的各种形式的报酬。企业提供给职工配偶、子女、受赡养人、已故员工遗属及其他受益人等的福利，也属于职工薪酬。职工薪酬主要包括短期薪酬、离职后福利、辞退福利和其他长期职工福利。

1. 短期薪酬

短期薪酬是指企业在职工提供相关服务的年度报告期间结束后 12 个月内需要全部予以支付的职工薪酬，因解除与职工的劳动关系给予的补偿除外。短期薪酬具体包括：职工工资、奖金、津贴和补贴、职工福利费、医疗保险费、工伤保险费和生育保险费等社会保险费、住房公积金、工会经费和职工教育经费、短期带薪缺勤、短期利润分享计划、非货币性福利以及其他短期薪酬。

2. 离职后福利

离职后福利是指企业为获得职工提供的服务而在职工退休或与企业解除劳动关系后，提供的各种形式的报酬和福利，短期薪酬和辞退福利除外。

3. 辞退福利

辞退福利是指企业在职工劳动合同到期之前解除与职工的劳动关系,或者为鼓励职工自愿接受裁减而给予职工的补偿。

4. 其他长期职工福利

其他长期职工福利是指除短期薪酬、离职后福利、辞退福利之外所有的职工薪酬,包括长期带薪缺勤、长期残疾福利、长期利润分享计划等。

(二)短期薪酬的会计处理

企业应当在职工为其提供服务的会计期间,将实际发生的短期薪酬确认为负债,并计入当期损益,其他会计准则要求或允许计入资产成本的除外。

1. 货币性短期薪酬

企业发生的职工工资、津贴和补贴等短期薪酬,应当根据职工提供服务情况和工资标准等计算应计入职工薪酬的工资总额,并按照受益对象计入当期损益或相关资产成本,借记"生产成本""制造费用""管理费用"等科目,贷记"应付职工薪酬"科目。发放时,借记"应付职工薪酬"科目,贷记"银行存款"等科目。

企业为职工缴纳的医疗保险费、工伤保险费、生育保险费等社会保险费和住房公积金,以及按规定提取的工会经费和职工教育经费,应当在职工为其提供服务的会计期间,根据规定的计提基础和计提比例计算确定相应的职工薪酬金额,并确认相关负债,按照受益对象计入当期损益或相关资产成本,借记"生产成本""制造费用""管理费用"等科目,贷记"应付职工薪酬"科目。

【例10-9】2019年6月,鸿发公司当月应发工资1 560万元,其中:生产部门直接生产人员工资1 000万元,生产部门管理人员工资200万元,公司管理部门人员工资360万元。

根据规定,公司分别按照工资总额的10%和8%计提医疗保险和住房公积金缴纳给当地的相关管理机构。公司分别按工资总额的2%和1.5%计提工会经费和职工教育经费。假定不考虑所得税的影响。

应计入生产成本的职工薪酬金额 = 1 000 + 1 000 × (10% + 8% + 2% + 1.5%)
= 1 215(万元)

应计入制造费用的职工薪酬金额 = 200 + 200 × (10% + 8% + 2% + 1.5%)
= 243(万元)

应计入管理费用的职工薪酬金额 = 360 + 360 × (10% + 8% + 2% + 1.5%)
= 437.4(万元)

鸿发公司应根据上述业务,作如下账务处理:

借:生产成本　　　　　　　　　　　　　　　　　　　12 150 000
　　制造费用　　　　　　　　　　　　　　　　　　　 2 430 000
　　管理费用　　　　　　　　　　　　　　　　　　　 4 374 000
　　贷:应付职工薪酬——工资　　　　　　　　　　　15 600 000
　　　　　　　　　　——医疗保险费　　　　　　　　 1 560 000
　　　　　　　　　　——住房公积金　　　　　　　　 1 248 000

——工会经费　　　　　　　　　　　　　　　　　　　　312 000
　　——职工教育经费　　　　　　　　　　　　　　　　　　234 000

2. 短期带薪缺勤

带薪缺勤应当根据其性质及其职工享有的权利，分为累积带薪缺勤和非累积带薪缺勤两类。如果带薪缺勤属于长期带薪缺勤的，企业应当作为其他长期职工福利处理。

（1）累积带薪缺勤及其会计处理。累积带薪缺勤，是指带薪权利可以结转下期的带薪缺勤，本期尚未用完的带薪缺勤权利可以在未来期间使用。企业应当在职工提供了服务从而增加了其未来享有的带薪缺勤权利时，确认与累积带薪缺勤相关的职工薪酬，并以累积未行使权利而增加的预期支付金额计量。

【例10-10】鸿发公司下属一分公司共有1 000名职工，从2019年1月1日起，该公司实行累计带薪缺勤制度。该制度规定，每个职工每年可享受5个工作日带薪年假，未使用的年休假只能向后结转一个日历年度，超过1年未使用的权利作废，不能在职工离开公司时获得现金支付；职工休年休假是以后进先出为基础，即首先从当年可享受的权利中扣除，再从上年结转的带薪年假余额中扣除，职工离开公司时，公司对职工未使用的累积带薪年休假不支付现金。

2019年12月31日，每个职工当年平均未使用带薪年假为2天。根据过去的经验并预期该经验将继续适用，公司预计2020年有950名职工将享受不超过5天的带薪年假，剩余50名职工每人将平均享受6天半年假，假定这50名职工全部为总部各部门经理，该公司平均每名职工工作日工资为300元。

分析：该公司2019年12月31日应当预计由于职工累计未使用的带薪年假权利而导致预期将支付的工资负债，即相当于75天（50×1.5天）的年休假工资22 500（75×300）元，并作如下账务处理：

　　借：管理费用　　　　　　　　　　　　　　　　　　　22 500
　　　　贷：应付职工薪酬——累计带薪缺勤　　　　　　　　　　22 500

（2）非累积带薪缺勤及其会计处理。非累积带薪缺勤，是指带薪权利不能结转下期的带薪缺勤，本期尚未用完的带薪缺勤权利将予以取消，并且职工离开企业时也无权获得现金支付。

我国企业职工休婚假、产假、丧假、探亲假、病假期间的工资通常属于非累积带薪缺勤。通常情况下，与非累积带薪缺勤相关的职工薪酬已经包括在企业每期向职工发放的工资等薪酬中，因此，不必额外作相应的账务处理。

3. 短期利润分享计划（或奖金计划）

企业制订有短期利润分享计划的，如当职工完成规定业绩指标，或者在企业工作了特定期限后，能够享有按照企业净利润的一定比例计算的薪酬，企业应当按照准则的规定，进行有关会计处理。

短期利润分享计划同时满足下列条件的，企业应当确认相关的应付职工薪酬，并计入当期损益或相关资产成本：

（1）企业因过去事项导致现在具有支付职工薪酬的法定义务或推定义务；

（2）因利润分享计划所产生的应付职工薪酬义务能够可靠估计。

【例10-11】鸿发公司有一项利润分享计划,要求将其至2018年12月31日止会计年度的税前利润的指定比例支付给在2018年7月1日至2019年6月30日为鸿发公司提供服务的职工。该奖金于2019年6月30日支付。2018年12月31日止财务年度的税前利润为1 000万元人民币。如果鸿发公司在2018年7月1日至2019年6月30日期间没有职工离职,则当年的利润分享支付总额为税前利润的3%。鸿发公司估计职工离职将使支付额降低至税前利润的2.5%(其中,直接参加生产的职工享有1%,总部管理人员享有1.5%),不考虑个人所得税影响。

分析:尽管支付额是按照截至2018年12月31日止财务年度的税前利润的3%计量,但是业绩是基于职工在2018年7月1日至2019年6月30日期间提供的服务。因此,鸿发公司在2018年12月31日应按照税前利润的50%的2.5%确认负债和成本及费用,金额为125 000元(10 000 000×50%×2.5%)。余下的利润分享金额,连同针对估计金额与实际支付金额之间的差额做出的调整额,在2019年予以确认。

2018年12月31日的账务处理如下:

借:生产成本　　　　　　　　　　　　　　　　　　50 000
　　管理费用　　　　　　　　　　　　　　　　　　75 000
　　贷:应付职工薪酬——利润分享计划　　　　　　125 000

2019年6月30日,鸿发公司的职工离职使其支付的利润分享金额为2018年度税前利润的2.8%(直接参加生产的职工享有1.1%,总部管理人员享有1.7%),在2019年确认余下的利润分享金额,连同针对估计金额与实际支付金额之间的差额做出的调整额合计为155 000元(10 000 000×2.8%-125 000)。其中,计入生产成本的利润分享计划金额为60 000元(10 000 000×1.1%-50 000),计入管理费用的利润分享计划金额为95 000元(10 000 000×1.7%-75 000)。

2019年6月30日的账务处理如下:

借:生产成本　　　　　　　　　　　　　　　　　　60 000
　　管理费用　　　　　　　　　　　　　　　　　　95 000
　　贷:应付职工薪酬——利润分享计划　　　　　　155 000

4. 非货币性福利

企业向职工提供非货币性福利的,应当按照公允价值计量。公允价值不能可靠取得,可以采用成本计量。

(1)以自产产品或外购商品发放给职工作为福利。企业以其生产的产品作为非货币性福利提供给职工的,应当按照该产品的公允价值和相关税费计量应计入成本费用的职工薪酬金额,相关收入的确认、销售成本的结转和相关税费的处理,与正常商品销售相同。以外购商品作为非货币性福利提供给职工的,应当按照该商品的公允价值和相关税费计入成本费用。

需要注意的是,在以自产产品或外购商品发放给职工作为福利的情况下,企业在进行账务处理时,应当先通过"应付职工薪酬"科目归集当期应计入成本费用的非货币性薪酬金额。

【例10-12】鸿发公司一分公司现有职工200名,2018年2月,公司以其生产的成本为 10 000 元的高级笔记本电脑和外购的每部不含税价格为 1 000 元的手机作为春节福利发放给公司每名职工。该型号笔记本电脑的售价为每台 14 000 元，该公司适用的增值税税率为 13%，已开具了增值税专用发票；公司以银行存款支付了购买手机的价款和增值税进项税额，已取得增值税专用发票，适用的增值税税率为 13%。假定 200 名职工中 170 名为直接参加生产的职工，30 名为总部管理人员。

分析：企业以自己生产的产品作为福利发放给职工，应计入成本费用的职工薪酬金额以公允价值计量，计入主营业务收入，产品按照成本结转，但要根据相关税收规定，视同销售计算增值税销项税额。外购商品发放给职工作为福利，应当将交纳的增值税进项额计入成本费用。

笔记本电脑的售价总额 = 14 000 × 170 + 14 000 × 30 = 2 800 000（元）
笔记本电脑的增值税销项税额 = 14 000 × 170 × 13% + 14 000 × 30 × 13%
= 364 000（元）

该公司决定发放非货币性福利时，应作如下账务处理：

借：生产成本　　　　　　　　　　　　　　　　　　　　2 689 400
　　管理费用　　　　　　　　　　　　　　　　　　　　　474 600
　　　贷：应付职工薪酬——非货币性福利　　　　　　　3 164 000

实际发放笔记本电脑时，应作如下账务处理：

借：应付职工薪酬——非货币性福利　　　　　　　　　　3 164 000
　　　贷：主营业务收入　　　　　　　　　　　　　　　2 800 000
　　　　　应交税费——应交增值税（销项税额）　　　　 364 000
借：主营业务成本　　　　　　　　　　　　　　　　　　2 000 000
　　　贷：库存商品　　　　　　　　　　　　　　　　　2 000 000

手机的售价总额 = 1 000 × 170 + 1 000 × 30 = 170 000 + 30 000 = 200 000（元）
手机的进项税额 = 1 000 × 170 × 13% + 1 000 × 30 × 13% = 28 900 + 5 100
= 26 000（元）

该公司决定发放非货币性福利时，应作如下账务处理：

借：生产成本　　　　　　　　　　　　　　　　　　　　　192 100
　　管理费用　　　　　　　　　　　　　　　　　　　　　　33 900
　　　贷：应付职工薪酬——非货币性福利　　　　　　　　226 000

购买手机时，鸿发公司应作如下账务处理：

借：库存商品　　　　　　　　　　　　　　　　　　　　　200 000
　　应交税费——应交增值税（进项税额）　　　　　　　　 26 000
　　　贷：银行存款　　　　　　　　　　　　　　　　　　226 000
借：应付职工薪酬——非货币性福利　　　　　　　　　　　226 000
　　　贷：库存商品　　　　　　　　　　　　　　　　　　200 000
　　　　　应交税费——应交增值税（进项税额转出）　　　 26 000

（2）将自有房屋等资产无偿提供给职工使用或租赁住房等资产供给职工无偿使用。企业将拥有的房屋等资产无偿提供给职工使用的，应当根据受益对象，将住房每期的公允价值计入当期损益或相关资产成本，同时确认应付职工薪酬。公允价值无法可靠取得的，可以按照成本计量。租赁住房等资产供给职工无偿使用的，应当根据受益对象，将每期应付的租金计入相关资产成本或当期损益，并确认应付职工薪酬。

【例10-13】鸿发公司为总部部门经理级别以上职工每人提供一辆小轿车免费使用，该公司总部共有部门经理以上职工20名，假定每辆轿车每月计提折旧1 000元；该公司还为其5名副总裁以上高级管理人员每人租赁一套公寓免费使用，月租金为每套8 000元（假定上述人员发生的费用无法认定受益对象）。鸿发公司相关账务处理如下：

借：管理费用　　　　　　　　　　　　　　　　　　　60 000
　　贷：应付职工薪酬——非货币性福利　　　　　　　　　60 000
借：应付职工薪酬——非货币性福利　　　　　　　　　　60 000
　　贷：累计折旧　　　　　　　　　　　　　　　　　　20 000
　　　　银行存款　　　　　　　　　　　　　　　　　　40 000

（3）向职工提供企业支付了补贴的商品或服务。企业有时以低于企业取得资产或服务成本的价格向职工提供资产或服务，比如以低于成本的价格向职工出售住房、以低于企业支付的价格向职工提供医疗保健服务。以提供包含补贴的住房为例，企业在出售住房等资产时，应当将出售价款与成本的差额（即相当于企业补贴的金额）分别情况处理：

①如果出售住房的合同或协议中规定了职工在购得住房后至少应当提供服务的年限，且如果职工提前离开则应退回部分差价，企业应当将该项差额作为长期待摊费用处理，并在合同或协议规定的服务年限内平均摊销，根据受益对象分别计入相关资产成本或当期损益。

②如果出售住房的合同或协议中未规定职工在购得住房后必须服务的年限，企业应当将该项差额直接计入出售住房当期相关资产成本或当期损益。因为在这种情况下，该项差额相当于是对职工过去提供服务成本的一种补偿，不以职工的未来服务为前提，因此，应当立即确认为当期相关资产成本或当期损益。

【例10-14】2019年1月，鸿发公司为留住人才，将以每套100万元的价格购买并按照固定资产入账的50套公寓，以每套60万元的价格出售给公司管理层和生产一线的优秀职工。其中，出售给公司管理层20套，出售给一线生产工人30套。出售合同规定，职工在取得住房后必须在公司服务10年，不考虑相关税费。

鸿发公司出售住房时，应作如下账务处理：

借：银行存款　　　　　　　　　　　　　　　　　　30 000 000
　　长期待摊费用　　　　　　　　　　　　　　　　20 000 000
　　贷：固定资产　　　　　　　　　　　　　　　　50 000 000

出售住房后的10年内，公司应按照直线法摊销该项长期待摊费用，并作如下账务处理：

借：生产成本　　　　　　　　　　　　　　　　　　 1 200 000
　　管理费用　　　　　　　　　　　　　　　　　　　 800 000
　　贷：应付职工薪酬——非货币性福利　　　　　　　2 000 000
借：应付职工薪酬——非货币性福利　　　　　　　　 2 000 000

　　　　贷：长期待摊费用　　　　　　　　　　　　　　　　　　　　2 000 000

(三) 离职后福利的会计处理

离职后福利计划，是指企业与职工就离职后福利达成的协议，或者企业为向职工提供离职后福利制定的规章或办法等。企业应当将离职后福利计划分类为设定提存计划和设定受益计划。其中，设定提存计划，是指向独立的基金缴存固定费用后，企业不再承担进一步支付义务的离职后福利计划；设定受益计划，是指除设定提存计划以外的离职后福利计划。

1. 设定提存计划

企业应当在职工为其提供服务的会计期间，将根据设定提存计划（例如为职工缴纳的养老、失业保险费）计算的应缴存金额确认为负债，并计入当期损益或相关资产成本，借记"生产成本"等科目，贷记"应付职工薪酬——设定提存计划"科目。企业实际支付时，借记"应付职工薪酬——设定提存计划"科目，贷记"银行存款"等科目。

2. 设定受益计划

设定受益计划是指除设定提存计划以外的离职后福利计划。企业应当计量设定受益计划所产生的义务，并确定相关义务的归属期间。企业应将设定受益计划所产生的义务予以折现，以确定设定受益计划的现值和当期服务成本。

企业确认设定受益计划产生的应付职工薪酬，借记"生产成本"等科目，贷记"应付职工薪酬——设定受益计划"科目；并与年末确认相关的利息费用，借记"财务费用"等科目，贷记"应付职工薪酬——设定受益计划"科目。

如果职工在离职后长期享有设定受益计划，企业应采用保险精算的方法对设定受益计划的应付职工薪酬进行重新计量。企业重新计量设定受益计划应付职工薪酬所产生的变动金额，应计入"其他综合收益"科目，借记或贷记"应付职工薪酬——设定受益计划"科目，贷记或借记"其他综合收益"科目。企业确认的这部分其他综合收益，在以后会计期间不允许转回至损益，但企业可以将其转为期初留存收益。

企业在某一职工的设定受益计划结束时应当进行设定受益计划结算，确认一项结算利得或损失，借记或贷记"应付职工薪酬——设定受益计划"科目，贷记"营业外收入"或借记"营业外支出"科目。同时，将原确认的其他综合收益转为期初留存收益，借记或贷记"其他综合收益"科目，贷记或借记"盈余公积""利润分配——未分配利润"科目。

(四) 辞退福利的会计核算

辞退福利是指在企业与职工签订的劳动合同未到期之前，企业由于种种原因需要提前终止劳动合同而辞退员工，根据劳动合同，企业需要提供一笔资金作为对被辞退员工的补偿。辞退福利通常采取在解除劳动关系时一次性支付补偿的方式，也有通过提高退休后养老金或其他离职后福利标准的方式，或者将职工薪酬的工资部分支付到辞退后未来某一期间。企业向职工提供辞退福利的，应当确认辞退福利产生的职工薪酬负债，并计入当期损益。

由于被辞退职工不能再给企业带来任何经济利益，辞退福利应当计入当期费用，企业应根据满足负债确认条件的辞退福利金额，借记"管理费用"科目，贷记"应付职工薪酬——辞退福利"科目。企业实际支付辞退福利时，借记"应付职工薪酬——辞退福利"科目，贷记"银行存款"等科目。

（五）其他长期职工福利

其他长期职工福利是指除了前述各项职工薪酬以外的长期职工福利，主要包括长期带薪缺勤、长期利润分享计划和长期残疾福利等。

企业确认的长期带薪缺勤、长期利润分享计划等，按照前述带薪缺勤、利润分享计划的有关规定进行处理。长期残疾福利水平如果取决于职工提供服务期间长短的，企业应当在职工提供服务的期间确认应付长期残疾福利义务；长期残疾福利水平与职工提供服务期间长短无关的，企业应当在导致职工长期残疾事件发生的当期确认应付长期残疾福利义务。

企业确认的应付其他长期福利，偿付期在一年以上的，应按照一定的折现率折现，借记有关成本费用科目，贷记"应付职工薪酬——其他长期职工福利"科目；并于年末确认相关的利息费用，借记"财务费用"等科目，贷记"应付职工薪酬——其他长期职工福利"科目。企业实际支付其他长期福利时，应借记"应付职工薪酬——其他长期职工福利"科目，贷记"银行存款"等科目。

六、应交税费

应交税费是指企业在经营过程中根据税法的规定应向税务局缴纳的税费，主要包括增值税、消费税、城市维护建设税、教育费附加、土地增值税、房产税、车船税、资源税、土地使用税、矿产资源补偿费、所得税等。上述企业应交的各种税费在尚未缴纳之前形成企业的一项现时义务，应当确认为一项流动负债，期末反映在资产负债表上的应交税费项目内。

（一）应交增值税

增值税是以商品（含应税劳务、应税行为）在流转过程中实现的增值额作为依据而征收的一种流转税。应税劳务是指提供加工、修理或修配劳务，应税行为是指销售应税服务、无形资产、不动产。

> **小贴士**
>
> 按照修订后的《中华人民共和国增值税暂行条例》，企业购入的机器设备等生产经营用固定资产所支付的增值税在符合税法的规定下，应从销项税额中扣除，不再计入固定资产成本。按照税法规定，购入的用于集体福利或个人消费等目的的固定资产而支付的增值税，不能从销项税额中扣除，仍应计入固定资产成本。

1. 科目设置

企业应交的增值税，在"应交税费"科目下设置"应交增值税"明细科目进行核算。"应交增值税"明细科目的借方发生额，反映企业购进货物或接受应税劳务支付的进项税额、实际已交纳的增值税；贷方发生额，反映销售货物或提供应税劳务交纳的增值税额、出口退税、转出已支付或应分担的增值税等；期末借方余额，反映企业尚未抵扣的增值税。

"应交税费——应交增值税"科目分别设置"进项税额""已交税金""销项税额""出口退税""进项税额转出""转出未交增值税""转出多交增值税""减免税款"等专栏。

2. 一般纳税企业一般购销业务的会计处理

一般情况下,企业购进货物、接受劳务供应等,只要取得了增值税的扣税凭证,就可以抵扣增值税作进项税额的处理,借记"应交税费——应交增值税(进项税额)"科目,按采购成本的金额借记"材料采购""库存商品"等科目,按应付或实际支付的金额,贷记"应付账款""银行存款"等科目。

【例10-15】鸿发公司为增值税一般纳税人,2019年7月8日购入材料一批,增值税专用发票上注明价款600 000元,增值税税额为78 000元,企业用银行存款支付,材料已经验收入库,鸿发公司材料采购按实际成本进行日常核算。鸿发公司相关账务处理如下:

借:原材料　　　　　　　　　　　　　　　　　　　　　　　　600 000
　　应交税费——应交增值税(进项税额)　　　　　　　　　　 78 000
　　贷:银行存款　　　　　　　　　　　　　　　　　　　　　 678 000

【例10-16】鸿发公司为增值税一般纳税人,2019年9月10日从甲公司购买一批原材料,取得的增值税专用发票上注明的材料价款为80 000元,运输费2 000元。材料已经收到并已验收入库,相关款项尚未支付。鸿发公司材料采购按实际成本进行日常核算。

分析:鸿发公司可抵扣增值税进项税额包括材料的进项税额和运费的进项税额两部分。

进项税额 = 80 000 × 13% + 2 000 × 9% = 10 580(元)

鸿发公司相关账务处理如下:

借:原材料　　　　　　　　　　　　　　　　　　　　　　　　 82 000
　　应交税费——应交增值税(进项税额)　　　　　　　　　　 10 580
　　贷:应付账款　　　　　　　　　　　　　　　　　　　　　 92 580

销售货物或提供应税劳务、应税行为的,按实现的营业收入和收取的增值税额,借记"应收账款""应收票据""银行存款"等科目,按专用发票上注明的增值税额,贷记"应交税费——应交增值税(销项税额)"科目,按实现的营业收入,贷记"主营业务收入""其他业务收入"等科目,发生销售退回,做相反的账务处理。

【例10-17】鸿发公司为增值税一般纳税人,2019年9月10日销售产品一批,价格为200 000元,增值税专用发票上注明税额为26 000元,销售已实现,款项尚未收到。该批产品的成本为160 000元。鸿发公司相关账务处理如下:

借:应收账款　　　　　　　　　　　　　　　　　　　　　　　226 000
　　贷:主营业务收入　　　　　　　　　　　　　　　　　　　 200 000
　　　　应交税费——应交增值税(销项税额)　　　　　　　　 26 000

同时结转成本。

借:主营业务成本　　　　　　　　　　　　　　　　　　　　　160 000
　　贷:库存商品　　　　　　　　　　　　　　　　　　　　　 160 000

随同货物出售但单独计价的包装物，按规定收取的增值税，借记"应收账款"等科目，贷记"应交税费——应交增值税（销项税额）"科目。出租、出借的包装物逾期未收回而没收的押金应交的增值税，借记"其他应付款"科目，贷记"应交税费——应交增值税（销项税额）"科目。

3. 一般纳税企业购入免税产品的会计处理

某些特殊情况下，企业购进货物、接受劳务供应时，没有取得增值税的扣税凭证，但也可以抵扣增值税作进项税额的处理。如，购进免税农产品按照经税务机关批准的收购凭证上注明的价款或收购金额按照既定的扣除率计算进项税额。

【例10-18】鸿发公司为增值税一般纳税人，2019年9月10日购进免税农产品一批，价款10 000元，规定扣除率为9%，货物尚未到达企业，用存款支付上述款项，鸿发公司材料采购按实际成本进行日常核算。鸿发公司相关账务处理如下：

借：在途物资　　　　　　　　　　　　　　　　　　　　　　9 100
　　应交税费——应交增值税（进项税额）　　　　　　　　　900
　　贷：银行存款　　　　　　　　　　　　　　　　　　　　　10 000

4. 小规模纳税企业的会计处理

小规模纳税企业购入货物无论是否取得增值税专用发票，其支付的增值税额均不计入进项税额，不得由销项税额抵扣，而应计入所购货物的成本。相应地，其他企业从小规模纳税企业购入货物或接受劳务支付的增值税税额，如果不能取得增值税专用发票，也不能作为进项税额抵扣，而应计入购入货物或应税劳务的成本；小规模纳税企业的销售收入按不含税价格计算，如果采用销售额和应纳税额合并定价方法的，按照公式"销售额＝含税销售额÷（1＋征收率）"还原为不含税销售额后再计算。

【例10-19】甲公司为小规模纳税人，2019年9月10日购入材料一批，收到增值税专用发票上注明的材料价款为100 000元，增值税税额为13 000元，另外负担运杂费3 000元，全部价款用银行存款支付，材料已经验收入库。

分析：本例中，由于甲公司是小规模纳税人，购买货物时交纳的增值税不能抵扣，因而全部计入存货成本。甲公司相关账务处理如下：

借：原材料　　　　　　　　　　　　　　　　　　　　　　116 000
　　贷：银行存款　　　　　　　　　　　　　　　　　　　　116 000

【例10-20】乙公司为小规模纳税人，2019年9月10日销售产品一批，所开具的增值税普通发票注明的货款（含税）为4 120元，增值税征收率为3%，款项已存入银行。乙公司销售的该批产品的生产成本为3 200元。

分析：本例中，乙公司销售价款4 120元为含税价格，首先应计算不含税价格，再计算应缴纳的增值税。

不含税销售额＝4 120÷（1＋3%）＝4 000（元）
应缴纳增值税＝4 000×3%＝120（元）
乙公司相关账务处理如下：

借：银行存款　　　　　　　　　　　　　　　　　　　　　　4 120
　　贷：主营业务收入　　　　　　　　　　　　　　　　　　　4 000

　　　　应交税费——应交增值税　　　　　　　　　　　　　　　　　120

同时结转成本。

　　借：主营业务成本　　　　　　　　　　　　　　　　　　　　3 200
　　　　贷：库存商品　　　　　　　　　　　　　　　　　　　　　3 200

5. 视同销售的会计处理

企业的某些行为虽然没有取得销售收入，也视同销售，应当缴纳增值税，常见的视同销售行为包括：将货物交付其他单位或个人代销；销售代销货物，将自产、委托加工的货物用于集体福利或个人消费等非应税项目；将自产、委托加工或者购进的货物对外投资、利润分配或对外捐赠等。

【例10-21】鸿发公司为增值税一般纳税人，将一批自产产品对外捐赠。该批产品的成本为50 000元，市场售价为60 000元（计税价格），适用增值税税率为13%。

分析：该业务属于视同销售业务，鸿发公司应当按照产品的计税价格和适用税率计算增值税的销项税额。鸿发公司相关账务处理如下：

　　借：营业外支出　　　　　　　　　　　　　　　　　　　　　57 800
　　　　贷：库存商品　　　　　　　　　　　　　　　　　　　　　50 000
　　　　　　应交税费——应交增值税（销项税额）　　　　　　　　7 800

【例10-22】2019年9月30日，鸿发公司将自产食品作为福利发放给职工，食品成本为40 000元，售价50 000元，适用增值税税率为13%。鸿发公司相关账务处理如下：

　　借：应付职工薪酬　　　　　　　　　　　　　　　　　　　　56 500
　　　　贷：主营业务收入　　　　　　　　　　　　　　　　　　　50 000
　　　　　　应交税费——应交增值税（销项税额）　　　　　　　　6 500

同时结转食品的成本。

　　借：主营业务成本　　　　　　　　　　　　　　　　　　　　40 000
　　　　贷：库存商品　　　　　　　　　　　　　　　　　　　　　40 000

6. 不予抵扣项目的会计处理

某些情况下，企业发生的进项税额不得从销项税额中抵扣，主要包括：购进货物或者接受应税劳务用于提供非应税劳务、集体福利或个人消费等非应税项目；购进的货物因管理不善造成的被盗、丢失、霉烂变质而发生的非正常损失等。在上述情形下，已经发生的增值税进项税额应当予以转出，贷记"应交税费——应交增值税（进项税额转出）"科目，不得从当期销项税额中转出。

【例10-23】鸿发公司因火灾毁损一批材料，有关增值税专用发票确认的买价为250 000元，增值税税额为32 500元。对于该项火灾的损失，保险公司承保赔原材料成本的60%，其余经批准确认为营业外支出。鸿发公司相关账务处理如下：

　　借：待处理财产损溢　　　　　　　　　　　　　　　　　　　282 500
　　　　贷：原材料　　　　　　　　　　　　　　　　　　　　　　250 000
　　　　　　应交税费——应交增值税（进项税额转出）　　　　　　32 500
　　借：其他应收款　　　　　　　　　　　　　　　　　　　　　150 000
　　　　营业外支出　　　　　　　　　　　　　　　　　　　　　132 500

　　　　贷：待处理财产损溢　　　　　　　　　　　　　　　　　　　282 500

　　7. 转出多交增值税和未交增值税的会计处理

　　为了分别反映增值税一般纳税人欠交增值税款和待抵扣增值税的情况，确保企业及时足额上交增值税，应在"应交税费"科目下设置"未交增值税"明细科目，核算企业月份终了累计未交增值税或多交增值税。

　　企业应将当月发生的应交未交增值税自"应交税费——应交增值税（转出未交增值税）"科目转入"应交税费——未交增值税"科目，即：借记"应交税费——应交增值税（转出未交增值税）"科目，贷记"应交税费——未交增值税"科目。

　　企业应将本月多交的增值税自"应交税费——应交增值税（转出多交增值税）"科目转入"应交税费——未交增值税"科目，即：借记"应交税费——未交增值税"科目，贷记"应交税费——应交增值税（转出多交增值税）"科目。

　　经过结转后月份终了，"应交税费——应交增值税"科目的余额，反映企业尚未抵扣的增值税。

　　值得注意的是，当月上交本月增值税时，应借记"应交税费——应交增值税（已交税金）"科目，贷记"银行存款"科目。当月上交上月或以前月份实现的增值税时，借记"应交税费——未交增值税"科目，贷记"银行存款"科目。

　　【例10-24】鸿发公司为增值税一般纳税人，适用的增值税税率为13%，材料和产品均按实际成本核算。该公司2019年5月末未抵销的进项税额20 000元，该借方余额均可从下月的销项税额中抵扣，6月份发生了以下涉及增值税的业务：

　　（1）购入材料一批，增值税专用发票上注明价款为200 000元，增值税税额为26 000元，企业用银行存款支付货款，材料已验收入库。

　　（2）用原材料对外投资，双方协议按成本作价，该原材料的成本和计税价格均为400 000元，应交纳的增值税税额为52 000元。

　　（3）购进免税农产品一批作为原材料，买价100 000元，货物已验收入库，款项已用银行存款支付。

　　（4）销售产品一批，销售价格为150 000元，税额为19 500元，销售已实现，款项尚未收到。

　　（5）在建工程领用工程物资一批，该批物资实际成本为30 000元，增值税税额3 900元。

　　（6）企业将自产的一批产品捐赠给福利院，该批产品计税价格为10 000元，税率13%，成本为6 000元。

　　（7）月末盘亏原材料一批，属于非正常损耗。该批原材料的实际成本为60 000元，增值税税额为7 800元。

　　（8）用银行存款交纳本月增值税20 000元。

　　（9）月末计算未交增值税。

　　根据以上业务资料，鸿发公司相关账务处理如下：

　　（1）借：原材料　　　　　　　　　　　　　　　　　　　200 000
　　　　　　应交税费——应交增值税（进项税额）　　　　　　 26 000

	贷：银行存款	226 000
(2)	借：长期股权投资	452 000
	贷：原材料	400 000
	应交税费——应交增值税（销项税额）	52 000
(3)	借：原材料	91 000
	应交税费——应交增值税（进项税额）	9 000
	贷：银行存款	100 000
(4)	借：应收账款	169 500
	贷：主营业务收入	150 000
	应交税费——应交增值税（销项税额）	19 500
(5)	借：在建工程	30 000
	贷：工程物资	30 000
(6)	借：营业外支出	7 300
	贷：库存商品	6 000
	应交税费——应交增值税（销项税额）	1 300
(7)	借：待处理财产损溢	67 800
	贷：原材料	60 000
	应交税费——应交增值税（进项税额转出）	7 800
(8)	借：应交税费——应交增值税（已交税金）	40 000
	贷：银行存款	40 000

(9) 6月份发生的销项税额 = 52 000 + 19 500 + 1 300 = 72 800（元）

6月份发生的进项税额 = 26 000 + 9 000 = 35 000（元）

6月份发生的进项税额转出 = 7 800（元）

6月份应交增值税 = 72 800 - (35 000 - 7 800) - 20 000 = 25 600（元）

6月份未交增值税 = 25 600 - 20 000 = 5 600（元）

　　借：应交税费——应交增值税（转出未交增值税）　　5 600
　　　　贷：应交税费——未交增值税　　　　　　　　　　　　5 600

抵扣上期未抵扣完的增值税进项税额20 000元后，"应交税费——未交增值税"月末余额为贷方余额5 600元。

（二）应交消费税的会计处理

消费税是对在我国境内生产、委托加工和进口应税消费品的单位和个人征收的一种流转税。

1. 销售应税消费品

企业按规定应交的消费税，在"应交税费"科目下设"应交消费税"明细科目核算。企业将自产的产品直接对外销售，按应交纳的消费税，借记"税金及附加"科目，贷记"应交税费——应交消费税"科目。

【例10-25】鸿发公司销售消费税应税产品，不含税销售额为300 000元，增值税税额为39 000元，消费税税率为10%。有关消费税的会计处理如下：

应交消费税 = 300 000 × 10% = 30 000（元）

借：税金及附加　　　　　　　　　　　　　　　　　　　　　　　30 000
　　贷：应交税费——应交消费税　　　　　　　　　　　　　　　　　30 000

2. 视同销售

企业将自产的应税消费品用于本企业的生产经营、在建工程、集体福利、个人消费，或用于对外投资、分配给股东（投资者），或无偿捐赠给他人，均应视同销售，计算缴纳消费税，其销售额应按同类消费品的销售价格计算，没有同类消费品的销售价格，应按组成计税价格计算，其公式如下：

组成计税价格 =（成本 + 利润）/（1 - 消费税税率）

【例 10 - 26】鸿发公司本月领用自产的应税消费品 A 产品用于发放职工福利，该产品的实际成本为 15 000 元，不含增值税的售价为 20 000 元，消费税税率为 20%。

应交消费税 = 20 000 × 20% = 4 000（元）

增值税销项税额 = 20 000 × 13% = 2 600（元）

借：应付职工薪酬——职工福利　　　　　　　　　　　　　　　　26 600
　　贷：主营业务收入　　　　　　　　　　　　　　　　　　　　　20 000
　　　　应交税费——应交消费税　　　　　　　　　　　　　　　　4 000
　　　　　　　　——应交增值税（销项税额）　　　　　　　　　　2 600

【例 10 - 27】鸿发公司将自产的一批应税消费品向投资者分配利润，产品的实际成本为 30 000 元，该产品没有同类产品的销售价格，正常的成本利润率为 60%，增值税税率为 13%，消费税税率为 20%。

组成计税价格 =（30 000 + 30 000 × 60%）/（1 - 20%）= 60 000（元）

应交消费税 = 60 000 × 20% = 12 000（元）

增值税销项税额 = 60 000 × 13% = 7 800（元）

借：应付股利　　　　　　　　　　　　　　　　　　　　　　　　79 800
　　贷：主营业务收入　　　　　　　　　　　　　　　　　　　　　60 000
　　　　应交税费——应交消费税　　　　　　　　　　　　　　　　12 000
　　　　　　　　——应交增值税（销项税额）　　　　　　　　　　7 800

3. 委托加工应税消费品

企业委托外单位加工应税消费品，应按税法规定由受托方在向委托方交货时代扣代缴消费税，其销售额应按受托方同类消费品的销售价格计算；没有同类消费品销售价格的，应按组成计税价格计算，其公式为：

组成计税价格 =（材料成本 + 加工费）/（1 - 消费税税率）

企业收回委托加工的应税消费品用于连续生产应税消费品时，交纳的消费税可以抵扣，借记"应交税费——应交消费税"科目，贷记"银行存款"等科目；在企业最终销售应税消费品时，再根据其销售额计算应交的全部消费税，借记"税金及附加"科目，贷记"应交税费——应交消费税"科目；应交的消费税扣除收回委托加工应税消费品时交纳的消费税，为应补交的消费税，交纳时借记"应交税费——应交消费税"科目，贷记"银行存款"等科目。

企业收回委托加工的应税消费品,如果直接对外销售,则交纳的消费税应计入收回的应税消费品的成本,借记"委托加工物资"科目,贷记"银行存款"等科目,在应税消费品出售时,不再计算交纳消费税。

【例10-28】鸿发公司适用的增值税税率为13%,消费税率10%。现收回委托加工的一批材料,需要支付加工费用70 000元、运费5 000元(可按9%抵扣增值税)。假定该企业材料采用实际成本核算,用于加工的原料成本为200 000元。材料收回后继续用于生产应税消费品,该产品完工后全部销售,专用发票中注明售价为400 000元。该产品生产成本经计算为300 000元。以上款项收付均通过银行结算。鸿发公司相关账务处理如下:

(1) 收回加工材料。

应支付的增值税 = 70 000 × 13% + 5 000 × 9% = 9 550(元)

组成消费税的计税价格 = (200 000 + 70 000) ÷ (1 - 10%) = 300 000(元)

应支付的消费税 = 300 000 × 10% = 30 000(元)

借:委托加工物资	74 550
应交税费——应交增值税(进项税额)	9 550
——应交消费税	30 000
贷:银行存款	114 100
借:原材料	274 550
贷:委托加工物资	274 550

(2) 销售产品。

应支付的增值税 = 400 000 × 13% = 52 000(元)

应支付的消费税 = 400 000 × 10% = 40 000(元)

借:银行存款	452 000
贷:主营业务收入	400 000
应交税费——应交增值税(销项税额)	52 000
借:税金及附加	40 000
贷:应交税费——应交消费税	40 000
借:主营业务成本	300 000
贷:库存商品	300 000

4. 进口应税消费品的会计核算

企业进口应税消费品应交的消费税,由海关代征,于报关进口时交纳。因而,企业应当将进口应税消费品的消费税直接计入存货成本,借记"固定资产""原材料"等科目,贷记"银行存款"等科目。

七、应付利息

应付利息是指企业按合同约定应支付的利息,包括吸收存款、分期付息到期还本的长期借款、企业债券等应支付的利息。

资产负债表日,按实际利率法计算确定的利息费用,属于筹建期间的借记"管理费用"科目；属于生产经营期间符合资本化条件的借记"在建工程"科目，不符合资本化条件的借记"财务费用"科目；属于企业自行开发无形资产发生的研发支出的借记"研发支出"科目，按合同利率计算确定的当期应付未付利息贷记"应付利息"科目，按借贷双方的金额之间的差额，借记或贷记"长期借款——利息调整""应付债券——利息调整"等科目。

八、应付股利

应付股利是指企业经股东大会或类似机构审议批准分配的现金股利或利润。在实际支付前就形成了企业的一项流动负债，反映在资产负债表流动负债的"应付股利"项目内。

企业经股东大会或类似机构审议批准的利润分配方案，按应支付的现金股利或利润借记"利润分配"科目，贷记"应付股利"科目；实际的现金股利或利润借记"应付股利"，贷记"银行存款"等科目。

九、其他应付款

其他应付款，是指企业除应付票据、应付账款、预收账款、应付职工薪酬、应付利息、应付股利、应交税费、长期应付款以外的其他应付、暂收的款项，包括经营性租赁固定资产应付租金、包装物租金、存入保证金等。

需要注意的是，对于经营性租赁固定资产应付租金，通过"其他应付款"科目核算；对融资租赁固定资产应付租金，通过"长期应付款"科目核算。

当企业发生各种应收、暂付款项时，借记"银行存款""管理费用"等科目，贷记"其他应付款"科目；企业实际支付相关款项时，借记"其他应付款"科目，贷记"银行存款"等科目。

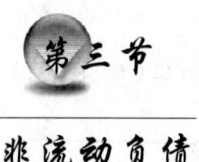

第三节 非流动负债

一、长期借款

（一）长期借款的核算内容

长期借款是指企业向金融机构等借入的偿还期在一年以上的款项。

（二）长期借款的会计处理

为了反映长期借款的利息和归还本息的情况，应设置"长期借款"科目，并设置"本金"和"利息调整"两个明细科目，分别核算长期借款的本金和因实际利率和合同利率不同产生的利息调整。

企业借入长期借款，应按实际收到的现金净额，借记"银行存款"科目，贷记"长期借款——本金"，按其差额借记或贷记"长期借款——利息调整"。

资产负债表日，应按摊余成本和实际利率计算确定的长期借款的利息费用，借记"在建工程""制造费用""财务费用""研发支出"等科目，按合同约定的名义利率计算确定的应付利息金额，贷记"应付利息"科目，按其差额，贷记"长期借款——利息调整"。

归还长期借款本金时，借记"长期借款——本金"，贷记"银行存款"科目。同时，按应转销的利息调整、应计利息金额，借记或贷记"在建工程""制造费用""财务费用""研发支出"等科目，贷记或借记"应计利息"。

【例10-29】鸿发公司2016年1月1日从中国银行借入长期借款1 000 000元，用于扩建厂房，年末完工交付使用。借款期为三年，年利率4.8%，每年年末归还借款利息，到期一次还清本金。假定不考虑闲置专门借款本金存款的利息收入或投资收益，鸿发公司相关账务处理如下：

(1) 2016年1月1日借款存入银行。

借：银行存款　　　　　　　　　　　　　　　　　　　1 000 000
　　贷：长期借款——本金　　　　　　　　　　　　　　　　　　1 000 000

(2) 2016年12月31日完工交付使用时计算计入工程利息。

每年应计利息＝本金×利率＝1 000 000×4.8%＝48 000（元）

借：在建工程　　　　　　　　　　　　　　　　　　　　48 000
　　贷：应付利息　　　　　　　　　　　　　　　　　　　　　　48 000

(3) 2016年12月31日支付银行利息。

借：应付利息　　　　　　　　　　　　　　　　　　　　48 000
　　贷：银行存款　　　　　　　　　　　　　　　　　　　　　　48 000

(4) 2017年按月预提借款利息。

借：财务费用　　　　　　　　　　　　　　　　　　　　 4 000
　　贷：应付利息　　　　　　　　　　　　　　　　　　　　　　 4 000

年末偿还借款利息会计处理同(3)。

(5) 2018年12月31日计算应付利息的同时归还本息。

借：财务费用　　　　　　　　　　　　　　　　　　　　 4 000
　　应付利息　　　　　　　　　　　　　　　　　　　　　44 000
　　长期借款——本金　　　　　　　　　　　　　　　　1 000 000
　　贷：银行存款　　　　　　　　　　　　　　　　　　　　　1 048 000

二、应付债券

债券是企业为筹集资金，依照法定程序发行的，约定在一定期限内还本付息的一种书面证明。

(一) 一般公司应付债券的会计处理

企业应设置"应付债券"科目，并在该科目下设置"面值""利息调整""应计利息"（针对到期一次还本付息债券）三个明细科目，核算企业应付债券发行、计提利息、还本付息等情况。

1. 债券发行的会计处理

企业发行债券时，按实际收到的款项，借记"银行存款"科目，按债券票面价值，贷记"应付债券——面值"科目，按实际收到的款项与票面价值之间的差额，贷记或借记"应付债券——利息调整"科目。

2. 利息调整的摊销

利息调整应在债券存续期间内采用实际利率法摊销。

实际利率法是指每期的利息费用按实际利率乘以期初债券摊余成本计算，按实际利率计算的利息费用与按票面利率计算的应计利息的差额，即为本期摊销的溢价或折价，借记或贷记"应付债券——利息调整"科目。

实际利率是指应付债券在债券存续期间未来现金流量的现值等于该债券当前账面价值的折现率。

【例10-30】2016年1月1日，鸿发公司经批准发行5年期一次还本、分期付息的公司债券60 000 000元，债券利息在每年12月31日支付，票面利率为年利率6%。假定债券发行时的市场利率为5%。

鸿发公司该批债券实际发行价格为：

60 000 000 × (P/F, 5%, 5) + 60 000 000 × 6% × (P/A, 5%, 5) = 60 000 000 × 0.783 5 + 60 000 000 × 6% × 4.329 5 = 62 596 200（元）

鸿发公司根据上述资料，采用实际利率法和摊余成本计算确定的利息费用见表10-1。

表10-1 利息调整摊销表 单位：元

日期	应付利息	利息费用	摊余的利息调整	摊余成本余额
2016年1月1日				62 596 200
2016年12月31日	3 600 000	3 129 810	470 190	62 126 010
2017年12月31日	3 600 000	3 106 300.50	493 699.50	61 632 310.50
2018年12月31日	3 600 000	3 081 615.53	518 384.47	61 113 926.03
2019年12月31日	3 600 000	3 055 696.30	544 303.70	60 569 622.33
2020年12月31日	3 600 000	3 030 377.67*	569 622.33	60 000 000
小计	18 000 000	15 403 800	2 596 200	60 000 000
2020年12月31日	60 000 000		60 000 000	0
合计	78 000 000	15 403 800	62 596 200	—

*尾数调整：60 000 000 + 3 600 000 - 60 569 622.33 = 3 030 377.67（元）

根据上表的资料，鸿发公司的账务处理如下：

(1) 2016年1月1日，发行债券。

借：银行存款　　　　　　　　　　　　　　　　　　62 596 200
　　贷：应付债券——面值　　　　　　　　　　　　　　60 000 000
　　　　　　　　——利息调整　　　　　　　　　　　　2 596 200

(2) 2016年12月31日，计算利息费用。

借：财务费用（或在建工程）　　　　　　　　　　　　3 129 810

　　　　应付债券——利息调整　　　　　　　　　　　　　　　　470 190
　　　　　贷：应付利息　　　　　　　　　　　　　　　　　　　　　　3 600 000
　（3）2016 年 12 月 31 日，支付利息时。
　　　　借：应付利息　　　　　　　　　　　　　　　　　　　　　　　3 600 000
　　　　　贷：银行存款　　　　　　　　　　　　　　　　　　　　　　3 600 000
　2017 年、2018 年、2019 年确认利息费用的会计分录与 2016 年相同，金额与利息费用一览表的对应金额一致。
　（4）2020 年 12 月 31 日，归还债券本金及最后一期利息费用。
　　　　借：财务费用（或在建工程）　　　　　　　　　　　　　　　3 030 377.67
　　　　　　应付债券——面值　　　　　　　　　　　　　　　　　　60 000 000
　　　　　　　　　　　——利息调整　　　　　　　　　　　　　　　　569 622.33
　　　　　贷：银行存款　　　　　　　　　　　　　　　　　　　　　63 600 000

　　对于一次还本付息的债券，应于资产负债表日按摊余成本和实际利率计算确定的债券利息费用，借记"在建工程""制造费用""财务费用""研发支出"等科目，按票面利率计算确定的应付未付的利息，贷记"应付债券——应计利息"科目，按其差额，借记或贷记"应付债券——利息调整"科目。

　　3. 债券的偿还
　　如果是一次还本付息方式发行的债券的偿还，企业应于债券到期支付本息时，借记"应付债券——面值""应付债券——应计利息"科目，贷记"银行存款"科目。如果是一次还本分期付息方式发行的债券，在每期支付利息时，借记"应付利息"科目，贷记"银行存款"科目；债券到期偿还本金及最后一期利息的时候，借记"应付债券——面值""在建工程""制造费用""财务费用"等科目，贷记"银行存款"科目，按借贷双方之间的差额，借记或贷记"应付债券——利息调整"科目。

　　（二）可转换公司债券的会计处理
　　企业发行的可转换公司债券，应当在初始确认时将其包含的负债成分和权益成分进行分拆，将负债成分确认为应付债券，将权益成分确认为其他权益工具。在进行分拆时，应当先对负债成分的未来现金流量进行折现确定负债成分的初始确认金额，再按发行价格总额扣除负债成分初始确认金额后的金额确定权益成分的初始确认金额。发行可转换公司债券发生的交易费用，应当在负债成分和权益成分之间按照各自的相对公允价值进行分摊。

　　【例 10-31】鸿发公司经批准于 2016 年 1 月 1 日以 50 000 万元的价格（不考虑相关税费）发行面值总额为 50 000 万元的可转换公司债券。该可转换公司债券期限为 5 年，每年 1 月 1 日付息、票面年利率为 4%，实际利率为 6%。2016 年 1 月 1 日发行可转换公司债券时应确认的负债成分的公允价值和权益成分的公允价值各为多少？（利率为 6%、期数为 5 期的复利现值系数为 0.747 3，年金现值系数为 4.212 4）

　　分析：
　　债券负债成分的公允价值 = 50 000 × 0.747 3 + 50 000 × 4% × 4.212 4 = 45 789.8（万元）
　　权益成分公允价值 = 50 000 - 45 789.8 = 4 210.2（万元）
　　企业发行的可转换公司债券，应按实际收到的金额，借记"银行存款"等科目，按该可转换公司债券包含的负债成分的面值,贷记"应付债券——可转换公司债券(面值)"科目,按权益份额的公允价值,贷记"其他权益工具"科目,按借贷双方的差额,借记或贷记"应付债券——可转换公司债券(利息调整)"科目。

对于可转换公司债券的负债成分,在转换为股份前,其会计处理与一般公司债券相同,即按照实际利率和摊余成本确认利息费用,按照面值和票面利率确认应付利息,差额作为利息调整进行摊销。可转换公司债券持有者在债券存续期间内行使转换权利,将可转换公司债券转换为股份时,对于债券面额不足转换1股股份的部分,企业应当以现金偿还。

【例10-32】鸿发公司经批准于2016年1月1日按面值发行5年期一次还本按年付息的可转换公司债券200 000 000元,款项已收存银行,债券票面年利率为6%。债券发行1年后可转换为普通股股票,初始转股价为每股10元,股票面值为每股1元。债券持有人若在当期付息前转换股票的,应按债券面值和应付利息之和除以转股价,计算转换的股份数。假定2017年1月1日债券持有人将持有的可转换公司债券全部转换为普通股股票,鸿发公司发行可转换公司债券时二级市场上与之类似的没有附带转换权的债券市场利率为9%。(P/F,9%,5)=0.649 9,(P/A,9%,5)=3.889 7,鸿发公司相关账务处理如下:

(1) 2016年1月1日发行可转换公司债券。

借:银行存款	200 000 000
应付债券——可转换公司债券(利息调整)	23 343 600
贷:应付债券——可转换公司债券(面值)	200 000 000
其他权益工具	23 343 600

可转换公司债券负债成分的公允价值为:

200 000 000×0.649 9+200 000 000×6%×3.889 7=176 656 400(元)

可转换公司债券权益成分的公允价值为:

200 000 000-176 656 400=23 343 600(元)

(2) 2016年12月31日确认利息费用。

借:财务费用等	15 899 076
贷:应付利息——可转换公司债券利息	12 000 000
应付债券——可转换公司债券(利息调整)	3 899 076

(3) 2017年1月1日债券持有人行使转换权(假定利息尚未支付)。

转换的股份数=(200 000 000+12 000 000)/10=21 200 000(股)

借:应付债券——可转换公司债券(面值)	200 000 000
应付利息——可转换公司债券利息	12 000 000
其他权益工具	23 343 600
贷:股本	21 200 000
应付债券——可转换公司债券(利息调整)	19 444 524
资本公积——股本溢价	194 699 076

企业发行附有赎回选择权的可转换公司债券,其在赎回日可能支付的利息补偿金,即债券约定赎回期届满日应当支付利息减去应付债券票面利息的差额,应当在债券发行日至

债券约定赎回届满日期间计提应付利息，计提的应付利息，分别计入相关资产成本或财务费用。

三、长期应付款

（一）长期应付款的核算内容

长期应付款，是企业除长期借款和应付债券以外的其他各种长期应付款，包括应付融资租入固定资产的租赁款和以分期付款方式购入固定资产、无形资产或存货发生的应付账款等。

（二）长期应付款的会计处理

1. 应付融资租入固定资产的租赁费

融资租入固定资产，应当在租赁期开始日，按租赁开始日租赁资产的公允价值与最低租赁付款额的现值两者中较低者，加上初始直接费用作为入账价值，借记"在建工程"或"固定资产"科目；按最低租赁付款额，贷记"长期应付款——应付融资租赁款"科目；按发生的初始直接费用，贷记"银行存款"科目；按两者差额，借记"未确认融资费用"科目。

每年支付租赁款时，借记"长期应付款——应付融资租赁款"科目，贷记"银行存款"科目。

2. 具有融资性质的延期付款

企业在购入固定资产、无形资产或存货等有关资产时，超过正常信用条件延期支付价款，实质上是具有融资性质的。企业应按购买价款的现值，借记"固定资产""在建工程""无形资产""研发支出"等科目，按应支付价款总额，贷记"长期应付款"科目，按其差额，借记"未确认融资费用"科目。

企业在按照合同约定的付款日分期支付价款时，借记"长期应付款"科目，贷记"银行存款"科目。

练习题

一、不定项选择题

1. 甲公司为增值税一般纳税人，销售和进口货物适用的增值税税率为13%。2015年1月甲公司董事会决定将本公司生产的500件产品作为福利发放给公司管理人员。该批产品的单位成本为1.2万元，市场销售价格为每件2万元（不含增值税税额）。假定不考虑其他相关税费，甲公司在2015年因该项业务应计入管理费用的金额为（　　）万元。

A. 600　　　　　　　　　　　　B. 770
C. 1 000　　　　　　　　　　　D. 1 130

2. 某股份有限公司于2018年1月1日发行3年期，每年1月1日付息、到期一次还本的公司债券，债券面值为200万元，票面年利率为5%，实际年利率为6%，发行价格为196.65万元,另支付发行费用2万元。按实际利率法确认利息费用。该债券2019年度确认的利息费用为( )万元。

    A. 11.78   B. 12

    C. 10   D. 11.68

3. 2019年1月1日,甲公司发行分期付息、到期一次还本的5年期公司债券,实际收到的款项为18 800万元,该债券面值总额为18 000万元,票面年利率为5%。利息于每年年末支付;实际年利率为4%,2019年12月31日,甲公司该项应付债券的摊余成本为( )万元。

    A. 18 000   B. 18 652

    C. 18 800   D. 18 948

4. 下列关于企业发行可转换公司债券会计处理的表述中,正确的有( )。

    A. 将负债成分确认为应付债券

    B. 将权益成分确认为资本公积

    C. 按债券面值计量负债成分初始确认金额

    D. 按公允价值计量负债成分初始确认金额

5. 按现行会计制度的规定,企业交纳的下列各种税项中,可以通过"应交税费"科目核算的有( )。

    A. 消费税   B. 土地增值税

    C. 城市维护建设税   D. 印花税

6. 下列各项中,不属于应交税费的二级科目的是( )。

    A. 预交增值税   B. 待抵扣进项税额

    C. 简易计税   D. 进项税额

7. 下列各项中,应通过"应付职工薪酬"科目核算的有( )。

    A. 基本工资   B. 经常性奖金

    C. 养老保险费   D. 股份支付

8. 企业发行的应付债券产生的利息调整,每期摊销时可能计入的账户有( )。

    A. 在建工程   B. 长期待摊费用

    C. 财务费用   D. 应收利息

9. 长期借款所发生的利息支出、汇兑损失等借款费用,可能计入以下科目的有( )。

    A. 长期待摊费用   B. 财务费用

    C. 管理费用   D. 在建工程

10. 下列属于长期应付款核算内容的是( )。

    A. 以分期付款方式购入固定资产、无形资产等发生的应付款项

    B. 应付融资租赁款

    C. 矿产资源补偿费

    D. 职工未按期领取的工资

11. 在核算应付利息时,涉及的科目有( )。

A. 在建工程　　　　　　　　　　　B. 制造费用
C. 管理费用　　　　　　　　　　　D. 财务费用

12. 预收货款业务不多的企业，可以不设置"预收账款"科目，其所发生的预收货款，可以通过（　　）核算。
A. "应收账款"科目借方　　　　　　B. "应付账款"科目借方
C. "应收账款"科目贷方　　　　　　D. "应付账款"科目贷方

13. 企业发生赊购商品业务，下列各项中不影响应付账款入账金额的是（　　）。
A. 商品价款　　　　　　　　　　　B. 增值税进项税额
C. 现金折扣　　　　　　　　　　　D. 销货方代垫运杂费

14. 下列各项中，应通过"其他应付款"科目核算的有（　　）。
A. 应付的租入包装物租金　　　　　B. 应交的教育费附加
C. 应付的客户存入保证金　　　　　D. 应付的经营租入固定资产租金

15. 下列各项中，不应通过"其他应付款"科目核算的有（　　）。
A. 应交教育费附加　　　　　　　　B. 应付销售人员工资
C. 应付现金股利　　　　　　　　　D. 应付租入包装物租金

二、业务题

1. 甲公司是一家冰箱生产企业，为增值税一般纳税人，适用的增值税税率为13%，2017年甲公司与职工薪酬相关的业务资料如下：

（1）2017年4月，甲公司上一季度销售业绩再创新高，该公司为了奖励公司内部的优秀销售人员，4月2日从公司外部购入30辆汽车，每辆汽车的价税合计为40万元，以每辆20万元的价格销售给30名优秀销售人员，并且规定，销售人员接受奖励之后需要自2017年4月2日起，在公司继续服务满2年。

（2）2017年6月，甲公司以其生产的成本为0.5万元/台的电冰箱作为福利发放给公司100名优秀职工，每台电冰箱的售价为0.8万元；假定100名职工中60名为直接参加生产的职工，15名为销售人员，25名为总部管理人员。

（3）2017年12月，甲公司本期业绩良好，董事会决定对管理人员奖励三天的带薪假，若于2019年年底未使用的，则权利作废。甲公司共计50名管理人员，甲公司预计将会有39名管理人员全部使用带薪休假，已知甲公司管理人员日平均工资为0.08万元。

要求：
（1）根据资料（1），编制甲公司奖励职工汽车的相关分录。
（2）根据资料（2），说明甲公司是否应该确认收入，并编制甲公司对职工发放电冰箱的相关分录。
（3）根据资料（3）编制甲公司2017年年末因带薪假而确认的相关分录。

2. S公司2019年1月1日发行三年期可转换公司债券，面值总额为12 000万元，每年12月31日付息，到期一次还本。实际收款为12 800万元，债券的票面年利率为4%，债券发行时二级市场与之类似的没有附带转换权的债券市场利率为6%，2019年12月31日，债券持有者将其持有的面值为5 000万元S公司的债券按照初始转股价每股10元转

换为普通股股票,股票面值为每股1元。(按照账面价值转股)

已知:(P/F,4%,3)=0.889 0;(P/F,6%,3)=0.839 6;(P/A,4%,3)=2.775 1;(P/A,6%,3)=2.673 0。

要求:

(1) 分别计算S公司可转换公司债券发行时负债成分和权益成分的公允价值。

(2) 编制S公司2019年1月1日发行可转换公司债券的会计分录。

(3) 计算2019年12月31日S公司应确认的利息费用。

(4) 编制S公司2019年12月31日确认利息费用和支付利息的会计分录。

(5) 计算2019年12月31日债券持有人行使转换权时转换的股份数。

(6) 编制2019年12月31日债券持有人行使转换权时S公司的会计分录。

第十一章 所有者权益

【案例导学】

2019年6月5日，证监会官网披露了两份行政处罚决定书，该决定书涉及上市公司瑞和股份（股票代码：002620）2016年"高送转"事宜。被处罚的李某、倪某和郑某三人与瑞和股份董事长存在朋友关系，在获知瑞和股份"高送转"消息后，提前买入获利，经证监会认定，三人的行为构成内幕交易，证监会决定没收三人的违法所得并处以罚款，罚没合计4 028.74万元。

2016年11月21日，瑞和股份发布公告称，公司拟以现有总股本为基数，向全体股东每10股派送现金红利2元（含税），同时以资本公积转增股本，每10股转增25股。拟10转25派2元，对于有炒作高送转传统的A股投资者来说，无疑是一大利好。长期以来，由于高送转个股在预案发布后，股价往往短期内快速上涨，吸引了众多投资者参与投机博弈，瑞和股份也不例外，在方案发布后，股价连续拉升两个涨停，预先"埋伏"的三人成功获利出逃，瑞和股份的股价在短暂爬升后随即大幅下跌。

思考：上市公司利润分配为什么热衷高送转？其动机有哪些？

第一节 所有者权益概述

一、所有者权益的含义

我国《企业会计准则——基本准则》规定："所有者权益是指企业资产扣除负债后，由所有者享有的剩余权益。"所有者权益是所有者对企业资产的剩余索取权，是企业资产中扣除债权人权益后应由所有者享有的部分。

二、所有者权益的构成

所有者权益的来源包括所有者投入的资本、直接计入所有者权益的利得和损失、留存收益等，通常由实收资本（股本）、其他权益工具、资本公积、其他综合收益、盈余公积和未分配利润构成。

所有者投入的资本是指所有者投入企业的资本部分，它既包括构成企业注册资本（或股本）部分的金额，也包括投入资本超过注册资本（或股本）部分的金额，即资本溢价（或股本溢价）。

直接计入所有者权益的利得和损失，是指不应计入当期损益、会导致所有者权益发生增减变动的、与所有者投入资本或者向所有者分配利润无关的利得或损失。直接计入所有者权益的利得和损失主要包括以公允价值计量且其变动计入其他综合收益的金融资产的公允价值变动额以及现金流量套期中套期工具公允价值变动额（有效套期部分）等。

留存收益是企业历年实现的净利润留存于企业的部分，主要包括累计计提的盈余公积和未分配利润。

> **小贴士**
>
> 所有者权益与负债虽然都是权益，共同构成企业的资金来源，但所有者权益是投资者享有的对投入资本及其运用所产生盈余的权利；负债是在经营或其他活动中所发生的债务，是债权人要求企业清偿的权利。所有者享有参与收益分配、参与经营管理等多项权利，但对企业资产的要求权在顺序上置于债权人之后，即只享有对剩余资产的要求权；债权人享有到期收回本金及利息的权利，在企业清算时，有优先获取资产赔偿的要求权，但没有经营决策的参与权和收益分配权。

三、所有者权益的确认

所有者权益体现的是所有者在企业中的剩余权益，因此，所有者权益的确认主要依赖于其他会计要素，尤其是资产和负债的确认；所有者权益金额的确定也主要取决于资产和负债的计量。例如，企业接受投资者投入的资产，在该资产符合企业资产确认条件时，就相应地符合了所有者权益的确认条件；当该资产的价值能够可靠计量时，所有者权益的金额也就可以确定。

第二节 实收资本和其他权益工具

一、实收资本

（一）实收资本的含义

实收资本（或股本）是投资人投入资本形成法定资本的价值。所有者向企业投入的资本，在一般情况下无须偿还，可供企业长期周转使用。实收资本（或股本）的构成比例，通常是确定所有者在企业所有者权益中所占的份额和参与企业财务经营决策的基础，也是企业进行利润分配或股利分配的依据。《公司法》规定,公司注册资本应为在工商行政管理机关登记的实收资本总额。根据这一规定,公司的实收资本(或股本)即为注册资本。

(二)实收资本的会计处理

1. 一般企业的会计处理

一般企业是指除股份有限公司以外的企业,其投入资本通过"实收资本"科目进行会计处理。

企业收到投资人投入现金的,应当于实际收到或存入企业开户银行时,按实际收到的金额,借记"库存现金""银行存款"科目;收到实物资产投资的,应在办理实物产权转移手续时,借记有关资产科目;收到无形资产投资的,应按合同、协议或公司章程规定移交有关凭证时,借记"无形资产"科目。按投入资本在注册资本或股本中所占的份额,贷记"实收资本"科目,按其差额,贷记"资本公积——资本溢价"。

【例11-1】鸿发公司一子公司由甲、乙、丙三位投资者组成,每位投资者各投资100万元,共计实收资本300万元。经营一年后,投资者丁欲加入该公司并希望占有25%的股份,经协商该公司将注册资本增加到400万元。但丁投资者需投资150万元才可拥有公司25%的股份。鸿发公司账务处理如下:

借:银行存款　　　　　　　　　　　　　　　　　　　1 500 000
　　贷:实收资本　　　　　　　　　　　　　　　　　　1 000 000
　　　　资本公积——资本溢价　　　　　　　　　　　　　500 000

【例11-2】鸿发公司一子公司接受甲企业以其所拥有的专利作为出资,双方协议价值(公允价值)为350万元,该专利权在注册资本中所占的份额为300万元,已办妥相关手续。鸿发公司账务处理如下:

借:无形资产　　　　　　　　　　　　　　　　　　　3 500 000
　　贷:实收资本　　　　　　　　　　　　　　　　　　3 000 000
　　　　资本公积——资本溢价　　　　　　　　　　　　　500 000

2. 股份有限公司的会计处理

与一般企业相比,股份有限公司的显著特点在于将企业资本划分为等额股份,并通过发行股票的方式来筹集资本。股份有限公司股票发行的会计核算主要通过"股本"账户进行,仅核算公司发行股票的面值或设定价值部分。在"股本"账户下,按股票种类及股东名称设置明细账。

> **小贴士**
>
> 企业发行股票取得的收入与股本总额往往不一致,公司发行股票取得的收入大于股本总额的,称为溢价发行;小于股本总额的,称为折价发行;等于股本总额的,称为面值发行。我国不允许企业折价发行股票,在采用溢价发行股票时,企业应将相当于面值的部分计入"股本"科目,其余部分扣除发行手续费、佣金等发行费用后计入"资本公积——股本溢价"科目。

【例 11-3】鸿发公司向 A 股东定向增发发行普通股 2 000 000 股,每股面值 1 元,发行价格 8 元。股款 16 000 000 元已全部收到,发行过程中发生相关费用 30 000 元。鸿发公司账务处理如下:

  借:银行存款   15 970 000
    贷:股本——A   2 000 000
      资本公积——股本溢价   13 970 000

3. 实收资本增减变动的会计处理

(1) 企业实收资本增加的情形主要有:

①资本公积转增资本（或股本）。企业将资本公积转增资本（或股本）时,应借记"资本公积——资本溢价（或股本溢价）"科目,贷记"实收资本（或股本）"科目。

②盈余公积转增资本（或股本）。企业将盈余公积转增资本（或股本）时,应借记"盈余公积"科目,贷记"实收资本（或股本）"科目。

③所有者（股东）投入。企业接受投资人持续投入资本时,应借记"银行存款""固定资产""无形资产""长期股权投资"等科目,贷记"实收资本（或股本）"等科目。

④发放股票股利。股份有限公司按照股东大会批准的利润分配方案发放股票股利时,在办理完增资手续后,应借记"利润分配——转做股本的普通股股利"科目,贷记"股本"科目。

⑤可转债行使转换权。可转换公司债券持有人行使转换权时,按可转换公司债券的余额借记"应付债券——可转换公司债券——面值"科目,借记或贷记"应付债券——可转换公司债券——利息调整"科目,按其权益成分的金额借记"其他权益工具"科目,按股票面值和转换的股数计算的股票面值总额贷记"股本"科目,按其差额贷记"资本公积——股本溢价"科目。

⑥重组债务转为资本。企业债务重组将债务转为资本的,按重组债务的账面余额借记"应收账款"等科目,按债权人应放弃债权而享有本企业股份面值的总额贷记"实收资本（或股本）"科目,按股份的公允价值总额与相应的实收资本（或股本）之间的差额贷记或借记"资本公积——资本溢价（或股本溢价）"科目,按借贷差额贷记"营业外收入——债务重组利得"科目。

⑦权益结算股份支付行权。以权益结算的股份支付在行权日,应按实际行权情况确定的金额借记"银行存款"科目,按应该计入股本的金额贷记"股本"科目。

(2) 企业实收资本减少的情形主要是资本过剩。企业资本过剩而减资,一般要退还股款。有限公司和一般企业退还股款时应借记"实收资本（或股本）"科目,贷记"库存现金""银行存款"等科目。

股份有限公司退还股款时,通过回购已经发行的股票来实现。

二、其他权益工具

(一) 其他权益工具的含义

其他权益工具是指企业发行的除普通股以外的按照金融负债和权益工具区分原则分类为权益工具的各种金融工具。

企业应当在资产负债表"实收资本"项目和"资本公积"项目之间增设"其他权益工具"项目,反映企业发行的除普通股以外分类为权益工具的金融工具的账面价值,并在"其他权益工具"项目下增设"优先股"和"永续债"两个项目,分别反映企业发行的分类为权益工具的优先股和永续债的账面价值。

(二)其他权益工具的会计处理

发行方发行的金融工具归类为权益工具的,应按照实际收到的金额,借记"银行存款"等科目,贷记"其他权益工具——优先股、永续债等"科目。归类为权益工具的金融工具,在存续期间分配股利、利息的,作为利润分配处理,借记"利润分配——应付优先股股利、应付永续债利息等"科目,贷记"应付股利——优先股股利、永续债利息等"科目。

发行方发行的金融工具为复合金融工具的,应按实际收到的金额,借记"银行存款"等科目,按金融工具的面值,贷记"应付债券——优先股、永续债等(面值)"科目,按负债成分的公允价与金融工具面值之间的差额,借记或贷记"应付债券——优先股、永续债等(利息调整)"科目,按实际收到的金额扣除负债成分的公允价值后的金额,贷记"其他权益工具——优先股、永续债等"科目。

发行方原归类为权益工具的金融工具重分类为金融负债的,在重分类日,按该工具的账面价值借记"其他权益工具——优先股、永续债等"科目,按该工具的面值贷记"应付债券——优先股、永续债等(面值)"科目,按该工具的公允价值与面值的差额借记或贷记"应付债券——优先股、永续债等(利息调整)"科目,按该工具的公允价值与账面价值的差额,贷记或借记"资本公积——资本溢价(或股本溢价)"科目,如资本公积科目不够冲减,依次冲减盈余公积和未分配利润。

发行方原归类为金融负债的金融工具重分类为权益工具的,应于重分类日,按金融负债的面值,借记"应付债券——优先股、永续债等(面值)"科目,按利息调整的余额,借记或贷记"应付债券——优先股、永续债等(利息调整)"科目,按金融负债的账面价值,贷记"其他权益工具——优先股、永续债等"科目。

资本公积和其他综合收益

一、资本公积

资本公积是企业收到投资者的超出其在企业注册资本(或股本)中所占份额的投资以及直接计入所有者权益的利得和损失等。资本公积包括资本溢价(或股本溢价)和直接计入所有者权益的利得和损失等。资本公积一般应当设置"资本(或股本)溢价""其他资本公积"明细科目核算。

（一）资本溢价（或股本溢价）的会计处理

1. 资本溢价

非股份公司投资者出资时，通过设置"实收资本"科目核算企业投资者按照公司章程所规定的出资比例实际缴付的出资额。在企业创立时，出资者认缴的出资额全部计入"实收资本"科目。但在有新的投资者加入时，为了维护原有投资者的权益，新加入的投资者要付出大于原有投资者的出资额，才能取得与投资者相同的投资比例。因此，新投资者投入的资本中按其投资比例计算的出资部分，计入"实收资本"科目，大于部分计入"资本公积"科目。

> **小贴士**
>
> 新加入的投资者的出资额，并不一定全部作为实收资本处理。这是因为，在企业正常经营过程中投入的资金虽然与企业创立时投入的资金在数量上一致，但其获利能力却不一致，其对企业的影响程度不同，由此而带给投资者的权利也不同。另外企业经营过程中实现利润的一部分留在企业，形成留存收益，而留存收益也属于投资者权益，但其未转入实收资本。新加入的投资者如与原投资者共享这部分留存收益，也要求其付出大于原有投资者的出资额，才能取得与原有投资者相同的投资比例。

2. 股本溢价

股份有限公司是以发行股票的方式筹集股本的，为了反映和便于计算各股东所持股份占企业全部股本的比例，企业的股本总额应按股票的面值与股份总数的乘积计算。国家规定，实收股本总额应与注册资本相等。因此，为提供企业股本总额及其构成和注册资本等信息，在采用与股票面值相同的价格发行股票的情况下，企业发行股票取得的收入，应全部计入"股本"科目；在采用溢价发行股票的情况下，企业发行股票取得的收入，相当于股票面值的部分计入"股本"科目，超出股票面值的溢价收入计入"资本公积"科目。委托证券商代理发行股票而支付的手续费、佣金等，应从溢价发行收入中扣除，企业应按扣除手续费、佣金后的数额计入"资本公积"科目。

【例11-4】鸿发公司委托证券公司发行普通股 20 000 000 股，每股面值 1 元，每股发行价格 5 元，股票发行费用为发行价款总额的 3%，从发行收入中直接扣除，假定收到的股款已存入银行。鸿发公司账务处理如下：

借：银行存款　　　　　　　　　　　　　　　　　　 97 000 000
　　贷：股本　　　　　　　　　　　　　　　　　　 20 000 000
　　　　资本公积——股本溢价　　　　　　　　　　 77 000 000

（二）其他资本公积的会计处理

其他资本公积，是指除资本溢价（或股本溢价）项目以外所形成的资本公积，主要包括以下内容：

1. 以权益结算的股份支付

以权益结算的股份支付换取职工或其他方提供服务的，应按照确定的金额，计入"管理费用"等科目，同时增加资本公积。在行权日，应按实际行权的权益工具数量计算确定的金额，借记"资本公积——其他资本公积"科目，按计入实收资本或股本的金额，贷记"实收资本（或股本）"科目，并将其差额计入"资本公积——资本溢价（或股本溢价）"科目。

2. 采用权益法核算的长期股权投资

长期股权投资采用权益法核算的，被投资单位除净损益、其他综合收益和利润分配以外的所有者权益的其他变动，投资企业按持股比例计算应享有的份额，应当增加或减少长期股权投资的账面价值，同时增加或减少资本公积。当处置采用权益法核算的长期股投资时，应当将原计入资本公积的相关金额转入投资收益。

（三）资本公积转增资本的会计处理

按照《公司法》的规定，法定公积金（法定资本公积和法定盈余公积）转为资本时，所留存的该项公积金不得少于转增前公司注册资本的25%。经股东大会或类似机构决议，用资本公积转增资本时，应冲减资本公积，同时按照转增前的实收资本的结构或比例，将转增的金额计入"实收资本（或股本）"科目下各所有者的明细分类账。

二、其他综合收益

其他综合收益，是指企业根据会计准则规定未在当期损益中确认的各项利得和损失，包括以后会计期间不能重分类进损益的其他综合收益和以后会计期间满足规定条件时将重分类进损益的其他综合收益两类。

（一）以后会计期间不能重分类进损益的其他综合收益项目

以后会计期间不能重分类进损益的其他综合收益项目，主要包括：

（1）重新计量设定受益计划净负债或净资产导致的变动。根据《企业会计准则第9号——职工薪酬》准则规定，有设定受益计划形式离职后福利的企业应当将重新计量设定受益计划净负债或净资产导致的变动计入其他综合收益，并且在后续会计期间不允许转回至损益。

（2）按照权益法核算的在被投资单位不能重分类进损益的其他综合收益变动中所享有的份额。根据《企业会计准则第2号——长期股权投资》准则规定，长期股权投资采用权益法核算时，应当按照应享有或应分担的被投资单位其他综合收益的份额，确认投资方的其他综合收益，同时调整长期股权投资的账面价值。如果被投资单位的其他综合收益属于"以后会计期间不能重分类进损益"类别，则投资方确认的份额也属于"以后会计期间不能重分类进损益"类别。

（3）在初始确认时，企业可以将非交易性权益工具投资指定为以公允价值计量且其变动计入其他综合收益的金融资产，该指定一经作出不得撤销，当该类非交易性权益工具终止确认时原计入其他综合收益的公允价值变动损益不得重分类进损益。

（4）企业指定为以公允价值计量且其变动计入当期损益的金融负债，由企业自身信用风险变动引起的公允价值变动而计入其他综合收益的金额。

（二）以后会计期间满足规定条件时将重分类进损益的其他综合收益项目

以后会计期间在满足规定条件时将重分类进损益的其他综合收益项目，主要包括：

（1）符合金融工具准则规定，同时符合下列两个条件的金融资产应当分类为以公允价值计量且其变动计入其他综合收益的金融资产：①企业管理该金融资产的业务模式既以收取合同现金流量为目标又以出售该金融资产为目标；②该金融资产的合同条款规定，在特定日期产生的现金流量，仅为对本金和以未偿付本金金额为基础的利息的支付。

当该类金融资产终止确认时，之前计入其他综合收益的累计利得或损失应当从其他综合收益中转出，计入当期损益。

（2）按照金融工具准则规定，对金融资产重分类按规定可以将原计入其他综合收益的利得或损失转入当期损益的部分。

（3）采用权益法核算的长期股权投资。长期股权投资采用权益法核算时，投资方因被投资单位可重分类进损益的其他综合收益变动而所享有的份额，一方面确认其他综合收益，另一方面调整长期股权投资的账面价值。待该项股权投资处置时，将原计入其他综合收益的金额转入当期损益。

（4）企业将作为存货或自用房地产转换为采用公允价值模式计量的投资性房地产。企业将作为存货或自用的房地产等转换为采用公允价值模式计量的投资性房地产时，应当按照该项房地产在转换日的公允价值入账，转换日的公允价值大于账面价值的，按其差额，计入"其他综合收益"科目。待该项投资性房地产处置时，因转换计入其他综合收益的部分应转入当期损益。

（5）现金流量套期工具产生的利得或损失中属于有效套期的部分。现金流量套期工具利得或损失中属于有效套期部分，直接确认为其他综合收益。确认为其他综合收益的现金流量套期储备金额，在满足套期会计相关规定时转入当期损益。

（6）外币财务报表折算差额。企业在处置境外经营的当期，应将已列入合并财务报表所有者权益的外币报表折算差额中与该境外经营相关部分，自其他综合收益项目转入处置当期损益。

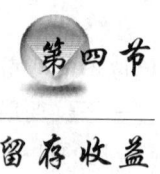

第四节 留存收益

留存收益是企业从历年实现的利润中提取或形成的留存于企业的内部积累，包括盈余公积和未分配利润。盈余公积包括法定盈余公积和任意盈余公积，它们属于已拨定的留存收益，而未分配利润属于未拨定的留存收益。

一、留存收益的构成

（一）盈余公积

盈余公积是指企业按照有关规定从净利润中提取的积累资金，公司制企业盈余公积包括法定盈余公积和任意盈余公积。

1. 法定盈余公积

法定盈余公积是指企业按规定从净利润中提出的积累资金。我国《公司法》规定，公司制企业的法定盈余公积按照税后利润的 10% 提取，法定盈余公积累计额已达注册资本的 50% 时，可以不再提取。

2. 任意盈余公积

任意盈余公积是公司出于实际需要从税后利润中提取的一部分留存利润。任意盈余公积是企业自愿拨定的留存收益，其数额也视实际情况而定。

法定盈余公积和任意盈余公积的区别就在于其各自计提的依据不同。前者以国家的法律法规或行政规章为依据提取；后者则由企业自行决定提取。

（二）未分配利润

未分配利润是企业留待以后年度进行分配的结存利润。从数量上来说，未分配利润是期初未分配利润，加上本期实现的税后利润，减少提取的各种盈余公积和分出利润后的余额。未分配利润有两层含义：一是留待以后年度处理的利润；二是未指定特定用途的利润。

二、留存收益的会计处理

（一）盈余公积的会计处理

为了反映盈余公积的形成及使用情况，企业应设置"盈余公积"科目，并按其种类设置明细账，分别进行明细核算。企业提取盈余公积时，借记"利润分配"科目，贷记"盈余公积"科目；企业用提取的盈余公积转增资本，应当按照转增资本的数额，借记"盈余公积"科目，贷记"实收资本（或股本）"科目。

（二）未分配利润的会计处理

企业未分配利润的核算，是通过"利润分配——未分配利润"科目进行的，具体来说是通过"利润分配"科目之下"未分配利润"明细科目进行会计处理的。企业在生产经营过程中取得的收入和发生的成本费用，最终通过"本年利润"科目进行归集，计算出当年净损益，然后转入"利润分配——未分配利润"科目进行分配，其结存于"利润分配——未分配利润"科目的贷方余额，则为未分配利润；如为借方余额，则为未弥补亏损。年度终了，再将"利润分配"科目下的其他明细科目的余额，转入"利润分配——未分配利润"明细科目。结转后，"利润分配——未分配利润"明细科目的贷方余额，就是未分配利润的数额；如出现借方余额，则表示未弥补亏损的数额。

（三）弥补亏损的会计处理

企业在当年发生亏损的情况下，应将本年发生的亏损自"本年利润"科目借方，转入"利润分配——未分配利润"科目的借方，结转后"利润分配"科目的借方余额，即为未弥补亏损的数额，然后通过"利润分配"科目核算有关亏损的弥补情况。

企业发生的亏损可用以后年度实现的税前利润弥补。在以后年度实现的税前利润弥补以前年度亏损的情况下，企业以后年度实现的利润自"本年利润"科目贷方，转入"利润分配——未分配利润"科目贷方，结转后，其转入金额与"利润分配——未分配利润"的借方余额自然抵补。因此，用以后年度实现净利润弥补以前年度结转的未弥补亏损时，不需要进行专门的账务处理。

由于未弥补亏损形成的时间长短不同等原因，以前年度未弥补亏损有的可以以当年实现的税前利润弥补，有的则需用税后利润弥补。无论是以税前利润还是以税后利润弥补亏损，其会计处理方法相同，所不同的只是两者计算缴纳所得税时的处理不同而已。

【例 11-5】鸿发公司 2011—2018 年度有关业务资料如下：

2011 年 1 月 1 日，鸿发公司股东权益总额 35 500 万元（其中，股本总额为 10 000 万股，每股面值 1 元；资本公积 20 000 万元；盈余公积 5 000 万元；未分配利润 500 万元）。本年度实现净利润 400 万元，股本与资本公积项目未发生变化。

2012 年 3 月 1 日鸿发公司董事会提出如下预案：

（1）按 2011 年度实现净利润的 10% 分别提取法定盈余公积和任意盈余公积；

（2）以 2011 年 12 月 31 日的股份总额为基数，以资本公积（股本溢价）转增股本，每 10 股转增 4 股，计 4 000 万股；

（3）分派现金股利 300 万元。

2012 年 5 月 5 日鸿发公司召开股东大会，审议批准了董事会议案。

2012 年 6 月 10 日，鸿发公司办妥了上述资本公积转增资本的有关手续。

2012 年鸿发公司本年度发生净亏损 3 200 万元，假定该亏损可用以后连续 5 年内实现的税前利润弥补。

2013—2017 年度，鸿发公司每年实现利润总额 400 万元，2018 年度实现利润总额 600 万元。假定鸿发公司适用的所得税税率为 25%，无其他纳税调整事项。

2019 年 5 月 9 日，鸿发公司股东大会决定以盈余公积弥补 2018 年 12 月 31 日账面累计未弥补亏损。

鸿发公司账务处理如下：

(1) 2012 年 3 月 1 日，鸿发公司董事会提出预案，提取法定和任意盈余公积金。

借：利润分配——提取法定盈余公积	400 000
——提取任意盈余公积	400 000
贷：盈余公积——法定盈余公积	400 000
——任意盈余公积	400 000
借：利润分配——未分配利润	800 000
贷：利润分配——提取法定盈余公积	400 000
——提取任意盈余公积	400 000

(2) 2012 年 5 月 5 日，股东大会，审议批准了董事会的预案，分配现金股利。

借：利润分配——应付现金股利	3 000 000
贷：应付股利	3 000 000
借：利润分配——未分配利润	3 000 000
贷：利润分配——应付现金股利	3 000 000

(3) 2012 年 6 月 10 日，办妥了上述资本公积转增资本的有关手续，转增资本。

借：资本公积	40 000 000
贷：股本	40 000 000

(4) 2012 年 12 月 31 日，发生亏损。

借：利润分配——未分配利润	32 000 000

　　　　贷：本年利润　　　　　　　　　　　　　　　　　　　　　　　32 000 000
（5）2013—2017年度，每年年末税前利润结转本年利润。
　　借：本年利润　　　　　　　　　　　　　　　　　　　　　　　　4 000 000
　　　　贷：利润分配——未分配利润　　　　　　　　　　　　　　　　4 000 000
2018年年末税后利润弥补亏损。
　　借：所得税费用　　　　　　　　　　　　　　　　　　　　　　　1 500 000
　　　　贷：应交税费——应交所得税　　　　　　　　　　　　　　　　1 500 000
　　借：本年利润　　　　　　　　　　　　　　　　　　　　　　　　1 500 000
　　　　贷：所得税费用　　　　　　　　　　　　　　　　　　　　　　1 500 000
　　借：本年利润　　　　　　　　　　　　　　　　　　　　　　　　4 500 000
　　　　贷：利润分配——未分配利润　　　　　　　　　　　　　　　　4 500 000
（6）2019年5月9日，鸿发公司股东大会决定以盈余公积弥补亏损。
　　弥补累计亏损前"利润分配——未分配利润"科目借方余额=（800 000+3 000 000+32 000 000）-（5 000 000+4 000 000+20 000 000+4 500 000）=2 300 000（元）
　　借：盈余公积　　　　　　　　　　　　　　　　　　　　　　　　2 300 000
　　　　贷：利润分配——盈余公积补亏　　　　　　　　　　　　　　　2 300 000
　　借：利润分配——盈余公积补亏　　　　　　　　　　　　　　　　2 300 000
　　　　贷：利润分配——未分配利润　　　　　　　　　　　　　　　　2 300 000

练习题

一、不定项选择题

1. 企业发生的下列交易或事项中，不会引起当期资本公积（资本溢价）发生变动的是（　　）。

　　A. 以资本公积转增股本
　　B. 根据董事会决议，每2股缩为1股
　　C. 授予员工股票期权在等待期内确认相关费用
　　D. 同一控制下企业合并中取得被合并方净资产份额小于所支付对价账面价值

2. 2018年年初某企业"利润分配——未分配利润"科目借方余额为20万元，2018年该企业实现净利润为160万元，根据净利润的10%提取盈余公积。该企业2018年年末可供分配利润的金额为（　　）万元。

　　A. 140　　　　　　　　　　　　　　　B. 124
　　C. 126　　　　　　　　　　　　　　　D. 160

3. 某公司委托证券公司发行股票1 000万股，每股面值1元，每股发行价格8元，向证券公司支付佣金150万元，发行股票冻结期间的利息收入为100万元。该公司应贷记"资本公积——股本溢价"科目的金额为（　　）万元。

A. 6 750 B. 6 850
C. 6 950 D. 7 000

4. 下列各项中,关于盈余公积的用途表述正确的有（   ）。

A. 以盈余公积转增实收资本   B. 以盈余公积转增资本公积
C. 以盈余公积弥补亏损   D. 盈余公积发放现金股利

5. 下列交易事项中,能够引起资产和所有者权益同时发生增减变动的有（   ）。

A. 分配股票股利   B. 接受现金捐赠
C. 财产清查中固定资产盘盈   D. 以银行存款支付原材料采购价款

6. 下列各项中不影响其他综合收益的有（   ）。

A. 发行可转换公司债券包含的权益成分的价值
B. 应享有联营企业其他综合收益的份额
C. 以公允价值计量且其变动计入其他综合收益的金融资产（债务工具）的公允价值上升
D. 自用房地产转为公允价值模式计量的投资性房地产转换日公允价值小于账面价值的差额

7. 下列各项中,在相关资产处置时不应转入当期损益的是（   ）。

A. 以公允价值计量且其变动计入其他综合收益的债权投资
B. 权益法核算的股权投资因享有联营企业因投资性房地产转换增加其他综合收益计入其他综合收益的部分
C. 同一控制下企业合并中股权投资入账价值与支付对价差额计入资本公积的部分
D. 自用房地产转为以公允价值计量的投资性房地产在转换日计入其他综合收益的部分

8. 下列项目中通过"其他权益工具"科目核算的有（   ）。

A. 可转换公司债券负债成分公允价值
B. 可转换公司债券权益成分公允价值
C. 发行方发行的金融工具归类为权益工具的部分
D. 发行方发行的金融工具归类为金融负债的部分

9. 企业发生的下列交易或事项中,不会引起留存收益总额发生增减变动的有（   ）。

A. 盈余公积弥补亏损   B. 提取法定盈余公积
C. 宣告发放股票股利   D. 盈余公积转增资本

10. 某公司年初未分配利润为1 000万元,盈余公积为500万元；本年实现净利润5 000万元,分别提取法定盈余公积500万元、任意盈余公积250万元,宣告发放现金股利500万元。不考虑其他因素,该公司年末留存收益为（   ）万元。

A. 5 250 B. 6 000
C. 6 500 D. 5 750

二、业务题

1. 甲公司2017年年初未分配利润300 000元,任意盈余公积200 000元,当年实现税后利润为1 800 000元,公司董事会决定按10%提取法定盈余公积,25%提取任意盈余公积,分派现金股利500 000元。

甲公司现有股东情况如下：A公司占25%,B公司占30%,C公司占10%,D公司占5%,其他占30%。2018年5月,经公司股东大会决议,以任意盈余公积500 000元转增资本,并已办妥转增手续。2018年度甲公司亏损350 000元。

要求：

(1) 根据以上资料,编制甲公司2017年有关利润分配的会计处理。

(2) 编制甲公司盈余公积转增资本的会计分录。

(3) 编制甲公司2018年年末结转亏损的会计分录,并计算未分配利润的年末金额(盈余公积和利润分配的核算写明明细科目)。

2. 甲公司2015年发生如下交易或事项：

(1) 2015年1月3日以每股4元的价格增发股票5 000万股（每股面值1元），为增发股票向证券商支付手续费、佣金共计100万元,发行收入扣除手续费、佣金后的款项已经存入银行。

(2) 2015年5月8日将原自用厂房转为经营出租,并采用公允价值模式进行后续计量。该厂房账面原价2 000万元,累计计提折旧500万元,计提减值准备100万元,转换日的公允价值为1 800万元。2015年12月31日,该厂房的公允价值为2 200万元。

(3) 2015年8月16日购买乙公司股票作为以公允价值计量且其变动计入当期损益的金融资产核算,公允价值为500万元,另支付相关税费30万元。2015年12月31日股票的公允价值为450万元（为正常公允价值变动）。

要求：编制甲公司2015年上述相关经济业务的会计分录（答案中的金额单位用万元表示）。

第十二章 收入、费用和利润

【案例导学】

2017年11月15日,上市公司*ST昆机(原昆明机床,现已退市)被证监会出具了《行政处罚及市场禁入事先告知书》,处罚的原因是*ST昆机涉嫌严重财务造假。据证监会查明,*ST昆机2013—2015年共有三大涉嫌财务造假事实。

一是通过跨期确认收入、虚计收入和虚增合同价格三种方式虚增收入约4.8亿元。2013—2015年,*ST昆机与相关经销商或者客户签订真实的销售合同,在经销商或客户支付部分货款后,产品未发货前即提前确认收入,将当年未实际按合同履约生产、发运机床的收入跨期确认至该年度,以达到虚增当年利润的目的。同时,*ST昆机还与部分经销商或客户签订合同,经销商或客户虚假采购昆明机床产品并预付定金,但最终并不提货,后期通过第三方绕账等方式将定金退回客户,或者直接按照客户退货进行处理,完成虚假销售。

二是通过少计提辞退福利和高管薪酬的方式虚增利润约2 961万元。其中,辞退福利方面,2013—2015年*ST昆机实际有内退人员143人、225人、289人,但上述三年财务记录内退人员131人、123人、120人,分别少计12人、102人、169人,三年分别少计管理费用118万元、1108万元、1 423万元。高管薪酬方面,*ST昆机应当按照考评方案计提当年高管薪酬,但财务未予全部计提,2014年和2015年分别少计管理费用100万元、212万元。

三是年度报告中披露的存货数据存在虚假记载。2013—2015年,*ST昆机通过设置账外产成品库房、虚构生产业务、虚假降低实际产品制造成本等方式,多计各期营业成本,少计各年度期末存货,三年间累计多计成本2.35亿元,三年累计少计存货5亿元。

综上所述,2013—2015年,*ST昆机通过上述财务造假行为虚增收入4.8亿元,少计管理费用2 961万元,少计存货5亿元,多计成本2.35亿元,虚增利润2.3亿元。

思考: *ST昆机收入确认违背了哪些规定?财务报表审计中如何识别合同的真实性?

第一节 收入、费用和利润概述

一、收入

(一) 收入的概念与特征

收入，是指企业在日常活动中形成的，会导致所有者权益增加的，与所有者投入资本无关的经济利益的总流入。收入具有如下特征：

1. 收入是企业日常活动形成的经济利益流入

日常活动，是指企业为完成其经营目标所从事的经常性活动以及与之相关的其他活动。如工业企业制造并销售产品、商业企业购进和销售商品等。工业企业出售不需用的原材料、出售或出租固定资产及无形资产、利用闲置资金对外投资等，由此产生的经济利益的总流入也构成收入。

2. 收入必然导致所有者权益增加

收入无论表现为资产的增加还是负债的减少，根据"资产＝负债＋所有者权益"的会计恒等式，最终必然导致所有者权益的增加。不符合这一特征的经济利益流入不属于企业的收入。例如，企业代税务机关收取的税款，旅行社代客户购买门票、飞机票等收取的票款等，性质上属于代收款项，应作为暂收应付款计入相关的负债类科目，而不能作为收入处理。

3. 收入不包括所有者向企业投入资本导致的经济利益流入

收入只包括企业通过自身活动获得的经济利益流入，而不包括企业的所有者向企业投入资本导致的经济利益流入。所有者向企业投入的资本，在增加资产的同时直接增加所有者权益，不能作为企业的收入。

(二) 收入的分类

1. 按交易性质分类

收入按交易的性质可分为转让商品收入和提供服务收入。

(1) 转让商品收入，是指企业通过销售产品或商品实现的收入，如工业企业销售产成品或半成品实现的收入、商业企业销售商品实现的收入、房地产开发商销售自行开发的房地产实现的收入等。工业企业销售不需用的原材料、包装物等存货实现的收入，也视同转让商品收入。

(2) 提供服务收入，是指企业通过提供各种服务实现的收入，如工业企业提供工业性劳务作业服务实现的收入、商业企业提供代购代销服务实现的收入、建筑企业提供建造服务实现的收入、金融企业提供各种金融服务实现的收入等。

不同性质的收入，其交易过程和实现方式各具特点，企业应当根据收入确认和计量的要求，结合收入的性质，对各类收入进行合理的确认和计量。

2. 按在经营业务中所占比重分类

收入按其在经营业务中所占的比重，可分为主营业务收入和其他业务收入。

（1）主营业务收入，是指企业通过为完成其经营目标所从事的主要经营活动实现的收入。不同行业的企业具有不同的主营业务，例如，工业企业的主营业务是制造和销售产成品及半成品，商业企业的主营业务是销售商品，商业银行的主营业务是存贷款和办理结算，租赁公司的主营业务是出租资产等。企业通过主营业务形成的经济利益的总流入，属于主营业务收入。

（2）其他业务收入，是指企业通过除主要经营业务以外的其他经营活动实现的收入，如工业企业出租固定资产、出租无形资产、出租周转材料、销售不需用的原材料等实现的收入。

在日常核算中，企业应当设置"主营业务收入"和"其他业务收入"科目，分别核算主营业务形成的经济利益的总流入和其他业务形成的经济利益的总流入，但在利润表中应将二者合并为营业收入项目反映。

（三）收入的构成

利润表中的收入项目是广义的收入，主要包括营业收入、投资收益、公允价值变动收益、资产处置收益、其他收益和营业外收入等。营业收入是指企业在从事销售商品、提供服务（包含各项劳务，下同）等日常经济业务过程中取得的收入，由"主营业务收入"和"其他业务收入"组成；投资收益，是指企业在从事各项对外投资活动中取得的净收入（各项投资业务取得的收入大于其成本的差额）；公允价值变动收益是指以公允价值计量且其变动计入当期损益的金融资产等公允价值变动形成的收益；资产处置收益主要是指固定资产、在建工程以及无形资产等处置产生的收益；其他收益主要是指计入营业利润的政府补助等；营业外收入，是指企业在营业利润以外取得的与企业日常活动无关的政府补助、接受捐赠收入等。

二、费用

（一）费用的概念与特征

费用是企业在生产经营过程中发生的各项耗费，即企业在生产经营过程中为取得收入而支付或耗费的各项资产。费用的发生意味着资产的减少或负债的增加，收入表示企业经济利益的增加，而费用表示企业经济利益的减少。费用一般具有以下特征：

1. 费用最终将导致企业经济资源的减少

费用的发生会引起企业经济资源的减少，具体表现为一个企业实际的现金或非现金支出，也可以是预期的现金支出。

2. 费用最终会减少企业的所有者权益

收入会导致经济利益流入企业，因此会使企业所有者权益增加。费用会导致企业经济利益流出企业，因此，会使企业所有者权益减少。但是企业在生产经营过程中发生的支出并非都会引起企业所有者权益的减少，有两类支出是不应归入费用的：一类是企业偿债性支出。例如，企业以银行存款偿付一项债务，只是一项资产和一项负债等额减少，对所有者权益没有影响，因此不构成费用。另一类是向所有者分配利润或股利，这一现金流出虽然减少了企业的净资产,但它不是经营活动的结果,而属于最终利润的分配。费用的这一特征表明,费用应同盈利活动相联系,即费用是企业在取得收入过程中所发生的各项支出。

(二) 费用的构成

利润表中,费用包括营业成本、税金及附加、销售费用、管理费用、财务费用、投资损失、公允价值变动损失、资产减值损失、资产处置损失、营业外支出和所得税费用。

三、利润

(一) 利润的概念

利润是指企业在一定会计期间的经营成果。利润包括收入减去费用后的净额、直接计入当期利润的利得和损失等。

利润按其形成过程,分为税前利润和税后利润。税前利润也称利润总额,税前利润减去所得税费用,即为税后利润,也称净利润。

利润金额的计量主要取决于收入和费用金额以及直接计入当期利润的利得和损失金额的计量。

(二) 利润的构成

在利润表中,利润的金额分为营业利润、利润总额和净利润三个层次。

(1) 营业利润,是指企业通过一定期间的日常活动取得的利润。

(2) 利润总额,是指企业一定期间的营业利润,加上营业外收入减去营业外支出的所得税前利润总额。

(3) 净利润,是指企业一定期间的利润总额减去所得税费用后的净额。

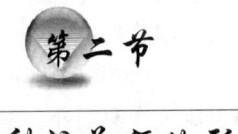

第二节 利润总额的形成

一、营业收入确认与计量的基本方法

企业确认收入的方式应当反映其向客户转让商品或提供服务(以下将转让商品或提供服务简称为转让商品)的模式,收入的金额应当反映企业因转让这些商品或服务(以下将商品或服务简称为商品)而预期有权收取的对价金额。具体来说,收入的确认与计量应当采用"五步法"模型,即识别与客户订立的合同、识别合同中的单项履约义务、确定交易价格、将交易价格分摊至单项履约义务、履行每一单项履约义务时确认收入。其中,识别与客户订立的合同、识别合同中的单项履约义务和履行每一单项履约义务时确认收入,主要与收入的确认有关;确定交易价格、将交易价格分摊至各单项履约义务,主要与收入的计量有关。

（一）识别与客户订立的合同

1. 营业收入的确认条件

企业与客户之间的合同，同时满足下列五项条件的，企业应当在履行了合同中的履约义务，即在客户取得相关商品控制权时确认收入：

（1）合同各方已批准该合同并承诺将履行各自义务；

（2）该合同明确了合同各方与所转让商品相关的权利和义务；

（3）该合同有明确的所转让商品相关的支付条款；

（4）该合同具有商业实质，即履行该合同将改变企业未来现金流量的风险、时间分布或金额；

（5）企业因向客户转让商品而有权取得的对价很可能收回。

同时满足上述条件，说明企业取得了内容完整、合法有效、具有商业实质的合同，且很有可能收到相关价款，在这种情况下，企业履行了合同中的履约义务，即客户取得相关商品控制权时，企业可以确认营业收入。

对于不符合五项条件的合同，企业只有在不再负有向客户转让商品的剩余义务（例如合同已完成或取消），且已向客户收取的对价（包括全部或部分对价）无须退回时，才能将已收取的对价确认为收入，否则应当将已收取的对价作为负债进行会计处理。该负债代表了企业在未来向客户转让商品或者支付退款的义务。

2. 营业收入的确认时间

营业收入的确认，根据履约义务的时间，分为在某一时段内分期确认和某一时点确认。

（1）在某一时段内分期确认营业收入。在某一时段内分期确认营业收入，是指一份合同所提供的商品或服务涉及多个会计期间，需要分期确认收入。合同开始日，企业应当对合同进行评估，识别该合同所包含的履约义务。满足下列条件之一的，属于在某一时段内履行履约义务；否则，属于在某一时点履行履约义务：①客户在企业履约的同时即取得并消耗企业履约所带来的经济利益；②客户能够控制企业履约过程中在建的商品或服务等；③企业履约过程中所产出的商品或服务等具有不可替代用途，且该企业在整个合同期间内有权就累计至今已完成的履约部分收取款项。具有不可替代用途，是指因合同限制或实际可行性限制，企业不能轻易地将商品或服务等用于其他用途；有权就累计至今已完成的履约部分收取款项，是指在由于客户或其他方原因终止合同的情况下，企业有权就累计至今已完成的履约部分收取能够补偿其已发生成本和合理利润的款项，并且该权利具有法律约束力。

例如，企业与客户签订一项为期一年的服务合同，该服务仅为该客户提供，具有不可替代性；合同规定，客户每个季度按照服务完工程度付款，客户对服务的质量具有控制的权力。根据上述条件，该服务合同属于在某一时段内履行的履约义务，企业应当在该段时间内按照履约进度确认营业收入，但是履约进度不能合理确定的除外。

（2）在某一时点确认营业收入。对于在某一时点履行的履约义务，企业应当在客户取得相关商品或服务等控制权的时点确认收入。在判断客户是否已取得商品或服务的控制权时，企业应当考虑下列迹象：①企业就该商品或服务等享有现实收款权利，即客户就该商品或服务付有现实付款义务;②企业已将该商品或服务等的法定所有权转移给客户,即客户已拥有该商品或服务等的法定所有权;③企业已将该商品实物转移给客户,即客户已实物占有该商品;④企业已将该商品的所有权上的主要风险和报酬转移给客户,即客户已取得该商品或服务等所有权上的主要风险和报酬;⑤客户已接受该商品或服务等;⑥其他表明客户已取得商品或服务等控制权的迹象。

3. 合同合并

有的资产建造虽然形式上签订了多项合同,但各项资产在设计、技术、功能、最终用途上是密不可分的,实质上是一项合同,在会计上应当作为一个核算对象。企业与同一客户或该客户的关联方同时订立或在相近时间内先后订立的两份或多份合同,在满足下列条件之一时,应当合并为一份合同进行会计处理:

(1) 该两份或多份合同基于同一商业目的订立并构成一揽子交易;

(2) 该两份或多份合同中的一份合同的对价金额取决于其他合同的定价或履行情况;

(3) 该两份或多份合同中所承诺的商品(或每份合同中所承诺的部分商品)构成单项履约义务。

【例12-1】为建造一个冶炼厂,某建造承包商与客户一揽子签订了三项合同,分别建造一个选矿车间、一个冶炼车间和一个工业污水处理系统。根据合同的规定,这三个工程将由该建造承包商同时施工,并根据冶炼厂整体的施工进度统一办理价款结算。

由于建造承包商与客户签订的三项合同是基于同一商业目的订立,并构成一揽子交易,因而满足合同合并的条件,该建造承包商应将该组合合同合并为一个合同,进行会计核算。

4. 合同变更

合同变更,是指经合同各方批准,对原合同范围或价格做出的变更,企业应当区分下列三种情形,对合同变更分别进行会计处理:

(1) 合同变更增加了可明确区分的商品及合同价款,且新增合同价款反映了新增商品单独售价的,应当将该合同变更部分作为一份单独的合同进行会计处理,其中单独售价是指企业向客户单独销售商品的价格。

【例12-2】某建筑公司与客户签订了一项建造合同,为客户设计并建造一栋办公楼。合同履行了一段时间后,客户决定追加建造一座地上车库,并就追加建造地上车库的工程造价等与该建筑商进行协商并达成一致,变更了原合同内容。

本例中,由于建筑公司为客户追加建造的地上车库在设计、技术、功能上与原合同的办公楼存在重大差异,双方就地上车库的工程造价进行了专门协商并达成一致,表明合同变更增加了可明确区分的商品及合同价款。如果新增合同价款能够反映新增地上车库的单独售价,则该建筑公司应当将合同变更部分作为一份单独的合同进行会计处理。

(2) 合同变更不属于上述 (1) 的情形,并且在合同变更日已转让的商品或已提供的服务与未转让的商品或未提供的服务之间可明确区分的,应当视为原合同终止,同时将原合同未履约部分与合同变更部分合并为新合同进行会计处理。

【例12-3】鸿发公司与客户签订合同,向其销售 A 产品 200 件,合同价格为 20 000 元 (即每件 100 元),该合同将在 6 个月内履行完毕。鸿发公司向客户销售了 100 件 A 产品时，客户提出再追加购买 50 件 A 产品，双方对追加购买的 A 产品最初议定的价格为 4 500 元（即每件 90 元），该价格反映了合同变更日 A 产品的单独售价。在合同协商过程中，客户发现前期已收到的 100 件 A 产品存在独有的质量问题，要求鸿发公司给予补偿，鸿发公司承诺给予 2 500 元的补偿，双方同意将补偿额纳入追加购买的 50 件 A 产品的价格中，因此追加购买的 50 件 A 产品，最终商定的价格为 2 000 元（4 500 - 2 500），即每件 40 元。

本例中，由于客户追加购买的 50 件 A 产品，最终商定的价格不能反映合同变更日 A 产品的单独售价，因而鸿发公司不能将合同变更部分作为一份单独的合同进行会计处理。同时由于在合同变更日已销售的 A 产品与未销售的 A 产品之间可以明确区分，因而鸿发公司应将合同的变更视为原合同的终止，并将原合同未履约部分与合同变更部分合并为新的合同进行会计处理，即新的合同为鸿发公司向客户销售 A 产品 150 件（100 + 50），合同价格为 12 000 元（10 000 + 2 000），即每件 80 元。

（3）合同变更不属于上述（1）的情形，且在合同变更日已转让的商品或已提供的服务与未转让的商品或未提供的服务之间不可明确区分的，应当将该合同变更部分作为原合同的组成部分进行会计处理，由此产生的对已确认收入的影响，应当在合同变更日调整当期收入。

【例 12 - 4】 某建造承包商与客户签订了一项建造实验大楼的合同，建设期为 2 年。第二年客户要求将原设计中采用的铝合金门窗改为塑钢门窗，建造承包商提出须增加合同造价 100 万元，客户同意增加合同造价 100 万元。

本例中，由于在合同变更日已提供的建造服务与未提供的建造服务之间不可明确区分，因此建造承包商应当将该合同变更部分作为原合同的组成部分进行会计处理，在合同变更日，按照变更后的合同总造价和重新估计的履约进度对已确认收入的影响，调整当期收入。

（二）识别合同中的单项履约义务

履约义务，是指合同中企业向客户转让可明确区分商品的承诺。履约义务既包括合同中明确的承诺，也包括由于企业已公开宣布的政策、特定声明或以往的习惯做法等导致合同订立时客户合理预期企业将履行的承诺。企业为履行合同而应开展的初始活动，通常不构成履约义务，除非该活动向客户转让了承诺的商品。

合同开始日，企业应当对合同进行评估，识别该合同所包含的各单项履约义务。企业应当将下列向客户转让商品的承诺作为单项履约义务：

1. 企业向客户转让可明确区分商品（或商品组合）的承诺

可明确区分商品是指企业向客户承诺的商品，同时满足下列条件：

（1）客户能够从该商品本身或从该商品与其他易于获得资源一起使用中受益，即该商品能够明确区分。例如，企业通常会将某商品单独销售给客户，则表明该商品能够明确区分。在评估某项商品是否能够明确区分时，应当基于该商品自身的特征，而与客户可能使用该商品的方式无关。

（2）企业向客户转让该商品的承诺与合同中其他承诺可单独区分，即转让该商品的承诺在合同中是可以明确区分的。在确定了商品能够明确区分后，还应当在合同层面继续评估转让该商品的承诺与合同中其他承诺之间是否可以明确区分。下列情形通常表明企业向客户转让该商品的承诺与合同中的其他承诺不可明确区分：

①企业需要提供重大的服务以将该商品与合同中承诺的其他商品整合成合同约定的组合产出转让给客户。

【例12-5】某公司与客户签订了一项为其设计并安装一条生产线的合同，构成该生产线的各单项设备、装置等，都由某公司提供。由于客户对生产线有特殊的要求，因而某公司需专门提供重大设计、安装、调试等服务，对各单项设备及装置进行整合，以形成合同约定的组合产出及生产线转让给客户。

本例中，由于某公司向客户承诺的是为其设计并安装一条符合客户要求的生产线，而不仅仅是构成生产线的各单项设备及装置，因此生产线是合同约定的组合产出，而构成该生产线的各单项设备、装置以及某公司提供的重大设计、安装、调试等服务之间，在该合同中是不能明确区分的。

②该商品将对合同中承诺的其他商品予以重大修改或定制。

【例12-6】某公司与客户签订意向合同，向客户销售一款自行开发的现有软件，并提供安装服务。合同明确规定，作为安装服务的一部分，某公司需对该软件作重大定制以增添重要的新功能，从而使该软件能够与客户使用的其他定制软件应用程序相对接。

本例中，由于某公司在提供安装服务过程中，需要对销售的软件在现有基础上进行定制化的重大修改，因此提供定制、安装服务的承诺和转让软件的承诺在该合同中是不能明确区分的。

③该商品与合同中承诺的其他商品具有高度关联性。

【例12-7】某公司与客户签订了一项合同，按照客户的要求为其专门设计制造一台专用设备。在设备制造和调试过程中，某公司根据实际情况对专用设备的设计方案进行了数次修正，并根据修正的设计，对设备相应的结构、装置、部件等进行了不同程度的返工、改进。

本例中，由于专用设备的设计和制造两项承诺是不断交替反复进行的，具有高度的关联性，因此二者在该合同中是不能明确区分的。

2. 企业向客户转让一系列实质相同且转让模式相同的、可明确区分商品的承诺

转让模式相同，是指每一项可明确区分商品均满足在某一时段内履行履约义务的条件，且采用相同方式确定其履约进度。企业应当将实质相同且转让模式相同的一系列商品作为单项履约义务，即使这些商品本身可以明确区分。

企业在判断所转让的一系列商品是否实质上相同时，应当考虑合同中承诺的性质：如果企业承诺的是提供确定数量的商品，需要考虑这些商品本身是否实质相同；如果企业承诺的是在某一期间内随时向客户提供某项服务，则需要考虑企业在该期间内各个时间段的服务承诺是否相同，而不是具体的服务行为是否相同。

【例12-8】某公司与客户签订一项为期三年的服务合同，合同约定某公司需根据客户的需要随时为其写字楼提供保洁维修服务，但没有具体的服务次数或时间要求。

本例中，某公司每天为客户提供的具体服务可能并不相同，但每天对客户的服务承诺都是相同的，即随时提供保洁、维修服务，符合"实质相同"的条件，因此某公司为客

户提供的保洁服务和维修服务属于一系列实质上相同且转让模式相同、可明确区分的服务承诺。

（三）确定交易价格

交易价格，是指企业因向客户转让商品，而预期有权收取的对价金额。企业代第三方收取的款项以及企业逾期将退还给客户的款项，应当作为负债进行会计处理，不计入交易价格。合同标价并不一定代表交易的价格，企业应当根据合同条款并结合其以往的习惯做法确定交易价格。交易价格一般是固定的对价金额，但有时也可能包含可变对价、合同中存在重大融资成分、非现金对价及应付客户对价等，企业应考虑这些因素，确定最终交易价格。

1. 可变对价

企业与客户在合同中约定的对价金额，可能会因折扣价格、折让、返利、退款、奖励积分、激励措施、业绩奖金、索赔等因素而发生变化。此外，根据某些或有事项的发生或不发生而收取不同对价金额的合同，也属于可变对价的情形。

【例 12-9】鸿发公司与客户签订了一项资产建造合同，客户已承诺的合同对价为 600 万元。合同同时规定，如果鸿发公司未能在合同指定的日期完工，则每延期完工一天，已承诺的合同对价将减少 2 万元。但若鸿发公司能提前完工，则每提前完工一天，已承诺的合同对价将增加 2 万元。此外资产完工后将由第三方对资产实施检查，并基于合同鉴定的标准给予评级，如果资产达到特定评级，鸿发公司将有权获得奖励性付款 30 万元。

本例中，对鸿发公司来说，合同中包含了两项可变对价：一项是已承诺合同对价 600 万元加上或减去每天 2 万元的提前完工奖励或延期完工罚金；另一项是根据资产是否能达到特定评级而给予的金额为 30 万元或者 0 元的奖励性付款。

合同中存在可变对价的，企业应当按照期望值或最可能发生金额确定可变对价的最佳估计数，但包含可变对价的交易价格，应当不超过在相关不确定性消除时累计已确认收入极可能不会发生重大转回的金额，以避免因某些不确定性因素的发生导致之前已经确认的收入发生转回。其中"极可能"是指发生的可能性远高于"很可能（发生的可能性大于 50% 但小于或等于 95%）"的下线，但不要求达到"基本确定（发生的可能性大于 95%，但小于 100%）"。企业在评估累计已确认收入是否极可能不会发生重大转回时，应当同时考虑收入转回的可能性及其比重（指可能发生的收入转回金额相对于包括固定对价和可变对价在内的合同总对价的比重）。每一资产负债表日，企业应当重新估计应计入交易价格的可变对价金额。

【例 12-10】2018 年 1 月 1 日，鸿发公司与客户签订了一项 A 产品销售合同，合同售价为每件 100 元。为了鼓励客户多购商品，合同规定，如果客户在 2018 年度内累计购买 A 产品超过 5 000 件，则 A 产品售价将追溯调整为每件 90 元，即 A 产品的合同对价是可变的。2018 年第一季度，鸿发公司向该客户实际出售 A 产品 500 件。鸿发公司根据以往与该客户交易的大量经验，估计该客户在 2018 年度内累计购买的 A 产品数量不会超过 5 000 件。基于这一事实，鸿发公司认为在不确定性因素消除时（即获悉 2018 年度客户购买总量时），按合同售价每件 100 元确认的收入，极有可能不会发生重大转回，因此鸿发公司 2018 年第一季度确认收入 50 000 元（100×500）。2018 年第二季度，客户收购了另一家企业，扩大了营业规模，鸿发公司第二季度向该客户出售 A 产品 2 000 件。基于这一新的事实，鸿发公司经过重新评估认为该客户在 2018 年度内累计购买 A 产品数量极可能会超过 5 000 件，即 A 产品的最终售价极可能为每件 90 元。

本例中，为了避免相关不确定性因素消除时，发生转回之前已经确认收入的情况，鸿发公司 2018 年第二季度确认的收入金额应当为 175 000 元（90×2 000－10×500）。鸿发公司 2018 年上半年累计确认的收入金额应当为 225 000 元〔（50 000＋175 000）或者（90×2 500）〕。

2. 合同中存在重大融资成分

重大融资成分，是指销售商品或提供服务等收款期较长导致分期收款的总对价高于其现销价格的差额。企业与客户签订的合同中存在重大融资成分的，应当按照假定客户在取得商品控制权时即以现金支付的应付金额确定交易价格，该交易价格与合同对价之间的差额，应当在合同期内采用实际利率法摊销。

合同开始日，企业预计客户取得商品控制权与客户支付价款间隔不超过一年的，可以不考虑合同中存在的重大融资成分。

【例 12 - 11】 企业与客户签订一份分期收款商品销售合同，不含增值税的总对价为 500 万元，收款期为 5 年，每年年末收款 100 万元，该商品的现销价格为 430 万元，则该合同存在重大融资成分，其交易价格不应按照分期收款总对价 500 万元确定，而应按照其现销价格 430 万元确定。差额 70 万元应当在合同期内采用实际利率法摊销。

3. 非现金对价

非现金对价，包括客户以存货、固定资产、无形资产、股权、提供的广告服务等方式支付的对价。客户支付非现金对价的，企业应当按照非现金对价的公允价值确定交易价格。非现金对价的公允价值不能合理估计的，企业应当参照其承诺向客户转让商品的单独售价间接确定交易价格。非现金对价的公允价值因对价形式以外的原因而发生变动的，应当作为可变对价进行会计处理。非现金对价的公允价值计量日为合同开始日。

4. 应付客户对价

应付客户对价，是指企业销售商品明确承诺给予客户的优惠等，企业与客户签订的合同含有应付客户对价的，应当将该应付对价冲减交易价格，并在确认相关收入与支付客户对价二者孰晚的时点冲减当期收入。

【例 12 - 12】 某商场规定，客户在本商场购买商品，总价 500 元以上，可以随机抽取现金奖券，客户 30 天之内在本商场购买任何商品，该现金券均可以直接抵扣商品价款。4 月 10 日，某客户在该商场购买商品的总价为 600 元，抽取现金奖券 20 元。5 月 8 日，该客户又在该商场购买商品，总价 100 元，现金券抵扣 20 元，该客户实际付款 80 元。该商场 4 月确认的商品交易价格为 600 元，确认营业收入 600 元，5 月确认营业收入 100 元，由于同时客户使用现金奖券抵扣 20 元，冲减营业收入 20 元。

（四）将交易价格分摊至各单项履约义务

合同中包含两项或多项履约义务的，企业应当在合同开始日，按照各单项履约义务所承诺商品的单独售价的相对比例，将交易价格分摊至各单项履约义务，并按照分摊至各单项履约义务的交易价格计量收入。企业不得因合同开始日之后单独售价的变动而重新分摊交易价格。

1. 确定单独售价

企业在类似环境下向类似客户单独销售商品的价格，应作为确定该商品单独售价的最佳证据。单独售价无法直接观察的企业，应当综合考虑其能够合理取得的全部相关信息，采用市场调整法、成本加成法、余值法等方法合理估计单独售价。在估计单独售价时，企业应当最大限度地采用可观察的输入值，并对类似的情况采用一致的估计方法。

（1）市场调整法，是指企业根据某商品或类似商品的市场售价，考虑本企业的成本和毛利等进行适当调整后确定其单独售价的方法。

（2）成本加成法，是指企业根据某商品的预计成本加上其合理毛利后的价格，确定其单独售价的方法。

（3）余值法，是指企业根据合同交易价格减去合同中其他商品可观察的单独售价后的余值，确定某商品单独售价的方法。企业在商品近期售价波动幅度巨大，或者因未定价且未曾单独销售而使售价无法可靠确定时，可采用余值法确定其单独售价。

2. 分摊合同折扣

合同折扣，是指合同中各单项履约义务所承诺商品的单独售价之和高于合同交易价格的金额。合同折扣的分摊需要区分以下三种情况：

（1）通常情况下，企业应当在各单项履约义务之间按比例分摊合同折扣。

【例12－13】鸿发公司与客户签订了意向合同，以100 000元的价格向客户销售甲、乙、丙三种产品。其中，甲产品是鸿发公司定期单独对外销售的产品，单独售价可直接观察，乙产品和丙产品的单独售价不可直接观察，鸿发公司采用市场调整法估计乙产品的单独售价，采用成本加成法估计丙产品的单独售价。鸿发公司对单独售价的估计见表12－1。

表12－1　　　　　　　　　　单独售价估计表　　　　　　　　　　单位：元

合同产品	单独售价	方法
甲产品	66 000	直接观察法
乙产品	18 000	市场调整法
丙产品	36 000	成本加成法
合计	120 000	

从表12－1可知，甲、乙、丙三种产品单独售价之和超过了合同对价，因此，鸿发公司实际上是因为客户一揽子购买商品而给予了客户折扣。鸿发公司认为，没有可观察的证据表明该折扣是针对一项或多项特定产品的，因此，将该项折扣在甲、乙、丙三种产品之间按单独售价的相对比例进行分摊。甲、乙、丙三种产品合同折扣的分摊见表12－2。

表12－2　　　　　　　　　　合同折扣分摊表　　　　　　　　　　单位：元

合同产品	按比例分摊	交易价格
甲产品	66 000÷120 000×100 000	550 00
乙产品	18 000÷120 000×100 000	15 000

续表

合同产品	按比例分摊	交易价格
丙产品	36 000÷120 000×100 000	30 000
合计		100 000

（2）有确凿证据表明，合同折扣鉴于合同中一项或多项（而非全部）履约义务相关，企业应当将该合同折扣分摊至相关一项或多项履约义务。

【例 12 - 14】鸿发公司与客户签订了一项合同，以 250 000 元的价格向客户销售 A、B、C 三种产品，三种产品都是鸿发公司定期单独对外销售的产品，单独售价均可直接观察。鸿发公司确定的合同产品单独售价见表 12 - 3。

表 12 - 3　　　　　　　　　　单独售价估计表　　　　　　　　　　单位：元

合同产品	单独售价	方法
A 产品	80 000	直接观察法
B 产品	88 000	直接观察法
C 产品	132 000	直接观察法
合计	300 000	

鸿发公司在日常销售中以 80 000 元的价格销售 A 产品，并近期以 170 000 元的价格将 B 产品和 C 产品一同销售，鸿发公司认为有证据表明该项合同折扣只是针对 B 产品和 C 产品的，因此，只将合同折扣按单独售价的相对比例分摊给 B 产品和 C 产品。B、C 产品合同折扣的分摊见表 12 - 4。

表 12 - 4　　　　　　　　　　合同折扣分摊表　　　　　　　　　　单位：元

合同产品	按比例分摊	交易价格
B 产品	88 000÷（88 000＋132 000）×170 000	68 000
C 产品	132 000÷（88 000＋132 000）×170 000	102 000
合计		170 000

（3）合同折扣仅与合同中一项或多项（而非全部）履约义务相关，且企业采用余值法估计单独售价的，应当首先在该一项或多项（而非全部）履约义务之间分摊合同折扣，然后采用余值法估计单独售价。

【例 12 - 15】沿用【例 12 - 14】的资料，现假定鸿发公司以 280 000 元的价格向客户销售 A、B、C、D 四种产品，其中，D 产品因近期波动幅度巨大而无法可靠确定售价，鸿发公司采用余值法估计其单独售价，其他资料不变。鸿发公司对 A、B、C、D 四种产品单独售价的估计见表 12 - 5。

表 12-5　　　　　　　　　　　单独售价估计表　　　　　　　　　　　单位：元

合同产品	单独售价	方法
A 产品	80 000	直接观察法
B 产品	68 000	直接观察法（已扣除折扣）
C 产品	102 000	直接观察法（已扣除折扣）
D 产品	30 000	余值法
合计	280 000	

3. 分摊可变对价

对于可变对价及可变对价的后续变动额，企业应当按照与分摊合同折扣相同的方法，将其分摊至与之相关的一项或多项履约义务，或者分摊至构成单项履约义务的一系列可明确区分商品中的一项或多项商品。

对于履行的履约义务，其分摊的可变对价后续变动额应当调整变动当期的收入。

（五）履行每一单项履约义务时确认收入

合同开始日，企业应当在对合同进行评估并识别该合同所包含的各单项履约义务的基础上，确定各单项履约义务是在某一时段内履行，还是在某一时点履行，然后在履行了各单项履约义务即客户取得相关商品控制权时分别确认收入。企业应当首先判断履约义务是否满足在某一时段内履行履约义务的条件，如果不能满足，则属于在某一时点履行履约义务。

需要说明的是，上述步骤主要是针对复杂业务的营业收入确认与计量，但是企业大部分业务为简单业务。如为简单业务，有些步骤不一定存在，则不需要完全按照上述步骤进行营业收入的确认与计量。例如，商品零售企业销售商品，不需要签订合同，则不需要识别客户合同和识别合同中的履约义务；又如，客户合同中不包含可变对价、重大融资成分及应付客户对价等，则合同规定的交易价格即为最终交易价格；再如，客户合同中的商品为单件商品，则不需要再单独识别合同中的履约义务及交易价格的分摊。

二、营业收入与营业成本

（一）销售商品或出售原材料的一般业务

企业销售商品，应在符合销售商品收入的确认条件时确认销售收入，并结转销售成本。应根据具体情况，借记"银行存款""应收票据""应收账款"等科目，根据不含增值税价款，贷记"主营业务收入"科目，根据收取的增值税销项税额，贷记"应交税费——应交增值税（销项税额）"等科目。

企业不论采用现销或赊销方式销售商品，均应结转已销商品扣除销售退回的成本，借记"主营业务成本"科目，贷记"库存商品"科目。

企业出售原材料不属于主营业务，取得的收入应确认为其他业务收入，其确认条件与销售商品基本相同。

【例 12-16】鸿发公司 12 月份根据发生的销售业务编制相关会计分录。

（1）3 日采用支票结算方式销售 A 产品 10 件，价款 10 000 元，增值税 1 300 元，该客户因临时需要直接到公司购买，交款后提货，鸿发公司未与该公司签订商品销售合同。

分析：鸿发公司未与该客户签订商品销售合同，不需要单独识别合同及履约义务，该项业务内容单一，价格固定，最终交易价格即为收到的货款，且不需要进行分摊。因此，在鸿发公司收到货款，该客户收到该商品并取得该商品的控制权时，鸿发公司直接根据开具的增值税专用发票等确认营业收入。

借：银行存款　　　　　　　　　　　　　　　　　　　　　　　11 300
　　贷：主营业务收入　　　　　　　　　　　　　　　　　　　　10 000
　　　　应交税费——应交增值税（销项税额）　　　　　　　　　 1 300

（2）5日根据商品销售合同，采用托收承付结算方式，销售A产品130件，价款130 000元，增值税16 900元，采用银行存款代垫运杂费200元，已办妥托收手续。鸿发公司办妥托收手续表明履行了合同规定的履约义务，按照惯例视为客户收到该商品并取得控制权，确认营业收入。

借：应收账款　　　　　　　　　　　　　　　　　　　　　　　147 100
　　贷：主营业务收入　　　　　　　　　　　　　　　　　　　 130 000
　　　　应交税费——应交增值税（销项税额）　　　　　　　　　16 900
　　　　银行存款　　　　　　　　　　　　　　　　　　　　　　　 200

（3）月末结转产品销售成本，销售A产品140件（10+130），单位成本600元，总成本84 000元。该公司12月份主营业务成本合计为84 000元。

借：主营业务成本　　　　　　　　　　　　　　　　　　　　　 84 000
　　贷：库存商品　　　　　　　　　　　　　　　　　　　　　　84 000

（4）28日出售原材料一批，价款5 000元，增值税650元，款项收到存入银行。

借：银行存款　　　　　　　　　　　　　　　　　　　　　　　　5 650
　　贷：其他业务收入　　　　　　　　　　　　　　　　　　　　 5 000
　　　　应交税费——应交增值税（销项税额）　　　　　　　　　　650

同时结转该批原材料，实际成本2 180元。

借：其他业务成本　　　　　　　　　　　　　　　　　　　　　　2 180
　　贷：原材料　　　　　　　　　　　　　　　　　　　　　　　 2 180

鸿发公司12月份主营业务收入为140 000元（10 000+130 000），其他业务收入为5 000元，营业收入合计145 000元。主营业务成本为84 000元，其他业务成本为2 180元，营业成本合计86 180元。

（二）销售折扣、折让与退回的会计处理

1. 销售折扣

销售折扣，是指企业在销售商品时，鼓励客户为多购商品或尽早付款而给予的价格折扣，包括商业折扣和现金折扣。

商业折扣是指企业为促进商品销售，而在商品标价上给予客户的价格扣除。商业折扣的目的是鼓励客户多购商品，通常根据客户不同的购货数量而给予不同的折扣比例，商品标价扣除商业折扣后的金额为双方的实际交易价格即发票价格。由于会计记录是以实际交易价格为基础的，而商业折扣是在交易成立之前给予扣除的折扣，它只是购销双方确定交易价格的一种方式,因此并不影响销售的会计处理。

【例 12 - 17】 鸿发公司 B 产品的标价为每件 100 元,乙公司一次购买 B 商品 2 000 件,根据规定的折扣条件,可得到 10% 的商业折扣,增值税税率为 13%。

发票价格 = 100 × 2 000 × (1 - 10%) = 180 000(元)

销项税额 = 180 000 × 13% = 23 400(元)

鸿发公司应于乙公司取得该批商品的控制权时,作如下账务处理:

借:应收账款——乙公司　　　　　　　　　　　　　　　203 400
　　贷:主营业务收入　　　　　　　　　　　　　　　　　　180 000
　　　　应交税费——应交增值税(销项税额)　　　　　　 23 400

2. 现金折扣

现金折扣,是指企业为鼓励客户在规定的折扣期限内付款,而给予客户的价格扣除。如果客户能够取得现金折扣,则发票金额扣除现金折扣后的余额为客户的实际付款金额。现金折扣条件通常用一个简单的分式表示,例如"1/10,2/20,n/30"。对于附有现金折扣条件的销售,企业的会计处理将面临两种选择,一是按发票金额的应收账款即销售收入计价入账,这种会计处理方法称为总价法;二是按发票金额扣除现金折扣后的净额的应收账款及销售收入计价入账,这种会计处理方式称为净价法。

企业选择总价法还是净价法进行会计处理,应当取决于对可变对价最佳估计数的判断:如果企业判断客户在折扣期限内不是极可能取得现金折扣(即在相关不确定性消除时最终确定的交易价格极可能为发票价格),应当采用总价法;如果企业判断客户在折扣期限内,极可能取得现金折扣(即在相关不确定性消除时,最终确定的交易价格极可能为发票价格扣除现金折扣后的净额),应当采用净价法。在总价法下,如果客户能够在折扣期限内付款,企业应按客户取得的现金折扣金额调减收入;在净价法下,如果客户未能在折扣期限内付款,企业应按客户丧失的现金折扣金额调增收入。

【例 12 - 18】 鸿发公司向乙公司赊销一批产品,合同约定的销售价格为 10 000 元,增值税销项税额为 1 300 元,鸿发公司开出发票、账单并发出商品。根据合同约定产品赊销期限为 30 天,现金折扣条件为"2/10,1/20,n/30",计算现金折扣时不包括增值税。鸿发公司的会计处理如下:

情形一:假定鸿发公司采用总价法进行会计处理。

(1) 赊销商品。

借:应收账款——乙公司　　　　　　　　　　　　　　　11 300
　　贷:主营业务收入　　　　　　　　　　　　　　　　　 10 000
　　　　应交税费——应交增值税(销项税额)　　　　　　 1 300

(2) 收回货款。

①假定乙公司在 10 天内付款,可按 2% 得到现金折扣。

现金折扣 = 10 000 × 2% = 200(元)

借:银行存款　　　　　　　　　　　　　　　　　　　　11 100
　　主营业务收入　　　　　　　　　　　　　　　　　　　 200
　　贷:应收账款——乙公司　　　　　　　　　　　　　　11 300

②假定乙公司超过10天，但在20天内付款，可按1%得到现金折扣。
现金折扣 = 10 000 × 1% = 100（元）
借：银行存款 11 200
　　主营业务收入 100
　　　贷：应收账款——乙公司 11 300

③假定乙公司超过20天付款，不能得到现金折扣。
借：银行存款 11 300
　　　贷：应收账款——乙公司 11 300

情形二：假定鸿发公司采用净价法进行会计处理。
（1）赊销商品。
现金折扣 = 10 000 × 2% = 200（元）
销货净额 = 10 000 - 200 = 9 800（元）
应收账款 = 11 300 - 200 = 11 100（元）
借：应收账款——乙公司 11 100
　　　贷：主营业务收入 9 800
　　　　　应交税费——应交增值税（销项税额） 1 300

（2）收回货款。
①假定乙公司10天内付款，可按2%得到现金折扣。
借：银行存款 11 100
　　　贷：应收账款——乙公司 11 100

②假定乙公司超过10天，但在20天内付款，可按1%得到现金折扣。
借：银行存款 11 200
　　　贷：应收账款——乙公司 11 100
　　　　　主营业务收入 100

③假定乙公司超过20天付款，不能得到现金折扣。
借：银行存款 11 300
　　　贷：应收账款——乙公司 11 100
　　　　　主营业务收入 200

3. 销售折让

销售折让，是指企业因售出商品的质量不合格等原因而给予客户的价格减让。销售折让可能发生在企业确认收入之前，也可能发生在企业确认收入之后。如果销售折让发生在企业确认收入之前，企业应直接从原定的销售价格中扣除给予客户的销售折让作为实际销售价格，并据以确认收入；如果销售折让发生在企业确认收入之后，企业应按实际给予客户的销售折让，冲减当期销售收入。销售折让属于资产负债表日后事项的，应当按照资产负债表日后事项的相关规定进行会计处理。

【例12-19】2017年12月15日，鸿发公司向乙公司销售一批产品，产品成本为15 000元，合同约定的销售价格为20 000元，增值税销项税额为2 600元。

（1）假定合同约定验货付款，鸿发公司与乙公司验货并付款后向其开具发票账单，

2017年12月20日乙公司在验货时发现产品质量存在问题,要求鸿发公司给予15%的价格折让,鸿发公司同意给予折让,乙公司按折让后的金额支付货款。

在验货付款销售方式下,鸿发公司在客户验货并付款之前,无法判断客户是否会接受该批商品,也无法判断因向客户转让商品而有权取得的对价是否很可能收回,因此在发出产品时不能确认销售收入。发出的产品应从"库存商品"科目转入"发出商品"科目核算,待乙公司验货并付款后,鸿发公司按扣除销售折让后的实际交易价格给乙公司开具发票账单,并确认销售收入,鸿发公司的有关会计处理如下:

①2017年12月15日,鸿发公司发出产品。

借:发出商品　　　　　　　　　　　　　　　　　　15 000
　　贷:库存商品　　　　　　　　　　　　　　　　　　　15 000

②2017年12月20日,乙公司按折让后的价格付款。

实际销售价格 = 20 000 × (1 - 15%) = 17 000(元)
增值税销项税额 = 2 600 × (1 - 15%) = 2 210(元)

借:银行存款　　　　　　　　　　　　　　　　　　19 210
　　贷:主营业务收入　　　　　　　　　　　　　　　　17 000
　　　　应交税费——应交增值税(销项税额)　　　　　2 210
借:主营业务成本　　　　　　　　　　　　　　　　15 000
　　贷:发出商品　　　　　　　　　　　　　　　　　　　15 000

(2)假定合同约定交货提款,鸿发公司于乙公司付款后向其开具发票及提货单,2017年12月20日,乙公司在验货时发现产品质量存在问题,要求鸿发公司给予15%的价格折让,鸿发公司同意给予折让并退回多收货款。

在交货提款销售方式下,鸿发公司在向乙公司收取货款并开具发票、提货单时,已将商品的控制权转移给了乙公司,可以确认销售收入,待乙公司提出给予价格折让时,鸿发公司按给予乙公司的销售折让冲减销售收入,鸿发公司的有关会计处理如下:

①2017年12月15日鸿发公司收款后,向乙公司开具发票、提货单。

借:银行存款　　　　　　　　　　　　　　　　　　22 600
　　贷:主营业务收入　　　　　　　　　　　　　　　　20 000
　　　　应交税费——应交增值税(销项税额)　　　　　2 600
借:主营业务成本　　　　　　　　　　　　　　　　15 000
　　贷:库存商品　　　　　　　　　　　　　　　　　　　15 000

②2017年12月20日,鸿发公司退回多收货款。

销售价格折让 = 20 000 × 15% = 3 000(元)
增值税额折让 = 2 600 × 15% = 390(元)

借:主营业务收入　　　　　　　　　　　　　　　　3 000
　　应交税费——应交增值税(销项税额)　　　　　　390
　　贷:银行存款　　　　　　　　　　　　　　　　　　　3 390

(3)假定合同约定交款提货,鸿发公司于乙公司付款后向其开具发票及提货单。2018年1月5日,乙公司在验货时发现产品质量存在问题,要求鸿发公司给予15%的价格折让。鸿发公司同意给予折让并退回多收货款,鸿发公司按净利润的10%计提法定盈余公积,所得税税率为25%。由于乙公司提出折让货款的时间是2018年1月5日,因而属于资产负债表日后事项,鸿发公司的有关会计处理如下:

①2017年12月15日,鸿发公司收款后给乙公司开具发票、提货单。

借:银行存款 22 600
  贷:主营业务收入 20 000
    应交税费——应交增值税(销项税额) 2 600
借:主营业务成本 15 000
  贷:库存商品 15 000

②2018年1月5日,鸿发公司退回多收货款。

销售价格折让 = 20 000 × 15% = 3 000(元)
增值税额折让 = 2 600 × 15% = 390(元)
销售折让影响所得税金额 = 3 000 × 25% = 750(元)
销售折让影响净利润金额 = 3 000 - 750 = 2 250(元)

借:以前年度损益调整 3 000
  应交税费——应交增值税(销项税额) 390
  贷:银行存款 3 390
借:应交税费——应交所得税 750
  贷:以前年度损益调整 750
借:利润分配——未分配利润 2 250
  贷:以前年度损益调整 2 250
借:盈余公积——法定盈余公积 225
  贷:利润分配——未分配利润 225

同时调整2017年会计报表相关项目的数字,此处略。

(三)销售商品的特殊业务

企业销售商品的特殊业务,是指前述销售商品一般业务以外的业务。企业销售商品的特殊业务如为复杂业务,需要按照前述销售商品确认计量的"五步法"进行分析判断;如为简单业务,则可以根据具体业务内容,省略某些步骤分析判断。

1. 合同包含多项履约义务及可变对价等复杂业务

如果企业与客户签订合同中包含多项履约义务,交易价格的确定存在可变对价等因素,且既有在一段期间内履行的履约义务,也有在某一时点履行的履约义务,则需要按照前述营业收入确认与计量的步骤进行分析,分别进行会计处理。

【例12-20】鸿发公司2018年3月向零售商乙公司销售1 000台A产品,每台价格为3 000元,合同价款合计3 000 000元。鸿发公司向乙公司提供价格保护,同意在未来6个月内,如果同款A产品售价下降,则按照合同价格与最低售价之间的差额向乙公司支付差价。鸿发公司根据以往执行类似合同的经验,预计各种结果发生的概率见表12-6(上述价格均不包含增值税)。

表 12-6　　　　　　　　　　A 产品未来 6 个月内降价概率表

未来 6 个月内的降价金额（元/台）	概率
0	40%
200	30%
500	20%
1 000	10%

本例中，鸿发公司认为期望值能够更好地预测其有权获取的对价金额。假定不考虑本准则有关将可变对价计入交易价格的限制要求，在该方法下，鸿发公司估计交易价格为每台 2 740 元（3 000×40%+2 800×30%+2 500×20%+2 000×10%）。

【例 12-21】2018 年 1 月 3 日，鸿发公司与某客户签订一款软件销售及后续技术服务合同，并经双方批准。该合同规定：鸿发公司应于 2018 年 6 月 30 日交付软件，并于 2018 年 7 月 1 日至 2019 年 6 月 30 日提供与该软件相关的技术服务（软件不需要改进，在编写过程中客户无法控制）；软件及技术服务不含增值税的总价为 5 000 000 元，假定该项交易属于混合销售行为，增值税税率均为 13%，客户应在收到软件且能够正常使用时一次付清款项。如果该客户于 2018 年 3 月 31 日前预付全部价款，则不含增值税的总价为 4 800 000 元，增值税专用发票于收到全部价款时开具。鸿发公司单独销售该软件不含增值税的销售价款为 4 080 000 元，单独提供一年技术服务不含增值税的销售价款为 1 020 000 元，合计共 5 100 000 元。

分析：

(1) 该合同已经双方签字生效。

(2) 该合同包含的履约义务为多项履约义务：一项为销售软件，另一项为提供一年技术服务。

(3) 客户于 2018 年 6 月 30 日收到软件且能够正常使用时支付全部价款，不含增值税的交易价格总额为 5 000 000 元；如果客户于 2018 年 3 月 31 日前预付全部价款，则不含增值税的交易价格总额为 4 800 000 元。

(4) 按照单独销售软件价款和提供技术服务价款的比例进行分配，如果交易价格总额为 5 000 000 元，则软件交易价格为 4 000 000 元（5 000 000×4 080 000/5 100 000），一年技术服务的差额交易价格为 1 000 000 元（5 000 000×1 020 000/5 100 000）。如果交易价格总额为 4 800 000 元，则软件交易价格为 3 840 000 元（4 800 000×4 080 000/5 100 000），一年技术服务交易价格为 960 000 元（4 800 000×1 020 000/5 100 000）。

(5) 由于软件在编写过程中客户无法控制，应于客户收到软件且能够正常使用时确认营业收入，一年技术服务费应在 2018 年 7 月 1 日至 2019 年 6 月 30 日期间各月末提供技术服务后，分期确认营业收入。

根据以上分析，鸿发公司按照实际发生的经济业务，编制会计分录如下：

(1) 2018 年 3 月 31 日收到客户预付的全部价款，其中不含增值税的软件及技术服务价款 4 800 000 元，增值税 624 000 元（4 800 000×13%），合计 5 424 000 元；开具增值税专用发票。

借：银行存款	5 424 000
贷：合同负债	4 800 000
应交税费——应交增值税（销项税额）	624 000

（2）2018年6月30日，鸿发公司交付软件且客户可以正常使用，该软件的成本为3 000 000元。

借：合同负债	3 840 000
贷：主营业务收入	3 840 000
借：主营业务成本	3 000 000
贷：库存商品	3 000 000

（3）2018年7月31日，确认当月技术服务收入80 000元（960 000/12），提供该项技术服务的成本为50 000元。

借：合同负债	80 000
贷：主营业务收入	80 000
借：主营业务成本	50 000
贷：履约成本	50 000

以后月份确认技术服务收入以此类推。

2. 商品销售后经济利益不能流入企业

企业在商品销售后得到信息，购货单位因突发财务困难无法支付货款，则不符合收入确认条件，不能确认收入，应将已经销售商品的成本结转为发出商品，借记"发出商品"科目，贷记"库存商品"科目；待已销商品退回后，作相反会计处理。如果企业已经开具增值税专用发票，则纳税义务已经发生，应确认应交增值税，借记"应收账款"科目，贷记"应交税费——应交增值税（销项税额）"科目；待已销商品退回后，收回原增值税专用发票，或开具红字增值税专用发票，冲减应交增值税，借记"应交税费——应交增值税（销项税额）"科目，贷记"应收账款"等科目；根据收回商品的成本，借记"库存商品"科目，贷记"发出商品"科目。

【例12-22】2018年12月20日，鸿发公司销售A产品10件价款10 000元，增值税1 300元，用银行存款代垫运杂费200元，已开具增值税专用发票，办妥托收手续，该批商品的实际成本为7 000元。在办妥托收手续后，得知客户发生财务困难，近期无法支付货款，客户承诺将商品退回。2019年1月15日鸿发公司收到客户退回的增值税专用发票及A商品10件，验收入库。

鸿发公司根据实际发生的经济业务编制，账务处理如下：

（1）2018年12月20日，由于与该项交易相关的经济利益不一定能够流入企业，不符合营业收入确认条件，因而不确认收入，但要结转库存商品成本并确认应交增值税。

借：发出商品	7 000
贷：库存商品	7 000
借：应收账款	1 500
贷：应交税费——应交增值税（销项税额）	1 300
银行存款	200

(2) 2019年1月15日，收到客户退回的增值税专用发票冲减增值税销项税额，代垫运费无法收回，计入销售费用。

借：应交税费——应交增值税（销项税额）　　　1 300
　　销售费用　　　　　　　　　　　　　　　　　200
　　贷：应收账款　　　　　　　　　　　　　　　　　　1 500
借：库存商品　　　　　　　　　　　　　　　　　7 000
　　贷：发出商品　　　　　　　　　　　　　　　　　　7 000

3. 附有退货条件的商品销售

企业将商品转让给客户之后，可能会因为各种原因允许客户选择退货（例如客户对所购商品的款式不满意等）。附有销售退回条款的销售，是指客户依照有关合同有权退货的销售方式。合同中有关退货权的条款，可能会在合同中明确约定，也可能是隐含的。

附有退货条件的商品销售，对估计有可能退回而未确认收入的发出商品成本，可以单独设置"应收退货成本"科目进行核算，该科目核算内容与"发出商品"科目基本相同。

对于附有销售退回条款的商品销售企业，应当在客户取得相关商品控制权时，按照因向客户销售商品而预期有权收取的对价金额（即不包含预期因销售退回将退还的金额）确认收入，按照预期因销售退回将退还的金额确认负债；同时按照预期将退回商品转让时的账面价值扣除收回该商品预计发生的成本（包括退回商品的价值减损）后的余额确认为一项资产，按照所转让商品转让时的账面价值，扣除上述资产成本的金额结转成本。

企业应将不会退货的已销商品确认为主营业务收入，借记"银行存款""应收账款"等科目，贷记"主营业务收入"科目，同时结转主营业务成本，借记"主营业务成本"科目，贷记"库存商品"科目。将可能退货的已销商品确认为发出商品，借记"发出商品"科目（也可以单独设置"应收退货成本"科目），贷记"库存商品"科目。如果企业已经收取可能退货商品的价款，应确认为预计负债，借记"银行存款"等科目，贷记"预计负债"科目。如果企业已经开具增值税专用发票，则应确认应交增值税，借记"银行存款""应收账款"等科目，贷记"应交税费——应交增值税（销项税额）"科目。企业如果无法合理确定退货的可能性，则应全部确认为发出商品，于退货期满时确认营业收入。

每一资产负债表日，企业应当重新估计未来销售退回情况，如有变化，应当作为会计估计变更进行会计处理。

【例12-23】2017年9月15日，鸿发公司向D公司销售商品2 000件，单位售价300元，单位生产成本250元。鸿发公司发出商品并开出增值税专用发票，专用发票上列明的增值税销项税额为78 000元，货款已如数存银行，该批商品的控制权同时转移给了D公司。根据合同约定，鸿发公司给D公司提供了6个月的试销期，在2018年3月15日之前，D公司有权将未售出的商品退回鸿发公司。鸿发公司根据实际退货数量，给D公司开具红字增值税专用发票，并退还相应的货款。根据以往的经验，鸿发公司在发出商品时估计该批商品的退货率为20%，即退回400件商品；2017年12月31日，鸿发公司对退货率进行了重新评估，根据D公司对商品的销售情况等最新证据，鸿发公司认为只有5%的商品会被退回（即退回100件商品）。

(1) 2017 年 9 月 15 日，鸿发公司发出商品并收到货款。

预计应付退货款（不含增值税）= 300×400 = 120 000（元）

应确认销售收入 = 300×2 000 − 120 000 = 480 000（元）

预计应收退货成本 = 250×400 = 100 000（元）

应确认销售成本 = 250×2 000 − 100 000 = 400 000（元）

借：银行存款　　　　　　　　　　　　　　　　　　　　678 000
　　贷：主营业务收入　　　　　　　　　　　　　　　　　480 000
　　　　预计负债——应付退货款　　　　　　　　　　　　120 000
　　　　应交税费——应交增值税（销项税额）　　　　　　 78 000

借：主营业务成本　　　　　　　　　　　　　　　　　　400 000
　　应收退货成本　　　　　　　　　　　　　　　　　　100 000
　　贷：库存商品　　　　　　　　　　　　　　　　　　 500 000

(2) 2017 年 12 月 31 日，鸿发公司对退货率进行重新评估。

调增销售收入 = 300×300 = 90 000（元）

调增销售成本 = 250×300 = 75 000（元）

借：预计负债——应付退货款　　　　　　　　　　　　　 90 000
　　贷：主营业务收入　　　　　　　　　　　　　　　　　90 000

借：主营业务成本　　　　　　　　　　　　　　　　　　 75 000
　　贷：应收退货成本　　　　　　　　　　　　　　　　　75 000

(3) 2018 年 3 月 15 日，退货期届满。

①假定 D 公司没有退货。

调增销售收入 = 300×100 = 30 000（元）

调增销售成本 = 250×100 = 25 000（元）

借：预计负债——应付退货款　　　　　　　　　　　　　 30 000
　　贷：主营业务收入　　　　　　　　　　　　　　　　　30 000

借：主营业务成本　　　　　　　　　　　　　　　　　　 25 000
　　贷：应收退货成本　　　　　　　　　　　　　　　　　25 000

②假定 D 公司实际退回 60 件商品。

调增销售收入 = 300×40 = 12 000（元）

调增销售成本 = 250×40 = 10 000（元）

退回商品应退销项税额 = 60×300×13% = 2 340（元）

退回商品应退价款 = 300×60 = 18 000（元）

退回商品的成本 = 250×60 = 15 000（元）

借：预计负债——应付退货款　　　　　　　　　　　　　 30 000
　　应交税费——应交增值税（销项税额）　　　　　　　　2 340
　　贷：主营业务收入　　　　　　　　　　　　　　　　　12 000
　　　　银行存款　　　　　　　　　　　　　　　　　　　20 340

借：主营业务成本　　　　　　　　　　　　　　　　　　 10 000

    库存商品   15 000
     贷：应收退货成本   25 000

③假定 D 公司实际退回 100 件商品。

退回商品应退价款 = 300×100 = 30 000（元）

退回商品应退销项税额 = 100×300×13% = 3 900（元）

  借：预计负债——应付退货款   30 000
    应交税费——应交增值税（销项税额）   3 900
     贷：银行存款   33 900
  借：库存商品   25 000
     贷：应收退货成本   25 000

④假定 D 公司实际退回 120 件商品。

调减销售收入 = 300×20 = 6 000（元）

调减销售成本 = 250×20 = 5 000（元）

退回商品应退价款 = 300×120 = 36 000（元）

退回商品应退销项税额 = 36 000×13% = 4 680（元）

退回商品的成本 = 250×120 = 30 000（元）

  借：预计负债——应付退货款   30 000
    应交税费——应交增值税（销项税额）   4 680
    主营业务收入   6 000
     贷：银行存款   40 680
  借：库存商品   30 000
     贷：主营业务成本   5 000
       应收退货成本   25 000

4. 需要安装和检验的商品销售

  企业销售的商品，如果需要安装调试且安装调试的结果经购货单位检验合格后，供货合同才能生效，则企业在商品安装调试工作完成以前，客户并未真正接受该商品，不应确认收入。收取的价款应确认为预收账款，在安装调试完成后，客户接受该商品并拥有该商品控制权时再确认收入。例如，企业销售一条生产线并负责安装调试，在该生产线销售时不应确认收入。如果商品的安装程序比较简单或检验是交货必须进行的程序，根据以往的经验，客户不会拒收该商品，则企业在满足收入确认的其他条件的情况下，可以在发出商品时确认收入。例如，企业销售空调负责安装调试，但空调的安装调试程序比较简单，则在空调销售时就可以确认收入。

  【例 12-24】2018 年 10 月，鸿发公司与客户签订合同，为客户装修一栋办公楼，包括安装一部电梯，合同总金额为 100 万元。鸿发公司预计的合同总成本为 80 万元，其中包括电梯的采购成本 30 万元。

  2018 年 12 月，鸿发公司将电梯运达施工现场并经过客户验收，客户已取得对电梯的控制权，但是，根据装修进度，预计到 2019 年 2 月才会安装该电梯。截至 2018 年 12 月，鸿发公司累计发生成本 40 万元，其中包括支付给电梯供应商的采购成本 30 万元以及因采购电梯发生的运输和人工等相关成本5万元。假定：该装修服务（包括安装电梯）构成单项履约义务，并属于在某一时段内履行的履约义务，鸿发公司是主要责任人，但不参与电梯的设计和制造；鸿发公司采用成本法确定履约进度；上述金额均不含增值税。

本例中，截至2018年12月，鸿发公司发生成本40万元（包括电梯采购成本30万元以及因采购电梯发生的运输和人工等相关成本5万元），鸿发公司认为其已发生的成本和履约进度不成比例，因此需要对履约进度的计算做出调整，将电梯的采购成本排除在已发生成本和预计总成本之外。在该合同中，该电梯不构成单项履约义务，其成本相对于预计总成本而言是重大的，鸿发公司是主要责任人，但是未参与该电梯的设计和制造，客户先取得了电梯的控制权，随后才接受与之相关的安装服务，因此，鸿发公司在客户取得该电梯控制权时，按照该电梯采购成本的金额确认转让电梯产生的收入。

2018年12月，该合同的履约进度为20%[(40−30)÷(80−30)]，应确认的收入和成本金额分别为44万元[(100−30)×20%+30]和40万元[(80−30)×20%+30]。

5. 以旧换新的商品销售

企业在销售商品的同时收购旧商品，则收购的旧商品确认为存货，如果收购中商品的价款为其公允价值，收购旧商品支付的价款不得冲减收入，应当计入存货成本。企业收购旧商品的价款直接抵减新商品价款时，应根据新商品的价款扣除旧商品收购价款后的金额借记"银行存款"等科目，根据收购旧商品的收购价款，借记"原材料"等科目，根据新商品的销售价格贷记"主营业务收入"科目，根据应缴纳的增值税贷记"应交税费——应交增值税（销项税额）"科目。

需要说明的是，如果收购旧商品的价款超过其公允价值，差额属于新商品交易价格的调整，收购的旧商品应按照其公允价值入账，差额抵减新商品的收入。

【例12−25】2019年12月18日，鸿发公司销售D商品50件价款为30 000元，增值税销项税额为3 900元，总成本为21 000元，鸿发公司已经开具增值税专用发票并收取全部价款。鸿发公司在销售的商品的同时，收购旧商品50件，收购价款1 500元，为其公允价值，直接抵扣D商品的销售价款，实际收到价款32 400元，收购的旧商品作为原材料验收入库。鸿发公司账务处理如下：

(1) 销售D商品。

借：银行存款　　　　　　　　　　　　　　　　　　　　　32 400
　　原材料　　　　　　　　　　　　　　　　　　　　　　　1 500
　　贷：主营业务收入　　　　　　　　　　　　　　　　　　30 000
　　　　应交税费——应交增值税（销项税额）　　　　　　　3 900
借：主营业务成本　　　　　　　　　　　　　　　　　　　　21 000
　　贷：库存商品　　　　　　　　　　　　　　　　　　　　21 000

(2) 如果上述收购旧商品的公允价值为1 000元，则收购旧商品的价款1 500元大于其公允价值的差额500元应冲减收入，收入的金额为29 500元。

借：银行存款　　　　　　　　　　　　　　　　　　　　　32 400
　　原材料　　　　　　　　　　　　　　　　　　　　　　　1 000
　　贷：主营业务收入　　　　　　　　　　　　　　　　　　29 500

            应交税费——应交增值税（销项税额）　　　　　　　　　　　 3 900
    借：主营业务成本　　　　　　　　　　　　　　　　　　　　　 21 000
        贷：库存商品　　　　　　　　　　　　　　　　　　　　　　　 21 000

6. 短期分期收款的商品销售

企业采用分期收款方式销售商品，如果收款期较短，在满足收入确认条件的情况下，不需要考虑分期收款总额中包含的融资成分，应全额确认收入，借记"应收账款"科目，贷记"主营业务收入"科目，同时结转商品销售成本，借记"主营业务成本"科目，贷记"库存商品"科目。按照增值税的相关规定，在合同规定的收款日期确认应交增值税，因此在发出商品时，不需要缴纳增值税，但应确认待转销项增值税，借记"应收账款"科目，贷记"应交税费——待转销项税额"科目。在合同规定的收款日期开具增值税专用发票，根据收到的全部价款，借记"银行存款"等科目，贷记"应收账款"科目，根据确认的增值税借记"应交税费——待转销项税额"科目，贷记"应交税费——应交增值税（销项税额）"科目，在合同规定的收款日期，如果未收到价款，也应确认应交增值税。

【例12-26】3月31日鸿发公司采用分期收款方式销售E产品60件，不含增值税的价款为60 000元，合同规定分三次收款，收款日期为当年6月30日、9月30日和12月31日，总成本为48 000元，鸿发公司在各收款日均收取款项22 600元，并开具增值税专用发票。鸿发公司账务处理如下：

（1）3月31日销售E产品。

待转销项税额=60 000×13%=7 800（元）

    借：应收账款　　　　　　　　　　　　　　　　　　　　　　　 67 800
        贷：主营业务收入　　　　　　　　　　　　　　　　　　　　　 60 000
            应交税费——待转销项税额　　　　　　　　　　　　　　　　 7 800
    借：主营业务成本　　　　　　　　　　　　　　　　　　　　　 48 000
        贷：库存商品　　　　　　　　　　　　　　　　　　　　　　　 48 000

（2）6月30日、9月30日和12月31日收取货款。

    借：银行存款　　　　　　　　　　　　　　　　　　　　　　　 22 600
        贷：应收账款　　　　　　　　　　　　　　　　　　　　　　　 22 600
    借：应交税费——待转销项税额　　　　　　　　　　　　　　　　 2 600
        贷：应交税费——应交增值税（销项税额）　　　　　　　　　　　 2 600

7. 具有重大融资性质的分期收款商品销售

企业采用分期收款方式销售商品，如果收款期较长（一般3年以上），则说明该项销售业务具有融资性质，对于该类业务需要区分以下两种情况分别进行会计处理：

（1）合同中存在企业为客户提供重大融资利益的，企业应按照应收合同价款，借记"长期应收款"等科目，按照假定客户在取得商品控制权时即以现金支付而需支付的金额（即现销价格）确定的交易价格，贷记"主营业务收入"科目，按其差额，贷记"未实现融资收益"科目。

（2）合同中存在客户为企业提供重大融资利益的，企业应按照已收合同价款，借记

"银行存款"等科目,按照假定客户在取得商品控制权时即以现金支付的应付金额(即现销价格)确定的交易价格,贷记"合同负债"等科目,按其差额,借记"未确认融资费用"科目。

涉及增值税的,还应进行相应的处理。

【例12-27】2020年1月1日,鸿发公司与乙公司签订合同,向其销售一批产品。合同约定,该批产品将于2年之后交货。合同中包含2种可供选择的付款方式:(1)乙公司可以在2年后交付产品时支付449.44万元(不含增值税);(2)在合同签订时支付400万元(不含增值税)。乙公司选择在合同签订时支付货款。该批产品的控制权在交货时转移,在交货同时给乙公司开具13%的增值税专用发票。鸿发公司于当日收到乙公司支付的货款。

本例中,按照上述两种付款方式计算的内含利率为6%。考虑到乙公司付款时间和产品交付时间之间的间隔以及现行市场利率水平,鸿发公司认为该合同包含重大融资成分,在确定交易价格时,应当对合同承诺的对价金额进行调整,以反映该重大融资成分的影响。

鸿发公司的账务处理如下:

(1) 2020年1月1日收到货款。

借:银行存款 4 000 000
　　未确认融资费用 494 400
　　贷:合同负债 4 494 400

(2) 2020年12月31日确认融资成分的影响。

借:财务费用 240 000
　　贷:未确认融资费用 240 000

(3) 2021年12月31日交付产品。

借:财务费用 254 400
　　贷:未确认融资费用 254 400

借:合同负债 4 494 400
　　银行存款 584 272
　　贷:主营业务收入 4 494 400
　　　　应交税费——应交增值税(销项税额) 584 272

8. 附有售后回购条件的商品销售

对于售后回购交易,企业应当区分不同情况进行会计处理。企业因存在与客户的远期安排而负有回购义务或企业享有回购权利的,表明客户在销售时点并未取得相关商品控制权,企业应当作为租赁交易或融资交易进行相应的会计处理。其中,回购价格低于原售价的,应当视为租赁交易,即视为客户租赁该资产,差额为客户承担的资产使用费;回购价格高于原售价的,应当视为融资交易,即质押贷款,在收到客户款项时确认金融负债,并将其差额在回购期间内确认为利息费用等。

企业附有售后回购条件的商品销售,如果属于融资交易,收取的价款应确认为负债,企业应根据收取的全部价款,借记"银行存款"等科目,根据收取的不含增值税的价款,贷记"其他应付款"科目；根据应交增值税，贷记"应交税费——应交增值税（销项税额）"科目。同时，还要根据发出商品的成本，借记"发出商品"科目，贷记"库存商品"科目；企业回购商品的价格超过销售商品价格的差额，实质上属于商品回购期内支付的利息费用，应在回购期内分期平均确认为利息支出，借记"财务费用"科目，贷记"其他应付款"科目；企业回购商品时，应根据回购商品不含增值税的价款，借记"其他应付款"科目，根据支付的增值税额，借记"应交税费——应交增值税（进项税额）"等科目；根据支付的全部价款，贷记"银行存款"等科目。同时，根据收回的商品成本，借记"库存商品"科目，贷记"发出商品"科目。

【例12-28】2019年1月31日，鸿发公司采用支票结算方式销售G产品10件，不含增值税的价款为500 000元，增值税税额为65 000元。该批商品实际成本为450 000元，已开具增值税专用发票并收取全部价款。销售合同规定该企业在6月30日将该批商品购回，购回价格为505 000元，增值税税额为65 650元。鸿发公司账务处理如下：

（1）2019年1月31日销售商品。由于存在回购条款，客户不能控制该批商品，因而不确认收入。

  借：银行存款   565 000
    贷：应交税费——应交增值税（销项税额）   65 000
      其他应付款   500 000
  借：发出商品   450 000
    贷：库存商品   450 000

（2）2019年2—6月各月月末计提利息费用。销售至回购期间的利息支出为5 000元（505 000-500 000），2—6月每月计提利息支出1 000元。

  借：财务费用   1 000
    贷：其他应付款   1 000

（3）2019年6月30日回购商品。

  借：其他应付款   505 000
    应交税费——应交增值税（进项税额）   65 650
    贷：银行存款   570 650
  借：库存商品   450 000
    贷：发出商品   450 000

9. 委托代销安排

委托代销是指委托方根据合同，委托受托方代销商品的一种销售方式。

表明一项安排是委托代销安排的迹象包括但不限于：一是在特定事件发生之前（例如，向最终客户出售商品或指定期间到期之前），企业拥有对商品的控制权；二是企业能够要求将委托代销的商品退回或者将其销售给其他方（如其他经销商）；三是尽管受托方可能被要求向企业支付一定金额的押金，但是，其并没有承担对这些商品无条件付款的义务。受托方则应当根据在向客户转让商品前，是否拥有对该商品的控制权，来判断其向客户转让商品时的身份是主要责任人还是代理人，从而确定其应当按照已收或应收客户对价总额确认收入，还是应当按照预期有权收取的代销手续费金额确认收入。

委托代销具体又可分为视同买断方式和支付手续费方式两种。

(1) 视同买断方式。视同买断方式，是指委托方和受托方签订合同，委托方按合同价格收取代销商品的货款，实际售价可由受托方自定，实际售价与合同价之间的差额归受托方所有的一种代销方式。根据视同买断方式的特点，一般可以认为委托方在向受托方交付代销商品时，商品的控制权已经转移给了受托方。从受托方来看，由于已取得了对代销商品的控制权，因而在向客户转让商品时，其身份是主要责任人，应当按照已收或应收客户对价总额确认销售商品收入。从委托方来看，应当根据受托方是否承担了对受托代销商品无条件付款的义务等迹象判断该项合同安排是否在实质上属于委托代销安排并进行相应的会计处理。

如果委托方和受托方之间的合同明确标明，受托方在取得代销商品后，无论是否能够卖出、是否获利，均与委托方无关，则可以认为受托方实际上已经承担了对受托代销商品无条件付款的义务，委托方和受托方之间的代销商品交易与委托方直接销售商品给受托方没有实质区别，委托方应于受托方取得代销商品控制权时确认销售收入，受托方应将取得的代销商品作为购进商品处理。

【例12-29】鸿发公司采用视同买断方式，委托B公司代销一批商品，该批商品的成本为12 000元，合同价为16 000元，增值税税额为2 080元。B公司在取得代销商品后，无论是否能够卖出、是否获利，均与鸿发公司无关，代销商品的实际售价由B公司自定。B公司将该批商品按20 000元的价格售出，收取增值税2 600元，并给鸿发公司开来代销清单，结清合同价款。

鸿发公司（委托方）的账务处理如下：

①发出委托代销商品。

借：应收账款——B公司　　　　　　　　　　　　　　　　　18 080
　　贷：主营业务收入　　　　　　　　　　　　　　　　　　16 000
　　　　应交税费——应交增值税（销项税额）　　　　　　　 2 080
借：主营业务成本　　　　　　　　　　　　　　　　　　　　12 000
　　贷：库存商品　　　　　　　　　　　　　　　　　　　　12 000

②收到B公司开来的代销清单及汇入的货款。

借：银行存款　　　　　　　　　　　　　　　　　　　　　　18 080
　　贷：应收账款——B公司　　　　　　　　　　　　　　　 18 080

B公司（受托方）的会计处理如下：

①收到受托代销的商品。

借：库存商品　　　　　　　　　　　　　　　　　　　　　　16 000
　　应交税费——应交增值税（进项税额）　　　　　　　　　 2 080
　　贷：应付账款——鸿发公司　　　　　　　　　　　　　　18 080

②售出代销商品。

借：银行存款　　　　　　　　　　　　　　　　　　　　　　22 600
　　贷：主营业务收入　　　　　　　　　　　　　　　　　　20 000
　　　　应交税费——应交增值税（销项税额）　　　　　　　 2 600

借：主营业务成本　　　　　　　　　　　　　　　　　　　16 000
　　贷：库存商品　　　　　　　　　　　　　　　　　　　　　　　16 000
③按合同价将货款汇给鸿发公司。
借：应付账款——鸿发公司　　　　　　　　　　　　　　18 080
　　贷：银行存款　　　　　　　　　　　　　　　　　　　　　　　18 080

（2）支付手续费方式。支付手续费方式，是指委托方和受托方签订合同，委托方根据代销商品的数量向受托方支付手续费的一种代销方式。与视同买断方式相比，支付手续费方式的主要特点是在受托方向其客户出售商品之前，委托方拥有对商品的控制权，受托方一般应按照委托方规定的价格销售商品，不得自行改变售价。

这一安排是指委托方和受托方签订代销合同或协议，委托受托方向终端客户销售商品。在这种安排下，企业应当评估受托方在企业向其转让商品时是否已获得对该商品的控制权，如果没有，企业不应在此时确认收入，通常应当在受托方售出商品时确认销售商品收入；受托方应当在商品销售后，按合同或协议约定的方法计算确定的手续费确认收入。

支付手续费方式是一种典型的委托代销安排，因此委托方向受托方交付代销商品时不能确认收入，应将发出的代销商品转入"发出商品"科目或者"委托代销商品"科目核算，在收到受托方开来的代销清单时，再根据代销清单所列的已销商品金额确认收入，支付的代销手续费计入当期销售费用。从受托方来看，由于受托方在向客户转让商品前并不拥有对该商品的控制权，其向客户转让商品时的身份是代理人，因而对收到的代销商品不能作为商品购进处理，应设置"受托代销商品"科目单独核算；受托方将受托代销的商品售出后，应根据代销商品的数量和合同约定的收款方式，计算应向委托方收取的手续费，作为提供代销服务收入确认入账，不确认销售商品收入。

【例12-30】鸿发公司委托乙公司销售W商品1 000件，W商品已经发出，每件成本为70元。合同约定乙公司应按每件100元对外销售，鸿发公司按不含增值税的销售价格的10%向乙公司支付手续费。除非这些商品在乙公司存放期间内由于乙公司的责任发生毁损或丢失，否则在W商品对外销售之前，乙公司没有义务向鸿发公司支付货款。乙公司不承担包销责任，没有售出的W商品须退回给鸿发公司。同时，鸿发公司也有权要求收回W商品或将其销售给其他的客户。乙公司对外实际销售1 000件，开出的增值税专用发票上注明的销售价格为100 000元，增值税税额为13 000元，款项已经收到，乙公司立即向鸿发公司开具代销清单并支付货款。鸿发公司收到乙公司开具的代销清单时，向乙公司开具一张相同金额的增值税专用发票。假定鸿发公司发出W商品时纳税义务尚未发生，手续费增值税税率为6%，不考虑其他因素。

本例中，鸿发公司将W商品发送至乙公司后，乙公司虽然已经实物占有W商品，但仅是接受鸿发公司的委托销售W商品，并根据实际销售的数量赚取一定比例的手续费。鸿发公司有权要求收回W商品或将其销售给其他的客户，乙公司并不能主导这些商品的销售，这些商品对外销售与否、是否获利以及获利多少等不由乙公司控制，乙公司没有取得这些商品的控制权。因此，鸿发公司将W商品发送至乙公司时，不应确认收入，而应当在乙公司将W商品销售给最终客户时确认收入。

根据上述资料，鸿发公司的账务处理如下：

(1) 发出商品。

借：发出商品——乙公司　　　　　　　　　　　　　　　　70 000
　　贷：库存商品——W商品　　　　　　　　　　　　　　　　　70 000

(2) 收到代销清单，同时发生增值税纳税义务。

借：应收账款——乙公司　　　　　　　　　　　　　　　113 000
　　贷：主营业务收入——销售W商品　　　　　　　　　　　100 000
　　　　应交税费——应交增值税（销项税额）　　　　　　　13 000

借：主营业务成本——销售W商品　　　　　　　　　　　　70 000
　　贷：发出商品——乙公司　　　　　　　　　　　　　　　　70 000

借：销售费用——代销手续费　　　　　　　　　　　　　　10 000
　　应交税费——应交增值税（进项税额）　　　　　　　　　　600
　　贷：应收账款——乙公司　　　　　　　　　　　　　　　10 600

(3) 收到乙公司支付的货款。

借：银行存款　　　　　　　　　　　　　　　　　　　　102 400
　　贷：应收账款——乙公司　　　　　　　　　　　　　　102 400

乙公司的账务处理如下：

(1) 收到商品。

借：受托代销商品——鸿发公司　　　　　　　　　　　　100 000
　　贷：受托代销商品款——鸿发公司　　　　　　　　　　100 000

(2) 对外销售。

借：银行存款　　　　　　　　　　　　　　　　　　　　113 000
　　贷：受托代销商品——鸿发公司　　　　　　　　　　　100 000
　　　　应交税费——应交增值税（销项税额）　　　　　　　13 000

(3) 收到增值税专用发票。

借：受托代销商品款——鸿发公司　　　　　　　　　　　100 000
　　应交税费——应交增值税（进项税额）　　　　　　　　13 000
　　贷：应付账款——鸿发公司　　　　　　　　　　　　　113 000

(4) 支付货款并计算代销手续费。

借：应付账款——鸿发公司　　　　　　　　　　　　　　113 000
　　贷：银行存款　　　　　　　　　　　　　　　　　　102 400
　　　　其他业务收入——代销手续费　　　　　　　　　　10 000
　　　　应交税费——应交增值税（销项税额）　　　　　　　　600

（四）提供服务

企业提供的服务，如果属于在某一时点履行的义务，应采用与前述商品销售相同的办法确认营业收入；如果属于在某一时期履行的义务，则应当考虑服务的性质，采用产出法或投入法确定恰当的履约进度，分期确认营业收入。

产出法，是根据已提供给客户的服务对于客户的价值确定履约进度。例如，甲公司与乙公司签订一项服务合同，总收入为300万元，合同总成本预计为200万元，采用产出法确定履约进度。资产负债表日,经专业测量认定,该项服务的价值累计履约进度为10%,乙公司接受该项测量结果,则甲公司应确认营业收入30万元(300×10%)。

投入法,是根据企业为履行履约义务的投入确定履约进度。例如,甲公司与乙公司签订一项服务合同,总收入为300万元,合同总成本预计为200万元,采用投入法确定履约进度。资产负债表日,该项服务的累计服务成本为40万元,则累计履约进度为20%(40÷200),应累计确认营业收入60万元(300×20%)。

采用上述方法确认营业收入及结转营业成本的计算方法如下:

各期确认的营业收入=预计总收入×履约进度-前期累计确认营业收入

各期结转的营业成本=预计总成本×履约进度-前期累计结转营业成本

当履约进度不能合理确定时,企业已经发生的成本预计能够得到补偿的,应当按照已经发生的成本确认营业收入,直到履约进度能够合理确定为止;如果已发生的成本预计不能全部得到补偿的,应当按照已经能够得到补偿的部分确认营业收入。例如,甲公司与乙公司签订一项服务合同,合同总收入为300万元,合同总成本预计为200万元,期限为两年。甲公司无法合理确定履约进度,资产负债表日,该项服务的累计服务成本为40万元,已经发生的成本预计能够得到补偿,则应累计确认营业收入40万元;如果预计只有30万元能够得到补偿,则应确认营业收入30万元。

企业发生的服务成本,可以设置"生产成本"科目进行核算。企业实际发生服务成本时,应借记"生产成本"科目,贷记"原材料""应付职工薪酬"等科目;确认服务收入时,应借记"银行存款"等科目,贷记"主营业务收入"等科目;结转相关服务成本时,应借记"主营业务成本"科目,贷记"生产成本"科目。

【例12-31】2017年11月1日鸿发公司与W公司签订一项服务合同,不含增值税的总收入为3 200 000元,适用的增值税税率为6%,完工日为2018年4月30日,采用产出法确认营业收入。合同签订日预收含增值税总收入25%的保证金,其余服务款分别于2017年12月31日、2018年2月28日和2018年4月30日,各收取25%。鸿发公司预计该项服务的总成本为250万元。2017年11月1日鸿发公司收取保证金848 000元;2017年11月鸿发公司实际发生服务成本280 000元(假定全部为职工薪酬),月末专业测量师测算的履约进度为10%;2017年,估计发生服务成本520 000元(假定全部为职工薪酬),月末专业测量师测算的履约进度为30%。2017年12月31日收取服务款848 000元。

鸿发公司账务处理如下:

(1) 2017年11月1日收取保证金。

借:银行存款　　　　　　　　　　　　　　　　　　848 000
　　贷:预收账款　　　　　　　　　　　　　　　　　　848 000

(2) 2017年11月30日,确认服务成本、服务收入,结转服务成本。

①发生服务成本。

借:生产成本　　　　　　　　　　　　　　　　　　280 000
　　贷:应付职工薪酬　　　　　　　　　　　　　　　　280 000

确认服务收入=3 200 000×10%=320 000(元)

收取增值税=320 000×6%=19 200(元)

②确认服务收入。

借：预收账款　　　　　　　　　　　　　　　　　　　　339 200
　　贷：主营业务收入　　　　　　　　　　　　　　　　　　　320 000
　　　　应交税费——应交增值税（销项税额）　　　　　　　　19 200

③结转服务成本。

结转服务成本＝2 500 000×10％＝250 000（元）

借：主营业务成本　　　　　　　　　　　　　　　　　　250 000
　　贷：生产成本　　　　　　　　　　　　　　　　　　　　　250 000

"生产成本"科目余额＝280 000－250 000＝30 000（元）

"预收账款"科目余额＝848 000－339 200＝508 800（元）

（3）2017年12月31日，确认服务成本、服务收入，结转服务成本，收取服务款。

①发生服务成本。

借：生产成本　　　　　　　　　　　　　　　　　　　　520 000
　　贷：应付职工薪酬　　　　　　　　　　　　　　　　　　　520 000

②确认服务收入。

确认服务收入＝3 200 000×30％－320 000＝640 000（元）

收取增值税＝640 000×6％＝38 400（元）

借：预收账款　　　　　　　　　　　　　　　　　　　　678 400
　　贷：主营业务收入　　　　　　　　　　　　　　　　　　　640 000
　　　　应交税费——应交增值税（销项税额）　　　　　　　　38 400

③结转服务成本。

结转服务成本＝2 500 000×30％－250 000＝500 000（元）

借：主营业务成本　　　　　　　　　　　　　　　　　　500 000
　　贷：生产成本　　　　　　　　　　　　　　　　　　　　　500 000

④收取服务款。

借：银行存款　　　　　　　　　　　　　　　　　　　　848 000
　　贷：预收账款　　　　　　　　　　　　　　　　　　　　　848 000

"生产成本"科目余额＝30 000＋520 000－500 000＝50 000（元）

"预收账款"科目余额＝508 800－678 400＋848 000＝678 400（元）

以后月份以此类推。

三、税金及附加

税金及附加是指应由营业收入（包括主营业务收入和其他业务收入）补偿的各种税金及附加费，主要包括消费税、城市维护建设税、教育费附加、环境保护税、资源税、房产税、土地使用税、车船税、印花税等。

（一）消费税的核算

企业销售应纳消费税的商品，应按规定计算结转应交消费税，借记"税金及附加"科目，贷记"应交税费——应交消费税"科目。

（二）城市维护建设税和教育费附加的核算

企业取得营业收入以后，应按规定计算结转应交城市维护建设税和应交教育费附加，借记"税金及附加"科目，贷记"应交税费——应交城市维护建设税"和"应交税费——应交教育费附加"科目。

（三）房产税、土地使用税和车船税的核算

企业应按规定计算结转应交房产税、土地使用税和车船税，借记"税金及附加"科目，贷记"应交税费——应交房产税""应交税费——应交土地使用税""应交税费——应交车船税"科目。

（四）印花税的核算

企业按规定应缴纳的印花税，以购买印花税票方式支付，应根据实际购买印花税票的金额，借记"税金及附加"科目，贷记"银行存款"科目。

【例12-32】鸿发公司12月份根据发生的税金及附加业务编制会计分录如下：

（1）结转应交城市维护建设税60 000元，应交教育费附加40 000元。

借：税金及附加　　　　　　　　　　　　　　　　　　100 000
　　贷：应交税费——应交城市维护建设税　　　　　　　 60 000
　　　　　　　　——应交教育费附加　　　　　　　　　 40 000

（2）结转应交房产税500 000元，车船税20 000元。

借：税金及附加　　　　　　　　　　　　　　　　　　 70 000
　　贷：应交税费——应交房产税　　　　　　　　　　　 50 000
　　　　　　　　——应交车船税　　　　　　　　　　　 20 000

（3）购买印花税票500元。

借：税金及附加　　　　　　　　　　　　　　　　　　　　500
　　贷：银行存款　　　　　　　　　　　　　　　　　　　 500

鸿发公司12月份税金及附加共计175 000元（10 000 + 70 000 + 500）。

四、销售费用

（一）销售费用的内容

销售费用，是指企业在销售过程中发生的各项费用以及专项销售机构的各项经费。具体包括：

（1）产品自销费用，包括应由本企业负担的包装费、运输费、装卸费和保险费。

（2）产品促销费用，包括展览费、广告费、经营租赁费和销售服务费。

（3）销售部门的费用，一般是指专设销售机构的职工工资及福利费、类似工资性质的费用、业务费等经营费用。企业内部销售部门所发生的费用不包括在销售费用中，而应列入管理费用中。

（4）委托代销费用，主要是指企业委托其他单位代销，按代销合同规定支付的委托代销手续费。

（5）商品流通企业的进货费用，是指商品流通企业在进货过程中发生的运输费、装卸费、包装费、保险费、运输途中的合理损耗和入库前的挑选整理费等。

（二）销售费用的核算

企业发生的销售费用在"销售费用"账户中核算，并按费用项目设置明细账进行明细核算。企业应根据实际发生的销售费用，借记"销售费用""应交税费——应交增值税（进项税额）"等科目，贷记"库存现金""银行存款""应付职工薪酬"等有关科目。月终，将借方归集的销售费用全部由"销售费用"账户的贷方转入"本年利润"账户的借方，计入当期损益。结转销售费用后，"销售费用"账户期末无余额。

【例12-33】鸿发公司本月发生的销售费用包括：以银行存款支付广告费15 000元；以现金支付应由公司负担的销售A产品的运输费8 000元；本月分配给专设销售机构的职工工资40 000元；提取的职工福利费5 600元，月末将全部销售费用予以结转。鸿发公司的账务处理如下：

(1) 支付广告费。

借：销售费用——广告费　　　　　　　　　　　　　　　15 000
　　贷：银行存款　　　　　　　　　　　　　　　　　　　　　15 000

(2) 支付运输费。

借：销售费用——运输费　　　　　　　　　　　　　　　8 000
　　贷：库存现金　　　　　　　　　　　　　　　　　　　　　8 000

(3) 分配职工工资及提取福利费。

借：销售费用——工资及福利费　　　　　　　　　　　45 600
　　贷：应付职工薪酬——工资　　　　　　　　　　　　　　40 000
　　　　　　　　　　　——福利费　　　　　　　　　　　　　5 600

(4) 月末结转销售费用。

借：本年利润　　　　　　　　　　　　　　　　　　　68 600
　　贷：销售费用　　　　　　　　　　　　　　　　　　　　　68 600

五、管理费用

（一）管理费用的内容

管理费用，是指企业行政管理部门为组织和管理经营活动而发生的各项费用。其具体项目包括：

(1) 企业管理部门发生的直接管理费用，如公司经费等。公司经费包括总部管理人员工资、职工福利费、差旅费、办公费、折旧费、修理费、物料消耗、低值易耗品摊销及其他公司经费。

(2) 用于企业直接管理之外的费用，主要包括董事会费、咨询费、聘请中介机构费和诉讼费等。

(3) 提供生产技术条件的费用，主要包括研究费用、无形资产摊销和长期待摊费用摊销。

(4) 业务招待费，是指企业为业务经营的合理需要而支付的交际应酬费用。我国税法规定企业发生的与生产经营活动有关的业务招待费支出，按照发生额的60%扣除，但最高不得超过当年销售营业收入的5‰。

(5) 其他费用，是指不包括在以上各项之内应列入管理费用的费用。

（二）管理费用的核算

企业应设置"管理费用"账户，发生的管理费用在"管理费用"账户中核算，并按费用项目设置明细账进行明细核算。企业发生管理费用时，应借记"管理费用""应交税费——应交增值税（进项税额）"等科目，贷记"库存现金""银行存款""原材料""应付职工薪酬""累计折旧""累计摊销""研发支出"和"应交税费"等有关科目。期末将本账户借方归集的管理费用，全部由本账户的贷方转入"本年利润"账户的借方，计入当期损益。结转管理费用后，"管理费用"账户期末无余额。

【例12-34】鸿发公司当月发生以下管理费用：以银行存款支付业务招待费82 000元；计提管理部门使用的固定资产折旧费80 000元；分配管理人员工资120 000元；提取职工福利费16 800元；以银行存款支付董事会成员差旅费3 500元；摊销无形资产2 000元；月末结转管理费用。鸿发公司账务处理如下：

(1) 支付业务招待费。

借：管理费用——业务招待费	82 000
贷：银行存款	82 000

(2) 计提折旧费。

借：管理费用——折旧费	80 000
贷：累计折旧	80 000

(3) 分配工资及计提福利费。

借：管理费用——工资及福利费	136 800
贷：应付职工薪酬——工资	120 000
——福利费	16 800

(4) 支付董事会成员差旅费。

借：管理费用——董事会费	3 500
贷：银行存款	3 500

(5) 摊销无形资产。

借：管理费用——无形资产摊销	2 000
贷：累计摊销	2 000

(6) 结转管理费用。

借：本年利润	304 300
贷：管理费用	304 300

六、财务费用

（一）财务费用的内容

财务费用，是指企业在筹集资金过程中发生的各项费用。其具体包括的项目为：

(1) 利息净支出，是指企业短期借款利息、长期借款利息、应付票据利息、票据贴现利息、应付债券利息、长期应付引进外国设备款利息等利息支出减去银行存款的利息收入后的金额。

(2) 汇兑净损失是汇兑损失减去汇兑收益后的差额。汇兑损失是指企业因向银行结售或购入外汇而产生的银行买入、卖出价与记账所采用的汇率之间的差额以及月度终了,各种外币账户的外币期末余额按照期末汇率折合的记账本位币金额与原账面记账本位币金额之间的差额。

(3) 金融机构手续费,是指发行债券所需支付的手续费、开出汇票的银行手续费、调剂外汇手续费等。

(4) 企业发生的现金折扣或收到的现金折扣。

(5) 其他费用,如融资租入固定资产发生的融资租赁费用以及筹集生产经营资金发生的其他费用等。

(二) 财务费用的核算

企业发生的财务费用在"财务费用"账户中核算,并按费用项目设置明细账进行明细核算。企业发生财务费用时,应借记"财务费用"科目,贷记"银行存款"有关科目。企业取得的利息收入,应抵减利息支出,借记"银行存款"等科目,贷记"财务费用"科目。期末,将借方归集的财务费用全部由该账户的贷方转入"本年利润"账户的借方,计入当期损益。结转当期财务费用后,"财务费用"账户期末无余额。

【例12-35】鸿发公司当月发生如下事项:接银行通知已划拨本月银行借款利息50 000元;银行转来存款利息6 000元,月末结转财务费用。鸿发公司作如下会计处理:

(1) 银行划拨借款利息。

借:财务费用——利息支出　　　　　　　　　　　　　　50 000
　　贷:银行存款　　　　　　　　　　　　　　　　　　　　　50 000

(2) 确认银行存款利息。

借:银行存款　　　　　　　　　　　　　　　　　　　　6 000
　　贷:财务费用——利息收入　　　　　　　　　　　　　　　6 000

(3) 结转财务费用。

借:本年利润　　　　　　　　　　　　　　　　　　　　44 000
　　贷:财务费用　　　　　　　　　　　　　　　　　　　　　44 000

七、资产减值损失

资产减值损失,是指企业应收账款、存货、长期股权投资、长期债权投资、固定资产、在建工程、工程物资、无形资产等资产发生减值确认的减值损失。

企业应根据相关资产确认的减值损失,借记"信用减值损失"或"资产减值损失"科目,贷记"坏账准备""存货跌价准备""长期股权投资减值准备""长期债权投资减值准备""固定资产减值准备""在建工程减值准备""工程物资减值准备""无形资产减值准备"等科目。

企业计提坏账准备、存货跌价准备、长期债权投资减值准备等后相关资产的价值又得以恢复的,应在原已计提的减值准备金额内,按恢复增加的金额,借记"坏账准备""存货跌价准备""长期债权投资减值准备"科目,贷记"信用减值损失"或"资产减值损失"科目。

企业当期确认的减值损失应当反映在其利润表中，而计提的资产减值准备又应当作为相关资产的备抵项目，反映在资产负债表中，从而夯实企业资产价值，避免利润虚增，如实反映企业的财务状况和经营成果。企业计提的长期股权投资减值准备、固定资产减值准备、在建工程减值准备、工程物资减值准备、无形资产减值准备，按照我国会计准则的规定，不得转回。以前期间计提的资产减值准备，在资产处置、出售、对外投资、以非货币性资产交换方式换出、在债务重组中抵偿债务等时才予以转出。

【例 12-36】鸿发公司 12 月份根据发生的资产减值业务编制相关会计分录。

（1）12 月末计提坏账准备前应收账款余额为 1 000 万元（与计税基础相同），按 1% 计提坏账准备。该公司以前未计提坏账准备，12 月末计提坏账准备 10 万元。

借：信用减值损失   100 000
　　贷：坏账准备   100 000

（2）12 月末固定资产账面价值为 2 000 万元（与计税基础相同），可收回金额为 1 986 万元，以前未发生减值。12 月末计提固定资产减值准备 14 万元。

借：资产减值损失   140 000
　　贷：固定资产减值准备   140 000

鸿发公司 12 月资产减值损失为 240 000 元。

八、公允价值变动损益

公允价值变动损益，是指以公允价值计量且其变动计入当期损益的金融资产和以公允价值计量的投资性房地产等由于公允价值变动形成的损益。

有关资产的公允价值高于其账面价值时，应确认公允价值变动收益，借记有关资产科目，贷记"公允价值变动损益"科目；有关资产的公允价值低于其账面价值时，应确认公允价值变动损失，做相反的会计处理。

【例 12-37】鸿发公司 12 月根据发生的公允价值变动业务编制相关会计分录。

月末，交易性金融资产的账面价值为 80 万元（与计税基础相同），公允价值为 85 万元，交易性金融资产公允价值高于其账面价值 5 万元。

借：交易性金融资产——公允价值变动   50 000
　　贷：公允价值变动损益   50 000

鸿发公司 12 月的公允价值变动收益为 50 000 元。

九、投资收益

投资收益，是指企业从事各项对外投资活动取得的收益（各项投资业务取得的收入大于其成本的差额）；投资损失，是指企业从事各项对外投资活动发生的损失（各项投资业务取得的收入小于其成本的差额）。投资收益大于投资损失的差额为投资净收益，反之则为投资净损失。

【例 12-38】鸿发公司 12 月根据发生的经济业务，编制相关会计分录。

（1）动用证券账户资金 100 万元购入某公司股票，初始确认为交易性金融资产（不考虑手续费）。

借：交易性金融资产	1 000 000	
贷：其他货币资金		1 000 000

(2) 将购入的股票全部出售，取得价款75万元存入银行（不考虑手续费）。

借：其他货币资金	750 000	
投资收益	250 000	
贷：交易性金融资产		1 000 000

(3) 成本法核算的长期股权投资应获现金股利15万元。

借：应收股利	150 000	
贷：投资收益		150 000

十、资产处置损益

资产处置损益主要是处置固定资产、在建工程及无形资产等产生的损益。企业发生资产处置收益时，应借记有关科目，贷记"资产处置损益"科目；发生资产处置损失时作相反的会计处理。

【例12-39】 鸿发公司12月份出售机器设备一台，固定资产原值为140 000元，累计折旧为45 000元，取得出售收入120 000元，增值税15 600元。账务处理如下：

(1) 结转固定资产净值。

借：固定资产清理	95 000	
累计折旧	45 000	
贷：固定资产		140 000

(2) 取得出售收入。

借：银行存款	135 600	
贷：固定资产清理		120 000
应交税费——应交增值税（销项税额）		15 600

(3) 结转固定资产出售净收益。

借：固定资产清理	25 000	
贷：资产处置损益		25 000

十一、营业外收入与营业外支出

（一）营业外收入

营业外收入，是指企业取得的与日常活动没有直接关系的各项利得，是企业在营业利润以外取得的收入，主要包括非流动资产毁损报废利得、罚没利得、政府补助利得、无法支付的应付款项、捐赠利得、盘盈利得等。

企业取得营业外收入时，应借记"银行存款"等有关科目，贷记"营业外收入"科目。

（二）营业外支出

营业外支出，是指企业发生的与日常活动没有直接关系的各项损失，是企业在营业利润以外发生的支出，包括非流动资产毁损报废损失、罚款支出、捐赠支出、非常损失、盘亏损失等。

企业发生营业外支出时，应借记"营业外支出"科目，贷记"银行存款"等有关科目。

营业外收入和营业外支出所包含的收支项目互不相关，不存在配比关系，因此不得以营业外支出直接冲减营业外收入，也不得以营业外收入抵补营业外支出，二者的发生金额应当分别核算。

【例12-40】鸿发公司12月份根据发生的营业外收支业务编制相关分录。
(1) 取得客户违约赔款收入15 000元。

借：银行存款　　　　　　　　　　　　　　　　　　　　　　15 000
　　贷：营业外收入　　　　　　　　　　　　　　　　　　　　　　15 000

(2) 用银行存款对外进行非公益性捐赠10 000元。

借：营业外支出　　　　　　　　　　　　　　　　　　　　　　10 000
　　贷：银行存款　　　　　　　　　　　　　　　　　　　　　　　10 000

十二、利润总额

利润总额是指企业在缴纳所得税之前实现的利润，是由企业一定期间的营业利润，加上营业外收入减去营业外支出构成。即：

利润总额=（营业收入-营业成本-税金及附加-销售费用-管理费用-研发费用-财务费用+其他收益±投资收益±净敞口套期收益±公允价值变动收益±信用减值损失±资产减值损失±资产处置收益）+营业外收入-营业外支出

第三节 所得税费用

所得税费用是指应在会计税前利润中扣除的所得税费用，包括当期所得税费用和递延所得税费用（或收益，下同），《企业会计准则第18号——所得税》采用了资产负债表债务法核算所得税。

一、当期所得税

当期所得税，是指企业按照税法规定计算确定的针对当期发生的交易和事项，应缴纳给税务机关的所得税金额，即应交所得税。企业在确定当期所得税时，对于当期发生的交易或事项，会计处理与税收处理不同的，应在会计利润的基础上，按照适用税收法规的要求进行调整（即纳税调整），计算出当期应纳税所得额，按照应纳税所得额与适用所得税税率计算确定当期应交所得税。一般情况下，应纳税所得额可在会计利润的基础上，考虑会计与税收规定之间的差异，按照以下公式计算确定：

应纳税所得额=会计利润+纳税调整增加额-纳税调整减少额+境外应税所得弥补境

内亏损 – 弥补以前年度亏损

当期所得税 = 当期应交所得税 = 应纳税所得额 × 适用税额 – 减免税额 – 抵免税额

二、递延所得税费用（或收益）

递延所得税费用（或收益），是指按照会计准则规定应予确认的递延所得税资产和递延所得税负债在会计期末应有的金额相对于原已确认金额之间的差额，即递延所得税资产和递延所得税负债的当期发生额，但不包括计入所有者权益的交易或事项的所得税影响。用公式表示即为：

递延所得税费用（或收益）=（当期递延所得税负债的增加 – 当期递延所得税负债的减少）–（当期递延所得税资产的增加 – 当期递延所得税资产的减少）

值得注意的是，如果某项交易或事项按照会计准则规定应计入所有者权益，由该交易或事项产生的递延所得税资产或递延所得税负债及其变化亦应计入所有者权益，不构成利润表中的递延所得税费用（或收益）。

（一）资产和负债的计税基础

1. 资产的计税基础

资产的计税基础是指企业收回资产账面价值过程中计算应纳税所得额时，按照税法规定可以自未来应税经济利益中抵扣的金额。即某一项资产在未来期间产生经济利益计税时按照税法规定可予税前扣除的金额。

例如，企业以各种方式取得的固定资产，在初始确认时，按照会计准则规定确定的入账价值，基本上为税法所认可，即固定资产在取得时的计税基础一般等于账面价值。但固定资产在持续使用期间，由于会计准则规定按照"成本 – 累计折旧 – 固定资产减值准备"的余额进行后续计量，而税法规定按照"成本 – 按照税法规定已在以前期间从税前扣除的累计折旧"进行后续计量，由此导致固定资产的账面价值与其计税基础之间产生差异，包括折旧方法及折旧年限不同导致的差异和计提固定资产减值准备导致的差异。

【例 12 – 41】 2017 年 12 月 25 日，鸿发公司购入一套环保设备，实际成本为 800 万元，预计使用年限为 8 年，预计净残值为零，采用年限平均法计提折旧。假定税法对该类固定资产折旧年限和净残值的规定与会计相同，但可以采用加速折旧法计提折旧并予税前扣除。鸿发公司在计税时采用双倍余额递减法计提折旧费用。2018 年 12 月 31 日鸿发公司确定的该项固定资产的账面价值和计税基础如下：

账面价值 = 800 – 800/8 = 700（万元）

计税基础 = 800 – 800 × 25% = 600（万元）

该项固定资产因会计处理和计税时采用的折旧方法不同，导致其账面价值大于计税基础 100 万元。这意味着该固定资产将来可以带来 700 万元的经济利益，但计算所得税时只允许扣除 600 万元，还有 100 万元将会导致增加未来期间企业的应纳税所得额。

2. 负债的计税基础

负债的计税基础是指负债的账面价值减去未来期间计算应纳税所得额时按照税法规定可予抵扣金额的差额。用公式表示如下：

负债的计税基础 = 负债的账面价值 – 未来期间按照税法规定可予税前扣除的金额

在通常情况下，负债的确认与偿还不会影响企业的损益，也不会影响企业的应纳税所得额。在未来期间计算应纳税所得额，指按照税法规定可予税前扣除的金额为零，因此负债的计税基础一般等于账面价值。但是，在某些情况下负债的确认可能会影响企业的损益，进而影响不同期间的应纳税所得额，导致其计税基础与账面价值之间产生差额，如按照会计准则规定确认的某些预计负债等。

（二）暂时性差异

暂时性差异，是指资产、负债的账面价值与其计税基础不同产生的差额。由于资产、负债的账面价值与其计税基础不同，产生了在未来收回资产或清偿负债的期间内，应纳税所得额增加或减少并导致未来期间应交所得税增加或减少的情况。在这些暂时性差异发生的当期，一般应当确认相应的递延所得税负债或递延所得税资产。

根据暂时性差异对未来期间应纳税所得额的影响，分为应纳税暂时性差异和可抵扣暂时性差异。

1. 应纳税暂时性差异

应纳税暂时性差异，是指在确定未来收回资产或清偿负债期间的应纳税所得额时，将导致产生应纳税金额的暂时性差异。资产的账面价值大于其计税基础，或者负债的账面价值小于其计税基础，将产生应纳税暂时性差异。例如，企业持有的一项以公允价值计量且其变动计入当期损益的金融资产，购买成本为2 000万元，期末公允价值为2 500万元，即其账面价值为2 500万元，计税基础为2 000万元，意味着金融资产未来带来2 500万元的经济利益，而计算应纳税所得额时只能扣除2 000万元，账面价值大于计税基础的500万元属于应纳税暂时性差异。

【例12-42】2019年9月20日，鸿发公司自公开市场购入A公司股票200万股并划分为交易性金融资产，支付购买价款（不含交易税费）1 800万元。2019年12月31日，A股票的市价为2 000万元，确认公允价值变动收益200万元。2019年12月31日，该交易性金融资产的账面价值与计税基础计算如下：

账面价值＝期末公允价值＝2 000（万元）

计税基础＝初始入账价值＝1 800（万元）

两者的差异为200万元，由于在未来期间出售该股票，只能按照1 800万元在所得税前抵扣，因此这200万元属于应纳税暂时性差异。

2. 可抵扣暂时性差异

可抵扣暂时性差异，是指在确定未来收回资产或清偿负债期间的应纳税所得额时将导致产生可抵扣金额的暂时性差异。资产的账面价值小于计税基础，或者负债的账面价值大于其计税基础，将产生可抵扣暂时性差异。例如，企业的一项应收账款，账面余额为1 000万元，已计提坏账准备200万元，即其账面价值为800万元，计税基础为1 000万元，意味着应收账款未来带来800万元的经济利益，而计算应纳税所得额时可以扣除1 000万元，账面价值小于计税基础的200万元，属于可抵扣暂时性差异。

【例12-43】鸿发公司2018年12月15日投入使用一项机器设备，原价为1 000万元，预计使用年限为10年，会计处理按双倍余额递减法计提折旧，税收处理要求采用直线法计提折旧，预计净残值为零。

2018年12月15日,该固定资产的账面价值为1 000万元,计税基础也是1 000万元,无差异。

2019年,按照税法规定应计折旧100万元,年末计税基础为900万元;该公司2019年实际计提折旧200万元,年末账面价值为800万元,两者的差额为100万元。由于该固定资产在未来可以按照900万元在所得税前抵扣,比该固定资产账面价值高100万元,因此这100万元差异属于可抵扣暂时性差异。

(三) 递延所得税资产和递延所得税负债

1. 递延所得税资产

递延所得税资产,是指按照可抵扣暂时性差异和适用税率计算确定的资产,在未来期间会减少企业应纳税所得额和相应的应交所得税,因而在其产生当期,应确认为一项资产,即递延所得税资产产生于可抵扣暂时性差异。

期末递延所得税资产大于期初递延所得税资产的差额,应确认为递延所得税收益,冲减所得税费用,借记"递延所得税资产"科目,贷记"所得税费用"科目;反之,则应冲减递延所得税资产,并作为递延所得税费用处理,借记"所得税费用"科目,贷记"递延所得税资产"科目。

2. 递延所得税负债

递延所得税负债,是指按照应纳税暂时性差异和适用税率计算确定的负债,在未来期间会增加企业应纳税所得额和相应的应交所得税,因而在其产生当期应确认为一项负债。即递延所得税负债产生于应纳税暂时性差异。

期末递延所得税负债大于期初递延所得税负债的差额,应确认为递延所得税费用,借记"所得税费用"科目,贷记"递延所得税负债"科目;反之,则应冲减递延所得税负债,并作为递延所得税收益处理,借记"递延所得税负债"科目,贷记"所得税费用"科目。

【例12-44】鸿发公司2014年12月31日购入一台固定资产原值为6万元,假定无预计净残值,税法规定采用直线法计提折旧,折旧年限为5年。该公司采用直线法计提折旧,折旧年限为3年。假定该公司2014年年末没有递延所得税资产,各年所得税税率均为25%,且无其他差异。该公司2015年至2019年各年年末递延所得税资产及所得税收益的计算情况见表12-7。

表12-7 递延所得税资产及所得税收益计算表 单位:元

时间	计税基础	账面价值	期末可抵扣暂时性差异	期末递延所得税资产	期初递延所得税资产	递延所得税收益
2015年年末	48 000	40 000	8 000	2 000	0	2 000
2016年年末	36 000	20 000	16 000	4 000	2 000	2 000
2017年年末	24 000	0	24 000	6 000	4 000	2 000
2018年年末	12 000	0	12 000	3 000	6 000	-3 000
2019年年末	0	0	0	0	3 000	-3 000

鸿发公司账务处理如下:

(1) 2015年至2017年每年年末。

借：递延所得税资产　　　　　　　　　　　　　　　　　　　2 000
　　　贷：所得税费用——递延所得税费用　　　　　　　　　　 2 000

(2) 2018 年至 2019 年每年年末。

借：所得税费用——递延所得税费用　　　　　　　　　　　　3 000
　　　贷：递延所得税资产　　　　　　　　　　　　　　　　　　3 000

(四) 所得税费用

计算确定了当期应交所得税及递延所得税费用（或收益）以后，利润表中应予确认的所得税费用为两者之和，即：

所得税费用 = 当期所得税 + 递延所得税费用（或收益）。

【例 12-45】鸿发公司 2019 年度利润表中利润总额为 1 200 万元，所得税税率为 25%。会计处理与税收处理存在的差别有：

(1) 2019 年 1 月 2 日开始计提折旧的一项固定资产，成本为 600 万元，使用年限为 10 年，净残值为零，会计处理按双倍余额递减法计提折旧，税法处理按直线法计提折旧。假定税法规定的使用年限及净残值与会计规定相同。

(2) 向关联企业提供现金捐赠 200 万元，税法规定不允许税前扣除。

(3) 期末持有的交易性金融资产成本为 300 万元，公允价值为 600 万元。税法规定，资产在持有期间公允价值的变动不计入应纳税所得额。

(4) 应付违反环保法规定罚款 100 万元，税法规定不允许税前扣除。

(5) 期末对持有的存货计提了 30 万元的存货跌价准备。

假定鸿发公司不存在可抵扣亏损和税款抵扣，预计在未来期间能够产生足够的应纳税所得额用以抵扣可抵扣暂时性差异。该公司 2019 年资产负债表相关项目金额及其计税基础见表 12-8（假定期初所得税资产和负债均为 0）：

表 12-8　　　　　2019 年资产负债表日相关项目金额及其计税基础　　　　单位：元

项目	账面价值	计税基础	暂时性差异	
			应纳税暂时性差异	可抵扣暂时性差异
存货	8 000 000	8 300 000		300 000
固定资产	4 800 000	5 400 000		600 000
交易性金融资产	6 000 000	3 000 000	3 000 000	
其他应付款	1 000 000	1 000 000	—	—
合计	—	—	3 000 000	900 000

根据上述资料，该公司当年所得税计算及会计处理如下：

(1) 2019 年度当期应交所得税。

应纳税所得额 = 12 000 000 + 600 000 + 2 000 000 − 3 000 000 + 1 000 000 + 300 000
　　　　　　　= 12 900 000（元）

应交所得税 = 12 900 000 × 25% = 3 225 000（元）

(2) 2019 年度递延所得税。

递延所得税费用 = 3 000 000 × 25% − 900 000 × 25% = 525 000（元）

(3) 利润表中应确认的所得税费用。
所得税费用 = 3 225 000 + 525 000 = 3 750 000（元）

借：所得税费用	3 750 000
递延所得税资产	225 000
贷：应交税费——应交所得税	3 225 000
递延所得税负债	750 000

第四节 净利润及其分配

一、净利润

净利润是指企业的税前利润扣除所得税费用后的余额。

（一）净利润的计算步骤

净利润的计算分为以下三步。

(1) 营业利润 = 营业收入 - 营业成本 - 税金及附加 - 销售费用 - 管理费用 - 研发费用 - 财务费用 - 资产减值损失 - 信用减值损失 + 其他收益 ± 投资净损益 ± 净敞口套期净损益 ± 公允价值变动净损益 ± 资产处置净损益

(2) 利润总额 = 营业利润 + 营业外收入 - 营业外支出

(3) 净利润 = 利润总额 - 所得税费用

【例 12-46】鸿发公司 2019 年取得主营业务收入 5 000 万元，其他业务收入 1 800 万元，其他收益 120 万元，投资净收益 800 万元，营业外收入 250 万元，发生主营业务成本 3 500 万元，其他业务成本 1 400 万元，税金及附加 60 万元，销售费用 380 万元，管理费用 340 万元，财务费用 120 万元，资产减值损失 110 万元，公允价值变动净损失 100 万元，资产处置净损失 160 万元，营业外支出 210 万元，本年度确认的所得税费用为 520 万元。

根据上述资料，鸿发公司 2019 年度的利润构成情况，见表 12-9。

表 12-9　　　　　　　　　　利润表（简表）
编制单位：鸿发公司　　　　　2019 年度　　　　　　　　　　单位：元

项目	本年金额
一、营业收入	68 000 000
减：营业成本	49 000 000
税金及附加	600 000
销售费用	3 800 000
管理费用	3 400 000

续表

项目	本年金额
财务费用	1 200 000
加：其他收益	1 200 000
投资收益	8 000 000
公允价值变动收益	−1 000 000
资产减值损失	−1 100 000
资产处置收益	−1 600 000
二、营业利润	15 500 000
加：营业外收入	2 500 000
减：营业外支出	2 100 000
三、利润总额	15 900 000
减：所得税费用	5 200 000
四、净利润	10 700 000

（二）净利润的核算方式

净利润一般通过"本年利润"科目进行核算，净利润的核算有账结法和表结法两种方式。

1. 账结法

账结法是指在每月月末将所有损益类科目的余额转入"本年利润"科目，借记所有收入类科目，贷记"本年利润"科目；借记"本年利润"科目，贷记所有费用类科目。经上述结转后，损益类科目月末均没有余额。"本年利润"科目的贷方余额表示年内累计实现的净利润，借方余额表示年内累计发生的净亏损，采用账结法，账面上能够直接反映各月末累计实现的净利润，借方余额表示年度内累计发生的净亏损，但每月结转本年利润的工作量较大。

2. 表结法

表结法是指每个月月末不结转本年利润，只有在年末才将所有损益类科目的余额转入"本年利润"科目。采用表结法，各损益类科目的月末余额表示累计的收入或费用，"本年利润"科目1—11月月末不做任何记录。12月月末结转本年利润，借记所有收入类科目，贷记"本年利润"科目；借记"本年利润"科目，贷记所有费用类科目。年末损益类科目没有余额，"本年利润"科目的贷方余额表示全年累计实现的净利润，贷方余额表示全年累计发生的净亏损。采用表结法，各月末的累计净利润或净亏损，不能在账面上直接得到反映，需要在损益表内进行结算，但由于平时不必结转本年利润，能够简化核算工作。

【例12-47】接【例12-46】的资料，假定鸿发公司中期期末不进行利润结转，年末一次结转利润，鸿发公司结转利润的会计处理如下：

（1）2019年12月31日结转本年损益类科目余额。

借：主营业务收入　　　　　　　　　　　　　　　　　　　　50 000 000

	其他业务收入	18 000 000
	其他收益	1 200 000
	投资收益	8 000 000
	营业外收入	2 500 000
	贷：本年利润	79 700 000
借：本年利润		69 000 000
	贷：主营业务成本	35 000 000
	其他业务成本	14 000 000
	税金及附加	600 000
	销售费用	3 800 000
	管理费用	3 400 000
	财务费用	1 200 000
	资产减值损失	1 100 000
	公允价值变动损益	1 000 000
	资产处置损益	1 600 000
	营业外支出	2 100 000
	所得税费用	5 200 000

（2）2019年12月31日结转本年净利润。

借：本年利润　　　　　　　　　　　　　　　　　　10 700 000
　　　贷：利润分配——未分配利润　　　　　　　　　　　　　10 700 000

二、利润分配

企业净利润分配的主要内容包括弥补以前年度亏损、提取盈余公积和向投资者分配利润等。为了反映利润分配的数额，应设置"利润分配"科目，并设置"提取法定盈余公积""提取任意盈余公积""应付利润""盈余公积补亏""未分配利润"等二级科目。

企业当期实现的净利润，加上年初未分配净利润（或减去年初未弥补亏损）后的余额，为可供分配的利润。可供分配的利润一般按照下列顺序分配：

（一）提取法定盈余公积

企业的净利润在弥补了以前年度亏损以后，如果还有剩余，应按一定比例（10%）计提法定盈余公积，借记"利润分配——提取法定盈余公积"科目，贷记"盈余公积"科目。法定盈余公积累计金额超过企业注册资本的50%以上时，可以不再提取。

（二）提取任意盈余公积

提取任意盈余公积，是指企业按股东大会决议提取的盈余公积。当企业提取任意盈余公积时，应借记"利润分配——提取任意盈余公积"科目，贷记"盈余公积"科目。

（三）分配现金股利或利润

分配股利或利润，是指企业按照利润分配方案分配给股东的现金股利，也包括非股份有限公司分配给投资者的利润。

企业当年的净利润在扣除弥补以前年度亏损和提取盈余公积以后的数额，再加上年初未分配利润,即为当年可以向投资者分配利润的限额。企业可以在此限额内,决定向投资者分配利润的具体数额。结转应付投资者利润时,应借记"利润分配——应付利润"科目,贷记"应付股利"科目;实际支付利润时,借记"应付股利"科目,贷记"银行存款"等科目。

现金股利,是指公司以货币资金支付给股东的股利。宣告分派的现金股利之日起,即为公司的一项流动负债,应借记"利润分配——应付股利"科目,贷记"应付股利"科目;公司实际分派现金股利时,应借记"应付股利"科目,贷记"银行存款"等科目。

(四) 转作股本的股利

转作股本的股利,是指企业按照利润分配方案,以分配股票股利的形式转作股本的股利,也包括非股份有限公司以利润转增的资本。

公司分派股票股利(包括以利润转增的资本),不影响公司的资产和负债,也不影响公司的所有者权益总额,只是所有者权益的结构将发生变化。按照企业会计准则的规定,企业分派股票股利,应在办妥增资手续后进行会计处理,借记"利润分配""盈余公积"等科目,贷记"股本"科目。

【例 12-48】鸿发公司 2018 年度实现净利润 980 万元,按净利润的 10% 提取法定盈余公积,按净利润的 15% 提取任意盈余公积,向股东分派现金股利 350 万元,同时分派每股面值 1 元的股票股利 250 万股。

(1) 提取盈余公积。

借:利润分配——提取法定盈余公积   980 000
         ——提取任意盈余公积   1 470 000
  贷:盈余公积——法定盈余公积   980 000
         ——任意盈余公积   1 470 000

(2) 分配现金股利。

借:利润分配——应付现金股利   3 500 000
  贷:应付股利   3 500 000

(3) 分配股票股利,已办妥增资手续。

借:利润分配——转作股本的股利   2 500 000
  贷:股本   2 500 000

三、利润结算

为了反映本年利润的形成及分配情况,应在"利润分配"科目下设置"未分配利润"二级科目进行利润结算的核算。年末应将"本年利润"科目的余额转入"利润分配——未分配利润"科目,并将"利润分配"科目所属的其他二级科目的余额转入"未分配利润"二级科目。结算本年利润时,应借记"本年利润"科目,贷记"利润分配——未分配利润"科目;如为亏损,则编制相反的会计分录。结算本年分配的利润,应借记"利润分配——未分配利润"科目,贷记"利润分配——提取盈余公积""利润分配——应付利润"科目,如果盈余公积补亏,则应借记"利润分配——盈余公积补亏"科目,贷记"利润分配——未分配利润"科目。经过上述结转以后,"本年利润"科目应无余额,"利润分配"所属的二级科目,除"未分配利润"二级科目以外,其他二级科目也应无余额。"未分配利润"二级科目的贷方余额,表示年末未分配利润,借方余额表示年末未弥补亏损。

【例 12-49】 接【例 12-48】,鸿发公司结转"利润分配"科目所属其他明细科目余额。

借:利润分配——未分配利润　　　　　　　　　　　　　8 450 000
　　贷:利润分配——提取法定盈余公积　　　　　　　　　　980 000
　　　　　　　　——提取任意盈余公积　　　　　　　　　1 470 000
　　　　　　　　——应付现金股利　　　　　　　　　　　3 500 000
　　　　　　　　——转作股本的股利　　　　　　　　　　2 500 000

练习题

一、不定项选择题

1. 下列事项中,不属于企业"收入"要素规范的是( )。
   A. 销售商品取得的收入　　　　　　B. 提供劳务取得的收入
   C. 出售无形资产的经济利益流入　　D. 出售投资性房地产取得的收入

2. 企业应当在履行了合同中的履约义务,即在( )时确认收入。
   A. 签订合同　　　　　　　　　　　B. 发出商品
   C. 客户取得相关商品控制权　　　　D. 风险报酬转移

3. 下列各项中,不应当通过"销售费用"科目核算的是( )。
   A. 企业销售商品过程中发生的保险费　　B. 企业销售货物当期发生的销售折让
   C. 专设的销售机构的固定资产修理费用　D. 销售商品过程中发生的广告费用

4. 下列各项中,不应作为工业企业"管理费用"科目核算的是( )。
   A. 企业在筹建期间内发生的开办费
   B. 行政管理部门的职工工资
   C. 董事会费
   D. 取得交易性金融资产时发生的交易费用

5. 依据收入准则的规定,在确定交易价格时,属于企业应当考虑因素的有( )。
   A. 可变对价　　　　　　　　　　　B. 应收客户款项
   C. 非现金对价　　　　　　　　　　D. 合同中存在的重大融资成分

6. 下列各项中,其计税基础为零的是( )。
   A. 从银行取得的短期借款　　　　　　B. 因确认保修费用形成的预计负债
   C. 为其他单位提供债务担保确认的预计负债　D. 赊购商品确认的应付账款

7. 下列各项中,产生应纳税暂时性差异的有( )。
   A. 固定资产的账面价值为 500 万元,计税基础为 450 万元

B. 以公允价值计量且其变动计入其他综合收益的金融资产的账面价值为 60 万元，计税基础为 30 万元

C. 以公允价值计量且其变动计入当期损益的金融资产的账面价值为 50 万元，计税基础为 100 万元

D. 因产品质量保证确认预计负债的账面价值为 20 万元，计税基础为 0 万元

8. 2017 年 2 月 1 日，甲公司与乙公司签订了一项总额为 20 000 万元的固定造价合同，在乙公司自有土地上为乙公司建造一栋办公楼。截至 2017 年 12 月 20 日止，甲公司累计已发生成本 6 500 万元，2017 年 12 月 25 日，经协商合同双方同意变更合同范围，附加装修办公楼的服务内容，合同价格相应增加 3 400 万元，假定上述新增合同价款不能反映装修服务的单独售价。不考虑其他因素，下列各项关于上述合同变更会计处理的表述中，正确的是（   ）。

A. 合同变更部分作为单独合同进行会计处理

B. 合同变更部分作为原合同组成部分进行会计处理

C. 合同变更部分作为单项履约义务于完成装修时确认收入

D. 原合同未履约部分与合同变更部分作为新合同进行会计处理

9. 下列项目中，应确认递延所得税负债的有（   ）。

A. 固定资产账面价值大于其计税基础

B. 可供出售金融资产账面价值大于其计税基础

C. 预计负债账面价值大于其计税基础

D. 预收账款账面价值大于其计税基础

10. 对于在某一时点履行的履约义务，企业应当在客户取得相关商品控制权时确认收入。在判断客户是否取得商品的控制权时，企业应当考虑的迹象有（   ）。

A. 客户已接受该商品

B. 客户已拥有该商品的法定所有权

C. 客户已取得该商品所有权上的主要风险和报酬

D. 客户就该商品负有现时付款义务

11. 下列会计科目，年末应无余额的有（   ）。

A. 主营业务收入
B. 营业外收入
C. 本年利润
D. 利润分配

12. 2018 年 1 月 1 日，甲公司与乙公司签订 A 商品生产合同，合同约定甲公司为乙公司订制生产 A 商品 100 台，A 商品交付日为 2018 年 4 月 30 日，合同价格为 100 万元。若 A 商品可提前交付（满足甲公司的质量要求），每提前一天，甲公司承诺的对价将增加 0.5 万元；若延迟交付，每延迟一天，甲公司承诺的对价将减少 0.5 万元。甲公司估计延迟 2 天的概率为 10%，延迟 1 天的概率为 20%，按时完工的概率为 50%，提前 1 天的概率为 15%，提前 2 天的概率为 5%。则甲公司可变对价的最佳估计数的交易价格为（   ）万元。

A. 100
B. 100.13
C. 99.93
D. 98.07

13. 甲公司与乙公司签订了一项合同，根据合同约定，合同总价款为1 000万元（不含增值税），若甲公司完成合同约定业绩目标即可获得100万元的额外奖励，未完成则没有奖励。甲公司估计完成了该项业绩目标可能性为80%，完不成的可能性为20%。不考虑其他因素，则甲公司包含可变对价的最佳估计数的交易价格为（　　）万元。

　　A. 1 000　　　　　　　　　　　　B. 1 100
　　C. 1 080　　　　　　　　　　　　D. 1 020

14. 甲公司2016年发生以下交易或事项：（1）销售商品确认收入24 000万元，结转成本19 000万元；（2）采用公允价值进行后续计量的投资性房地产取得出租收入2 800万元，2016年公允价值变动收益1 000万元；（3）处置固定资产损失600万元；（4）因持有其他权益工具投资确认公允价值变动收益800万元；（5）确认商誉减值损失2 000万元。不考虑其他因素，甲公司2016年营业利润是（　　）万元。

　　A. 5 200　　　　　　　　　　　　B. 8 200
　　C. 6 200　　　　　　　　　　　　D. 6 800

15. 下列各项交易事项中，不会影响发生当期营业利润的有（　　）。

　　A. 计提应收账款坏账准备
　　B. 报废无形资产发生的净损失
　　C. 开发无形资产时发生符合资本化条件的支出
　　D. 自营建造固定资产期间处置工程物资取得净收益

二、业务题

1. 甲公司12月份发生下列产品销售业务：

（1）2日，采用商业汇票结算方式向A公司销售甲产品20件，价款50 000元，增值税6 500元，收到期限为3个月的银行承兑汇票一张。

（2）8日，采用托收承付结算方式向B公司销售甲产品50件，价款125 000元，增值税16 250元，用银行存款代垫运杂费500元，已办妥托收手续。

（3）13日，采用赊销方式向C公司销售乙产品30件，价款60 000元，增值税7 800元，付款条件为"2/10，1/20，n/30"（按不含税价款计算），甲公司估计乙公司很可能在20天内付款。

（4）14日D公司因产品质量问题退回上月销售的甲产品，5件价款12 500元，增值税1 625元，该企业签发支票一张，支付退货款。

（5）18日，由于A公司发现所购价产品两件外观存在问题，该企业同意给予A公司10%的销售折让5 650元，以银行存款支付。

（6）31日，尚未收到C公司支付的乙产品货款。

（7）31日，采用托收承付结算方式向F公司销售甲产品10件，价款25 000元，增值税3 250元，成本15 000元，用银行存款代垫运杂费100元，尚未办妥托收手续。

（8）31日，用银行存款支付广告费6 000元，增值税360元。

（9）月末，结转主营业务成本，甲产品单位成本1 500元，乙产品单位成本1 000元。

（10）月末，结转税金及附加，应交消费税43 500元，应交城市维护建设税4 690

元,应交教育费附加 2 010 元。

要求:根据以上资料逐笔编制会计分录,并计算 12 月份营业利润。

2. 甲公司 2019 年发生下列与生产线相关的销售业务:

(1) 1 月 13 日,与 X 公司签订一项生产线和配件销售、安装及后续技术服务合同,并经双方管理部门批准,该合同规定,甲公司应于 3 月 10 日前交付生产线,并于 3 月 31 日前安装调试完毕并交付备件,4 月 1 日至 30 日提供与该生产线相关的技术服务,不含增值税的总价为 950 万元,适用的增值税税率为 13%。安装及技术服务成本无法单独核算,属于混合业务,X 公司应于生产线安装、调试完毕时支付全部价款。甲公司以往单独销售生产线的价格为 800 万元,单独销售配件的价格为 140 万元,单独提供安装的价格为 40 万元,单独提供一个月的技术服务的价格为 20 万元,合计 1 000 万元,以上价格均不含增值税。

(2) 3 月 8 日,甲公司向 X 公司交付生产线,生产线成本为 600 万元。

(3) 3 月 31 日,甲公司完成生产线的安装调试工作,并交付备件,备件成本为 80 万元。生产线经 X 公司验收合格。甲公司收到 X 公司支付的价款 950 万元,增值税 123.5 万元。

(4) 4 月 30 日,甲公司完成相关技术服务工作。

要求:

(1) 确定合同中的单项履约义务。

(2) 确定各单项履约义务的交易价格。

(3) 编制相关的会计分录,金额以万元为单位。

3. 某企业第 1 年至第 5 年各年的会计税前利润均为 20 万元,固定资产采用年限平均法计提折旧,某项设备原值为 15 万元,净残值为 0,税法规定折旧年限为 5 年,会计核算折旧年限为 3 年。当年 1 月份开始计提折旧,所得税税率为 25%,采用资产负债表债务法进行所得税费用的核算。假定在可抵扣暂时性差异转回的年份有足够的应税所得额用以抵扣可抵扣暂时性差异。

要求:根据以上资料,计算并填制表 12-10 中的各项金额,并编制结转所得税费用的会计分录。

表 12-10　　　　　　　　　　所得税费用的核算　　　　　　　　　　单位:元

项 目	年次				
	1	2	3	4	5
年末账面价值					
年末计税基础					
年末可抵扣暂时性差异					
年末递延所得税资产的账面余额					
年末应确认的递延所得税资产					
本年应交所得税					
所得税费用					

第十三章 财务报告

【案例导学】

2017年1月4日晚,广西慧球科技股份有限公司(简称ST慧球,股票代码:600556)提出的1001项"奇葩议案"通过网络非正常披露。对这种挑战监管权威,践踏法律的行为,证监会联合相关部门成立专案组进行核查。经查实,慧球科技实际控制人指使董事会秘书炮制并通过非法渠道散播含有虚假记载、误导性陈述及重大遗漏的信息。同时查明,该实际控制人存在操纵上市公司"多伦股份"股票价格,指使上市公司"匹凸匹"披露违规、背信损害上市公司利益等多项违法犯罪行为。证监会最终对其实际控制人操纵行为依法开出34.69亿元罚单并采取终身证券市场禁入措施,坚决将其涉嫌犯罪行为移送公安机关,并对多名责任人员作出行政处罚。

思考:上市公司会计信息披露应遵循什么规定?

第一节 财务报告概述

财务报告是指企业对外提供的反映企业某一特定日期的财务状况和某一会计期间的经营成果、现金流量等会计信息的文件。财务报告包括财务报表和其他应当在财务报告中披露的相关信息和资料。财务报表是财务报告的核心内容。

一、财务报表概述

财务报表是对企业财务状况、经营成果和现金流量的结构性表述。财务报表至少应当包括资产负债表、利润表、现金流量表、所有者权益(或股东权益)变动表和附注。其中前四种报表属于基本财务报表,附注属于对基本财务报表的信息进行进一步的说明、补充或解释。

财务报表可以按照以下不同的标准进行分类:

(一)按编报期间的不同分类

财务报表按编报期间的不同,可以分为中期财务报表和年度财务报表。中期财务报表是以短于一个完整会计年度的报告期间为基础编制的财务报表，包括月报、季报和半年报等。年度财务报表是指年度终了对外提供的财务报表。

（二）按编报主体的不同分类

财务报表按编报主体的不同分为个别财务报表和合并财务报表。个别财务报表是由企业在自身会计核算基础上对账簿记录进行加工而编制的财务报表，它主要用以反映企业自身的财务状况、经营成果和现金流量情况。合并财务报表是以母公司和子公司组成的企业集团为会计主体，根据母公司和所属子公司的财务报表，由母公司编制的综合反映企业集团财务状况、经营成果及现金流量的财务报表。

二、财务报表列报的基本要求

（一）依据各项会计准则确认和计量的结果编制财务报表

企业应当根据实际发生的交易和事项，遵循基本准则、各项具体会计准则及解释的规定进行确认和计量，并在此基础上编制财务报表。企业不应以在附注中披露代替对交易和事项的确认和计量，不恰当的确认和计量也不能通过充分披露相关会计政策而纠正，企业应当对交易和事项进行正确的确认和计量。

（二）以持续经营为列报基础

持续经营是会计的基本前提，也是会计确认、计量及编制财务报表的基础。在编制财务报表的过程中，企业管理层应当利用其所有可获得信息来评价企业自报告期末起至少12个月的持续经营能力。评价时需要考虑的因素包括宏观政策风险、市场经营风险、企业目前或长期的盈利能力、偿债能力、财务弹性以及企业管理层改变经营政策的意向等。评价结果表明对持续经营能力产生重大怀疑的，企业应当在附注中披露导致对持续经营能力产生重大怀疑的因素以及企业拟采取的改善措施。

企业处于非持续经营状态时，应当采用其他基础编制财务报表。比如，企业处于破产状态时，其资产应当采用可变现净值计量、负债应当按照其预计的结算金额计量等。在非持续经营情况下，企业应当在附注中声明财务报表未以持续经营为基础列报，披露未以持续经营为基础的原因以及财务报表的编制基础。

（三）根据重要性原则进行项目列报

关于项目在财务报表中是单独列报还是合并列报，应当依据重要性原则来判断。总的原则是，如果某项目单独看不具有重要性，则可将其与其他项目汇总列报；如具有重要性，则应当单独列报。企业在进行重要性判断时，可从项目的性质和金额两方面予以判断：性质方面，应当考虑该项目的性质是否属于企业日常活动、是否显著影响企业的财务状况、经营成果和现金流量等因素；金额方面，判断项目金额大小的重要性，应当通过单项金额占直接相关项目总金额的比重或所属报表单列项目金额的比重加以确定。具体而言，应遵循以下几点：

（1）性质或功能不同的项目，一般应当在财务报表中单独列报，比如存货和固定资产在性质上和功能上都有本质差别，必须分别在资产负债表上单独列报。但是不具有重要性的项目可以合并列报。

（2）性质或功能类似的项目，一般可以合并列报，但是对其具有重要性的类别应该单独列报。比如原材料、在产品等项目在性质上类似,均通过生产过程形成企业的产品存货,因此可以合并列报,合并之后的类别统称为"存货",在资产负债表上列报。

(3) 项目单独列报的原则不仅适用于报表,还适用于附注。某些项目的重要性程度不足以在资产负债表、利润表、现金流量表或所有者权益变动表中单独列报,但是可能对附注而言具有重要性,在这种情况下应当在附注中单独披露。

(4) 无论是财务报表列报准则规定的单独列报项目,还是其他具体会计准则规定单独列报的项目,企业都应当予以单独列报。

(四) 关注列报的一致性

可比性是会计信息质量的一项重要质量要求,目的是使同一企业不同期间和同一期间不同企业的财务报表相互可比。为此,财务报表项目的列报应当在各个会计期间保持一致,不得随意变更。这一要求不仅只针对财务报表中的项目名称,还包括财务报表项目的分类、排列顺序等方面。

在以下规定的特殊情况下,财务报表项目的列报是可以改变的:①会计准则要求改变;②企业经营业务的性质发生重大变化或对企业经营影响较大的交易或事项发生后,变更财务报表项目的列报能够提供更可靠、更相关的会计信息。

(五) 财务报表项目金额间不得相互抵销

财务报表项目应当以总额列报,资产和负债、收入和费用、直接计入当期利润的利得和损失项目的金额不能相互抵销,即不得以净额列报,但企业会计准则另有规定的除外。这是因为,如果相互抵销,所提供的信息就不完整,信息的可比性就大为降低,使信息使用者难以据此决策。比如,企业欠客户的应付款不得与其他客户欠本企业的应收款相抵销,如果相互抵销就掩盖了交易的实质。

下列三种情况不属于抵销,可以以净额列示:

(1) 一组类似交易形成的利得和损失以净额列示的,不属于抵销。比如,汇兑损益应当以净额列报,为交易目的而持有的金融工具形成的利得和损失应当以净额列报等。但是,如果相关利得和损失具有重要性,则应当单独列报。

(2) 资产或负债项目按扣除备抵项目后的净额列示,不属于抵销。比如,对资产计提减值准备,表明资产的价值确实已经发生减损,按扣除减值准备后的净额列示,才反映了资产当时的真实价值。

(3) 非日常活动产生的利得和损失,以同一交易形成的收益扣减相关费用后的净额列示更能反映交易实质的,不属于抵销。因为非日常活动并非企业主要的业务,非日常活动产生的损益以收入扣减费用后的净额列示,更能有利于报表使用者的理解。比如,非流动资产处置形成的利得和损失,应当按处置收入扣除该资产的账面金额和相关销售费用后的净额列报。

(六) 关注比较信息的列报

企业在列报当期财务报表时,至少应当提供所有列报项目上一个可比会计期间的比较数据以及与理解当期财务报表相关的说明,目的是向报表使用者提供对比数据,提高信息在会计期间的可比性,以反映企业财务状况、经营成果和现金流量的发展趋势,提高报表使用者的判断与决策能力。

在财务报表项目的列报确需发生变更的情况下,应当至少对可比期间的数据按照当期的列报要求进行调整,并在附注中披露调整的原因和性质以及调整的各项目金额。但是,在某些情况下,对可比期间比较数据进行调整是不切实可行的,则应当在附注中披露不能调整的原因以及假设金额重新分类可能进行的调整的性质。

(七) 注意财务报表表首的列报要求与报告期间

财务报表一般分为表首、正表两部分,其中,在表首部分企业应当概括地说明下列基本信息:①编报企业的名称,如企业名称发生了变更的,还应明确标明;②对资产负债表而言,需披露资产债表日,而对利润表、现金流量表、所有者权益变动表而言,需披露报表涵盖的会计期间;③货币名称和单位,按照我国企业会计准则的规定,企业应当以人民币作为记账本位币列报,并标明金额单位,如人民币元、人民币万元等;④财务报表是合并财务报表的,应当予以标明。

企业至少应当编制年度财务报表。在编制年度财务报表时,可能存在年度财务报表涵盖的期间短于一年的情况,比如企业在年度中间(如3月1日)开始设立等,在这种情况下,企业应当披露年度财务报表的实际涵盖期间及其短于一年的原因,并说明由此引起财务报表项目与比较数据不具可比性这一事实。

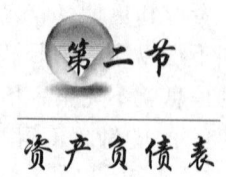

第二节 资产负债表

一、资产负债表的内容及结构

(一) 资产负债表的内容

资产负债表是指反映企业在某一特定日期财务状况的报表。它反映企业在某一特定日期所拥有或控制的经济资源、所承担的现时义务和所有者对净资产的要求权。通过资产负债表,可以提供某一日期资产的总额及其结构,表明企业拥有或控制的资源及其分布情况,使用者可以一目了然地从资产负债表上了解企业在某一特定日期所拥有的资产总量及其结构;可以提供某一日期的负债总额及其结构,表明企业未来需要用多少资产或劳务清偿债务以及清偿时间;可以反映所有者所拥有的权益,据以判断资本保值、增值的情况以及对负债的保障程度。

(二) 资产负债表的结构

我国资产负债表采用账户式结构,报表分为左右两方,左方列示资产各项目,右方列示负债和所有者权益各项目。资产负债表左右双方平衡,资产总计等于负债和所有者权益总计,即"资产=负债+所有者权益"。此外,为了使使用者通过比较不同时点资产负债表的数据,企业需要提供比较资产负债表,资产负债表还就各项目再分为"年初余额"和"期末余额"两栏分别填列。资产负债表的具体格式见表13-1。

> **小贴士**
>
> 2017年3月31日，财政部修订发布了《企业会计准则第22号——金融工具确认和计量》《企业会计准则第23号——金融资产转移》和《企业会计准则第24号——套期会计》。2017年5月2日，财政部修订发布了《企业会计准则第37号——金融工具列报》（上述四项准则统称"新金融工具准则"）。2017年7月5日，财政部修订发布了《企业会计准则第14号——收入》（简称"新收入准则"）。
>
> 根据财政部发布的《关于修订印发2018年度一般企业财务报表格式的通知》（财会〔2018〕15号），表13-1资产报表适用于已执行新金融准则和新收入准则的企业。未执行新金融准则和新收入准则的企业，其资产负债表项目内容与表13-1有不同。

二、资产负债表的填列

（一）资产负债表"期末余额"栏的填列方法

本表"期末余额"栏一般应根据资产、负债和所有者权益类科目的期末余额填列。

（1）根据有关总账账户的期末余额直接填列。如"以公允价值计量且其变动计入当期损益的金融资产""衍生金融资产""短期借款""实收资本（或股本）"等项目。有些项目则应根据几个总账账户的期末余额计算填列，如"货币资金"项目，需根据"库存现金""银行存款""其他货币资金"三个总账账户余额的合计数填列；"其他流动资产""其他流动负债"项目，应根据有关账户的期末余额分析填列。

（2）根据明细账账户的期末余额计算填列。如"开发支出"项目，应根据"研发支出"账户中所属的"资本化支出"明细账户期末余额填列；"应付票据及应付账款"项目，应根据"应付票据"账户的期末余额以及"应付账款"和"预付账款"账户所属的相关明细账户的期末贷方余额合计数填列。

（3）根据总账账户和明细账账户的余额分析计算填列。如"长期借款"项目，应根据"长期借款"总账账户期末余额扣除"长期借款"账户所属的明细账户中将在资产负债表日起一年内到期且企业不能自主地将清偿义务展期的长期借款后的金额计算填列；"其他非流动资产"项目，应根据有关账户的期末余额减去将于一年内（含一年）收回数后的金额填列。

（4）根据有关账户期末余额减去其备抵账户期末余额后的净额填列。如"长期股权投资"等项目，应根据"长期股权投资"账户的期末余额减去"长期股权投资减值准备"账户的期末余额填列；"固定资产""生产性生物资产"等项目，应根据相关账户的期末余额扣减相关的累计折旧（或摊销、折耗）填列，已计提减值准备的，还应扣减相应的减值准备。

（5）综合运用上述填列方法分析填列。如"应收票据及应收账款"项目，应根据"应收票据"和"应收账款"账户的期末余额，减去"坏账准备"账户中相关坏账准备期末余额后的金额填列；"存货"项目，应根据"材料采购""原材料""发出商品""库存商品""周转材料""委托加工物资""生产成本""受托代销产品""材料成本差异"

等账户的期末余额合计，减去"受托代销商品款""存货跌价准备"账户期末余额后的金额填列。

（二）资产负债表"年初余额"栏的填列方法

本表中的"年初余额"栏通常根据上年末有关项目的期末余额填列，且与上年末资产负债表"期末余额"栏相一致。如果企业发生了会计政策变更、前期差错更正，应当对"年初余额"栏中的有关项目进行相应调整。如果企业上年度资产负债表规定的项目名称和内容与本年度不一致，应当对上年年末资产负债表相关项目的名称和数字按照本年度的规定进行调整，进入"年初余额"栏。

（三）资产负债表各项目的填列说明

（1）"货币资金"项目，反映企业库存现金、银行基本存款户存款、银行一般存款户存款、外埠存款、银行汇票存款等的合计数。本项目应根据"库存现金""银行存款""其他货币资金"科目的期末余额合计数填列。

（2）"交易性金融资产"项目，反映企业分类为以公允价值计量且其变动计入当期损益的金融资产以及企业持有的直接指定为以公允价值计量且其变动计入当期损益的金融资产的期末账面价值。该项目应根据"交易性金融资产"科目的相关明细科目期末余额分析填列。

（3）"衍生金融资产"项目，反映企业衍生金融工具产生的金融资产的公允价值。该项目应根据"衍生金融资产"科目的期末余额填列。

（4）"应收票据"项目，反映资产负债表日以摊余成本计量的、因销售商品、提供服务等经营活动应收取的款项以及收到的商业汇票，包括银行承兑汇票和商业承兑汇票。该项目应根据"应收票据"科目的期末余额，减去"坏账准备"科目中相关坏账准备期末余额后的金额分析填列。

（5）"应收账款"项目，反映资产负债表日企业以摊余成本计量的、因销售商品、提供服务等经营活动应收取的款项。该项目应根据"应收账款"和"预收账款"科目所属的相关明细科目的期末借方余额合计数减去相应的坏账准备期末余额后的金额填列。

（6）"应收款项融资"项目，反映企业资产负债表日以公允价值计量且其变动计入其他综合收益的应收票据和应收账款。

（7）"预付款项"项目，反映企业按照购货合同规定预付给供应单位的款项等。该项目应根据"预付账款"和"应付账款"科目所属各明细科目的期末借方余额合计数，减去"坏账准备"科目中有关预付账款计提的坏账准备期末余额后的金额填列。如"预付账款"科目所属各明细科目期末有贷方余额，应在"应付账款"项目内填列。

（8）"其他应收款"项目，反映企业除应收票据、应收账款、预付账款等以外的其他各种应收、暂付的款项。该项目应根据"应收利息""应收股利"和"其他应收款"科目的期末余额合计数，减去"坏账准备"科目中相关应收利息、应收股利和其他应收款计提的坏账准备期末余额后的金额填列。

（9）"存货"项目，反映企业期末在库、在途和在加工中的各种存货的成本或可变现净值。该项目应根据"材料采购""原材料""低值易耗品""库存商品""周转材料""委托加工物资"和"生产成本"等科目的期末余额合计，减去"存货跌价准备"科目期末余额后的金额填列。材料采用计划成本核算的，还应加或减材料成本差异。

（10）"合同资产"项目，反映企业按照相关准则规定根据本企业履行履约义务与客户付款之间的关系在资产负债表中列示的合同资产。该项目应根据"合同资产"科目的相关明细科目期末余额分析填列。同一合同下的合同资产和合同负债应当以净额列示：其中净额为借方余额的，应当根据其流动性在"合同资产"或"其他非流动资产"项目中填列，已计提减值准备的，还应减去"合同资产减值准备"科目中相关的期末余额后的金额填列；净额为贷方余额的，应当根据其流动性在"合同负债"或"其他非流动负债"项目中填列。

（11）"持有待售资产"项目，反映企业划分为持有待售类别的非流动资产及划分为持有待售类别的处置组中的流动资产和非流动资产的期末账面价值。该项目应根据"持有待售资产"科目的期末余额，减去"持有待售资产减值准备"科目的期末余额后的金额填列。

（12）"一年内到期的非流动资产"项目，反映企业非流动资产项目中在一年内到期的金额，包括一年内到期的长期债权投资、长期待摊费用和一年内可收回的长期应收款等。该项目应根据相关科目余额分析计算后填列。

（13）"其他流动资产"项目，反映企业除以上流动资产项目外的其他流动资产，该项目应根据"待处理财产损溢"、"应交税费"（增值税明细）、"合同取得成本"、"应收退货成本"的期末余额分析填列。若期限超过一年或一个正常营业周期的，在"其他非流动资产"项目中填列，已计提减值准备的，还应减去相关减值准备科目期末余额后的金额填列。

（14）"债权投资"项目，反映企业以摊余成本计量的长期债权投资的期末账面价值。该项目应根据"债权投资"科目的相关明细账户期末余额，减去"债权投资减值准备"科目中相关减值准备的期末余额后的金额分析填列。自资产负债表日起一年内到期的长期债权投资的期末账面价值，在"一年内到期的非流动资产"行项目反映。企业购入的以摊余成本计量的一年内到期的债权投资的期末账面价值，在"其他流动资产"行项目反映。

（15）"其他债权投资"项目，反映企业分类为以公允价值计量且其变动计入其他综合收益的长期债权投资的期末账面价值。该项目应根据"其他债权投资"科目的相关明细科目期末余额分析填列。自资产负债表日起一年内到期的长期债权投资的期末账面价值，在"一年内到期的非流动资产"行项目反映。企业购入的以公允价值计量且其变动计入其他综合收益的一年内到期的债权投资的期末账面价值，在"其他流动资产"行项目反映。

（16）"长期应收款"项目，反映企业融资租赁产生的应收款项、采用递延方式具有融资性质的销售商品和提供劳务等产生长期应收款项等。该项目应根据"长期应收款"科目的期末余额，减去相应的"未实现融资收益"科目和"坏账准备"科目中有关长期应收款计提的坏账准备期末余额后的金额分析计算填列。

（17）"长期股权投资"项目，反映企业持有的对子公司、联营企业和合营企业的长期股权投资。该项目应根据"长期股权投资"科目的期末余额，减去"长期股权投资减值准备"科目期末余额后的金额填列。

（18）"其他权益工具投资"项目，反映企业指定为以公允价值计量且其变动计入其他综合收益的非交易性权益工具投资的期末账面价值。该项目应根据"其他权益工具投资"科目的期末余额填列。

（19）"其他非流动金融资产"项目，反映企业自资产负债表日起超过一年到期且预期持有超过一年的以公允价值计量且其变动计入当期损益的非流动金融资产的期末账面价值。该项目应根据相关科目期末余额分析填列。

（20）"投资性房地产"项目，反映企业持有的投资性房地产。企业采用成本模式计量投资性房地产时，该项目应根据"投资性房地产"科目的期末余额，减去"投资性房地产累计折旧（摊销）"和"投资性房地产减值准备"科目期末余额后的金额填列。企业采用公允价值模式计量投资性房地产时，该项目应根据"投资性房地产"科目的期末余额填列。

（21）"固定资产"项目，反映企业固定资产期末的账面价值和企业尚未清理完毕的固定资产清理净损益。该项目应根据"固定资产"科目的期末余额，减去"累计折旧"和"固定资产减值准备"科目的期末余额后的金额，再加减"固定资产清理"科目的期末余额填列。

（22）"在建工程"项目，反映企业尚未达到预定可使用状态的在建工程的期末账面价值和企业为在建工程准备的各种物资的期末账面价值。该项目应根据"在建工程"科目的期末余额，减去"在建工程减值准备"科目的期末余额后的金额以及"工程物资"科目的期末余额，减去"工程物资减值准备"科目的期末余额后的金额填列。

（23）"生产性生物资产"项目，反映企业持有的生产性生物资产。该项目应根据"生产性生物资产"科目期末余额，减去"生产性生物资产累计折旧"和"生产性生物资产减值准备"科目期末余额后的金额填列。

（24）"油气资产"项目，反映企业持有的矿区权益和油气井及相关设施的原价减去累计折耗和累计减值准备后的净额。该项目应根据"油气资产"科目的期末余额，减去"累计折耗"科目期末余额后的净额填列。

（25）"使用权资产"项目，反映资产负债表日承租人企业持有的使用权资产的期末账面价值。该项目应根据"使用权资产"科目的期末余额，减去"使用权资产累计折旧"和"使用权资产减值准备"科目的期末余额的金额填列。

（26）"无形资产"项目，反映企业持有的各项无形资产的净值。该项目应根据"无形资产"账户期末余额，减去"累计摊销"和"无形资产减值准备"账户的期末余额填列。

（27）"开发支出"项目，反映企业开发无形资产过程中发生的能够资本化形成无形资产成本的支出部分。该项目应根据"研发支出"科目中所属的"资本化支出"明细科目的期末余额填列。

（28）"商誉"项目，反映企业合并中形成的商誉的价值。该项目应根据"商誉"账户期末余额，减去相应减值准备后的金额填列。

（29）"长期待摊费用"项目，反映企业尚未摊销的摊销期限在1年以上（不含1年）

的各项费用。该项目应根据"长期待摊费用"账户的期末余额减去将于 1 年内（含 1 年）摊销的数额后的金额填列。长期待摊费用中在 1 年内（含 1 年）摊销部分在"一年内到期的非流动资产"项目填列。

（30）"递延所得税资产"项目，反映企业应可抵扣暂时性差异形成的递延所得税资产。该项目根据"递延所得税资产"账户期末余额填列。

（31）"其他非流动资产"项目，反映企业除以上非流动资产以外的其他周转期在 1 年以上的长期资产。主要包括：预付土地出让金、预付工程款、预付房屋/设备款、无形资产预付款、继续涉入资产；摊销期限超过一年或一个正常营业周期的资本化的合同取得成本以及合同履约成本；不在一年或一个正常营业周期内出售的确认为资产的应收退货成本等。该项目应根据有关账户的期末余额分析填列。

（32）"短期借款"项目，反映企业借入尚未归还的 1 年期以下（含 1 年）的借款。该项目应根据"短期借款"账户的期末余额填列。

（33）"交易性金融负债"项目，反映企业承担的交易性金融负债以及企业持有的直接指定为以公允价值计量且其变动计入当期损益的金融负债的期末账面价值。该项目应根据"交易性金融负债"科目的相关明细科目期末余额填列。

（34）"衍生金融负债"项目，反映企业衍生金融工具产生的金融负债的公允价值。该项目应根据"衍生金融负债"科目的期末余额填列。

（35）"应付票据"项目，反映资产负债表日以摊余成本计量的、企业因购买材料、商品和接受服务等经开出、承兑的商业汇票，包括银行承兑汇票和商业承兑汇票。该项目应根据"应付票据"科目的期末余额。

（36）"应付账款"项目，反映资产负债表日以摊余成本计量的、企业因购买材料、商品和接受服务等经营活动应支付的款项。该项目应根据"应付账款"和"预付账款"科目所属的相关明细科目的期末贷方余额合计数填列。

（37）"预收款项"项目，反映企业按照购货合同规定预付给供应单位的款项。该项目应根据"预收账款"和"应收账款"科目所述各明细科目的期末贷方余额合计数填列。如"预收账款"科目所属各明细科目期末有借方余额，应在资产负债表"应收账款"项目内填列。

（38）"合同负债"项目，反映企业按照相关准则规定根据本企业履行履约义务与客户付款之间的关系在资产负债表中列示的合同负债。该项目应根据"合同负债"科目的相关明细科目期末余额分析填列。同一合同下的合同资产和合同负债应当以净额列示：其中净额为贷方余额的，应当根据其流动性在"合同负债"或"其他非流动负债"项目中填列；净额为借方余额的，应当根据其流动性在"合同资产"或"其他非流动资产"项目中填列。

（39）"应付职工薪酬"项目，反映企业根据有关规定应付给职工的工作、职工福利、社会保险费、住房公积金、工会经费、职工教育经费、非货币性福利、辞退福利等各种薪酬。外商投资企业按照规定从净利润中提取的职工奖励及福利基金，也在该项目填列。该项目应根据"应付职工薪酬"科目的期末余额填列。

（40）"应交税费"项目，反映企业按照税法规定计算应交纳的各种税费，包括增值税、消费税、所得税、资源税、土地增值税、城市维护建设税、房产税、土地使用税、车船税、教育费附加、矿产资源补偿费等。该项目应根据"应交税费"科目的期末贷方余额填列；如"应交税费"科目期末为借方余额，应以"-"号填列。

（41）"其他应付款"项目，反映企业根据新金融工具准则核算的利息和股利与资金往来等其他各种应付、暂收的款项。该项目应根据"应付利息""应付股利"和"其他应付款"科目的期末余额合计数填列。

（42）"持有待售负债"项目，反映企业处置组中与划分为持有待售类别的资产直接相关的负债的期末账面价值。该项目应根据"持有待售负债"科目的期末余额填列。

（43）"一年内到期的非流动负债"项目，反映企业非流动负债中将于资产负债表日后一年内到期部分的金额，如将于一年内偿还的长期借款。该项目应根据有关科目的期末余额分析填列。

（44）"其他流动负债"项目，反映企业除以上流动负债以外的其他流动负债。主要包括：短期融资券、短期应付债券、预提费用、受益期预计在一年以内（含一年）的政府补助、短期财务担保合同负债、短期待转销项税额以及在一年或一个正常营业周期内清偿的应付退货款。该项目应根据有关账户的期末余额分析填列。

（45）"长期借款"项目，反映企业向银行或其他金融机构借入的期限在 1 年以上（不含 1 年）的各项借款。该项目应根据"长期借款"科目的期末余额填列。

（46）"应付债券"项目，反映企业为筹集长期资金而发行的债券本金（和利息）。该项目应根据"应付债券"科目的期末余额填列。

（47）"租赁负债"项目，反映资产负债表日承租人企业尚未支付的租赁付款额的期末账面价值。该项目应根据"租赁负债"科目的期末余额填列。自资产负债表日起一年内到期的予以清偿的租赁负债的期末账面价值，在"一年内到期非流动负债"项目反映。

（48）"长期应付款"项目，反映企业除长期借款和应付债券以外的其他各种长期应付款项的期末账面价值。该项目应根据"长期应付款"科目的期末余额，减去相关的"未确认融资费用"科目的期末余额后的金额，以及"专项应付款"科目的期末余额填列。

（49）"预计负债"项目，反映企业计提的对外担保、未决诉讼、产品质量保证、重组义务、亏损性合同等各种预计负债。该项目应根据"预计负债"科目期末余额填列。

（50）"递延收益"项目，反映企业待确认的政府补助收益以及售后租回交易中资产售价与其账面价值之间待分摊的差额。该项目应根据"递延收益"科目期末余额填列。

（51）"递延所得税负债"项目，反映企业确认的应纳税暂时性差异产生的所得税负债。该项目应根据"递延所得税负债"科目的期末余额填列。

（52）"其他非流动负债"项目，反映企业除长期借款、应付债券等负债以外的其他非流动负债。主要包括：长期待转销项税额、储备资金、代管基金、预收租金、附赎回义务的增资款、继续涉入负债等长期应付款项，以及企业已收或应收客户对价而应向客户转让商品的长期义务。该项目应根据有关科目的期末余额减去将于一年内（含一年）到期偿还数后的余额填列。

（53）"实收资本（或股本）"项目，反映企业各投资者实际投入资本（或股本）总额。该项目应根据"实收资本（或股本）"科目的期末余额填列。

（54）"其他权益工具"项目，反映企业发行的除普通股以外分类为权益工具的金融工具的账面价值。该项目应根据"其他权益工具"科目余额填列，其中"优先股"和"永续债"按其明细科目的期末余额填列。

（55）"资本公积"项目，反映企业资本公积的期末余额。本项目应根据"资本公积"账户的期末余额填列，其中"库存股"按"库存股"账户余额填列。

（56）"其他综合收益"项目，反映企业根据企业会计准则规定未在损益中确认的各项利得和损失扣除所得税影响后的净额。该项目应根据"其他综合收益"科目期末余额填列。

（57）"专项储备"项目，反映高危行业按国家规定提取的安全生产费的期末账面价值。该项目应根据"专项储备"科目的期末余额填列。

（58）"盈余公积"项目，反映企业盈余公积的期末余额。该项目应根据"盈余公积"科目的期末余额填列。

（59）"未分配利润"项目，反映企业尚未分配的利润。该项目应根据"本年利润"科目和"利润分配"科目的期末余额计算填列，如为未弥补的亏损，在本项目内以"-"号填列。

三、资产负债表编制示例

【例13-1】鸿发公司为一般纳税人，适用的增值税税率为13%，所得税税率为25%。属于已执行新金融准则和新收入准则的企业，2018年发生下列经济业务（材料采用计划成本核算）。

（1）购入原材料一批，收到的增值税专用发票上注明的原材料价款为3 000 000元，增值税进项税额为390 000元，款项尚未支付，该材料实际成本等于计划成本，材料已验收入库；购入周转材料一批，增值税专用发票上注明价款为200 000元，增值税税额为26 000元，款项用银行存款支付，该周转材料实际成本等于计划成本，该周转材料已验收入库。

（2）收到银行通知，用银行存款支付到期的商业承兑汇票400 000元；同时开出银行承兑汇票采购甲材料，增值税专用发票上注明材料价款500 000元，进项税额65 000元，材料尚未入库。

（3）前期采购的甲材料现已收到，实际成本500 000元，计划成本480 000元，材料验收入库。

（4）银行存款购入材料成本为399 000元，支付增值税进项税51 870元，原材料已验收入库，款项用银行存款支付，该材料计划价格为400 000元。

（5）公司将交易性金融资产（全部为股票投资）兑现，出售价款662 000元，交易费2 000元，该投资成本为392 000元，公允价值变动为增值8 000元，款项转存银行。

（6）购入不需安装的设备一台，收到的增值税专用发票上注明的设备价款为340 000元，增值税进项税额为44 200元，支付包装费2 200元，设备已交付使用，款项均以银行存款支付。

（7）销售产品一批，开出的增值税专用发票上注明的销售价款为 1 200 000 元，销项税额为 156 000 元，货款尚未收到。该批产品实际成本为 720 000 元，产品已发出。

（8）购入工程物资一批用于不动产修建，收到的增值税专用发票上注明的物资价款和增值税进项税额合计为 600 000 元，款项已通过银行转账支付。

（9）工程应付工资 800 000 元，应付职工福利费 112 000 元。

（10）公司将到期的一张面值为 180 000 元的无息银行承兑汇票（不含增值税）解讫通知和进账单交银行办理转账。收到银行盖章退回的进账单一联，款项银行收妥。

（11）基本生产车间一台设备报废，原价为 152 000 元，已计提折旧 72 000 元，清理费 2 000 元，残值收入为 3 200 元，均通过银行存款收支，该项固定资产已清理完毕。

（12）从银行借入 3 年期借款 4 000 000 元已存入银行账户，该借款用于购入固定资产。

（13）销售产品一批，开出的增值税专用发票上注明价款为 2 800 000 元，增值税销项税额为 364 000 元，款项已存银行，销售产品的实际成本为 1 680 000 元。

（14）出售一台不需用设备，出售价款 420 000 元，增值税税额为 54 600 元，款项收入已存银行，该设备原价为 500 000 元，已计提折旧 200 000 元。

（15）取得交易性金融资产（股票投资），价款为 412 000 元，交易费用 8 000 元，已用银行存款支付。

（16）一项工程完工，交付使用，已办理竣工手续，固定资产价值 1 600 000 元。

（17）支付工资 2 000 000 元，其中包括在建工程人员的工资 800 000 元。

（18）分配应支付职工工资 1 200 000 元（不包括在建工程应负担的工资）。其中，生产人员工资 1 100 000 元，车间管理人员工资 40 000 元，行政管理人员的工资 60 000 元。

（19）提取职工福利费 168 000 元（不包括在建工程应负担的福利费 112 000 元）。其中：生产工人 154 000 元，车间管理人员 5 600 元，行政管理部门 8 400 元。

（20）生产领用原材料，计划成本为 2 800 000 元；生产领用低值易耗品，计划成本为 200 000 元，采用一次摊销法摊销。

（21）用银行存款支付广告费、产品展览费 80 000 元。

（22）结转领用材料应分摊的材料成本差异，材料成本差异率 5%。

（23）接受投资者投入专利权，公允价值 960 000 元；摊销上年度无形资产 240 000 元；以银行存款支付车间用固定资产修理费 360 000 元。

（24）计提固定资产折旧 400 000 元，其中：生产车间计提折旧 320 000 元，管理部门计提折旧 80 000 元。首次计提固定资产减值准备 120 000 元。

（25）收到外单位所欠货款 1 000 000 元。其他应收项计提坏账准备 36 000 元。

（26）结转制造费用；计算并结转本期完工产品成本 5 129 600 元。无期初在产品，本期生产的产品全部完工入库。

（27）公司采用商业承兑汇票结算方式销售产品一批，开出的增值税专用发票上注明的销售价款为 1 000 000 元，增值税销项税额为 130 000 元，收到 1 130 000 元的商业承兑汇票一张，销售产品实际成本为 600 000 元。

（28）公司将上述承兑汇票到银行办理贴现，贴现息为 80 000 元。

(29) 公司本期产品销售应缴纳的教育附加为 8 000 元。

(30) 用银行存款缴纳增值税 100 000 元，教育费附加 8 000 元。

(31) 提取本期长期借款利息 840 000 元，其中在建工程应负担 800 000 元，长期借款为分期付息。

(32) 归还购买材料款 1 000 000 元。

(33) 归还长期借款利息 840 000 元。

(34) 从银行提现 50 000 元。

(35) 上年度销售产品一批，开出的增值税专用发票上注明的销售价款 40 000 元，增值税销项税额为 5 200 元，购货方开出商业承兑汇票。本期由于购货方发生财务困难，无法按合同规定偿还债务，经双方协议，甲股份公司同意购货方用产品抵偿该应收票据。用于抵偿的产品市价为 32 000 元，增值税税率为 13%。

(36) 持有的交易性金融资产的公允价值为 420 000 元。

(37) 销售产品一批，增值税专用发票上注明价款 500 000 元，增值税税额为 65 000 元，收到商业承兑汇票一张，产品已发出，该批产品成本为 400 000 元。

(38) 结转本期产品销售成本 3 400 000 元。

(39) 结转各收入、费用科目，确定利润总额 1 639 760 元。

(40) 计算并结转本期所得税费用（假设本例中，除计提固定资产减值准备 120 000 元造成固定资产账面价值与其计税基础存在差异外，不考虑其他项目的所得税费用影响）。企业按照税法规定计算确定的应交所得税为 409 940 元，递延所得税资产为 30 000 元。

(41) 按照净利润的 10% 提取法定盈余公积金。

(42) 将利润分配各明细科目的余额转入"未分配利润"明细科目，结转本年利润。

(43) 用银行存款交纳当年应交所得税 409 940 元。

要求：编制鸿发公司 2018 年资产负债表。

1. 根据上述业务编制会计分录：

(1) 借：原材料　　　　　　　　　　　　　　　　　　3 000 000
　　　　周转材料　　　　　　　　　　　　　　　　　　　200 000
　　　　应交税费——应交增值税（进项税额）　　　　　　416 000
　　　贷：应付账款　　　　　　　　　　　　　　　　　3 390 000
　　　　　银行存款　　　　　　　　　　　　　　　　　　226 000

(2) 借：应付票据　　　　　　　　　　　　　　　　　　　400 000
　　　贷：银行存款　　　　　　　　　　　　　　　　　　400 000
　　　借：材料采购　　　　　　　　　　　　　　　　　　500 000
　　　　　应交税费——应交增值税（进项税额）　　　　　　65 000
　　　贷：应付票据　　　　　　　　　　　　　　　　　　565 000

(3) 借：原材料　　　　　　　　　　　　　　　　　　　　480 000
　　　　材料成本差异　　　　　　　　　　　　　　　　　 20 000
　　　贷：材料采购　　　　　　　　　　　　　　　　　　500 000

(4) 借：原材料 399 000
　　　应交税费——应交增值税（进项税额） 51 870
　　　　贷：银行存款 450 870
　　借：原材料 400 000
　　　　贷：材料采购 399 000
　　　　　　材料成本差异 1 000
(5) 借：银行存款 660 000
　　　　贷：交易性金融资产——成本 392 000
　　　　　　　　　　　　　——公允价值变动 8 000
　　　　　　投资收益 260 000
　　借：公允价值变动损益 8 000
　　　　贷：投资收益 8 000
(6) 借：固定资产 342 200
　　　应交税费——应交增值税（进项税额） 44 200
　　　　贷：银行存款 386 400
(7) 借：应收账款 1 356 000
　　　　贷：主营业务收入 1 200 000
　　　　　　应交税费——应交增值税（销项税额） 156 000
(8) 借：工程物资 600 000
　　　　贷：银行存款 600 000
(9) 借：在建工程 912 000
　　　　贷：应付职工薪酬 912 000
(10) 借：银行存款 180 000
　　　　贷：应收票据 180 000
(11) 借：固定资产清理 80 000
　　　累计折旧 72 000
　　　　贷：固定资产 152 000
　　借：固定资产清理 2 000
　　　　贷：银行存款 2 000
　　借：银行存款 3 200
　　　　贷：固定资产清理 3 200
　　借：营业外支出 78 800
　　　　贷：固定资产清理 78 800
(12) 借：银行存款 4 000 000
　　　　贷：长期借款 4 000 000
(13) 借：银行存款 3 164 000
　　　　贷：主营业务收入 2 800 000
　　　　　　应交税费——应交增值税（销项税额） 364 000

(14) 借：固定资产清理　　　　　　　　　　　　　　　　　300 000
　　　　累计折旧　　　　　　　　　　　　　　　　　　　200 000
　　　　　贷：固定资产　　　　　　　　　　　　　　　　　　　　500 000
　　　借：银行存款　　　　　　　　　　　　　　　　　　　474 600
　　　　　贷：固定资产清理　　　　　　　　　　　　　　　　　　420 000
　　　　　　　应交税费——应交增值税（销项税额）　　　　　　　54 600
　　　借：固定资产清理　　　　　　　　　　　　　　　　　120 000
　　　　　贷：资产处置损益　　　　　　　　　　　　　　　　　　120 000
(15) 借：交易性金融资产——成本　　　　　　　　　　　412 000
　　　　投资收益　　　　　　　　　　　　　　　　　　　　8 000
　　　　　贷：银行存款　　　　　　　　　　　　　　　　　　　　420 000
(16) 借：固定资产　　　　　　　　　　　　　　　　　　1 600 000
　　　　　贷：在建工程　　　　　　　　　　　　　　　　　　　1 600 000
(17) 借：应付职工薪酬　　　　　　　　　　　　　　　　2 000 000
　　　　　贷：银行存款　　　　　　　　　　　　　　　　　　　2 000 000
(18) 借：生产成本　　　　　　　　　　　　　　　　　　1 100 000
　　　　制造费用　　　　　　　　　　　　　　　　　　　40 000
　　　　管理费用　　　　　　　　　　　　　　　　　　　60 000
　　　　　贷：应付职工薪酬　　　　　　　　　　　　　　　　　1 200 000
(19) 借：生产成本　　　　　　　　　　　　　　　　　　　154 000
　　　　制造费用　　　　　　　　　　　　　　　　　　　5 600
　　　　管理费用　　　　　　　　　　　　　　　　　　　8 400
　　　　　贷：应付职工薪酬　　　　　　　　　　　　　　　　　　168 000
(20) 借：生产成本　　　　　　　　　　　　　　　　　　2 800 000
　　　　　贷：原材料　　　　　　　　　　　　　　　　　　　　2 800 000
　　　借：制造费用　　　　　　　　　　　　　　　　　　　200 000
　　　　　贷：周转材料　　　　　　　　　　　　　　　　　　　　200 000
(21) 借：销售费用　　　　　　　　　　　　　　　　　　　80 000
　　　　　贷：银行存款　　　　　　　　　　　　　　　　　　　　80 000
(22) 借：生产成本　　　　　　　　　　　　　　　　　　　140 000
　　　　制造费用　　　　　　　　　　　　　　　　　　　10 000
　　　　　贷：材料成本差异　　　　　　　　　　　　　　　　　　150 000
(23) 借：无形资产——专利权　　　　　　　　　　　　　960 000
　　　　　贷：实收资本　　　　　　　　　　　　　　　　　　　　960 000
　　　借：管理费用——无形资产摊销　　　　　　　　　　240 000
　　　　　贷：累计摊销　　　　　　　　　　　　　　　　　　　　240 000
　　　借：制造费用——固定资产修理费　　　　　　　　　360 000
　　　　　贷：银行存款　　　　　　　　　　　　　　　　　　　　360 000

(24) 借：制造费用——折旧费　　　　　　　　　　320 000
　　　　管理费用——折旧费　　　　　　　　　　 80 000
　　　贷：累计折旧　　　　　　　　　　　　　　　　　400000
　　　借：资产减值损失——固定资产减值准备　　120 000
　　　贷：固定资产减值准备　　　　　　　　　　　　　120 000
(25) 借：银行存款　　　　　　　　　　　　　　1 000 000
　　　贷：应收账款　　　　　　　　　　　　　　　　1 000 000
　　　借：资产减值损失——坏账准备　　　　　　 36 000
　　　贷：坏账准备　　　　　　　　　　　　　　　　　36 000
(26) 借：生产成本　　　　　　　　　　　　　　　935 600
　　　贷：制造费用　　　　　　　　　　　　　　　　　935 600
　　　借：库存商品　　　　　　　　　　　　　5 129 600
　　　贷：生产成本　　　　　　　　　　　　　　　　5 129 600
(27) 借：应收票据　　　　　　　　　　　　　　1 130 000
　　　贷：主营业务收入　　　　　　　　　　　　　　1 000 000
　　　　　应交税费——应交增值税（销项税额）　　130 000
(28) 借：银行存款　　　　　　　　　　　　　　1 050 000
　　　　财务费用　　　　　　　　　　　　　　　 80 000
　　　贷：应收票据　　　　　　　　　　　　　　　　1 130 000
(29) 借：税金及附加　　　　　　　　　　　　　　 8 000
　　　贷：应交税费——应交教育费附加　　　　　　　　8 000
(30) 借：应交税费——应交增值税（已交税金）　100 000
　　　　　　　　——应交教育费附加　　　　　　 8 000
　　　贷：银行存款　　　　　　　　　　　　　　　　　108 000
(31) 借：在建工程　　　　　　　　　　　　　　　800 000
　　　　财务费用　　　　　　　　　　　　　　　 40 000
　　　贷：应付利息　　　　　　　　　　　　　　　　　840 000
(32) 借：应付账款　　　　　　　　　　　　　　1 000 000
　　　贷：银行存款　　　　　　　　　　　　　　　　1 000 000
(33) 借：应付利息　　　　　　　　　　　　　　　840 000
　　　贷：银行存款　　　　　　　　　　　　　　　　　840 000
(34) 借：库存现金　　　　　　　　　　　　　　　 50 000
　　　贷：银行存款　　　　　　　　　　　　　　　　　 50 000
(35) 借：库存商品　　　　　　　　　　　　　　　 32 000
　　　　应交税费——应交增值税（进项税额）　 4 160
　　　　营业外支出——债务重组损失　　　　　　 9 040
　　　贷：应收票据　　　　　　　　　　　　　　　　　 45 200
(36) 借：交易性金融资产——公允价值变动　　　 8 000

	贷：公允价值变动损益	8 000
(37)	借：应收票据	565 000
	贷：主营业务收入	500 000
	应交税费——应交增值税（销项税额）	65 000
(38)	借：主营业务成本	3 400 000
	贷：库存商品	3 400 000
(39)	借：主营业务收入	5 500 000
	投资收益	260 000
	资产处置损益	120 000
	贷：本年利润	5 880 000
	借：本年利润	4 240 240
	贷：主营业务成本	3 400 000
	税金及附加	8 000
	销售费用	80 000
	管理费用	388 400
	财务费用	120 000
	营业外支出	87 840
	资产减值损失	156 000
(40)	借：所得税费用——当期所得税费用	409 940
	贷：应交税费——应交所得税	409 940
	借：递延所得税资产	30 000
	贷：所得税费用——递延所得税费用	30 000
	借：本年利润	379 940
	贷：所得税费用	379 940
	借：本年利润	1 259 820
	贷：利润分配——未分配利润	1 259 820
(41)	借：利润分配——提取法定盈余公积	125 982
	贷：盈余公积——法定盈余公积	125 982
(42)	借：利润分配——未分配利润	125 982
	贷：利润分配——提取法定盈余公积	125 982
(43)	借：应交税费——应交所得税	409 940
	贷：银行存款	409 940

2. 根据上述会计分录，登记 T 型账户（年初余额略）：

银行存款

(5)	660 00	(1)	226 000
(10)	180 000	(2)	400 000
(11)	3 200	(4)	450 870
(12)	4 000 000	(6)	386 400
(13)	3 164 000	(8)	600 000
(14)	474 600	(11)	2 000
(25)	1 000 000	(15)	420 000
(28)	1 050 000	(17)	2 000 000
		(21)	80 000
		(23)	360 000
		(30)	108 000
		(32)	1 000 000
		(33)	840 000
		(34)	50 000
		(43)	409 940

期末余额 3 198 590

库存现金

(34)	50 000	

期末余额 50 000

原材料

(1)	3 000 000	(20)	2 800 000
(3)	480 000		
(4)	400 000		

期末余额 1 080 000

周转材料

(1)	200 000	(20)	200 000

交易性金融资产——成本

(15)	412 000	(5)	392 000

期末余额 20 000

交易性金融资产——公允价值变动

(36)	8 000	(5)	8 000

材料采购

(2)	500 000	(3)	500 000
(4)	399 000	(4)	399 000

材料成本差异

(3)	20 000	(4)	1 000
		(22)	150 000

期末余额 131 000

应收票据

(27)	1 130 000	(10)	180 000
(37)	565 000	(28)	1 130 000
		(35)	45 200

期末余额 339 800

应收账款

(7)	1 356 000	(25)	1 000 000

期末余额 356 000

坏账准备		工程物资	
	(25) 36 000	(8) 600 000	
	期末余额 36 000	期末余额 600 000	

在建工程		固定资产	
(9) 912 000	(16) 1 600 000	(6) 342 200	(11) 152 000
(31) 800 000		(16) 1 600 000	(14) 500 000
期末余额 112 000		期末余额 1 290 200	

固定资产清理		累计折旧	
(11) 80 000	(11) 3 200	(11) 72 000	(24) 400 000
(11) 2 000	(11) 78 800	(14) 200 000	
(14) 300 000	(14) 420 000		
(14) 120 000			期末余额 128 000

固定资产减值准备		累计摊销	
	(24) 120 000		(23) 240 000
	期末余额 120 000		期末余额 240 000

库存商品		递延所得税资产	
(26) 5 129 600	(38) 3 400 000	(40) 30 000	
(35) 32 000			
期末余额 1 761 600		期末余额 30 000	

无形资产		实收资本	
(23) 960 000			(23) 960 000
期末余额 960 000			期末余额 960 000

应付票据		应付账款	
(2) 400 000	(2) 565 000	(32) 1 000 000	(1) 3 390 000
	期末余额 165 000		期末余额 2 390 000

应交税费——应交教育费附加		长期借款	
(30) 8 000	(29) 8 000		(12) 4 000 000
			期末余额 4 000 000

应付职工薪酬		应交税费——应交增值税(已交税金)	
(17) 2 000 000	(9) 912 000	(30) 100 000	
	(18) 1 200 000	期末余额 100 000	
	(19) 168 000		
	期末余额 280 000		

应交税费——应交增值税（进项税额）		应交税费——应交增值税（销项税额）	
(1) 416 000			(7) 156 000
(2) 65 000			(13) 364 000
(4) 51 870			(14) 54 600
(6) 44 200			(27) 130 000
(35) 4 160			(37) 65 000
期末余额 581 230			期末余额 769 600

应交税费——应交所得税		应付利息	
(43) 409 940	(40) 409 940	(33) 840 000	(31) 840 000

生产成本		制造费用	
(18) 1 100 000	(26) 5 129 600	(18) 40 000	(26) 935 600
(19) 154 000		(19) 5 600	
(20) 2 800 000		(20) 200 000	
(22) 140 000		(22) 10 000	
(26) 935 600		(23) 360 000	
		(24) 320 000	

财务费用		销售费用	
(28) 80 000	(39) 120 000	(21) 80 000	(39) 80 000
(31) 40 000			

资产减值损失		税金及附加	
(24) 120 000	(39) 156 000	(29) 8 000	(39) 8 000
(25) 36 000			

主营业务成本		所得税费用	
(38) 3 400 000	(39) 3 400 000	(40) 409 940	(40) 30 000
			(40) 379 940

管理费用		主营业务收入	
(18) 60 000	(39) 388 400	(39) 5 500 000	(7) 1 200 000
(19) 8 400			(13) 2 800 000
(23) 240 000			(27) 1 000 000
(24) 80 000			(37) 500 000

投资收益		营业外支出	
(15) 8 000	(5) 260 000	(11) 78 800	(39) 87 840
(39) 260 000	(5) 8 000	(35) 9 040	

公允价值变动损益		资产处置损益	
(5) 8 000	(36) 8 000	(39) 120 000	(14) 120 000

盈余公积——法定盈余公积		本年利润	
	(41) 125 982	(39) 4 240 240	(39) 5 880 000
	期末余额 125 982	(40) 379 940	
		(40) 1 259 820	

利润分配——提取法定盈余公积		利润分配——未分配利润	
(41) 125 982	(42) 125 982	(41) 125 982	(40) 1 259 820
			期末余额 1 133 838

3. 根据 T 型账户余额编制科目汇总表：

总分类科目	明细分类科目	期末借方余额	期末贷方余额
库存现金		50 000	
银行存款		3 198 590	
交易性金融资产	成本	20 000	
应收票据		339 800	
应收账款		356 000	
坏账准备			36 000
原材料		1 080 000	
材料成本差异			131 000
工程物资		600 000	
库存商品		1 761 600	
固定资产		1 290 200	
累计折旧			128 000
固定资产减值准备			120 000
无形资产		960 000	
累计摊销			240 000
在建工程		112 000	
递延所得税资产		30 000	
应付票据			165 000
应付账款			2 390 000
应交税费	应交增值税（进项税额）	581 230	
应交税费	应交增值税（销项税额）		769 600
应交税费	应交增值税（已交税金）	100 000	
应付职工薪酬			280 000
长期借款			4 000 000
实收资本			960 000
盈余公积	法定盈余公积		125 982
利润分配	未分配利润		1 133 838
合计		10 479 420	10 479 420

4. 根据科目余额编制资产负债表，见表 13-1：

表 13-1　　　　　　　　　　　　**资产负债表**　　　　　　　　　　　　会企 01 表

编制单位：鸿发公司　　　　　2018 年 12 月 31 日　　　　　　　　　　　单位：元

资产	期末余额	年初余额	负债和所有者权益（或股东权益）	期末余额	年初余额
流动资产：			流动负债：		
货币资金	3 248 590		短期借款	0	
交易性金融资产	20 000		交易性金融负债	0	
衍生金融资产	0		衍生金融负债	0	

续表

资产	期末余额	年初余额	负债和所有者权益（或股东权益）	期末余额	年初余额
应收票据	339 800		应付票据	165 000	
应收账款	320 000		应付账款	2 390 000	
应收款项融资	0		预收款项	0	
预付款项	0		合同负债	0	
其他应收款	0		应付职工薪酬	280 000	
合同资产	0		应交税费	88 370	
存货	2 710 600		其他应付款	0	
持有待售资产	0		持有待售负债	0	
一年内到期的非流动资产	0		一年内到期的非流动负债	0	
其他流动资产	0		其他流动负债	0	
流动资产合计	6 638 990		流动负债合计	2 923 370	
非流动资产：			非流动负债：		
债权投资	0		长期借款	4 000 000	
其他债权投资	0		应付债券	0	
长期应收款	0		其中：优先股	0	
长期股权投资	0		永续债	0	
其他权益工具投资	0		租赁负债	0	
其他非流动金融资产	0		长期应付款	0	
投资性房地产	0		预计负债	0	
固定资产	1 042 200		递延收益	0	
在建工程	712 000		递延所得税负债	0	
生产性生物资产	0		其他非流动负债	0	
油气资产	0		非流动负债合计	4 000 000	
使用权资产	0		负债合计	6 923 370	
无形资产	720 000		所有者权益（或股东权益）：		
开发支出	0		实收资本（或股本）	960 000	
商誉	0		其他权益工具	0	
长期待摊费用	0		其中：优先股	0	
递延所得税资产	30 000		永续债	0	
其他非流动资产	0		资本公积	0	
非流动资产合计	2 504 200		减：库存股	0	
			其他综合收益	0	
			专项储备	0	
			盈余公积	125 982	
			未分配利润	1 133 838	
			所有者权益合计	2 219 820	
资产总计	9 143 190		负债和所有者权益总计	9 143 190	

第三节 利润表

一、利润表的内容及结构

(一) 利润表的内容

利润表是反映企业在一定会计期间经营成果的报表。通过利润表,可以反映企业一定会计期间利润的来源和构成情况,有助于报表使用者判断企业净利润的质量和风险,也有助于报表使用者预测企业净利润的持续性和增长能力;通过利润表和资产负债表相关项目的比较,可以据以评价企业资本保值、增值和获取利润的能力。

(二) 利润表的结构

常见的利润表结构主要有单步式和多步式两种。我国企业利润表采用的基本上是多步式结构,即通过对当期的收入、费用、支出项目按性质加以归类,按利润形成的主要环节列示一些中间性利润指标,分步计算当期净损益,便于使用者理解企业经营成果的不同来源。

此外,为了使报表使用者通过比较不同期间利润的实现情况,判断企业经营成果的未来发展趋势,企业需要提供比较利润表,利润表还就各项目再分为"本期金额"和"上期金额"两栏分别填列。利润表具体格式见表 13-3。

二、利润表的填列

(一) 利润表"本期金额"栏的填列方法

本表"本期金额"栏一般应根据损益类科目和所有者权益类有关科目的发生额填列。

(1) "营业收入"项目,反映企业经营主要业务和其他业务所确认的收入总额。该项目应根据"主营业务收入"和"其他业务收入"科目的发生额计算填列。

(2) "营业成本"项目,反映企业经营主要业务其他业务所发生的成本总额。该项目应根据"主营业务成本"和"其他业务成本"科目的发生额计算填列。

(3) "税金及附加"项目,反映企业经营业务应负担的消费税、城市维护建设税、资源税、土地增值税和教育费附加等。该项目应根据"税金及附加"科目的发生额分析填列。

(4) "销售费用"项目,反映企业在销售商品过程中发生的包装费、广告费等费用和为销售本企业商品而专设的销售机构的职工薪酬、业务费等经营费用。该项目应根据"销售费用"科目的发生额分析填列。

(5) "管理费用"项目,反映企业为组织和管理生产经营发生的管理费用。该项目应根据"管理费用"科目下除"研发费用"以外的明细科目的发生额分析填列。

(6) "研发费用"项目,反映企业进行研究与开发过程中发生的费用化支出。该项目应根据"管理费用"科目下的"研发费用"明细科目的发生额分析填列。

(7)"财务费用"项目,反映企业筹集生产经营所需资金等而发生的筹资费用。该项目应根据"财务费用"科目的发生额分析填列。其中:"利息费用"项目反映企业为筹集生产经营所需资金等而发生的应予费用化的利息支出,"利息收入"项目反映企业确认的利息收入。均应根据"财务费用"科目的相关明细科目的发生额分析填列。

(8)"其他收益"项目,反映企业计入其他收益的政府补助等。该项目应根据"其他收益"科目的发生额分析填列。

(9)"投资收益"项目,反映企业以各种方式对外投资所取得的收益。该项目应根据"投资收益"科目的发生额分析填列,如为投资损失,应以"-"填列。其中:"对联营企业和合营企业的投资收益"和"以摊余成本计量的金融资产终止确认收益"项目应根据"投资收益"科目所属的相关明细科目的发生额分析填列。

(10)"净敞口套期收益"项目,反映企业净敞口套期下被套期项目累计公允价值变动转入当期损益的金额或现金流量套期储备转入当期损益的金额。该项目应根据"净敞口套期损益"科目的发生额分析填列;如为套期损失,本项目以"-"号填列。

(11)"公允价值变动损益"项目,反映企业应当计入当期损益的资产或负债的公允价值变动损益。该项目应根据"公允价值变动损益"科目的发生额分析填列。如为净损失,本项目以"-"号填列。

(12)"资产减值损失"项目,反映企业各项资产发生的减值损失。该项目应根据"资产减值损失"科目的发生额分析填列。

(13)"信用减值损失"项目,反映企业按照要求计提的各项金融工具减值准备所形成的预期信用损失。该项目应根据"信用减值损失"科目的发生额分析填列。

(14)"资产处置收益"项目,反映企业出售划分为持有待售的非流动资产(金融工具、长期股权投资和投资性房地产除外)或处置组(子公司和业务除外)时确认的处置利得或损失,以及处置未划分为持有待售的固定资产、在建工程、生产性生物资产及无形资产而产生的处置利得或损失。债务重组中因处置非流动资产产生的利得或损失和非货币性资产交换中换出非流动资产产生的利得或损失也包括在本项目内。该项目应根据"资产处置损益"科目的发生额分析填列。如为处置损失,本项目以"-"号填列。

(15)"营业利润"项目,反映企业实现的营业利润。如为亏损,本项目以"-"号填列。

(16)"营业外收入"项目,反映企业发生的除营业利润以外的收益,主要包括债务重组利得、与企业日常活动无关的政府补助、盘盈利得、捐赠利得(企业接受股东或股东的子公司直接或间接的捐赠,经济实质属于股东对企业的资本性投入的除外)等。该项目应根据"营业外收入"科目的发生额分析填列。

(17)"营业外支出"项目,反映企业发生的除营业利润以外的支出,主要包括债务重组损失、公益性捐赠支出、非常损失、盘亏损失、非流动资产毁损报废损失等。该项目应根据"营业外支出"科目的发生额分析填列。

(18)"利润总额"项目,反映企业实现的利润。如为亏损,本项目以"-"号填列。

（19）"所得税费用"项目，反映企业应从当期利润总额中扣除的所得税费用。该项目应根据"所得税费用"科目的发生额分析填列。

（20）"净利润"项目，反映企业实现的净利润。如为亏损，本项目以"－"号填列。其中："（一）持续经营净利润"和"（二）终止经营净利润"项目，分别反映净利润中与持续经营相关的净利润和与终止经营相关的净利润；如为净亏损，以"－"号填列。该两个项目应按照《企业会计准则第42号——持有待售的非流动资产、处置组和终止经营》的相关规定分别列报。

（21）"其他综合收益的税后净额"项目，反映企业根据准则规定未在损益中确认的各项利得和损失扣除所得税影响后的净额。按以后重分类能否计入当期损益分为"（一）以后不能重分类计入损益的其他综合收益"和"（二）以后将重分类计入损益的其他综合收益"两类。该项目及其各组成部分应根据"其他综合收益"科目及其所属明细科目的本期发生额分析填列。其中：①"重新计量设定收益计划净负债或净资产的变动"项目，反映有设定受益计划形式离职后福利的企业重新计量设定受益计划净负债或净资产导致的变动金额。该项目应根据"其他综合收益"科目的相关明细科目发生额分析填列。②"权益法下在被投资单位不能重分类进损益的其他综合收益中享有的份额"项目，反映企业取得被投资单位长期股权投资后，按照被投资单位其他综合收益中属于"以后会计期间不能重分类进损益"类别的其他综合收益所享有的份额。该项目应根据"其他综合收益"科目的相关明细科目发生额分析填列。③"其他权益工具投资公允价值变动"项目，反映企业指定为以公允价值计量且其变动计入其他综合收益的非交易性权益工具投资发生的公允价值变动。该项目应根据"其他综合收益"科目的相关明细科目的发生额分析填列。④"企业自身信用风险公允价值变动"项目，反映企业指定为以公允价值计量且其变动计入当期损益的金融负债，由企业自身信用风险变动引起的公允价值变动而计入其他综合收益的金额。该项目应根据"其他综合收益"科目的相关明细科目的发生额分析填列。⑤"权益法下在被投资单位以后将重分类进损益的其他综合收益中享有的份额"项目，反映企业长期股权投资采用权益法核算时，按照被投资单位其他综合收益中属于"以后会计期间在满足规定条件时将重分类进损益"类别的其他综合收益所享有的份额。该项目应根据"其他综合收益"科目的相关明细科目发生额分析填列。⑥"其他债权投资公允价值变动"项目，反映企业分类为以公允价值计量且其变动计入其他综合收益的债权投资发生的公允价值变动。企业将一项以公允价值计量且其变动计入其他综合收益的金融资产重分类为以摊余成本计量的金融资产，或重分类为以公允价值计量且其变动计入当期损益的金融资产时，之前计入其他综合收益的累计利得或损失从其他综合收益中转出的金额作为该项目的减项。该项目应根据"其他综合收益"科目下的相关明细科目的发生额分析填列。⑦"金融资产重分类计入其他综合收益的金额"项目，反映企业将一项以摊余成本计量的金融资产重分类为以公允价值计量且其变动计入其他综合收益的金融资产时，计入其他综合收益的原账面价值与公允价值之间的差额。该项目应根据"其他综合收益"科目下的相关明细科目的发生额分析填列。⑧"其他债权投资信用减值准备"项目，反映企业规定分类为以公允价值计量且其变动计入其他综合收益的金融资产的损失准备。该项目应根据"其他综合收益"科目下的"信用减值准备"明细科目的发生额分析填列。⑨"现金流量套期储备"项目,反映企业套期工具产生的利得或损失中属于套期有效的部分。该项目应根据"其他综合收益"科目下的"套期储备"明细科目的发生额分析填列。⑩"外币财务报表折算差额"项目,反映企业境外经营实体以外币为记账本位币编制的财务报表,按规定折算为记账本位币表达的财务报表时,由于报表项目采用不同汇率折算而形成的汇兑损益。该项目应根据"其他综合收益"科目下的相关明细科目的发生额分析填列。

(22)"综合收益总额"项目,反映企业净利润与其他综合收益的税后净额的合计金额。

(23)"基本每股收益"项目,反映归属于普通股股东的当期每股净利润。该项目应按归属于普通股股东的当期净利润除以当期实际发行在外的普通股的加权平均数计算填列。

(24)"稀释每股收益"项目,反映企业假设发行在外的稀释性潜在普通股均已转换为普通股后的普通股股东当期每股净利润。该项目应根据转换后调整的归属于普通股股东当期净利润以及发行在外的普通股加权平均数计算填列。

(二)利润表"上期金额"栏的填列方法

本表中的"上期金额"栏应根据上年该期利润表"本期金额"栏内所列数字填列。如果上年该期利润表规定的各个项目的名称和内容与本期不相一致,应对上年该期利润表各项目的名称和数字按照本期的规定进行调整,填入"上期金额"栏。

三、利润表编制示例

【例13-2】根据【例13-1】可知鸿发公司2018年度有关损益类科目本年累计发生净额见表13-2。

表13-2　　　　　鸿发公司损益类科目累计发生净额　　　　　单位:元

科目名称	借方发生额	贷方发生额
主营业务收入		5 500 000
主营业务成本	3 400 000	
税金及附加	8 000	
销售费用	80 000	
管理费用	388 400	
财务费用	120 000	
资产减值损失	156 000	
资产处置损益		120 000
投资收益		260 000
营业外支出	87 840	
所得税费用	379 940	

根据表13-2填制鸿发公司2018年度利润表，见表13-3。

表13-3　　　　　　　　　　　　　利润表　　　　　　　　　　　　会企02表

编制单位：鸿发公司　　　　　　　2018年12月　　　　　　　　　　单位：元

项　目	本期金额	上期金额（略）
一、营业收入	5 500 000	
减：营业成本	3 400 000	
税金及附加	8 000	
销售费用	80 000	
管理费用	388 400	
研发费用	0	
财务费用	120 000	
其中：利息费用	（略）	
利息收入	（略）	
加：其他收益	0	
投资收益（损失以"-"填列）	260 000	
其中：对联营企业和合营企业的投资收益	（略）	
以摊余成本计量的金额资产终止确认收益（损失以"-"号填列）	0	
净敞口套期收益（损失以"-"号填列）	0	
公允价值变动收益（损失以"-"号填列）	0	
信用减值损失（损失以"-"号填列）	0	
资产减值损失（损失以"-"号填列）	-156 000	
资产处置收益（损失以"-"号填列）	120 000	
二、营业利润（亏损以"-"填列）	1 727 600	
加：营业外收入	0	
减：营业外支出	87 840	
三、利润总额（亏损总额以"-"填列）	1 639 760	
减：所得税费用	379 940	
四、净利润（净亏损以"-"填列）	1 259 820	
（一）持续经营净利润（净亏损以"-"号填列）	0	
（二）终止经营净利润（净亏损以"-"号填列）	0	
五、其他综合收益的税后净额	0	
（一）以后不能重分类进损益的其他综合收益	0	
1. 重新计量设定受益计划变动额	0	
2. 权益法下不能转损益的其他综合收益	0	
3. 其他权益工具投资公允价值变动	0	
4. 企业自身信用风险公允价值变动	0	

续表

项　目	本期金额	上期金额（略）
……		
（二）将重分类进损益的其他综合收益	0	
1. 权益法下可转损益的其他综合收益	0	
2. 其他债权投资公允价值变动	0	
3. 金融资产重分类计入其他综合收益的金额	0	
4. 其他债权投资信用减值准备	0	
5. 现金流量套期储备	0	
6. 外币财务报表折算差额	0	
……		
六、综合收益总额	0	
七、每股收益：		
（一）基本每股收益	（略）	
（二）稀释每股收益	（略）	

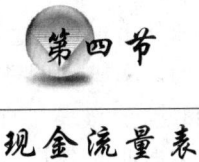

第四节 现金流量表

一、现金流量表的内容及结构

（一）现金流量表的内容

现金流量表是反映企业在一定会计期间现金和现金等价物流入和流出的报表。现金流量表按照收付实现制原则编制，现金流量分为经营活动产生的现金流量、投资活动产生的现金流量和筹资活动产生的现金流量三类，每类活动又分为各具体项目，这些项目从不同角度反映企业业务活动的现金流入与流出，弥补了资产负债表和利润表提供信息的不足。通过现金流量表，报表使用者能够了解现金流量的影响因素，评价企业的支付能力、偿债能力和周转能力，预测企业未来现金流量，为其决策提供有力依据。

（二）现金流量表的结构

我国现金流量表的格式分为现金流量表正表和补充资料。其中，现金流量表正表要求企业采用直接法列示经营活动产生的现金流量，同时列示投资活动和筹资活动产生的现金流量；在补充资料中要求按间接法重新计算列示经营活动产生的现金流量以及不涉及现金的重大投资和筹资活动。现金流量表的格式见表13-4和表13-5。

二、现金流量表的填列

（一）经营活动产生的现金流量

经营活动是指企业投资活动和筹资活动以外的所有交易和事项。工业企业经营活动主要包括销售商品、提供劳务、购买商品、接受劳务、支付职工薪酬、支付税费等。在我国，企业经营活动产生的现金流量应当采用直接法填列。

（二）投资活动产生的现金流量

投资活动是指企业长期资产的购建和不包括在现金等价物范围内的投资及其处置活动。投资活动既包括实物资产投资，也包括金融资产投资。不同企业由于行业特点不同，对投资活动的认定也存在差异。例如，交易性金融资产所产生的现金流量，对于工商业企业而言，属于投资活动现金流量，而对于证券公司而言，属于经营活动现金流量。

（三）筹资活动产生的现金流量

筹资活动是指导致企业资本及债务规模和构成发生变化的活动。通常情况下，应付账款、应付票据等商业应付款等属于经营活动，不属于筹资活动。

此外，对于企业日常活动之外的、不经常发生的特殊项目，如自然灾害损失、保险赔款、捐赠等，应当归并到相关类别中，并单独反映。比如，对于自然灾害损失和保险赔款，如果能够确指属于流动资产损失，应当列入经营活动产生的现金流量；属于固定资产损失，应当列入投资活动产生的现金流量。

（四）汇率变动对现金及现金等价物的影响

汇率变动对现金的影响，是指企业外币现金流量及境外子公司的现金流量折算成记账本位币时，采用的是现金流量发生日的汇率或按照系统合理的方法确定的、与现金流量发生日即期汇率近似的汇率来折算，而现金流量表"现金及现金等价物净增加额"项目中外币现金净增加额是按资产负债表日的即期汇率来折算。这两者的差额即为汇率变动对现金的影响。汇率变动对现金的影响额应当作为调节项目，在现金流量表中单独列报。

（五）现金流量表补充资料

除现金流量表反映的信息外，企业还应在附注中披露将净利润调节为经营活动现金流量、不涉及现金收支的重大投资和筹资活动、现金及现金等价物净变动情况等信息。

1. 将净利润调节为经营活动现金流量

现金流量表采用直接法反映经营活动产生的现金流量，同时，企业还应采用间接法反映经营活动产生的现金流量。采用间接法列报经营活动产生的现金流量时，需要对四大类项目进行调整：①实际没有支付现金的费用；②实际没有收到现金的收益；③不属于经营活动的损益；④经营性应收应付项目的增减变动。

2. 不涉及现金收支的重大投资和筹资活动

不涉及现金收支的重大投资和筹资活动，反映企业一定期间内影响资产或负债但不形成该期现金收支的所有投资和筹资活动的信息。这些投资和筹资活动虽然不涉及现金收支，但对以后各期的现金流量有重大影响，例如，企业融资租入设备，将形成的负债计入"长期应付款"账户，当期并不支付设备款及租金，但以后各期必须为此支付现金，从而在一定期间内形成了一项固定的现金支出。

企业应当在附注中披露不涉及当期现金收支、但影响企业财务状况或在未来可能影响企业现金流量的重大投资和筹资活动,主要包括:①债务转为资本,反映企业本期转为资本的债务金额;②一年内到期的可转换公司债券,反映企业一年内到期的可转换公司债券的本息;③融资租入固定资产,反映企业本期融资租入的固定资产。

3. 现金及现金等价物的构成

企业应当在附注中披露与现金及现金等价物有关的下列信息:

(1) 现金及现金等价物的构成及其在资产负债表中的相应金额。

(2) 企业持有但不能由母公司或集团内其他子公司使用的大额现金及现金等价物金额。企业持有现金及现金等价物余额但不能被集团使用的情形多种多样,例如,国外经营的子公司,由于受当地外汇管制或其他立法的限制,其持有的现金及现金等价物,不能由母公司或其他子公司正常使用。

三、现金流量表编制方法概要

(一) 直接法和间接法

编制现金流量表时,列报经营活动现金流量的方法有两种:一是直接法;二是间接法。

直接法,是指按现金收入和现金支出的主要类别直接反映企业经营活动产生的现金流量的方法。在直接法下,一般是以利润表中的营业收入为起算点,调节与经营活动有关的项目的增减变动,然后计算出经营活动产生的现金流量。

间接法,是指以净利润为起点,调整不涉及现金的收入、费用、营业外收支等项目,剔除投资活动、筹资活动对现金流量的影响,据此计算出经营活动产生的现金流量。在间接法下,将净利润调节为经营活动现金流量,实际上就是将按权责发生制原则确定的净利润调整为现金净流入,并剔除投资活动和筹资活动对现金流量的影响。

采用直接法编报的现金流量表,便于分析企业经营活动产生的现金流量的来源和用途,预测企业现金流量的未来前景;采用间接法编报现金流量表,便于将净利润与经营活动产生的现金流量净额进行比较,了解净利润与经营活动产生的现金流量差异的原因,从现金流量的角度分析净利润的质量。

我国《企业会计准则——基本准则》规定,企业应当采用直接法编报现金流量表,同时要求在附注中提供以净利润为基础调节到经营活动现金流量的信息。

(二) 编制现金流量表的具体方法

在具体编制现金流量表时,可以采用工作底稿法、T型账户法、分析填列法和替换填列法。

1. 工作底稿法

采用工作底稿法编制现金流量表,是以工作底稿为手段,以资产负债表和利润表数据为基础,对每一项目进行分析并编制调整分录,从而编制现金流量表。工作底稿法的程序是:

第一步,将资产负债表的期初数和期末数过入工作底稿的期初数栏和期末数栏。

第二步,对当期业务进行分析并编制调整分录。编制调整分录时,要以利润表项目为基础，从"营业收入"开始，结合资产负债表项目逐一进行分析。在调整分录中，有关现金和现金等价物的事项，并不直接借记或贷记现金，而是分别计入"经营活动产生的现金流量""投资活动产生的现金流量""筹资活动产生的现金流量"有关项目，借记表示现金流入，贷记表示现金流出。

第三步，将调整分录过入工作底稿中的相应部分。

第四步，核对调整分录，借方、贷方合计数均已经相等，资产负债表项目期初数加减调整分录中的借贷金额以后，也等于期末数。

第五步，根据工作底稿中的现金流量表项目部分编制正式的现金流量表。

2. T型账户法

采用T型账户法编制现金流量表，是以T型账户为手段，以资产负债表和利润表数据为基础，对每一项目进行分析并编制调整分录，从而编制现金流量表。T型账户法的程序是：

第一步，为所有的非现金项目（包括资产负债表项目和利润表项目）分别开设T形账户，并将各自的期末、期初变动数过入各该账户。如果项目的期末数大于期初数，则将差额过入和项目余额相同的方向；反之，过入相反的方向。

第二步，开设一个大的"现金及现金等价物"T形账户，每边分为经营活动、投资活动和筹资活动三个部分，左边记现金流入，右边记现金流出。与其他账户一样，过入期末、期初变动数。

第三步，以利润表项目为基础，结合资产负债表分析每一个非现金项目的增减变动，并据此编制调整分录。

第四步，将调整分录过入各T形账户，并进行核对，该账户借贷相抵后的余额与原先过入的期末、期初变动数应当一致。

第五步，根据大的"现金及现金等价物"T形账户编制正式的现金流量表。

3. 分析填列法

分析填列法是直接根据资产负债表、利润表和有关会计科目明细账的记录，分析计算出现金流量表各项目的金额，并据以编制现金流量表的一种方法。

4. 替换填列法

替换填列法是指将企业发生的所有涉及货币资金的会计分录挑选出来，然后分析该会计分录对应的经济业务属于现金流量表中的哪一类，哪一项，然后将该会计分录中的"库存现金""银行存款"或"其他货币资金"会计科目替换成现金流量表中的项目名称，最后对所有替换后的分录中涉及的现金流量表项目名称开设T形账户，将替换后的分录登记入账，结出T形账户的期末余额，根据期末余额直接填列现金流量表的方法。其程序是：

第一步，将所有已编制完成的会计分录进行筛选，挑选出涉及"库存现金""银行存款"和"其他货币资金"以及现金等价物的会计分录。

第二步，根据筛选出的会计分录分析每笔会计分录中收、付现金或现金等价物属于现金流量表中的哪一类，并找出属于该类中的哪一项，然后用该项目名称代替会计分录中的会计科目。

第三步，根据替换后的分录，开设 T 型账户，将所有替换后的分录中涉及现金流量表项目的金额登记入账。

第四步，结出每个 T 型账户的余额，根据余额填列现金流量表。

> **小贴士**
>
> 工作底稿法、T 形账户法需要编制调整分录，工作量大，有一定的难度，不易掌握；分析填列法计算分析要考虑周到全面，遗漏经济业务；替换填列法将会计分录进行替换，容易理解，填列结果准确，实务中经济业务不大的企业使用简单易行。

现以替换填列法为例介绍现金流量表的编制。

四、现金流量表编制示例

【例 13-3】根据【例 13-1】资料编制鸿发公司 2018 年现金流量表。

1. 筛选会计分录。

根据【例 13-1】编制的会计分录，筛选出涉及现金及现金等价物的会计分录有：业务（1）、（2）、（4）、（5）、（6）、（8）、（10）、（11）、（12）、（13）、（14）、（15）、（17）、（21）、（23）、（25）、（28）、（30）、（32）、（33）、（34）、（43）。

2. 分析以上会计分录，将涉及现金收、付的会计科目替换为报表项目。

业务（1）银行存款减少 226 000 元系购入周转材料所支付的现金，该业务属于经营活动产生的现金流量中的"购买商品、接受劳务支付的现金"项目，因此，会计分录可替换为：

借：原材料	3 000 000
周转材料	200 000
应交税费——应交增值税（进项税额）	416 000
贷：应付账款	3 390 000
购买商品、接受劳务支付的现金	226 000

业务（2）银行存款减少 400 000 元系支付到期商业汇票，该业务属于经营活动产生的现金流量中的"购买商品、接受劳务支付的现金"项目，因此，会计分录可以替换为：

借：应付票据	400 000
贷：购买商品、接受劳务支付的现金	400 000

业务（4）银行存款减少 450 870 元系采购材料支付的现金，该业务属于经营活动产生的现金流量中的"购买商品、接受劳务支付的现金"项目，因此，会计分录可替换为：

借：材料采购	399 000
应交税费——应交增值税（进项税额）	51 870
贷：购买商品、接受劳务支付的现金	450 870

业务（5）银行存款增加 660 000 元系出售股票投资收到的现金，该业务属于投资活动产生的现金流量中的"收回投资收到的现金"项目，因此，会计分录可替换为：

借：收回投资收到的现金	660 000

　　　　贷：交易性金融资产——成本　　　　　　　　　　　　　　320 000
　　　　　　　　　　　　——公允价值变动　　　　　　　　　　80 000
　　　　　　投资收益　　　　　　　　　　　　　　　　　　　　260 000
　　业务（6）银行存款减少386 400元系购入固定资产支付的现金，该业务属于投资活动产生的现金流量中的"购建固定资产、无形资产和其他长期资产支付的现金"项目，因此，会计分录可替换为：
　　　　借：固定资产　　　　　　　　　　　　　　　　　　　　342 200
　　　　　　应交税费——应交增值税（进项税额）　　　　　　　44 200
　　　　　　贷：购建固定资产、无形资产和其他长期资产支付的现金　386 400
　　业务（8）银行存款减少600 000元系购入工程物资款，该业务属于投资活动产生的现金流量中的"购建固定资产、无形资产和其他长期资产支付的现金"项目，因此，会计分录可替换为：
　　　　借：工程物资　　　　　　　　　　　　　　　　　　　　600 000
　　　　　　贷：购建固定资产、无形资产和其他长期资产支付的现金　600 000
　　业务（10）银行存款增加180 000元系销售商品收到的商业汇票到期承兑所收到的现金，该业务属于经营活动产生的现金流量中的"销售商品、提供劳务收到的现金"项目，因此，会计分录可替换为：
　　　　借：销售商品、提供劳务收到的现金　　　　　　　　　　180 000
　　　　　　贷：应收票据　　　　　　　　　　　　　　　　　　180 000
　　业务（11）银行存款增加1 200元系处置固定资产所收到的现金净额，该业务属于投资活动产生的现金流量中的"处置固定资产、无形资产和其他长期资产收回的现金净额"项目，因此，会计分录可替换为：
　　　　借：处置固定资产、无形资产和其他长期资产收回的现金净额　1 200
　　　　　　贷：固定资产清理　　　　　　　　　　　　　　　　1 200
　　业务（12）银行存款增加4 000 000元系向银行借款所收到的现金，该业务属于筹资活动产生的现金流量中的"取得借款收到的现金"项目，因此，会计分录可替换为：
　　　　借：取得借款收到的现金　　　　　　　　　　　　　　　4 000 000
　　　　　　贷：长期借款　　　　　　　　　　　　　　　　　　4 000 000
　　业务（13）银行存款增加3 164 000元系销售商品收到的现金，该业务属于经营活动产生的现金流量中的"销售商品、提供劳务收到的现金"项目，因此，会计分录可替换为：
　　　　借：销售商品、提供劳务收到的现金　　　　　　　　　　3 164 000
　　　　　　贷：主营业务收入　　　　　　　　　　　　　　　　2 800 000
　　　　　　　　应交税费——应交增值税（销项税额）　　　　　364 000
　　业务（14）银行存款增加474 600元系处置固定资产所收到的现金，该业务属于投资活动产生的现金流量中的"处置固定资产、无形资产和其他长期资产收回的现金净额"项目，因此，会计分录可替换为：
　　　　借：处置固定资产、无形资产和其他长期资产收回的现金净额　474 600

　　　　贷：固定资产清理　　　　　　　　　　　　　　　　　　　420 000
　　　　　　应交税费——应交增值税（销项税额）　　　　　　　　54 600
　　业务（15）银行存款减少420 000元系购买股票所支付的现金，该业务属于投资活动产生的现金流量中的"投资支付的现金"项目，因此，会计分录可替换为：
　　借：交易性金融资产——成本　　　　　　　　　　　　　　　412 000
　　　　投资收益　　　　　　　　　　　　　　　　　　　　　　　8 000
　　　　贷：投资支付的现金　　　　　　　　　　　　　　　　　420 000
　　业务（17）银行存款减少2 000 000元系发工资所支付的现金，其中800 000元属于投资活动产生现金流中"购建固定资产、无形资产和其他长期资产支付的现金"，1 200 000元属于经营活动产生的现金流量中的"支付给职工以及为职工支付的现金"项目，因此，会计分录可替换为：
　　借：应付职工薪酬　　　　　　　　　　　　　　　　　　　2 000 000
　　　　贷：购建固定资产、无形资产和其他长期资产支付的现金　800 000
　　　　　　支付给职工以及为职工支付的现金　　　　　　　　1 200 000
　　业务（21）银行存款减少80 000元系广告费所支付的现金，该业务属于经营活动产生的现金流量中的"支付的其他与经营活动有关的现金"项目，因此，会计分录可替换为：
　　借：销售费用　　　　　　　　　　　　　　　　　　　　　　80 000
　　　　贷：支付的其他与经营活动有关的现金　　　　　　　　　80 000
　　业务（23）银行存款减少360 000元系车间固定资产修理费支出，该业务属于经营活动产生的现金流量中的"支付的其他与经营活动有关的现金"项目，因此，会计分录可替换为：
　　借：制造费用——固定资产修理费　　　　　　　　　　　　360 000
　　　　贷：支付的其他与经营活动有关的现金　　　　　　　　360 000
　　业务（25）银行存款增加1 000 000元系销售商品所收到的现金，该业务属于经营活动产生的现金流量中的"销售商品、提供劳务收到的现金"项目，因此，会计分录可替换为：
　　借：销售商品、提供劳务收到的现金　　　　　　　　　　1 000 000
　　　　贷：应收账款　　　　　　　　　　　　　　　　　　1 000 000
　　业务（28）银行存款增加1 050 000元系销售商品收到的应收票据到银行贴现所收到的现金，该业务属于经营活动产生的现金流量中的"销售商品、提供劳务收到的现金"项目，因此，会计分录可替换为：
　　借：销售商品、提供劳务收到的现金　　　　　　　　　　1 050 000
　　　　财务费用　　　　　　　　　　　　　　　　　　　　　80 000
　　　　贷：应收票据　　　　　　　　　　　　　　　　　　1 130 000
　　业务（30）银行存款减少108 000元系缴纳税金所支付的现金，该业务属于经营活动产生的现金流量中的"支付的各项税费"项目，因此，会计分录可替换为：
　　借：应交税费——应交增值税（已交税金）　　　　　　　　100 000

　　　　　——应交教育费附加　　　　　　　　　　　　　　　　 8 000
　　　　贷：支付的各项税费　　　　　　　　　　　　　　　　　　　 108 000
　业务（32）银行存款减少1 000 000元系归还购货款所支付的现金，该业务属于经营活动产生的现金流量中的"购买商品、接受劳务支付的现金"项目，因此，会计分录可替换为：
　　　借：应付账款　　　　　　　　　　　　　　　　　　1 000 000
　　　　贷：购买商品、接受劳务支付的现金　　　　　　　　　　　　1 000 000
　业务（33）银行存款减少840 000元系归还借款利息所支付的现金，该业务属于筹资活动产生的现金流量中的"分配股利、利润或偿付利息支付的现金"项目，因此，会计分录可替换为：
　　　借：应付利息　　　　　　　　　　　　　　　　　　　840 000
　　　　贷：分配股利、利润或偿付利息支付的现金　　　　　　　　　　840 000
　业务（34）从银行提现未导致现金总额发生变化，不需做替换分录。
　业务（43）银行存款减少409 940元系缴纳所得税所支付的现金，该业务属于经营活动产生的现金流量中的"支付的各项税费"项目，因此，会计分录可替换为：
　　　借：应交税费——应交所得税　　　　　　　　　　　　 409 940
　　　　贷：支付的各项税费　　　　　　　　　　　　　　　　　　　 409 940

3. 根据以上替换后的分录，登记T型账户。

销售商品、提供劳务收到的现金	购买商品、接受劳务支付的现金
（10）　　180 000	（1）　　226 000
（13）　3 164 000	（2）　　400 000
（25）　1 000 000	（4）　　450 870
（28）　1 050 000	（32）　1 000 000
余额　　5 394 000	余额　2 076 870

收回投资收到的现金	投资支付的现金
（5）　　660 000	（15）　420 000
余额　660 000	余额　420 000

处置固定资产、无形资产和其他长期资产收回的现金净额	取得借款收到的现金
（11）　　　1 200	（12）4 000 000
（14）　　474 600	
余额　　475 800	余额　4 000 000

支付给职工以及为职工支付的现金		支付的各项税费	
(17) 1 200 000		(30) 108 000	
		(43) 409 940	
余额 1 200 000		余额 517 940	

支付的其他与经营活动有关的现金		分配股利、利润或偿付利息支付的现金	
(21) 80 000		(33) 840 000	
(23) 360 000			
余额 440 000		余额 840 000	

构建固定资产、无形资产和其他长期资产支付的现金

(6) 386 400
(8) 600 000
(17) 800 000
余额 1 786 400

4. 根据以上账户余额填列现金流量表，见表13-4；采用间接法利用【例13-1】、【例13-2】的有关资料，填列现金流量表补充资料，见表13-5。

表13-4　　　　　　　　　　　　现金流量表　　　　　　　　　　　　会企03表

编制单位：鸿发公司　　　　　　　　2018年度　　　　　　　　　　　　单位：元

项　目	本期金额	上期金额（略）
一、经营活动产生的现金流量：		
销售商品、提供劳务收到的现金	5 394 000	
收到的税费返还	0	
收到其他与经营活动有关的现金	0	
经营活动现金流入小计	5 394 000	
购买商品、接受劳务支付的现金	2 076 870	
支付给职工以及为职工支付的现金	1 200 000	
支付的各项税费	517 940	
支付其他与经营活动有关的现金	440 000	
经营活动现金流出小计	4 234 810	
经营活动产生的现金流量净额	1 159 190	
二、投资活动产生的现金流量：		
收回投资收到的现金	660 000	

续表

项　目	本期金额	上期金额（略）
取得投资收益收到的现金	0	
处置固定资产、无形资产和其他长期资产收回的现金净额	475 800	
收到其他与投资活动有关的现金	0	
投资活动现金流入小计	1 135 800	
购建固定资产、无形资产和其他长期资产支付的现金	1 786 400	
投资支付的现金	420 000	
取得子公司及其他营业单位支付的现金净额	0	
支付其他与投资活动有关的现金	0	
投资活动现金流出小计	2 206 400	
投资活动产生的现金流量净额	-1 070 600	
三、筹资活动产生的现金流量：		
吸收投资收到的现金		
取得借款收到的现金	4 000 000	
收到其他与筹资活动有关的现金	0	
筹资活动现金流入小计	4 000 000	
偿还债务支付的现金	0	
分配股利、利润或偿付利息支付的现金	840 000	
支付其他与筹资活动有关的现金	0	
筹资活动现金流出小计	840 000	
筹资活动产生的现金流量净额	3 160 000	
四、汇率变动对现金及现金等价物的影响	0	
五、现金及现金等价物净增加额	3 248 590	
加：期初现金及现金等价物余额	0	
六、期末现金及现金等价物余额	3 248 590	

表13-5　　　　　　　　　　现金流量表补充资料　　　　　　　　　　　　　　　单位：元

补充资料	本期金额	上期金额（略）
1. 将净利润调节为经营活动现金流量：		
净利润	1 259 820	
加：资产减值准备	156 000	
固定资产折旧、油气资产折耗、生产性生物资产折旧	400 000	
无形资产摊销	240 000	
长期待摊费用摊销	0	
处置固定资产、无形资产和其他长期资产的损失（收益以"-"号填列）	-120 000	

续表

补充资料	本期金额	上期金额（略）
固定资产报废损失（收益以"-"号填列）	78 800	
公允价值变动损失（收益以"-"号填列）	0	
财务费用（收益以"-"号填列）	40 000	
投资损失（收益以"-"号填列）	-260 000	
递延所得税资产减少（增加以"-"号填列）	-30 000	
递延所得税负债增加（减少以"-"号填列）	0	
存货的减少（增加以"-"号填列）	-2 710 600	
经营性应收项目的减少（增加以"-"号填列）	-695 800	
经营性应付项目的增加（减少以"-"号填列）	2 800 970	
其他		
经营活动产生的现金流量净额	1 159 190	
2. 不涉及现金收支的重大投资和筹资活动：		
债务转为资本	0	
一年内到期的可转换公司债券	0	
融资租入固定资产	0	
3. 现金及现金等价物净变动情况：		
现金的期末余额	3 248 590	
减：现金的期初余额	（略）	
加：现金等价物的期末余额	0	
减：现金等价物的期初余额	（略）	
现金及现金等价物净增加额	（略）	

表13-5项目填列说明：

"资产减值准备"项目可根据利润表中的"资产减值损失"项目直接填列。

"固定资产折旧、油气资产折耗、生产性生物资产折旧"项目可根据"累计折旧""投资性房地产累计折旧""累计折耗""生产性生物资产折旧"账户的贷方发生额计算填列。本例中"累计折旧"账户借方发生额72 000元和200 000元分别为固定资产报废和固定资产出售已计提的折旧不计算入该项目，贷方发生额400 000元属于本期计提的固定资产折旧。

"无形资产摊销"项目可根据"累计摊销"账户的贷方发生额240 000元直接填列。

"处置固定资产、无形资产和其他长期资产的损失"项目可根据"资产处置损益"账户发生额分析填列。本例中出售不需用的设备产生处置净收益120 000元。

"固定资产报废损失"项目主要反映固定资产的盘亏净损失，其属于投资活动范畴，不属于经营活动。该项目应根据"营业外支出"账户发生额分析填列。本例中"营业外支出"账户借方发生额分别为生产车间报废设备产生净损失78 800元和债务重组产生净损失9 040元，债务重组属于经营活动范畴，其产生的净损失不需要调整净利润，故只调整78 800元。

"财务费用"项目主要反映投资活动和筹资活动产生的借款利息、发行债券的手续费等，对于属于经营活动产生的财务费用，例应收票据贴现、办理银行转账结算的手续费等，不需要进行调整，本项目应根据"财务费用"中本期借方发生额分析填列。本例中"财务费用"账户借方发生银行承兑汇票贴现利息 80 000 元，提取长期借款利息 40 000 元，因长期借款属于筹资活动，故利息 40 000 元应予以调整。

"投资损失"项目可根据利润表中"投资收益"项目的数据填列。

"递延所得税资产减少"项目可根据资产负债表"递延所得税"期初、期末余额分析填列，即根据"递延所得税资产"项目的期初余额减期末余额的差额填列。本例中递延所得税资产增加了 30 000 元。

"存货的减少"项目可根据资产负债表中"存货"项目的期初余额减去期末余额的差额，再加上"存货跌价准备"账户的期初余额减期末余额的差额来填列。本例中存货期末余额为 2 710 600 元，"存货跌价准备"账户期末无余额。

"经营性应收项目的减少"项目可根据资产负债表中"应收票据及应收账款""预付账款""其他应收款"项目的期初余额减去期末余额的差额，再加上"坏账准备"账户的期初余额减去期末余额的差额的合计数来填列。本例中"应收票据及应收账款"项目期末余额为 659 800 元，"坏账准备"账户期末余额为 36 000 元，故该项目为 −695 800 元。

"经营性应付项目的增加"项目应根据"应付票据及应付账款""预收账款""应付职工薪酬（除在建工程人员）""应交税费""长期应付款""其他应付款"等有关账户的期末余额减期初余额的差额合计数来填列。本例中"应付票据"和"应付账款"账户期末余额合计 2 555 000 元；"应付职工薪酬"账户期末余额为 280 000 元，其借方发生额为 2 000 000 元中包含在建工程人员工资 800 000 元，贷方发生额中有 912 000 元属于在建工程人员薪酬，因此应将"应付职工薪酬"账户的期末余额调整为 168 000 元（280 000 + 800 000 − 912 000）；"资产负债表中的"应交税费"项目为 88 370 元是由"应交税费——应交增值税（销项税额）"账户期末贷方余额 769 600 元和"应交税费——应交增值税（进项税额）"账户期末借方余额 581 230 元以及"应交税费——应交增值税（已交税金）"账户期末借方余额 100 000 元构成，但是"应交税费——应交增值税（销项税额）"账户贷方发生额中 54 600 元属于出售不需用的设备产生的销项税税，"应交税费——应交增值税（进项税额）"账户借方发生额中有 44 200 元属于购入不需要安装的设备产生的进项税，这两项都属于投资活动范畴，因此应将其剔除，故该项目 = 2 555 000 + 168 000 + ［(769 600 − 54 600) − (581 230 − 44 200) − 100 000］，即 2 800 970 元。

第五节 所有者权益变动表

一、所有者权益变动表的内容及结构

（一）所有者权益变动表的内容

所有者权益变动表是指反映构成所有者权益各组成部分当期增减变动情况的报表。所有者权益变动表应当全面反映一定时期所有者权益变动的情况，不仅包括所有者权益总量的增减变动，还包括所有者权益增减变动的重要结构性信息，让报表使用者准确理解所有者权益增减变动的根源。

在所有者权益变动表中，综合收益和与所有者（或股东）的资本交易导致的所有者权益的变动，应当分别列示。企业至少应当单独列示反映下列信息的项目：①综合收益总额；②会计政策变更和差错更正的累积影响金额；③所有者投入资本和向所有者分配利润等；④提取的盈余公积；⑤所有者权益各组成部分的期初和期末余额及其调节情况。

（二）所有者权益变动表的结构

所有者权益变动表应当以矩阵的形式列示：一方面，列示导致所有者权益变动的交易或事项；另一方面，按照所有者权益各组成部分（包括实收资本、资本溢价、其他综合收益、盈余公积、未分配利润和库存股等）及其总额列示交易或事项对所有者权益的影响。此外，企业还需要提供比较所有者权益变动表，所有者权益变动表还就各项目再分为"本年金额"和"上年金额"两栏分别填列。所有者权益变动表的具体格式见表13-6。

二、所有者权益变动表的填列

（一）上年金额栏的填列

所有者权益变动表"上年金额"栏内各项数字，应根据上年度所有者权益变动表"本年金额"栏内所列数字填列。如果上年度所有者权益变动表规定的各个项目的名称和内容与本年度不相一致，应对上年度所有者权益变动表各项目的名称和数字按照本年度的规定进行调整，填入所有者权益变动表"上年金额"栏内。

（二）本年金额栏的填列方法

所有者权益变动表"本年金额"栏内各项数字一般应根据"实收资本（或股本）""资本公积""盈余公积""其他综合收益""利润分配""库存股""以前年度损益调整"等科目及其明细科目的发生额分析填列。

（三）所有者权益变动表各项目的填列说明

（1）"上年年末余额"项目，反映企业上年资产负债表中实收资本（或股本）、资本公积、盈余公积、未分配利润的年末余额。

（2）"会计政策变更"项目和"前期差错更正"项目，分别反映企业采用追溯调整法处理的会计政策变更的累计影响金额和采用追溯重述法处理的会计差错更正的累计影响金额。企业应当在上期期末所有者权益余额的基础上进行调整得出本期期初所有者权益，根据"盈余公积""利润分配""以前年度损益调整"等科目的发生额分析填列。

（3）"本年年初余额"项目，在上年年末余额的基础上，加上因会计政策变更和前期差错更正调整的金额和其他项目金额得出本年年初余额的金额。

（4）"本年增减变动金额"项目如下：

①"综合收益总额"项目，反映企业净利润与其他综合收益的税后净额的合计金额，其应与利润表中的综合收益总额项目相等。

②"所有者投入和减少资本"项目，反映企业当年所有者投入的资本和减少的资本。

其中:"所有者投入的普通股"项目,反映企业接受投资者投入形成的实收资本(或股本)和资本公积,应根据"实收资本""资本公积"等科目的发生额分析填列,并对应列在"实收资本"和"资本公积"栏;"其他权益工具持有者投入资本"项目,反映企业接受其他权益工具持有者投入的资本,该项目应根据"其他权益工具"等科目的发生额分析填列,并列在"其他权益工具"栏;"股份支付计入所有者权益的金额"项目,反映企业处于等待期中的权益结算的股份支付当年计入资本公积的金额,应根据"资本公积"科目所属的"其他资本公积"二级科目的发生额分析填列,并对应列在"资本公积"栏。

③"利润分配"各项目,反映当年对所有者(或股东)分配的利润(或股利)金额和按照规定提取的盈余公积金额,并对应列在"未分配利润"和"盈余公积"栏。其中:"提取盈余公积"项目,反映企业按照规定提取的盈余公积,应根据"盈余公积""利润分配"科目的发生额分析填列;"对所有者(或股东)的分配"项目,反映对所有者(或股东)分配的利润(或股利)金额,应根据"利润分配"科目的发生额分析填列。

④"所有者权益内部结转"项目,反映不影响当年所有者权益总额的所有者权益各组成部分之间当年的增减变动,包括资本公积转增资本(或股本)、盈余公积转增资本(或股本)、盈余公积弥补亏损等。其中:"资本公积转增资本(或股本)"项目,反映企业以资本公积转增资本或股本的金额,应根据"实收资本""资本公积"等科目的发生额分析填列;"盈余公积转增资本(或股本)"项目,反映企业以盈余公积转增资本或股本的金额,应根据"实收资本""盈余公积"等科目的发生额分析填列;"盈余公积弥补亏损"项目,反映企业以盈余公积弥补亏损的金额,应根据"盈余公积""利润分配"等科目的发生额分析填列;"设定受益计划变动额结转留存收益"项目,反映企业重新计量设定受益计划净负债或者净资产的变动计入"其他综合收益"的金额,在原设定受益计划终止时应当在权益范围内将原计入"其他综合收益"的部分全部结转至未分配利润。该项目应根据"其他综合收益"科目的相关明细科目的发生额分析填列;"其他综合收益结转留存收益"项目,反映企业指定为以公允价值计量且其变动计入其他综合收益的非交易性权益工具投资终止确认时,之前计入其他综合收益的累计利得或损失从其他综合收益中转入留存收益的金额;企业指定为以公允价值计量且其变动计入当期损益的金融负债终止确认时,之前由企业自身信用风险变动引起而计入其他综合收益的累计利得或损失从其他综合收益中转入留存收益的金额等。该项目应根据"其他综合收益"科目的相关明细科目的发生额分析填列。

三、所有者权益变动表编制示例

【例13-4】沿用【例13-1】和【例13-2】的资料,编制鸿发公司2018年度的所有者权益变动表,见表13-6。

表 13-6   所有者权益变动表

编制单位：鸿发公司　　会企04表　单位：元

项目	本年金额									上年金额								
	实收资本（或股本）	其他权益工具			资本公积	减：库存股	其他综合收益	专项储备	盈余公积	未分配利润	所有者权益合计	实收资本（或股本）	其他权益工具			资本公积	减：库存股	其他综合收益	专项储备	盈余公积	未分配利润	所有者权益合计
		优先股	永续债	其他									优先股	永续债	其他							
一、上年年末余额																						
加：会计政策变更																						
前期差错更正																						
其他																						
二、本年年初余额	960 000																					
三、本年增减变动金额（减少以"-"号填列）																						
（一）综合收益总额																						
（二）所有者投入和减少资本																						
1. 所有者投入的普通股																						
2. 其他权益工具持有者投入资本																						
3. 股份支付计入所有者权益的金额																						

续表

项目	本年金额										上年金额									
	实收资本（或股本）	其他权益工具			资本公积	减：库存股	其他综合收益	专项储备	盈余公积	未分配利润	所有者权益合计	实收资本（或股本）	其他权益工具			资本公积	减：库存股	其他综合收益	专项储备	盈余公积	未分配利润	所有者权益合计
		优先股	永续债	其他									优先股	永续债	其他							
4. 其他																						
（三）提取盈余公积										125 960												
1. 提取盈余公积																						
2. 对所有者（或股东）的分配																						
3. 其他																						
（四）所有者权益内部结转																						
1. 资本公积转增资本（或股本）																						
2. 盈余公积转增资本（或股本）																						
3. 盈余公积弥补亏损																						
4. 设定受益计划变动额结转留存收益																						
5. 其他综合收益结转留存收益																						
6. 其他																						
四、本年年末余额	960 000									1 133 838	2 219 820											

第六节 财务报表附注

一、财务报表附注的作用及形式

（一）财务报表附注的作用

附注是财务报表不可或缺的组成部分，是对资产负债表、利润表、现金流量表和所有者权益变动表等报表中列示项目的文字描述或明细资料以及对未能在报表中列示项目的说明等。财务报表附注主要有以下作用：

（1）为财务报表使用者提供全面理解企业财务状况、经营成果和现金流量的信息；
（2）提高会计信息的相关性和可靠性；
（3）提高会计信息的可比性和可理解性。

（二）财务报表附注的形式

在会计实务中，财务报表附注可采用旁注、附表和底注形式。

（1）旁注，是指在财务报表的有关项目旁直接用括号加注说明，为保持报表项目的简明扼要、清晰明了，旁注只适用于个别只需简单补充的信息项目。

（2）附表，是指为了保持报表的简明易懂而另行编制一些反映其构成项目及年度内的增减来源与数额的表格。附表反映的是财务报表中某一项目的明细信息。

（3）底注，也称脚注，是指财务报表后面用一定文字和数字所做的补充说明。底注的主要作用是揭示那些不便于列入报表正文的有关信息。

二、财务报表附注的主要内容

附注是财务报表的重要组成部分。附注应当按照如下顺序至少披露下列内容：

（一）企业的基本情况

（1）企业注册地、组织形式和总部地址。
（2）企业的业务性质和主要经营活动。
（3）母公司以及集团最终母公司的名称。
（4）财务报告批准报出者和财务报告批准报出日，或者以签字人及其签字日期为准。
（5）营业期限有限的企业，还应当披露有关其营业期限的信息。

（二）财务报表的编制基础

财务报表的编制基础包括：会计年度、记账本位币、会计计量所运用的计量基础、现金和现金等价物的构成。

（三）遵循企业会计准则的声明

企业应当明确说明编制的财务报表符合企业会计准则的要求，真实、公允地反映企业的财务状况、经营成果和现金流量等有关信息，以此明确企业编制财务报表所依据的制度基础。

（四）重要会计政策和会计估计

1. 重要会计政策的说明

由于经济业务的复杂性，某些经济业务可以有多种会计处理方法，即有多种可供选择的会计政策。例如，存货计价方法的选择，固定资产折旧方法的选择等。企业选择不同的会计处理方法，可能极大地影响企业的财务状况和经营成果，因此，为了有助于报表使用者的理解，应对这些会计政策加以披露。

2. 重要会计估计的说明

企业应当披露重要会计估计，并结合企业的具体实际披露其会计估计所采用的关键假设和不确定因素。重要会计估计的说明，包括可能导致下一个会计期间内资产、负债账面价值重大调整的会计估计的确定依据等。例如，固定资产可收回金额的计算需要根据其公允价值减去处置费用后的净额与预计未来现金流量的现值两者之间的较高者确定，在计算资产预计未来现金流量的现值时需要对未来现金流量进行预测，并选择适当的折现率，企业应当在附注中披露未来现金流量预测所采用的假设及其依据，所选择的折现率为什么是合理的等。又如，对于正在进行中的诉讼提取准备，企业应当披露最佳估计数的确定依据等。

（五）会计政策和会计估计变更以及差错更正的说明

企业应当按照《企业会计准则第28号——会计政策、会计估计变更和差错更正》及其应用指南的规定，披露会计政策和会计估计变更以及差错更正的有关情况。

（六）报表重要项目的说明

企业应当以文字和数字描述相结合，尽可能以列表形式披露重要报表项目的构成或当期增减变动情况，并且报表重要项目的明细金额合计，应当与报表项目金额相衔接。在披露顺序上，一般应当按照资产负债表、利润表、现金流量表、所有者权益变动表的顺序及其报表项目列示的顺序。

（七）其他需要说明的重要事项

这主要包括或有承诺事项、资产负债表日后非调整事项、关联方关系及其交易等。

练习题

不定项选择题

1. 在采用间接法将净利润调节为经营活动的现金流量时，下列各调整项目中，属于调增项目的是（　　）。

   A. 存货的减少　　　　　　　　B. 递延所得税资产减少额

   C. 计提的坏账准备　　　　　　D. 经营性应付项目的减少

2. "预付账款"科目明细账中若有贷方余额，应将其计入资产负债表中的（　　）项目。

A. 应收账款 B. 预收账款
C. 应付账款 D. 其他应付款

3. 某股份公司年末结账前"应收账款"科目所属明细科目中有借方余额 50 000 元，贷方余额 20 000 元；"预付账款"科目所属明细科目中有借方余额 13 000 元，贷方余额 5 000 元；"应付账款"科目所属明细科目中有借方余额 50 000 元，贷方余额 120 000 元；"预收账款"科目所属明细科目中有借方余额 3 000 元，贷方余额 10 000 元；"坏账准备"科目余额为 0。则年末资产负债表中"应收账款"项目和"应付账款"项目的期末数分别为（   ）。

A. 30 000 元和 70 000 元 B. 53 000 元和 125 000 元
C. 63 000 元和 53 000 元 D. 47 000 元和 115 000 元

4. 资产负债表中的"未分配利润"项目，应根据（   ）填列。

A. "利润分配"科目余额

B. "本年利润"科目余额

C. "本年利润"和"利润分配"科目的余额计算后

D. "盈余公积"科目余额

5. 甲上市公司 2018 年年初对外发行 10 000 万份认股权证，行权价格 3.5 元，2018 年度甲上市公司的净利润为 20 000 万元，发行在外普通股加权平均数为 50 000 万股，普通股平均市场价格为 4 元，则甲上市公司 2018 年稀释每股收益为（   ）元。

A. 0.33 B. 0.4
C. 0.36 D. 0.39

6. 下列交易或事项产生的现金流量中，属于投资活动产生的现金流量的有（   ）。

A. 为购建固定资产支付的耕地占用税

B. 为购建固定资产支付的已资本化的利息费用

C. 因火灾造成固定资产损失而收到的保险赔款

D. 融资租赁方式租入固定资产所支付的租金

7. 甲公司当期发生的交易或事项中，会引起现金流量表中筹资活动产生的现金流量发生增减变动的有（   ）。

A. 接受现金捐赠

B. 向投资者分派现金股利 300 万元

C. 收到投资企业分来的现金股利 500 万元

D. 发行股票时由证券商支付的股票印刷费用

8. 下列经济业务中，属于其他综合收益的有（   ）。

A. 重新计量设定收益计划净负债或净资产的变动金额

B. 按照权益法核算的在被投资单位其他综合收益中所享有的份额

C. 外币财务报表折算差额

D. 自用办公楼转为采用公允价值模式后续计量的投资性房地产时，其公允价值高于账面价值的差额

9. 下列各项中，属于金融资产与金融负债不能相互抵消情形的有（   ）。

A. 甲公司和乙公司双方有长期合作关系，双方合同明确约定往来款项以净额结算
B. 作为某金融负债担保物的金融资产与被担保的金融负债
C. 保险公司在保险合同下的应收分保保险责任准备金与相关保险责任准备金
D. 远期合同或其他衍生工具组合中的资产和负债，拥有同样的基础风险但涉及不同的交易对手

10. 下列各项中，属于企业财务报表附注应披露的内容有（　　）。

A. 企业的基本情况　　　　　　　　B. 财务报表的编制基础
C. 遵循企业会计准则的声明　　　　D. 重要会计政策和会计估计等

第十四章 会计调整

【案例导学】

2017年7月27日，上市公司惠而浦（股票代码：600983）发布《重大会计差错更正及复牌公告》，称经过公司自查，发现公司在2015年、2016年，存在销售折扣计提方面的会计差错，管理层初步估计该差错金额约为人民币2.5亿—3亿元。10月15日晚间，惠而浦又发布公告称：惠而浦本次会计差错系由于公司在销售折扣处理、销售费用、收入确认及库存商品成本结转方面存在的问题而产生。惠而浦在2015年和2016年度中，存在销售折扣的少记、迟记和计提不足，包括不当行为及缺乏遵守相关操作流程的意识和注意。在收入确认方面，公司销售、财务和物流部门部分员工存在违反会计政策及相关公司政策，导致公司存在产品尚未发货即确认销售收入的情形，该行为导致相关财年存在多记收入的情况；亦存在销售收入跨期确认，导致收入确认不准确的情况。本次会计差错将分别减少2015年及2016年度归属于母公司股东的净利润1亿元及约8 900万元，累计减少截至2016年12月31日归属于母公司股东权益27 543万元。

思考：惠而浦公告所称的"会计差错"到底是会计差错还是会计造假？造成惠而浦出现如此"会计差错"的原因可能是什么？

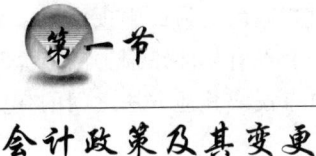

第一节 会计政策及其变更

一、会计政策概述

（一）会计政策的概念

会计政策，是指企业在会计确认、计量和报告中所采用的原则、基础和会计处理方法。会计政策包括的会计原则、基础和处理方法，是指导企业进行会计确认和计量的具体要求。

会计原则是指按照企业会计准则规定的、适合于企业会计要素确认过程中所采用的具体会计原则。

会计基础是指为了将会计原则应用于交易或者事项而采用的基础，主要是计量基础（即计量属性），包括历史成本、重置成本、可变现净值、现值和公允价值等。

会计处理方法是指企业在会计核算中按照法律、行政法规或者国家统一的会计制度等规定采用或者选择的、适合于本企业的具体会计处理方法。

（二）会计政策的判断

企业判断会计政策是否重要，应当考虑与会计政策相关项目的性质和金额。

（1）涉及资产要素的会计政策有：①存货的取得、发出和期末计价的处理方法；②长期股权投资的取得及后续计量中的成本法或权益法；③投资性房地产的确认及其后续计量模式；④固定资产、无形资产的确认条件及其减值政策；⑤金融资产的分类；⑥非货币性资产交换商业实质的判断。

（2）涉及负债要素的会计政策有：①借款费用资本化的条件；②债务重组的确认和计量；③预计负债的确认和计量；④应付职工薪酬和股份支付的确认和计量；⑤金融负债的分类等。

（3）涉及所有者权益要素的会计政策有：①权益工具的确认和计量；②混合金融工具的分拆。

（4）涉及收入要素的会计政策有：①商品销售收入和提供劳务收入的确认条件；②建造合同、租赁合同、保险合同、贷款合同等合同收入的确认与计量方法。

（5）涉及费用要素的会计政策有：①商品销售成本及劳务成本的结转；②期间费用的划分。

（6）除会计要素相关会计政策外，财务报表列报方面所涉及的编制现金流量表的直接法和间接法、合并财务报表合并范围的判断、分部报告中报告分部的确定，也属于会计政策。

二、会计政策变更

（一）会计政策变更含义与条件

会计政策变更，是指企业对相同的交易或事项由原来采用的会计政策改用另一会计政策的行为。比较常见的会计政策变更有：坏账损失的核算在直接转销法和备抵法之间的变更、外币折算在现行汇率法和时态法或其他方法之间的变更等。会计政策一经选定，不得随意变更。

1. 符合下列条件之一的，企业可以变更会计政策

（1）法律、行政法规或国家统一的会计制度等要求变更。

（2）会计政策的变更能够提供更可靠、更相关的会计信息。

2. 下列情况不属于会计政策变更

（1）本期发生的交易或者事项与以前相比具有本质差别而采用新的会计政策。

（2）对初次发生的或不重要的交易或者事项采用新的会计政策。

（二）会计政策变更的会计处理

1. 会计政策变更的会计处理原则

（1）企业根据法律、行政法规或者国家统一的会计制度等要求变更会计政策的，应

当按照国家相关会计规定执行。

（2）会计政策变更能够提供更可靠、更相关的会计信息的，应当采用追溯调整法处理。

（3）确定会计政策变更对列报前期影响数不切实可行的，应当从可追溯调整的最早期间期初开始应用变更后的会计政策。在当期期初确定会计政策变更对以前各期累积影响数不切实可行的，应当采用未来适用法处理。

2. 会计政策变更的会计处理方法

会计政策变更的会计处理方法有两种，即追溯调整法和未来适用法。

（1）追溯调整法。追溯调整法，是指对某项交易或事项变更会计政策，视同该项交易或事项初次发生时即采用变更后的会计政策，并以此对财务报表相关项目进行调整的方法。

追溯调整法的步骤如下：

第一步，计算会计政策变更的累积影响数；

第二步，编制相关项目的调整分录；

第三步，调整列报前期最早期初财务报表相关项目及其金额；

第四步，附注说明。

其中：会计政策变更累积影响数是指按照变更后的会计政策对以前各期追溯计算的列报前期最早期初留存收益应有金额与现有金额之间的差额。

累积影响数通常可以通过以下各步计算获得：

第一步，根据新会计政策重新计算受影响的前期交易或事项；

第二步，计算两种会计政策下的差异；

第三步，计算差异的所得税影响金额；

一般来说，会计政策变更的追溯调整不会影响以前年度应交所得税的变动，即不会涉及应交所得税的调整；但追溯调整时如果涉及暂时性差异，则应考虑递延所得税的调整，时应考虑前期所得税费用的调整。

第四步，确定前期中每一期的税后差异；

第五步，计算会计政策变更的累积影响数。

【例 14-1】2015 年 1 月 5 日，鸿发公司对甲公司进行 1 000 万元的投资，投资额占甲公司表决权资本的 20%，对甲公司无重大影响且该股权在公开证券市场中没有报价，故采用成本法核算。假设甲公司 2015—2017 年实现的净利润分别为 500 万元、700 万元和 800 万元，2016 年、2017 年两年给鸿发公司分配现金股利分别为 70 万元和 80 万元。鸿发公司所得税税率为 25%，按净利润的 10% 提取法定盈余公积金，甲公司所得税税率为 15%。由于甲公司股权结构的变化，从 2018 年起鸿发公司对甲公司具有重大影响，核算方法由成本法改为权益法。鸿发公司账务处理如下：

1. 计算累计影响数。

累积影响数见表 14-1，其中，所得税影响额计算过程如下：以 2015 年为例，将税前差异 1 000 000 万元按 15% 的税率换算成甲公司的税前利润为：

1 000 000 ÷ （1 - 15%） = 1 176 471 （元）

表 14-1　　　　　　　　　　　　会计政策变更累计影响数　　　　　　　　　金额单位：元

年度	权益法下投资收益	成本法下投资收益	税前差异	所得税影响	税后差异
2015	1 000 000	0	1 000 000	117 647	882 353
2016	1 400 000	700 000	700 000	82 353	617 647
2017	1 600 000	800 000	800 000	94 118	705 882
小计	4 000 000	1 500 000	2 500 000	294 118	2 205 882

所得税的影响额 = 1 176 471 × （25% - 15%） = 117 647（元）

2016 年、2017 年所得税影响额的计算同上，分别是 82 353 元和 94 118 元。

2. 进行账务处理。

借：长期股权投资——股票投资（损益调整）　　　2 500 000
　　贷：应交税费——应交所得税　　　　　　　　　　　294 118
　　　　利润分配——未分配利润　　　　　　　　　　 2 205 882

调整利润分配：

借：利润分配——未分配利润　　　　　　　　　　　220 588
　　贷：盈余公积——法定盈余公积　　　　　　　　　　220 588

3. 调整报表有关项目。

企业在会计政策变更当年，应当调整资产负债表年初留存收益数以及利润分配表上年数有关项目。鸿发公司 2018 年所调整的资产负债表有关项目见表 14-2：

表 14-2　　　　　　2018 年度资产负债表、利润表有关项目的调整数　　　　　　　单位：元

资产	年初数			负债和所有者权益	年初数		
	调整前	调整数	调整后		调整前	调整数	调整后
……	……	……	……	……	……	……	……
……				应交税费	……	294 118	……
……	……						
长期股权投资	10 000 000	2 500 000	12 500 000	未分配利润	……	1 985 294	……
……	……	……	……	盈余公积	……	220 588	……

4. 财务报表附注披露。

接上，鸿发公司应披露内容：

①本公司 2015 年 1 月 5 日对 B 公司的投资额占 B 公司表决权资本的 20%，对 B 企业无重大影响，采用成本法核算。

②本公司从 2018 年开始对 B 公司投资的核算方法由成本法改为权益法，采用追溯调整法处理。

③该项会计政策变更的累计影响数为 2 205 882 元，分别调整 2018 年初资产负债表中的盈余公积 220 588 元和未分配利润 1 985 294 元。

（2）未来适用法。未来适用法，是指将变更后的会计政策应用于变更日及以后发生

的交易或者事项，或者在会计估计变更当期和未来期间确认会计估计变更影响数的方法。

采用未来适用法时，不需要计算会计政策变更产生的累积影响数，也无须重编以前年度的会计报表。企业会计账簿记录及会计报表上反映的金额，变更之日仍然保留原有金额，不因会计政策变更而改变以前年度的既定结果，企业应当在现有金额的基础上按新的会计政策进行核算。

如果累积影响数不能合理确定，会计政策变更应当采用未来适用法。

3. 会计政策变更的披露

企业应当在附注中披露与会计政策变更有关的下列信息：

（1）会计政策变更的内容和理由，包括对会计政策变更的简要阐述、变更的日期、变更前采用的会计政策和变更后采用的会计政策以及会计政策变更的原因。

（2）会计政策变更的影响数，包括：采用追溯调整法时，计算出来的会计政策变更的累积影响数；会计政策变更对本期以及比较会计报表所列其他各期净损益的影响；比较会计报表最早期间留存收益的调整金额。

（3）累积影响数不能合理确定的理由，包括在会计报表附注中披露累积影响数不能合理确定的理由以及由于会计政策变更对当期经营成果的影响金额。

第二节

会计估计及其变更额

一、会计估计概述

（一）会计估计的概念及特点

会计估计是指对结果不确定的交易或事项以可利用的信息为基础所作出的判断。为了保证会计信息的质量，必须合理地进行会计估计。会计估计是企业会计核算中不可避免的，是会计核算的重要一环。

会计估计具有以下特点：

1. 会计估计的存在是由于经济活动中内在不确定性因素的影响

在会计核算中，有些经济业务本身具有不确定性，需要根据经验作出估计；同时，采用权责发生制原则编制会计报表这一事项本身，也使得有必要估计未来交易或事项的影响。在会计核算和信息披露过程中，会计估计是不可避免的。例如，企业按备抵法计提坏账准备时，需要根据债务单位的财务状况，运用以往经验，对坏账准备金额作出估计；确定固定资产折旧年限和净残值，需要根据固定资产消耗方式、性能、技术发展等情况进行估计等。

2. 进行会计估计时，可以利用的信息或资料为基础

某些会计估计的目的是为了确定资产或负债的账面价值。例如，坏账准备、担保责任引起的负债；另一些会计估计的目的是确定将在某一时间记录的收益或费用的金额，例

如，某一时间的折旧、摊销的金额，某一时期内采用完工百分比法核算建造合同已获取收益的金额。企业在进行会计估计时，通常应根据当时的情况和经验，以一定的信息或资料为基础进行。但是，随着时间的推移、环境的变化，进行会计估计的基础可能会发生变化。由于最新的信息是最接近目标的信息，以其为基础所做的估计最接近实际，所以，进行会计估计时应以可利用的信息或资料为基础。

3. 会计估计不会削弱会计确认和计量的可靠性

由于会计分期和货币计量的制约，按照权责发生制原则的要求，在确认、计量不确定性经济业务时，必然要对尚在延续中、其结果不确定的经济业务予以估计入账。合理地进行会计估计，不仅有助于企业为会计信息使用者编制出客观、公允的财务报表，也有助于企业管理当局了解企业的真实情况，继而作出正确的经营决策。

（二）会计估计的判断

企业会计估计的判断，应当考虑与会计估计相关项目的性质和金额。依据《企业会计准则——基本准则》等的规定，企业应当在财务报表附注中披露的重要的会计估计包括：

（1）存货可变现净值的确定；

（2）采用公允价值模式下的投资性房地产公允价值的确定；

（3）固定资产的预计使用寿命与净残值；固定资产的折旧方法；

（4）生物资产的预计使用寿命与净残值；各类生产性生物资产的折旧方法；

（5）使用寿命有限的无形资产的预计使用寿命与净残值；

（6）可收回金额按照资产组的公允价值减去处置费用后的净额确定的，确定公允价值减去处置费用后的净额的方法；可收回金额按照资产组预计未来现金流量的现值确定的，预计未来现金流量及其折现率的确定；

（7）合同完工进度的确定；

（8）权益工具公允价值的确定；

（9）债务人债务重组中转让的非现金资产的公允价值、由债务转成的股份的公允价值和修改其他债务条件后债务的公允价值的确定；债权人债务重组中受让的非现金资产的公允价值、由债权转成的股份的公允价值和修改其他债务条件后债权的公允价值的确定；

（10）预计负债初始计量的最佳估计数的确定；

（11）金融资产公允价值的确定；

（12）承租人对未确认融资费用的分摊；出租人对未实现融资收益的分配；

（13）探明矿区权益、井及相关设施的折耗方法，与油气开采活动相关的辅助设备及设施的折旧方法；

（14）非同一控制下企业合并成本的公允价值的确定；

（15）其他重要会计估计。

> **小贴士**
>
> 会计估计的本质是基于会计分期、权责发生制和配比原则，对不确定经济事项在其影响的会计期间内对会计报表影响的跨期分配，并为每一个会计期间确定一个具体的会计报表数据。这类跨期分配不会涉及对会计确认三要素及会计计量要素的重新选择，只会影响到各期会计报表项目金额的最终确定。会计估计是对报表项目计量中不确定事项在涉及的会计期间之间进行量化的过程，可靠的会计估计是会计要素确认的前提条件之一。

二、会计估计变更

（一）会计估计变更的含义

会计估计变更，是指由于资产和负债的当前状况及预期经济利益和义务发生了变化，从而对资产或负债的账面价值或者资产的定期消耗金额进行调整。

通常情况下，企业可能由于以下原因而发生会计估计变更：

（1）赖以进行估计的基础发生了变化。企业进行会计估计，总是依赖于一定的基础。如果其所依赖的基础发生了变化，则会计估计也应当做出改变。例如，企业某项无形资产的摊销年限原定为10年，以后发生的情况表明，该资产的收益年限已不足10年，则应适当调减摊销年限。

（2）取得新的信息，积累了更多的经验。企业进行会计估计是就现有的资料对未来所做的判断，随着时间的推移，企业有可能取得新的信息、积累更多的经验，在这种情况下，也需要对会计估计重新修订。例如，企业原对固定资产采用年限平均法按15年计提折旧，后来根据新的信息，固定资产经济使用寿命不足15年，只有10年，企业改按10年采用年限平均法计提固定资产折旧。

（二）会计估计变更的会计处理

会计估计变更应当采用未来适用法，其处理方法为：

（1）会计估计变更仅影响变更当期的，其影响数应当在变更当期予以确认。

【例14-2】 甲公司原按应收款项余额的5%提取坏账准备，由于公司不能收回应收款项的比例已达10%，则公司改按应收款项的10%提取坏账准备。此会计估计变更只影响变更当期，因此，应于变更当期确认。

（2）既影响变更当期又影响未来期间的，其影响数应当在变更当期和未来期间予以确认。

【例14-3】 甲公司应计提折旧的固定资产，其有效使用年限或预计净残值的估计发生的变更，常常影响变更当期资产以后使用年限内各个期间的折旧估计变更。此会计估计的变更应于变更当期和以后期间确认。

（3）不易区别是会计政策变更还是会计估计变更，则应视为会计估计变更，并按会计估计变更的核算方法进行处理。

【例14-4】 甲公司原对无形资产的成本按照其预计使用年限分期摊销，但公司近年发现该无形资产已不能给公司带来经济利益，因此决定所有未摊销成本全部列为当期费用看，属于会计政策变更；如果从其成本分摊期限由若干年改为一年看，则属于会计估计变更。对这类业务，将其视为会计估计变更，按会计估计变更的会计处理方法进行处理。

（三）会计估计变更的披露

企业的会计估计变更应在会计报表附注中披露下列信息：

（1）会计估计变更的内容和理由，主要包括会计估计变更的内容、会计估计变更的日期以及会计估计变更的原因；

（2）会计估计变更的影响数，主要包括会计估计变更对当期损益的影响金额、会计估计变更对其他项目的影响金额；

（3）会计估计变更的影响数不能确定的理由。

【例14-5】鸿发公司2018年1月1日起计提折旧的管理用设备一台，价值105 000元，估计使用年限为10年，净残值为5 000元，按直线法计提折。至2021年年初，由于新技术的出现，需要对原估计的使用年限和净残值做出修改，修改后该固定资产的使用年限为8年，净残值为2 000元。

鸿发公司对上述会计估计变更的会计处理如下：

（1）不调整以前各期折旧，也不计算累计影响数。

（2）变更日以后发生的经济业务改按新估计使用年限提取折旧。

按原估计每年折旧额为10 000元，已提取4年折旧共计40 000元，设备净值为65 000元。改变估计使用年限后，2021年起每年计提的折旧费用为15 750元[（65 000 - 2 000）÷（8 - 4）]。2021年不必对以前年度计提的折旧进行调整，需按重新预计的使用年限和净残值计算确定年折旧费用。编制会计分录如下：

借：管理费用　　　　　　　　　　　　　　　　　　　　　15 750
　　贷：累计折旧　　　　　　　　　　　　　　　　　　　　　　15 750

（3）附注说明。本公司一台管理用固定资产原价105 000元，原估计使用年限10年，预计净残值5 000元，按直线法计提折旧。由于新技术的出现，该设备已不能按照原估计使用年限计提折旧，本公司于2021年年初变更该设备的使用年初年限为8年，预计净残值为2 000元，以反映该设备的真实使用年限和净残值。此估计变更影响本年度净利润减少数为562.5元[（15 750 - 10 000）×（1 - 25%）]。

三、会计政策变更与会计估计变更的划分

企业应当正确划分会计政策变更与会计估计变更，并按照不同的方法进行相关会计处理。

（一）会计政策变更与会计估计变更的划分基础

企业应当以变更事项的会计确认、计量基础和列报项目是否发生变更作为判断该变更是会计政策变更，还是会计估计变更的划分基础。

1. 以会计确认是否发生变更作为判断基础

《企业会计准则——基本准则》规定了资产、负债、所有者权益、收入、费用和利润6项会计要素的确认标准，是会计处理的首要环节。一般地，对会计确认的指定或选择是

会计政策,其相应的变更是会计政策变更。会计确认、计量的变更一般会引起列报项目的变更。

2. 以计量基础是否发生变更作为判断基础

《企业会计准则——基本准则》规定了历史成本、重置成本、可变现净值、现值和公允价值5项会计计量属性,是会计处理的计量基础。一般地,对计量基础的指定或选择是会计政策,其相应的变更是会计政策变更。

3. 以列报项目是否发生变更作为判断基础

《企业会计准则第30号——财务报表列表》规定了财务报表项目应采用的列报原则。一般地,对列报项目的指定或选择是会计政策,其相应的变更是会计政策变更。当然,在实务中,有时列报项目的变更往往伴随着会计确认的变更或者相反。

4. 根据会计确认、计量基础和列报项目所选择的、为取得与该项目有关的金额或数值所采用的处理方法,不是会计政策,而是会计估计,其相应的变更是会计估计变更

总之,在单个会计期间,会计政策决定了财务报表所列报的会计信息和列报方式;会计估计是用来确定与财务报表所列报的会计信息有关的金额和数值。

(二) 划分会计政策变更和会计估计变更的方法

企业可以采用以下具体方法划分会计政策变更与会计估计变更:分析并判断该事项是否涉及会计确认、计量基础选择或列报项目的变更。当至少涉及其中一项划分基础变更的,该事项是会计政策变更;不涉及上述划分基础变更时,该事项可以判断为会计估计变更。

第三节 前期差错及其更正

一、前期差错概述

前期差错,是指由于没有运用或错误运用下列两种信息,而对前期财务报表造成省略或错报:

(1) 编报前期财务报表时预期能够取得并加以考虑的可靠信息;

(2) 前期财务报告批准报出时能够取得的可靠信息。

前期差错通常包括计算错误、应用会计政策错误、疏忽或曲解事实以及舞弊产生的影响以及存货、固定资产盘盈等。常见的产生前期差错的原因主要有以下几种:

(1) 计算及账户分类错误;

(2) 采用法律、行政法规或者国家统一的会计制度等不允许的会计政策;

(3) 对事实的疏忽或曲解以及舞弊;

(4) 期末对应计项目与递延项目未予调整;

(5) 漏记已完成的交易;

(6) 提前确认尚未实现的收入或不确认已实现的收入；

(7) 资本性支出与收益性支出的划分差错。

二、前期差错更正的会计处理

企业发生的前期差错根据其对财务报表信息使用者的影响程度可分为重要的前期差错和不重要的前期差错。重要的前期差错是指足以影响财务报表使用者对企业财务状况、经营成果和现金流量做出正确判断的前期差错。否则，就是不重要的前期差错。

前期差错的重要程度，应根据差错的性质和金额加以具体判断。

(一) 不重要前期差错的会计处理

对于不重要的前期差错，采用未来适用法更正。企业不需调整财务报表相关项目的期初数，但应调整发现当期与前期相同的相关项目。属于影响损益的，应直接计入本期与上期相同的净损益项目；属于不影响损益的，应调整本期与前期相同的相关项目。

【例14-6】鸿发公司2018年发现2017年度有关会计处理存在如下前期差错：

(1) 一台管理用设备，原价30 000元，预计使用年限8年，预计净残值为零，采用年限平均法计提折旧，2017年未提折旧。

(2) 2017年9月1日，以银行存款120 000元购入一项管理用无形资产，该资产的法律保护期限为10年，鸿发公司预计其在未来8年内给公司带来经济利益。鸿发公司计划使用5年后出售该无形资产，甲公司承诺5年后按60 000元的价格购买该资产。鸿发公司2017对该无形资产摊销时编制的会计分录如下：

借：管理费用　　　　　　　　　　　　　　　　　　　　　5 000
　　贷：累计摊销　　　　　　　　　　　　　　　　　　　　　　5 000

分析：由于上述前期差错金额不大，作为不重要的前期差错更正如下。

(1) 应补提折旧3 750元 (30 000÷8)，并直接计入2018年的管理费用，会计分录如下：

借：管理费用　　　　　　　　　　　　　　　　　　　　　3 750
　　贷：累计折旧　　　　　　　　　　　　　　　　　　　　　　3 750

(2) 该无形资产2017年应摊销金额为4 000元 [(120 000-60 000)÷5÷12×4]，已摊销金额为5 000元，因此应冲销多摊销金额1 000元。会计分录如下：

借：累计摊销　　　　　　　　　　　　　　　　　　　　　1 000
　　贷：管理费用　　　　　　　　　　　　　　　　　　　　　　1 000

(二) 重要前期差错的会计处理

对于重要的前期差错，应当采用追溯重述法更正。企业应当在其发现当期的财务报表中，调整前期比较数据。"前期比较数据"一般为资产负债表的年初数、利润表和所有者权益变动表的上年数（上期金额）。

追溯重述法，是指在发现前期差错时，视同该项前期差错从未发生过，从而对财务报表相关项目进行更正的方法。追溯重述法的会计处理与追溯调整法相同。

企业应当在重要的前期差错发现当期的财务报表中，通过下述处理对其进行追溯更正：

(1) 追溯重述差错发生期间列报的前期比较金额；

(2) 如果前期差错发生在列报的最早前期之前，则追溯重述列报的最早前期的资产、负债和所有者权益相关项目的期初余额。

对于发生的重要的前期差错，如影响损益，应将其对损益的影响数调整发现当期的期初留存收益，财务报表其他相关项目的期初数也应一并调整；如不影响损益，应调整财务报表相关项目的期初数。

> **小贴士**
>
> 企业应当设置"以前年度损益调整"科目核算企业本年度发现的重要前期差错更正涉及调整以前年度损益的事项以及本年度发生的调整以前年度损益的事项。增加以前年度利润或减少以前年度亏损，贷记"以前年度损益调整"，调整减少以前年度利润或增加以前年度亏损，借记"以前年度损益调整"；由于以前年度损益调整增加或减少的所得税费用，借计"以前年度损益调整"，贷计"应交税费——应交所得税""递延所得税资产""递延所得税负债"或相反的分录；上述调整后，应将"以前年度损益调整"账户余额转入"利润分配——未分配利润"账户。

【例 14-7】鸿发公司 2018 年发现，公司 2017 年漏记一项管理用固定资产折旧费 500 000 元，所得税申报表中未扣除该项费用。2017 年适用所得税税率为 25%，无其他纳税调整事项。该公司按净利润的 10%、5% 提取法定盈余公积和任意盈余公积。公司发行股票份额为 200 万股。假定税法允许调整应交所得税。

1. 分析差错的影响数

鸿发公司 2017 年少记折旧费用 500 000 元；多计所得税费用 125 000 元（500 000×25%）；多计净利润 375 000 元；多计应交税费 125 000 元；多提法定盈余公积 37 500 元（375 000×10%）；多提任意盈余公积 18 750 元（375 000×5%）。

2. 编制更正重要前期差错的调整分录

(1) 调整以前年度损益（补提折旧费）。

借：以前年度损益调整　　　　　　　　　　　　　　　500 000
　　贷：累计折旧　　　　　　　　　　　　　　　　　　　　500 000

(2) 调整所得税。

调减利润按税法规定应减少的所得税费用 = 500 000×25% = 125 000（元）

借：应交税费——应交所得税　　　　　　　　　　　　125 000
　　贷：以前年度损益调整　　　　　　　　　　　　　　　　125 000

(3) 结转"以前年度损益调整"科目余额（调减净利润）。

借：利润分配——未分配利润　　　　　　　　　　　　375 000
　　贷：以前年度损益调整　　　　　　　　　　　　　　　　375 000

(4) 调整利润分配有关数字。

因调减净利润而冲回的盈余公积 = 375 000×15% = 56 250（元）

借：盈余公积　　　　　　　　　　　　　　　　　　　56 250

　　　　贷：利润分配——未分配利润　　　　　　　　　　　　　　　56 250

　　3. 财务报表调整和重述

　　鸿发公司在列报2018年度财务报表时，应调整资产负债表有关项目的年初余额、利润表有关项目的上年金额以及所有者权益变动表有关项目的上年金额。

　　（1）调整资产负债表项目。调增累计折旧（调减固定资产项目）500 000元；调减应交税费125 000元；调减盈余公积56 250元；调减未分配利润318 750元。

　　（2）调整利润表项目。调增管理费用上年金额500 000元；调减所得税费用上年金额125 000元；调减净利润上年金额375 000元；调减基本每股收益上年金额0.1875元。

　　（3）调整所有者权益变动表项目。调减前期差错更正项目中盈余公积本年金额栏56 250元、未分配利润本年金额栏318 750元、所有者权益合计本年金额栏375 000元（调整过程略）。

　　4. 附注说明

　　本年度发现2017年漏记固定资产折旧费500 000元，在编制2017年与2018年比较财务报表时，已对该项差错进行了更正。更正后，调减2017年净利润及留存收益375 000元，调增累计折旧500 000元。

三、前期差错更正的披露

　　企业应当在附注中披露与前期差错更正有关的下列信息：

　　（1）前期差错的性质；

　　（2）各个列报前期财务报表中受影响的项目名称和更正金额；

　　（3）无法进行追溯重述的，说明该事实和原因以及对前期差错开始进行更正的时点、具体更正情况。

　　在以后期间的财务报表中，不需要重复披露在以前期间的附注中已披露的会计政策变更和前期差错更正的信息。

第四节　资产负债表日后事项

一、资产负债表日后事项概念

　　资产负债表日后事项，是指资产负债表日至财务报告批准报出日之间发生的有利或不利事项。它包括资产负债表日后调整事项和资产负债表日后非调整事项。

　　（1）资产负债表日，指会计年末和会计中期期末。年度资产负债表日是指每年的公历12月31日，中期资产负债表日是指各会计中期期末，包括月末、季末和半年末。例如第一季度的资产负债表日是3月31日，而半年的资产负债表日则是6月30日等。

　　（2）财务报告批准报出日，指董事会或类似机构批准财务报告报出的日期，通常指对财务报告的内容负有法律责任的单位或个人批准财务报告向企业外部公布的日期。

资产负债表日后事项所涵盖的期间是资产负债表日后至财务报告批准报出日之间。董事会或类似机构批准财务报告对外公布的日期至实际对外公布日之间发生的与资产负债表日后事项有关的事项，影响财务报告对外公布日期的，应以董事会或类似机构再次批准财务报告对外公布的日期为截止日期。

二、资产负债表日后事项的内容

资产负债表日后事项包括调整事项和非调整事项两类。

（一）调整事项

资产负债表日后调整事项，是指有关情况在资产负债表日已经存在，且在资产负债表日后获得了新的或进一步的证据，以表明依据资产负债表日存在的状况编制的财务报告已不再可靠，应依据新的证据对资产负债表日所反映的收入、费用、利润、资产、负债、所有者权益进行调整的事项。常见的资产负债表日后调整事项有：

（1）资产负债表日后诉讼案件结案，法院判决证实了企业在资产负债表日已经存在现时义务，需要调整原先确认的与该诉讼案件相关的预计负债，或确认一项新负债。

（2）资产负债表日后取得确凿证据，表明某项资产在资产负债表日发生了减值或者需要调整该项资产原先确认的减值金额。

（3）资产负债表日后进一步确定了资产负债表日前购入资产的成本或售出资产的收入。

（4）资产负债表日后发现了财务报表舞弊或差错。

（二）非调整事项

资产负债表日后非调整事项，是指资产负债表日该事项的状况并不存在，而是期后才发生或存在的事项。这些事项不影响资产负债表日存在状况，但如不加以说明会影响财务会计报告使用者做出正确估计和决策。常见的资产负债表日后非调整事项有：

（1）资产负债表日后发生重大诉讼、仲裁、承诺；

（2）资产负债表日后资产价格、税收政策、外汇汇率发生重大变化；

（3）资产负债表日后因自然灾害导致资产发生重大损失；

（4）资产负债表日后发行股票和债券以及其他巨额举债；

（5）资产负债表日后资本公积转增资本；

（6）资产负债表日后发生巨额亏损；

（7）资产负债表日后发生企业合并或处置子公司。

三、资产负债表日后事项的会计处理

（一）资产负债表日后调整事项的会计处理

资产负债表日后发生的调整事项，应当如同资产负债表所属期间发生的事项一样，进行账务处理，并对资产负债表日已经编制的财务报表进行调整。由于资产负债表日后事项发生在次年，上年度的有关账目已经结转，尤其损益类科目在结账后已无余额。因此，资产负债表日后发生的调整事项，应作如下会计处理：

（1）涉及损益的事项，通过"以前年度损益调整"科目核算。

（2）涉及利润分配调整的事项，直接在"利润分配——未分配利润"账户核算。

（3）不涉及损益和利润分配的事项，直接调整各相关账户。

（4）通过以上账务处理后，还应同时调整会计报表相关项目的数字，包括资产负债表日编制的会计报表相关项目的数字、当期编制的会计报表相关项目的年初数。

【例14-8】2018年6月甲公司销售给乙公司一批产品，货款为35 100元（含增值税）。乙公司于当月收到所购物资并验收入库，按合同规定，乙公司应于收到所购物资后一个月内付款。由于乙公司财务状况不佳，到2018年12月31日仍未付款。甲公司于12月31日编制2018年度财务报表时，已为该项应收账款提取坏账准备4 000元；12月31日该项应收账款在资产负债表的金额为31 100元。甲公司于2019年3月6日（所得税汇算清缴前）收到法院通知，乙公司已宣告破产清算，无力偿还所欠部分货款。甲公司预计可收回应收账款的40%，适用的所得税税率为25%。企业按净利润的10%提取法定盈余公积，提取法定盈余公积后不再作其他分配。

本例中，甲公司在收到法院通知后，首先可判断该事项属于资产负债表日后调整事项，根据调整事项的处理原则进行处理。具体过程如下：

（1）补提坏账准备。

应补提的坏账准备 = 35 100 × 60% − 4 000 = 17 060（元）

借：以前年度损益调整　　　　　　　　　　　　　　　　　17 060
　　贷：坏账准备　　　　　　　　　　　　　　　　　　　　　　17 060

（2）调整递延所得税资产（17 060 × 25%）。

借：递延所得税资产　　　　　　　　　　　　　　　　　　4 265
　　贷：以前年度损益调整　　　　　　　　　　　　　　　　　　4 265

（3）将"以前年度损益调整"科目的余额转入利润分配（17 060 − 4 265）。

借：利润分配——未分配利润　　　　　　　　　　　　　　12 795
　　贷：以前年度损益调整　　　　　　　　　　　　　　　　　　12 795

（4）调整利润分配有关数字（12 795 × 10%）。

借：盈余公积　　　　　　　　　　　　　　　　　　　　　1 279.5
　　贷：利润分配——未分配利润　　　　　　　　　　　　　　　1 279.5

（5）调整报告年度财务报表相关项目的数字（报表此处从略）。

资产负债表项目的调整：调减应收账款年末数17 060元；调增递延所得税资产4 265元；调减盈余公积1 279.5元；调减未分配利润11 515.5元。

利润表项目的调整：调增资产减值损失17 060元；调减所得税费用4 265元。

所有者权益变动表项目的调整：调减未分配利润11 515.5元；提取盈余公积项目中"盈余公积"一栏调减1 279.5元。

（二）资产负债表日后非调整事项的会计处理

资产负债表日后发生的非调整事项，是资产负债表日后才发生或存在的事项，非调整事项因其不影响资产负债表日存在的状况，故不需要调整资产负债表日编制的财务报表，但由于事项重大，如不加以说明，将会影响财务报告使用者做出正确估计和决策，因此，应在报表附注中加以披露,说明事项的内容、估计其对财务状况、经营成果的影响,以提供会计数据来补充资产负债表日编制的财务报告的信息。如无法对资产负债表日后才发生或存在的事项对财务报告数据的影响做出估计,应说明其原因。在实务中,过多披露这类事项可能对上市公司产生不利影响,具体披露到何种程度,需要依靠财务人员的职业判断。

【例14-9】2018年2月10日,甲公司所在地区发生台风,造成甲公司厂房倒塌,厂房内设备大部分毁损,设备账面价值1 600 000元,厂房原价520 000元,已提折旧140 000元。假定甲公司2017年的财务报告批准报出日为次年3月31日。

本例中,台风发生在2018年2月10日,属于资产负债表日后事项,由于该事项造成损失对甲公司资产负债表日后财务状况影响较大,如不加以披露,有可能使财务报告使用者做出错误决策,因此,应作为非调整事项在报表附注中进行披露。

甲公司应在2017年的财务报表附注中做如下披露:本公司所在地区于2018年2月10日发生台风,造成一厂房倒塌,厂房内设备大部分毁损。厂房的账面价值为380 000元,设备的账面价值为1 600 000元,由于厂房、设备的修复费用及修复后的价值无法准确估计,故净损失现无法可靠计量。

四、资产负债表日后事项的披露

企业应当在附注中披露与资产负债表日后事项有关的下列信息:

(1) 财务报告的批准报出者和财务报告批准报出日。按照有关法律、行政法规等规定,企业所有者或其他方面有权对报出的财务报告进行修改的,应当披露这一情况。

(2) 每项重要的资产负债表日后非调整事项的性质、内容及其对财务状况和经营成果的影响。无法做出估计的,应当说明原因。

> **小贴士**
>
> 判断资产负债表日后事项属于调整事项,还是非调整事项,需要依靠财务人员的职业判断。首先,看该事项在资产负债表日是否已存在或发生。调整事项在资产负债表日已存在,该事项对资产负债表日的财务状况、经营成果和现金流量提供了最新证据,是资产负债表日已存在事项的延续。而非调整事项是资产负债表日不存在或未发生的事项,不影响资产负债表日的财务状况、经营成果和现金流量,它只影响企业下一年度的财务报表中的有关数据。因此,对这类事项需要在报表附注中补充说明,意在提醒财务报表使用者注意。其次,看该事项是否重大。调整事项不一定是重大的交易或事项,如资产负债表日后销售退回,其对主营业务收入、主营业务成本、应交税费和未分配利润等不一定有很大的影响,但都应该如实调整反映,而非调整事项一定是重大的,才需要以报表附注形式披露。调整事项和非调整事项都属于资产负债表日后事项,如不加反映,均会影响财务报表使用者的判断与决策,均需在报表中反映,只是前者在表内反映,后者在表外反映而已。通常,调整事项已作调整处理,就不需再以报表附注形式披露。

练习题

一、不定项选择题

1. 甲公司于 2018 年 1 月 15 日取得一项无形资产,2019 年 6 月 7 日甲公司发现 2018 年对该项无形资产仅摊销了 11 个月。甲公司 2018 年度的财务会计报告已于 2019 年 4 月 12 日批准报出。假定该事项涉及的金额较大,不考虑其他因素,则甲公司正确的做法是( )。

A. 按照会计政策变更处理,调整 2018 年 12 月 31 日资产负债表的年初数和 2018 年度利润表、所有者权益变动表的上年数

B. 按照重要会计差错处理,调整 2019 年 12 月 31 日资产负债表的期末数和 2019 年度利润表、所有者权益变动表的本期数

C. 按照重要会计前期差错处理,调整 2019 年 12 月 31 日资产负债表的年初数和 2019 年度利润表、所有者权益变动表的上年数

D. 按会计估计变更处理,不需追溯重述

2. 对下列前期差错更正的会计处理,说法不正确的是( )。

A. 对于不重要的前期差错,应作为本期事项处理

B. 确定前期差错影响数不切实可行的,只能采用未来适用法

C. 企业应当在重要的前期差错发现当期的财务报表中,调整前期比较数据

D. 对于不重要的前期差错,企业不需要调整财务报表相关项目的期初数,但应调整发现当期的相关项目

3. 下列各项中,属于会计政策变更的有( )。

A. 管理用固定资产的预计使用年限由 10 年改为 8 年

B. 发出存货成本的计量由先进先出法改为移动加权平均法

C. 将建造合同收入确认由完成合同法改为完工百分比法

D. 所得税的会计处理由应付税款法改为资产负债表债务法

4. 下列各项中,应采用未来适用法处理会计政策变更的情况有( )。

A. 企业因账簿超过法定保存期限而销毁,引起会计政策变更累积影响数只能确定账簿保存期限内的部分

B. 企业账簿因不可抗力而毁坏,引起会计政策变更累积影响数无法确定

C. 会计政策变更累积影响数能够确定,但法律或行政法规要求对会计政策的变更采用未来适用法

D. 会计政策变更累积影响数能够合理确定,法律或行政法规要求对会计政策的变更采用追溯调整法

5. 下列事项不属于会计估计变更的是( )。

A. 资产负债表日交易性金融资产按公允价值计量且其变动计入当期损益

B. 固定资产折旧方法由年限平均法变更为加速折旧法

C. 无形资产摊销期限由 10 年改为 6 年

D. 固定资产净残值率由 5% 改为 4%

6. 下列项目中，属于会计估计项目的是（   ）。

A. 固定资产的使用年限和折旧方法

B. 建造合同的收入确认采用完成合同法还是完工百分比法

C. 内部研发项目开发阶段的支出资本化还是费用化

D. 长期股权投资采用成本法核算还是权益法核算

7. 企业发生的下列事项中，一般需采用追溯调整法进行会计处理的有（   ）。

A. 无形资产预计使用年限发生变化而改变摊销年限

B. 由于新准则的发布，长期债权投资划分为持有至到期投资，其折价摊销由直线法改为实际利率法

C. 固定资产经济利益实现方式发生变化而改变折旧方法

D. 两年前购置了一项具有弃置义务的固定资产，本年年初开始执行企业会计准则

8. 企业发生的如下情形中，一般属于前期会计差错的有（   ）。

A. 固定资产盘亏　　　　　　　　B. 以前期间会计舞弊

C. 以前期间漏提折旧　　　　　　D. 固定资产盘盈

9. 企业发生的下列事项中，不应作为重要差错更正的有（   ）。

A. 由于地震使厂房使用寿命受到影响，调减了厂房的预计使用年限

B. 委托代销方式销售商品时在发出商品时确认了收入

C. 由于出现新技术，将专利权的摊销年限由 8 年改为 5 年

D. 鉴于当期利润完成状况不佳，将固定资产的折旧方法由双倍余额递减法改为直线法

10. 下列有关会计差错的处理中，正确的有（   ）。

A. 对于当期发生的重要的会计差错，调整当期项目的金额

B. 对发现以前年度影响损益的重要会计差错应当调整发现当期的期初留存收益

C. 对于比较会计报表期间的重要会计差错，编制比较报表应调整各该期间的净损益及其他相关项目

D. 对于年度资产负债表日至财务报告批准报出日发现的报告年度的重要会计差错，应作为资产负债表日后的调整事项处理

二、业务题

1. 2019 年 12 月 31 日，甲公司发现 2018 年漏记一项管理用固定资产的折旧费用，共 300 000 元，所得税申报表中也未扣除该项费用。假定 2018 年甲公司适用所得税税率为 25%，无其他纳税调整事项。该公司按净利润的 10% 和 5% 提取法定盈余公积和任意盈余公积。

要求：

（1）分析前期差错的影响数。

（2）编制有关项目的调整分录。

（3）财务报表调整和重述（财务报表略）。

2. 乙公司于2016年1月1日起对某管理用设备计提折旧，原价为84 000元，预计使用寿命为8年，预计净残值为4 000元，按年限平均法计提折旧。2020年年初，由于新技术发展等原因，需要对原估计的使用寿命和净残值做出修正，修改后该设备预计尚可使用年限为2年，预计净残值为2 000元。乙公司适用的企业所得税税率为25%。

要求：做出乙公司对上述会计估计变更的会计处理。